U0526264

同济大学政治学丛书

# 中国国家安全与地缘政治

ZHONGGUO GUOJIA ANQUAN YU DIYUAN ZHENGZHI

夏立平 著

中国社会科学出版社

## 图书在版编目（CIP）数据

中国国家安全与地缘政治／夏立平著．—北京：中国社会科学出版社，2013.5（2019.7重印）

ISBN 978-7-5161-2153-5

Ⅰ.①中… Ⅱ.①夏… Ⅲ.①国家安全—中国—高等学校—教材 ②地缘政治学—高等学校—教材 Ⅳ.①D631②D5

中国版本图书馆 CIP 数据核字（2013）第 039708 号

---

| 出 版 人 | 赵剑英 |
| --- | --- |
| 责任编辑 | 罗 莉 |
| 责任校对 | 林福国 |
| 责任印制 | 戴 宽 |

| 出　　版 | 中国社会科学出版社 |
| --- | --- |
| 社　　址 | 北京鼓楼西大街甲 158 号 |
| 邮　　编 | 100720 |
| 网　　址 | http://www.csspw.cn |
| 发 行 部 | 010-84083685 |
| 门 市 部 | 010-84029450 |
| 经　　销 | 新华书店及其他书店 |

| 印　　刷 | 北京明恒达印务有限公司 |
| --- | --- |
| 装　　订 | 廊坊市广阳区广增装订厂 |
| 版　　次 | 2013 年 5 月第 1 版 |
| 印　　次 | 2019 年 7 月第 4 次印刷 |

| 开　　本 | 710×1000　1/16 |
| --- | --- |
| 印　　张 | 22 |
| 字　　数 | 369 千字 |
| 定　　价 | 55.00 元 |

---

凡购买中国社会科学出版社图书，如有质量问题请与本社营销中心联系调换
电话：010-84083683
**版权所有　侵权必究**

# 目 录

序 …………………………………………………………………………（1）

**第一章　中国国家安全战略与国家安全理论** …………………………（1）
　第一节　中国国家安全战略的发展与内涵 ……………………………（1）
　第二节　地缘政治理论与中国国家安全 ………………………………（15）
　第三节　中国国家安全战略能否超越地缘政治 ………………………（22）

**第二章　中国国家安全面临的地缘政治环境** …………………………（50）
　第一节　从地缘政治角度看中国 ………………………………………（50）
　第二节　中国国家安全面临的全球地缘政治环境 ……………………（52）
　第三节　中国国家安全面临的东亚地缘政治环境 ……………………（55）

**第三章　中国与大国关系中的地缘政治** ………………………………（63）
　第一节　大国关系中的地缘政治理论研究 ……………………………（63）
　第二节　中美战略关系与地缘政治 ……………………………………（70）
　第三节　中美俄三边关系与地缘政治 …………………………………（82）
　第四节　中美欧三边关系与地缘政治 …………………………………（90）
　第五节　中美日三边关系与地缘政治 …………………………………（105）
　第六节　中美印三边关系与地缘政治 …………………………………（120）

**第四章　中国与邻国关系中的地缘政治** ………………………………（137）
　第一节　中国与东北亚国家的地缘政治关系 …………………………（138）

  第二节 中国与东南亚国家的地缘政治关系 …………………（148）
  第三节 中国与南亚国家的地缘政治关系 ……………………（164）
  第四节 中国与中亚国家的地缘政治关系 ……………………（184）
  第五节 亚欧大陆跨区域地缘政治博弈与中国 ………………（199）

第五章 美国在与中国相关的地缘政治中的作用 ………………（210）
  第一节 21世纪美国全球战略与地缘政治 ……………………（210）
  第二节 21世纪美国亚太安全战略与地缘政治 ………………（222）
  第三节 21世纪美国对华战略与地缘政治 ……………………（241）
  第四节 21世纪美国国际能源战略与地缘政治 ………………（252）

第六章 地缘科技与中国国家安全 …………………………………（261）
  第一节 新科技革命对地缘科技的影响 ………………………（262）
  第二节 新军事变革对地缘科技的影响 ………………………（270）

第七章 海上地缘安全与中国的海洋战略 …………………………（278）
  第一节 亚太地区海上地缘安全形势的演变 …………………（279）
  第二节 中国面临的海上地缘安全形势的特点 ………………（284）
  第三节 当前亚太地区海上力量的发展趋势 …………………（292）
  第四节 亚太地区海军军备控制的现状与前景 ………………（297）
  第五节 中国的海洋战略 ………………………………………（301）

第八章 核地缘政治与中国核战略 …………………………………（303）
  第一节 中国面临的核地缘政治环境的演变 …………………（303）
  第二节 中国面临的核地缘政治环境的特点 …………………（307）
  第三节 中国的核战略与核政策 ………………………………（329）

# 序

今天的中国正处在一个思考的年代。有人说，这是中国"第三次百家争鸣"。无论是国际问题还是国内问题，中国上下议论纷纷，确实是一种争鸣的局面。

这次百家争鸣局面的出现，与前两次明显不同。第一次百家争鸣是在春秋战国时期，那时中国正处在从奴隶社会走向封建社会的过渡时期。争鸣的核心问题是中国向何处去，涌现出一大批杰出的思想家，他们的很多著作和思想，今天来看，仍然闪烁着真理的光芒。把这批思想家放在世界范围来看，他们的思想无疑是非常领先的。当然，那时的世界是一个相互隔绝的世界，百家争鸣局限在华夏大地上，没有扩展到世界的其他地方。

第二次百家争鸣，是在1840年鸦片战争之后。长期闭关锁国的中国大门，被西方的炮舰轰开了，这对中国的震撼是巨大的。世界，特别是欧洲，已经发生了深刻变化，但是中国却是死水一潭。国门打开之后，中国人开始看世界，看到我们大大落后了，中国人在思考该怎么办。这次百家争鸣与第一次百家争鸣不同，受世界深刻变化的影响巨大，辩论的核心问题还是中国向何处去。在辩论的过程中，也涌现出许多思想家、革命家。他们的思想对中国的走向产生了深刻的影响。

我们当前所经历的第三次百家争鸣，是在世界大变化、中国大变化这两大变化相互影响的背景下发生的。在中国发生第三次百家争鸣的时候，世界上也正在进行一场百家争鸣，其核心问题是世界向何处去。因此，中国第三次百家争鸣的深度和广度，以及世界和中国的互动，都是前两次百家争鸣所无法比拟的。

在上述百家争鸣的背景下，夏立平所撰写的《中国国家安全与地缘政治》一书问世了。本书从中国国家安全角度，全面论述了中国所面临的地缘政治环境。显然，本书的问世是十分及时的。

自1949年新中国成立以来，我们所面临的安全形势有了深刻的变化。中国外交以改革开放划线，可以分为两个阶段。这两个阶段，中国的内外方针随着形势的变化也都有很大的变化。在第一个阶段，中国外交的目标是求生存。中华人民共和国是一个新生事物，当时世界上的一些力量妄图扼杀人民共和国，我们中国人需要为人民共和国的生存而斗争。新中国成立初期，我们在外交上"一边倒"，倒向苏联为首的社会主义阵营是为了求生存；我们支持亚非拉民族独立与解放的运动也包含求生存的成分；当苏联威胁突显后，毛主席提出"一条线"、"一大片"也是为了求生存。

1978年中国实行改革开放的方针以来，我们的外交目标变了，从求生存转为求发展。这是一个巨大的变化，这个变化与时代的变化密切相关。20世纪很长一段时间里，世界是处在战争与革命的时代。而今天，世界已经从战争与革命的时代，进入了以和平与发展为主题的时代，这是国际关系中最大的变化，影响深远。

中国三十多年来取得如此大的进步，也与时代变化密切相关。大家想一想，1840年，鸦片战争之后，中国人何尝不想开放？李鸿章搞的洋务运动；我们派留学生，包括幼童出国学习；我们引进外国的资本、人才和先进技术，也都是开放。但是当时的时代决定，中国不可能与西方世界建立平等互利的关系。中国被迫开放后，没有变为一个现代化的中国，而沦为一个半封建、半殖民地的国家。而1978年，我们实行改革开放以来，我们愿意在平等互利的基础上，发展同世界各国的关系。我们这样一个方针，能够贯彻，带来了中国的大发展和中国与世界合作的大发展，关键原因之一，就是时代变了。世界不变化，中国不可能取得这样的发展。

人们的思想往往落后于实际。时代变了，有些人的思想还停留在战争与革命的时代；有些人还抱着以阶级斗争为纲的思想看待今天的世界，那就犯了时代的错误。

夏立平教授这本书，可以帮助大家从国家安全和地缘政治的角度，来认识时代的变化。对时代认识正确了，我们才能更好地处理我们面临的国家安全问题，这就是本书的价值所在。

我认识夏立平教授多年，经常和他一起参加一些研究国际形势的会议。夏立平教授观察国际形势变化十分理性，治学态度严谨。他的看法和观点是以事实为依据的,而不是从概念到概念,因而比较扎实。本书就是一个证明。

今天的中国已经与世界连成一气,正如胡锦涛主席所指出的:"中国发展离不开世界,世界繁荣稳定也离不开中国。"[1] 因此,中国的各级领导干部、企业家和学者,都需要具有一定的国际视野和全球眼光。我相信,大家一定能够通过阅读本书得到有益的启示,更好地认识世界,从而也会更好地认识我们自己。正确认识世界,正确认识自己,是制定正确方针的基础。

本书可作为我国从事与国际安全和中国国家安全战略有关部门人员的系统的背景材料,也可以作为大学国际关系和国际政治专业研究生和本科生的教材或参考书。本书资料丰富翔实、文笔流畅,因此有相当的可读性。

中国前驻法国大使、欧洲科学院院士

吴建民

2011 年 4 月于北京

---

[1] 胡锦涛:《在中国共产党第十七次全国代表大会上的报告》,《人民日报》2007 年 10 月 25 日,第 3 版。

# 第一章 中国国家安全战略与国家安全理论

中国国家安全战略是中国共产党历代领导集体在领导维护中国国家安全的实践中，以马克思主义、毛泽东思想、邓小平理论和科学发展观为指导，吸取古今中外国家安全理论和国家安全战略的精华，不断总结丰富的实践经验，根据中国的国家发展战略，集中集体智慧，创造性提出并不断发展的。中国国家安全战略是对中国维护国家安全斗争全局的筹划和指导。它服务和服从于中国的国家发展战略。

中国国家安全理论是中国特色社会主义理论体系的重要组成部分之一。它是在吸取古今中外国家安全理论的精华、不断总结丰富实践经验的基础上发展起来的，对中国国家安全战略的制定和理解具有指导意义。

## 第一节 中国国家安全战略的发展与内涵

国家安全（National Security）系指关乎国家兴衰存亡的大事，包括国家政权和制度的安全、主权受到尊重、领土完整得到维护等。在冷战结束以前，国家安全主要指军事安全。冷战结束后，随着经济全球化的迅速发展和跨国安全问题的增多，军事安全在国家安全中虽然仍非常重要，但科技安全、环境安全、气候安全、能源安全、金融安全、经济安全、信息安全、粮食安全、卫生安全等非传统安全因素在国家安全中的重要性在上升。

国家安全战略（National Security Strategy）是治国安邦之道，是对一国维护国家安全斗争全局的筹划和指导。它是由国家的最高领导层在审时度势的基础上，在一定的理论指导下制定的，对该国的国防政策、军事战略、科技战略、经济战略、环境战略、金融战略、能源战略、粮食战略等具有指导意义。

中国国家安全战略是由中国国家发展战略决定的。中国国家发展战略是指导中国实现现代化的纲领。1978年中国共产党十一届三中全会确定以经济建设为中心。此后，邓小平提出中国发展分"三步走"的战略设想。其中第一步是中国经济到20世纪末比1980年翻两番，达到小康水平。① 1997年江泽民在中国共产党第十五次全国代表大会上对邓小平的战略设想进行了进一步阐释："展望下世纪，我们的目标是，第一个十年实现国民生产总值比二〇〇〇年翻一番，使人民的小康生活更加宽裕，形成比较完善的社会主义市场经济体制；再经过十年的努力，到建党一百年时，使国民经济更加发展，各项制度更加完善；到下世纪中叶建国一百周年时，基本实现现代化，建成富强民主文明的社会主义国家。"② 这是中国的国家发展战略。2002年中国共产党第十六次全国代表大会又在此框架内提出全面建设小康社会的目标："国内生产总值到二〇二〇年力争比二〇〇〇年翻两番，综合国力和国际竞争力明显增强。"③ 为了达到以上目标，中国需要一个长期和平的国际环境和良好的周边环境。

中国国家安全战略是为实现中国国家发展战略服务的。中国国家安全战略的概念是在中国国务院新闻办公室发表的《2004年中国的国防》白皮书中第一次正式提出。④ 中国国家安全战略可以定义为是对维护国家安全的举措进行带全局性的筹划和指导。

中国的国防政策和军事战略是中国国家安全战略的重要组成部分之一，并应该为实现中国国家安全战略的目标作出贡献。

中国奉行防御性的国防政策。中国的国防是国家生存与发展的安全保障。加强国防和军队现代化建设，维护国家安全统一，确保全面建设小康

---

① 《邓小平文选》第三卷，人民出版社1993年版，第226页。
② 《高举邓小平理论伟大旗帜 把建设有中国特色社会主义事业全面推向二十一世纪——在中国共产党第十五次全国代表大会上的报告》，人民出版社1997年版，第4页。
③ 《全面建设小康社会，开创中国特色社会主义事业新局面——在中国共产党第十六次全国代表大会上的报告》，人民出版社2002年版，第14页。
④ 中国国务院新闻办公室：《2004年中国的国防》白皮书，第二章（国防政策），http://www.jczs.sina.com.cn/2004-12-27。

社会的顺利进行,是中国国防的主要任务。中国的国防政策以国家的根本利益为出发点,服务和服从于国家的发展战略和安全战略。[①] 新世纪新阶段中国国防政策的基本内容是:维护国家安全统一,保障国家发展利益;实现国防和军队建设全面协调可持续发展;加强以信息化为主要标志的军队质量建设;贯彻积极防御的军事战略方针;坚持自卫防御的核战略;营造有利于国家和平发展的安全环境。[②] 中国的国防政策是制定中国军事战略的主要依据之一。

中国对当前国际战略形势和国家安全环境的判断是制定国家安全战略的基本依据之一。中国认为,和平与发展是当今时代的主题。世界多极化和经济全球化趋势的发展,给世界的和平与发展带来机遇和条件。新的世界大战在可预见的时期内打不起来。争取较长时期的和平国际环境和良好周边环境是可以实现的。对中国来说,21世纪头20年,是一个必须紧紧抓住并且可以大有作为的重要战略机遇期。但是,影响和平与发展的不确定因素在增加。传统安全威胁与非传统安全威胁的因素相互交织,恐怖主义危害上升。强权政治有新的表现。民族、宗教矛盾和边界、领土争端导致的局部冲突时起时伏。恐怖主义、分裂主义、极端主义威胁依然严峻,走私、海盗、贩毒、洗钱等跨国犯罪活动猖獗。"世界还很不安宁"。[③] "在一个多元多样又相互依存的世界中,中国国家安全环境总体得到改善,但也面临新的挑战。"[④] 在这种情况下,中国国家安全战略在保卫国家主权和安全、维护世界和平中发挥着重要作用。

中国军队的主要任务是:制止分裂,促进统一,防备和抵抗侵略,捍卫国家主权、领土完整和海洋权益;制止武装颠覆,维护社会稳定;加强国防建设,实现国防和军队现代化,提高信息化条件下防卫作战能力;维护世界和平,反对侵略扩张。中国军队的主要任务构成中国军事战略的基本要素之一。

---

[①] 中国国务院新闻办公室:《2004年中国的国防》白皮书,第二章(国防政策),http://www.jczs.sina.com.cn/2004-12-27。

[②] 中国国务院新闻办公室:《2008年中国的国防》白皮书,第二章(国防政策),2009年1月20日,第11页。

[③] 《全面建设小康社会,开创中国特色社会主义事业新局面——在中国共产党第十六次全国代表大会上的报告》,人民出版社2002年版,第32页。

[④] 中国国务院新闻办公室:《2004年中国的国防》白皮书,第一章(安全形势),http://www.jczs.sina.com.cn/2004-12-27。

中国国家安全战略的制定也要根据中国的经济实力。中国是一个发展中国家，它的经济实力是有限的，中国国防建设和军队发展必须与中国的经济实力和经济发展相适应。

中国是一个有着五千多年文明历史和热爱和平传统的国家，有着"知兵非好战"的战略文化。中国古代的思想家提出了"亲仁善邻"的思想，反映了自古以来中国人民就希望天下太平、同各国人民友好相处。这种思想表现在军事上，就是主张用非军事手段来解决争端、慎重对待战争和战略上后发制人。从古代起，中国人民就一直强调防御而不是进攻。当古代中国人创造最早的文字时，他们使用两个象形字来组成"武"字。一个字是"止"，另一个字是"戈"。其中暗含的意思是，战争作为一种工具应该被抛弃，使用武力只有在制止暴力时才是正当的。特别是自从明朝起，中国一直集中于维护已有的领土，而不是扩张土地。在几千年的历史进程中，爱和平，重防御，求统一，促进民族团结，共御外侮，始终是中国战略文化的主题。

中国国家安全战略的主要内涵包括：

**一 发展综合国力，实行国家安全事务的综合协调**

综合国力包括硬国力和软国力及其对国际关系的影响力。软国力是相对于硬国力而言，是综合国力的重要组成部分。美国著名战略学者小约瑟夫·奈认为："硬国力来自于一个国家的军事和经济实力。软国力是一个国家的文化、理想和政策所形成的吸引力。"[1] 他还把软国力概括为导向力、吸引力和效仿力，是一种具有同化（co-optive）能力的实力。这种具有同化能力的实力的"获得是一个国家思想的吸引力或者是确立某种程度上能体现别国意愿的政治导向的能力"，"这种左右他人意愿的能力与文化、意识形态以及社会制度等无形力量密切相关"，"一个国家文化的全球普及性和它主宰国际行为规范而建立有利于自己的准则与制度的能力，都是它重要的来源"。[2] 因此，他认为，无形力量的强弱可以从国家凝聚力、文化全球普及性、在国际机构中的作用等方面进行评估。

---

[1] ［美］小约瑟夫·奈：《美国为什么应该重返世界》，载法国《费加罗报》2003年9月24日。

[2] ［美］小约瑟夫·奈：《美国定能领导世界吗？》，何小东等译，军事译文出版社1992年版，第25、26、145页。

中国的发展必须是包括硬实力和软实力在内的综合国力的全面发展。同时，中国实施国家安全战略时必须是统筹协调各个部门，综合运用政治、外交、经济、军事、科技、文化各种实力。

## 二 独立自主的和平外交政策

中国长期以来实行独立自主的和平外交政策。中国对外政策的目标是努力实现长期的和平国际环境，因为这是中国保持长期经济和社会发展的必要条件。中国现在的对外政策有两个显著的特点：和平与独立自主。"和平"表明中国从是否有利于国际与地区和平与稳定的角度，而不是从是否能获取军事优势的角度来制定对外政策。"独立自主"表明中国根据自己的国家利益和世界各国人民的利益制定对外政策。继续在和平共处五项原则的基础上发展与世界各国，包括与发达国家的合作，是中国独立自主的和平外交政策的核心。

## 三 "威慑加合作"的国防战略

国防战略是对中国国防全局的筹划和指导，应包括军事战略方针、国防发展战略和军事外交政策。

中国的国防战略应该是"威慑加合作"。这里说的威慑主要指中国人民解放军必须提高威慑和实战能力，这二者是辩证的，只有具备打赢高技术条件下局部战争的实战能力，才能形成强大的威慑力，有效遏制针对我国的侵略战争和分裂国家的企图，捍卫国家主权、领土完整和海洋权益；而只有具备强大的军事威慑力，才能保持长期稳定的国际安全环境和周边环境，用好和延长重要战略机遇期。

美国前国务卿基辛格在《选择的必要》一书中提出："威慑就是设法向对方提出危险性，这种危险将使对方认为与其要获得的利益不成比例，因而使对方不敢采取某种行动"。[①]

基辛格认为，威慑包括三个要素：威慑力量、使用力量的决心和威慑信息的传递，三者缺一不可。

——威慑力量：或者叫实力，是威慑的物质基础，它必须具备可信

---

① 基辛格：《选择的必要：美国外交政策的前景》（中译本），世界知识出版社1962年版，第82页。

性。核威慑力量要具备可信性，就必须具有有效的打击能力和生存能力。

——使用力量的决心：就是在遇到威胁时把威慑之剑高悬在对手的头上，从而形成强大的震慑力。在核战略中，使用力量的决心必须要通过能够付诸实施的行动计划和具体方案来表达，而不能仅停留在抽象的语言上。

——威慑信息的传递：威慑首先是将国家实力及使用实力的决心作为信息传递给对方。当对方逐步接受这种信息，心理上的压力达到一定量时，就能获得威慑效果。如果只有威慑一方的实力和决心，而被威慑一方没有获得上述信息或获得的信息不准，同样不能构成有效威慑。

威慑是维护国家安全和主权的最有效手段。随着中国国防现代化的发展，中国应更加重视和学会熟练运用威慑手段来维护国家安全和主权，形成中国特色的威慑战略。威慑手段的运用还将逐渐增加中国军事的透明度，这将有利于表明中国和平发展的战略意图，从而有助于增加各国对中国的理解和信任。

这里说的合作主要指中国推动各种形式的国际安全对话与合作，特别是中国军事外交。近年来，中国在区域安全合作、非传统安全领域合作、参与联合国维和行动、军事外交等方面都取得很大进展。特别是中国人民解放军积极开展对外军事交流与合作，已形成全方位、宽领域、多层次的军事外交局面。这促进了与有关国家之间，包括军队之间的相互理解、相互信任和相互协作，有利于维护中国的主权和安全，也有助于中国军队学习和获取更多的外国先进军事思想、军事科学、军事科技和武器装备。这是中国国防现代化的重要组成部分之一，也应成为中国国防战略的重要内容之一。

在和平与发展为主题的时代，运用威慑加合作的国防战略来有效捍卫国家主权、领土完整、海洋权益和经济利益，将更加符合时代潮流。

## 四　积极防御的军事战略方针

中华人民共和国成立以来，中国的军事战略方针一直是积极防御。但在不同时期，积极防御军事战略方针的内容有所不同，而且根据形势的变化，在不断发展之中。

积极防御军事战略方针是从革命战争年代毛泽东的积极防御战略思想

发展演变过来的。积极防御战略思想是毛泽东军事思想的重要组成部分之一。毛泽东积极防御战略思想有两个基本特征：一个是自卫性和防御性。强调实行战略上的"后发制人"，主张"在防御形势之下战胜敌人"。其基本的原则，就是"人不犯我，我不犯人，人若犯我，我必犯人"。[①] 另一个是积极性。即把战争作为一个整体看待，主张在战略防御的形式下，积极主动地同敌人斗争，能动地夺取战争的胜利。其主要表现就是防御、进攻的有机结合和内线、外线的灵活运用。这里既包括战略内线防御时的战役战斗外线进攻，也包括适时将战略上的内线防御导向战略上的外线进攻，使整个战争的发展过程成为一个有机的整体，从宏观上统一进行筹划与指导。

中华人民共和国成立后，中国军事战略进行过几次大的调整。尽管每次调整的背景不同，内容不一样，对战略方针的表述不尽一致，但都没有离开积极防御这个总的大纲。中国实行积极防御军事战略，在战略上坚持防御、自卫和后发制人的原则。

为适应世界军事领域的深刻变革和国家发展战略的要求，1993年，中央军委制定了新时期积极防御军事战略方针，在战略指导上实行重大调整，把军事斗争准备的基点由应付一般条件下的局部战争，转到打赢现代技术特别是高技术条件下的局部战争上来。这是积极防御战略思想的重大发展，也是军队建设指导思想战略性转变的深化。

这一方针立足于打赢现代技术特别是高技术条件下的局部战争。这是综合考虑到了海湾战争等显示出来的世界新军事变革的趋势，以及威胁中国国家安全的各种因素，着眼于做好最复杂和最困难情况下的防卫作战准备。

这一方针又注重遏制战争的爆发。根据中国国家发展战略和国家安全战略，中国军队将灵活运用各种军事手段，与政治、经济、外交等斗争密切配合，改善中国的战略环境，减少不安全和不稳定因素，努力遏制局部战争和武装冲突的爆发，使国家能用好和延长重要战略机遇期。

这一方针坚持和发展人民战争思想。如果有人把战争强加在中国头上，中国将实行现代条件下的人民战争。这种战争的目的，是为了维护最

---

[①] 《毛泽东选集》（四卷合订本），人民出版社1964年版，第580页。

广大人民群众的利益，即为人民而战，而且坚决依靠人民群众去进行战争。中国将坚持依靠人民群众加强国防建设，增强全民国防观念，实行精干的常备军与强大的后备力量相结合的武装力量体制。中国军队将坚持灵活机动的战略战术，创造现代条件下人民群众参战的新战法，发挥人民战争的整体威力。

积极防御军事战略方针将贯穿到中国各军、兵种的战略中去。在继续重视陆军建设的同时，加强海军、空军和第二炮兵为重点的作战力量建设，谋求作战力量结构协调发展，提高夺取制海权、制空权以及战略反击能力。推动火力、机动力和信息能力的协调发展，全面提高军队的威慑和实战能力。

中国海军实行"近海防御"战略。海军担负着保卫国家海上安全、维护领海主权和海洋权益的任务。"海军扩大近海防御作战空间和防御纵深，加强、完善海战场建设，增强在近海遂行海上战役的综合作战能力和核反击能力……突出海上作战兵力特别是两栖作战兵力建设。加快更新海军武器装备，重点发展新型作战舰艇，以及多种专用飞机和配套装备，提高武器装备的信息化水平和远程精确打击能力……提高联合作战能力和海上综合保障能力。"[1]

中国空军战略正在逐步由"国土防空型向攻防兼备型转变"。空军担负着保卫国家领空安全，保持全国空防稳定的任务。"空军适应信息化空中作战的要求……重点发展新型战斗机、防空反导武器、信息作战手段和空军指挥自动化系统……提高空中打击、防空作战信息对抗、预警侦察、战略机动和综合保障能力，努力建设一支总体规划适度、编成结构合理、武器装备先进、系统配套编成、信息支援和作战手段完备的空中防卫作战力量。"[2]

第二炮兵是保卫国家安全的重要战略力量，主要担负遏制敌人对中国使用核武器、遂行核反击和常规导弹精确打击任务。现已初步形成核常兼备、射程衔接、威力和效力明显增强的武器装备体系。[3] 中国的核战略实际上是一种最低限度有效核反击战略。中国核力量"主要担负遏制敌人

---

[1] 中国国务院新闻办公室：《2004年中国的国防》白皮书，第二章（国防政策），http://www.jczs.sina.com.cn/2004-12-27。

[2] 同上。

[3] 同上。

对中国使用核武器、遂行核反击任务"。① 中国自拥有核武器之日起就郑重声明，在任何时候、任何情况下都不首先使用核武器，此后又承诺无条件地不对无核武器国家和无核武器区使用或威胁使用核武器，并一直推动所有核国家以法律形式确定上述承诺。中国对发展核武器始终采取极为克制的态度，中国核武库的规模仅保持在自卫所需的最低水平。

**五　国防建设与经济建设协调发展的方针**

在中国改革开放初期，邓小平提出："军队要忍耐"，后又指出"军队要服从整个国家建设大局"。② 在 20 世纪 80 年代，中国国防费有较大幅度削减，从 1979 年的占国家财政支出的 17.37%，降到 1987 年的占国家财政支出的 9.27%。这是在特定条件下采取的特殊措施，为国家经济建设提供了急需的资金。

近年来，在国家经济发展和财政收入增长的基础上，中国的国防费适度增加。在 20 世纪 90 年代，主要还是补偿性增长。

2002 年，中国共产党第十六次全国代表大会提出"坚持国防建设与经济建设协调发展的方针，在经济发展的基础上推进国防和军队现代化"。③ 这是对国防建设和经济建设内在规律的科学总结。正确认识和处理国防建设与经济建设的关系，是中国实现现代化中一个带有全局性的重大问题。经济建设是国防建设的基本依托，经济建设搞不上去，国防建设就无从谈起。国防实力是综合国力的重要组成部分，国防建设搞不上去，经济建设的安全环境就难以保障。胡锦涛指出："我们在集中力量进行经济建设的同时，必须切实加强国防建设，使国防建设和经济建设协调发展，形成相互促进的良好局面。"④

中国必须建设符合我国国情和反映时代特征的现代化国防。国防现代化是中国社会主义现代化的重要组成部分，加强国防建设是国家安全与经济发展的基本保证。同时，国防建设和军队建设必须以经济建设为依托，

---

① 中国国务院新闻办公室：《2004 年中国的国防》白皮书，第二章（国防政策），http://www.jczs.sina.com.cn/2004 - 12 - 27。
② 《邓小平文选》第三卷，人民出版社 1993 年版，第 98 页。
③ 《全面建设小康社会，开创中国特色社会主义事业新局面——在中国共产党第十六次全国代表大会上的报告》，人民出版社 2002 年版，第 16 页。
④ 《人民日报》2005 年 7 月 25 日，第 1 版。

同国家的经济实力相适应。

国家在经济建设特别是基础设施建设中,应充分考虑国防和军队的需求,做到既促进经济发展又增强国防能力。随着经济发展及时地把一部分经济实力转化为国防实力,形成与经济实力相协调和与国防建设需要相符合的不断壮大的军事实力,建设一支与国家地位相称的人民军队。

中国实行精干的常备军与强大的国防后备力量相结合,在加强军队建设的同时高度重视国防后备力量建设,做到平时少养兵,战时多出兵。着眼于发挥现代人民战争整体优势,加强以综合国力为基础的国防动员和后备力量建设。按照"平战结合、军民结合、寓兵于民"的方针,进一步调整和完善国防动员体制,提高国防动员能力。

同时,适应武器装备建设和社会主义市场经济发展要求,中国加快国防科技工业发展,努力建立结构优化、组织高效、技术先进、布局合理的国防科技工业新体系。① 提高军民兼容程度,增强平战转换能力。

### 六 科技强国战略和科技强军战略

近年来,世界高新科技迅猛发展。中国必须抓住机遇,不断推进科技创新,实现高科技基础上的全面现代化。

随着高新技术在各个领域,包括军事领域的迅速运用,世界主要国家正在着重发展高技术武器。一批高技术武器逐渐崭露头角,有的已经小试牛刀,更多的高技术武器正在研制之中。随着微电子和电脑技术、传感器技术、人工智能技术的飞速进步,武器装备的智能化程度正在逐步提高。

当前世界新军事变革的侧重点不在于掌握某种威力异常巨大的新式武器,而在于运用先进的信息技术使配备有各种高技术武器装备的各军兵种部队形成一个整体系统,以便一旦需要,就能迅速调动和有效配置,短时间内在局部地区形成压倒优势,进行并完成诸军兵种联合作战任务。

高新武器技术的发展已经使现代战场成为包括地面、水面、水下、空中、太空、电磁等方面的五维战场。高技术武器也将使战场呈现一种不规则的非线式状态。敌对双方不再停留在一条稳定的战线上,线式梯次战场

---

① 中国国务院新闻办公室:《2004年中国的国防》白皮书,第七章(国防科技工业),http://www.jczs.sina.com.cn/2004-12-27。

结构将不复存在；进攻的一方将对防御方实施全纵深同时攻击，战场没有明显的正面和侧后、前方和后方等防区分界线；战场流动性大、范围广、兵力密度小、结构不规则。这就要求军事指挥员确立以非线式作战歼敌的观念，更加重视部队的主动性、机动性和灵活性。

随着世界进入信息时代，信息不仅成为一种非常有效的作战手段，而且是最重要的战斗力之一。争夺信息优势成为战争的一个主要内容，信息战也成为战争的一种重要样式，信息威慑甚至可以成为战略威慑。

非对称性战争将越来越多地出现。非对称性战争主要指用非常规的攻击手段，如信息战、破坏环境、恐怖活动等来进行战争。冷战结束后，大国之间发生大规模常规战争的可能性大大减少。而在新军事变革发展过程中，许多国家在一些军事领域，如指挥、控制、通讯、电子计算机、情报、监视、侦察系统等方面，却都存在某些弱点。在这种情况下，一些国家和恐怖主义组织将可能寻求避免直接军事对抗，而采用非常规手段破坏一国的指挥、控制、通讯和情报系统或民用目标，来实现其战略意图或政治目的。这就可能导致非对称性战争。

当代战争的高技术特征更加明显。"点穴"式进攻越来越经常使用。即使用精确制导武器集中攻击敌要害部位和关键环节以最大限度地震撼或瓦解敌方，打乱敌方作战节奏，用最小的损失换取最大的胜利。战略、战役和战术级作战将融为一体。

同时，硬杀伤与软打击相结合。随着信息战、电子战和其他非致命性武器装备的迅速发展，在未来战争中，电子战角逐将更加激烈，信息战将贯穿战争的全过程。电子战武器以及其他非杀伤性武器将与硬杀伤性武器相配合发挥作用。

目前美国和其他一些西方发达国家正在有计划、有步骤地建设数字化部队。这些部队普遍采用数字化通信设备，实现信息传输数字化、指挥控制信息化、武器系统智能化。这些部队投入战争，将导致战场的数字化。

高技术武器在战争中常常能使军队的战斗力成倍增长。由于微电子、电脑、新材料、生物工程、航空航天等高新技术都是知识密集的产物，因此它们大量应用于军事领域所制造出来的高技术武器也具有知识密集型的特点。特别是掌握这些高技术武器装备需要一支用先进科技知识武装起来的军队。在这种情况下，正如美国著名未来学家托夫勒所说："知识能够打赢或阻止战争"。① 这也使普鲁士著名军事理论家克劳塞维茨的预言成为现实:"知识必将成为战斗力"。② 现在,知识已成为战斗力的最重要因素,成为赢得战争的重要因素,高技术成为军队战斗力的强大助推器。

面对世界新军事变革的大趋势,中国强调实施科技强军战略,加强军队质量建设,走有中国特色的精兵之路。中国军队按照建设信息化军队、打赢信息化战争的目标,深化改革,锐意创新,加强质量建设,积极推进以信息化为核心的中国特色军事变革。

中国始终将军队的数量和规模控制在维护国家安全需要的最低限度内,多次主动采取单方面的裁军行动。20世纪80年代以来,中国已经完成两次大规模裁军,共裁减军队员额150万人。2003年9月,中国政府决定,2005年前再裁减军队员额20万人,使军队总规模降至230万人。在压缩规模的同时,中国军队着重优化结构、理顺关系、提高质量。

为适应世界军事发展的新趋势,中国军队把信息化作为现代化建设的发展方向,逐步实现由机械化半机械化向信息化的转型。坚持以机械化为基础,以信息化为主导,以信息化带动机械化,以机械化促进信息化。坚持走以信息化为主导、机械化、信息化复合发展的道路,着眼于完成机械化和信息化建设的双重历史任务。加强国防科研和武器装备建设,努力发展规模适度、结构合理、精干高效、整体优化的现代化武器装备体系。实现由数量规模型向质量效能型、由人力密集型向科技密集型的转变。优先发展高新技术武器装备。研发新型信息化作战平台和精确制导弹药,研制新型电子对抗装备,着力增强精确打击能力和信息作战能力。有重点地发展若干克敌制胜的高技术"杀手锏"武器,以便能有效遏制和反击任何强敌的军事入侵。

## 七 加强军队全面建设和军事斗争准备

中国军队正在按照"政治合格、军事过硬、作风优良、纪律严明、保障有力"的总要求,加强军队全面建设,努力成为一支打得赢、不变质的现代化、正规化的革命军队。

江泽民说:"当前我军面临的一个主要矛盾,是现代化水平与现代战

---

① 阿尔文·托夫勒:《未来的战争》,新华出版社1998年版,第78页。
② 卡尔·冯·克劳塞维茨:《战争论》第二册,解放军出版社2008年版,第202页。

争需要还不相适应。提高我军战斗力，主要任务是解决现代化问题。因此，我军建设必须坚持以现代化为中心，军队的全部工作都要围绕现代化来展开。"①

军队现代化应主要包括四个方面：

一是武器装备现代化。根据中国的实际情况，应该走重点发展、跨越式发展、系统配套发展武器装备的路子。加快国防科技和武器装备的发展，争取尽快使我军主战装备上一个台阶，尽快缩短与世界先进水平的差距。同时，"有重点地引进一些国外的先进军事技术和装备"。②

二是体制编制现代化。中国军队必须随着世界新军事变革的发展和高新技术武器逐步装备部队，改革军队的体制编制，朝着规模适度、结构合理、指挥灵便的方向努力，体现"精兵、合成、高效"的原则，使之适应打赢高技术条件下局部战争的需要。

三是军事思想现代化。先进的军事思想和军事理论，历来是战争的重要制胜因素之一，也是军队建设得以健康发展的必要条件。当代军事领域的深刻变革，正在推动着军事思想和军事理论的发展和创新。毛泽东军事思想和人民战争理论过去是克敌制胜的法宝。在当代条件下，必须根据世界新军事变革的新形势和现在中国军队的实际情况，在继承这些思想理论精华的基础上，发展和创新出新的军事思想和军事理论，探索信息化条件下建军和作战的规律。

四是军队正规化。"正规化建设是现代化建设的必然要求，从一定意义上讲，没有军队的正规化，就没有军队的现代化。"③ 中国军队必须坚持依法治军，从严治军，加强科学管理，不断提高军队建设的整体效益。

中国军队在革命化、现代化、正规化道路上取得重大进展，将是加强军事斗争准备的最重要基础。

从根本上说，中国军队应将培养高素质新型军事人才放在最优先地位。

---

① 江泽民：《关于二十年来军队建设的历史经验》（1998 年 12 月 25 日），《十五大以来重要文献选编》上册，党建出版社 2002 年版，第 702—703 页。

② 同上。

③ 江泽民：《在中央军委扩大会议上的讲话》（1995 年 12 月 17 日），《江泽民论有中国特色社会主义》，中央文献出版社 2002 年版，第 469 页。

毛泽东军事思想一贯强调，决定战争胜负的是人而不是武器，无论武器装备发展到什么程度，人在战争中的地位始终是第一位的。江泽民指出："人才是兴军之本，必须把培养和造就大批高素质人才作为军队现代化建设的根本大计来抓"，"迎接新的军事发展的挑战关键在人才。没有一大批高素质的人才，就无法掌握新的武器装备，无法创造和运用新的战法，也就不可能赢得未来战争的胜利"。[①]

中国军队应在实施人才战略工程的基础上，推出人才强军战略，加快培养各级、各类高素质指挥人才和专业人才，以适应国防现代化的需要。同时，应提高军队的社会地位和生活待遇，使各级、各类人才安心为国防现代化做贡献。特别是应提高基层干部战士和艰苦偏远地区工作人员的生活待遇。

### 八　促进祖国和平统一，运用威慑手段遏制"台独"

为了遏制"台独"和维护台海和平发展，中国必须拥有两种军事威慑能力。第一种是慑止"台独"势力宣布法理"台独"的威慑能力。第二种是慑止美国军事干预台海冲突的威慑能力。

如果美国在军事上卷入台海冲突，那将是干涉中国内政。因此中国有必要发展慑止美国军事干预台海冲突的威慑能力。中国不是超级大国，只拥有很少的核武器，美苏两个超级大国冷战时期"相互确保摧毁"的模式并不适用于中美关系。中国具有一定的核反击能力，只要美国不能确定它对中国进行第一次打击时能全部摧毁中国的战略核力量，或者中国在遭受美国第一次打击后还有能力将一枚核弹头打到美国，美国就不会对中国首先进行核打击。如果中国拥有对付美国干预台海冲突的常规威慑能力，美国就会尽力抑制"台独"分裂势力制造法理"台独"的企图。

邓小平1983年在阐述中国大陆和台湾和平统一的设想时说："祖国统一后……台湾还可以有自己的军队，只是不能构成对大陆的威胁。"[②] 江泽民在1995年1月再次提议："双方可先就'在一个中国的原则下，正

---

[①] 江泽民：《在中央军委扩大会议上的讲话》（1996年12月14日和1997年12月7日），《江泽民论有中国特色社会主义》（专题摘编），中央文献出版社2002年版，第458—460页。

[②] 邓小平：《中国大陆和台湾和平统一的设想》，《邓小平文选》第三卷，人民出版社1993年版，第30页。

式结束敌对状态'进行谈判,并达成协议。"① 2004年5月17日,中共中央台湾工作办公室、国务院台湾事务办公室受权就当前两岸关系问题发表声明,提出只要台湾当局承认世界上只有一个中国,大陆和台湾同属一个中国,就可以"恢复两岸对话与谈判,平等协商,正式结束敌对状态,建立军事互信机制,共同构造两岸关系和平稳定发展的框架"。② 这清楚表明,只要台湾当局接受一个中国原则或"九二共识",两岸就可以就正式结束敌对状态、建立军事互信机制进行协商,并达成协议。

将来两岸如果能就建立军事互信机制达成协议,那将会遇到如何处理威慑手段与两岸军事互信机制关系的问题。在初期,两岸军事互信机制将主要用于防止偶发事件导致两岸军事冲突。随着两岸合作的发展和互信的增长,军事威慑的因素将逐渐下降。

## 第二节 地缘政治理论与中国国家安全

地缘政治(Geo-politics)是人类政治中历史最悠久的现象之一。它包括客观和主观两个层面的涵义。在客观层面上,它指客观存在的地缘政治态势、关系和过程;在主观层面上,它指人们在对这些客观存在的地缘政治现实认知、理解和运筹的基础上产生的思想、理论和方法论。地缘政治理论是人们在地缘政治现实中进行实践活动并总结经验教训基础上而产生的对地缘政治的理性认识。地缘政治学则是这些理论系统化和学科化的产物。

### 一 关于中国古代地缘政治理论与实践的介绍

在中国古代就有关于地缘政治关系的理论和实践,只不过还没有形成系统的理论和用"地缘政治"这个词。

在春秋时期,就有"借道伐虢"、"唇亡齿寒"等与地缘政治有关的实际案例。

---

① 江泽民:《为促成祖国统一大业的完成而继续奋斗》(1995年1月30日),《人民日报》1995年1月31日。
② 《中共中央台湾工作办公室、国务院台湾事务办公室受权就当前两岸关系问题发表声明》(2004年5月17日),《人民日报》2004年5月17日,第1版。

在战国时期，"合纵连横"等理论起主导作用。这一理论和战略有着强烈的地缘政治色彩。当时，七雄并起，争夺天下。赵、韩、燕、楚、齐、魏等国为对付秦国，实行联合阵线形式"合纵"战略。而秦国则采用"连横"战略，分化瓦解"合纵"阵线，各个击破，实现了统一中国。"远交近攻"则是中国这一时期的一种典型的地缘政治理论。"围魏救赵"等是与地缘政治有关的案例。

在三国时期，一方在三角关系中如何寻求最大利益的理论是当时影响最大的理论，而这一理论与地缘政治关系密切。其中最有代表性的是诸葛亮出山前向刘备分析天下形势的《隆中对》。诸葛亮认为，当时实力最强的曹操一方地广人多，兵强马壮，且挟天子以令诸侯，因此"应避其锋芒"；实力次之的孙权一方"占据江东，国险而民附，贤能为之用"，因此只能结为友盟，同样不可与其正面争夺。诸葛亮提出的战略是先夺取并"以荆、益为根据地"，然后"西和诸戎，南抚夷越，外结好孙权，内修政理"；时机成熟时，可分两路北伐，夹击曹操，则统一大业可成。[①] 诸葛亮的《隆中对》将当时的地缘政治态势分析透彻，并提出了适当的应对之策。

## 二 近现代地缘政治理论的产生和演变

地缘政治学起源于政治地理学。德国地理学家弗里德里希·拉采尔（Friedrich Ratzel，1844—1904年）在1897年发表的《政治地理学》一书中，把自然环境条件与国家政治结合起来研究，提出了独特的研究理论和方法，成为地缘政治学的鼻祖。他提出的"国家有机体"和"生存空间"的观点认为，国家像生物一样，是一种生物有机体，其生存和运行依赖于它所在的环境，因此如同生物一样，需要一定的"生存空间"，国家作为健全的空间有机体通过扩张领土而增强力量是必然的。这种观点后来被德国法西斯用作对外侵略的理论，成为地缘政治学历史上的污点之一。瑞典籍学者鲁道夫·契伦1899年首创了"地缘政治"这个词，并进一步发展了拉采尔的理论，试图用地理环境来解释政治现象。

### （一）传统地缘政治理论

传统地缘政治理论包括海权论、陆权论、空权论、德国地缘政治理

---

[①] 《三国志·诸葛亮传》。

论等。

1. 海权论。美国海军指挥学院院长、海军战略家马汉（Alfred Thayer Mahan，1849—1914年）经过对英国海军发展与海洋霸权的深入研究，提出一套以制海权概念解释历史的理论。他在1890年出版的《海权对历史的影响（1660—1783）》一书中详细阐述了海权理论，其中心论点在于强调海上力量对于国家繁荣与安全的重要性，认为若是一个国家要成为强国，必须要掌握在海洋上自由行动的能力。

2. 陆权论。英国地缘政治学鼻祖麦金德1904年发表《历史的地理枢纽》的论文，创立了与海权相对应的陆权理论。他将欧亚大陆中心地带称为枢纽地带，即世界政治的枢纽。1919年，又将"枢纽地带"的概念修改为"心脏地带（heartland）"，并且把欧、亚、非三大陆统称为"世界岛"。他的"心脏地带"理论认为，控制了东欧就等于控制了心脏地带，控制了心脏地带就等于控制了世界岛，控制了世界岛就等于控制了世界。

美国地缘政治学家尼古拉斯·斯皮克曼1943年发表《和平地理学》一书，在麦金德的"心脏地带"概念基础上，提出了相应的"边缘地带（rimland）"学说。他认为，两次世界大战都是发生在边缘地带，而且边缘地带在经济上、人口上都超越心脏地带。因此控制了边缘地带就等于控制了欧亚大陆，控制了欧亚大陆就等于控制了世界的命运。他提出，从西亚、南亚、东南亚到东亚整个沿海地带，是世界上最重要的地带，因为：第一，这一地带具有发展经济的优势，是工业化的重要地带；第二，它集中了能源以及很多战略性的资源；第三，这里还是海权和陆权进行角逐的最关键所在。

3. 空权论。空权论首先是由意大利将军朱利欧·杜黑提出的，他认为"天路"是两点之间最近的距离，而制空权可以决定战争的胜败。他于1921年发表《制空权》一书，指出要发展强大的空军，争夺制空权，以获得战略主动；而以空军摧毁敌国战略目标，就无须与陆军和海军正面作战，也能够摧毁敌手抵抗的意志。

4. 德国地缘政治理论。德国地缘政治理论的代表人物是德国将军卡尔·豪斯霍弗尔。他推崇"国家有机体"与"心脏地带"学说，并且深受"生存空间"（lebensraum）概念的影响。他认为，生存空间是国家发展的必要条件，因而国家掠夺更多的生存空间是合理的；而心脏地带论也可以用来说明德国的战略定位与对外战略。从 20 世纪 20 年代开始,他大力推广这种德国地缘政治的思想,而这一思想成为纳粹德国扩张主义的理论基础之一。

### (二) 现代地缘政治理论

二战结束后,现代地缘政治理论兴起,其中包括:分裂世界理论、世界体系理论、文明冲突理论、单极理论、多极理论、整合理论等。

1. 分裂世界理论。美国学者萨尔·科恩(Saul B. Cohen,1926—  )是分裂世界论的主要代表人物。他 1964 年发表论文《分裂世界的地理与政治》,提出地缘政治结构理论,推出"地缘政治战略模型"。2003 年,科恩在《世界体系的地缘政治学》专著中,进一步完善了地缘政治结构理论,提出了等级制排列的空间结构:第一层,宏观层面的地缘战略区;第二层,中观层面的地缘政治区;第三层,微观层面的民族国家。

2. "中心—边缘"结构理论。美国著名学者伊曼纽尔·沃勒斯坦(Immanuel Wallerstein)在 20 世纪 70 年代提出"世界体系理论"。他认为,现代世界经济体系是"中心—边缘"结构,即存在着中心地区、边缘地区和半边缘地区三个组成部分。[①] 沃勒斯坦认为:"世界体系是一个社会体系,它具有范围、结构、成员集团、合理规则和凝聚力。"[②] 他写道:"表现为一个社会体系的特征是基于这样的事实,即这个体系内的生活上是独立自足的,而且这个体系发展的原动力大体上是内在的。"[③] 沃勒斯坦提出:"迄今为止只存在过两种不同的世界体系:一种是世界帝国,在这些世界帝国中,存在一个控制大片地域的单一政治体系,不论其有效控制程度减弱到什么程度;而在另一类体系中,在其所有的,或几乎所有的空间不存在这样的单一政治体系。"[④]

根据沃勒斯坦的观点,16 世纪以前,"世界性体系"主要表现为一些世界性帝国,如罗马帝国、中华帝国等。从 16 世纪开始,随着资本主义生产方式的产生,开始以西北欧为中心,形成"世界性经济体系"。它不同于"世界性帝国"之处在于,它有一个自成一体的经济网络,却没有

---

① [美] 伊曼纽尔·沃勒斯坦:《现代世界体系》(第 1 卷),尤来寅等译,高等教育出版社 1998 年版,第 15 页。
② 同上书,第 347 页。
③ 同上。
④ 同上书,第 347—348 页。

一个统一的政治中心。在这个世界经济体中占据有优势地位的地区，主要是西欧和北美地区，是中心区域；而广大亚非拉地区，由于受到欧洲国家的殖民统治，或是新独立建成民族国家不久，是这一世界经济体系的边缘区域；在这两者之间的是半边缘区域。三个不同的组成部分承担着三种不同的经济角色：中心区域利用边缘区域提供的原材料和廉价劳动力，生产加工制品向边缘区域销售牟利，并控制世界体系中的金融和贸易市场的运转。边缘区域除了向中心区域提供原材料、初级产品和廉价劳动力，还提供销售市场。半边缘区域介于两者之间：对中心区域部分地充当边缘区域角色；对边缘区域部分地充当中心区域角色。

3. "高边疆"理论。美国战略家丹尼尔·格雷厄姆在1980年首次提出"高边疆"（High Frontiers）理论。他认为："在整个人类历史上，凡是能够最有效地从人类活动的一个领域迈向另一个领域的国家，都取得了巨大的战略优势。"[①] 由此，格雷厄姆指出："当空间的近海——大气层——成为人类活动的新领域时，美国凭借自己在航空方面最有效的军用和民用能力赢得了极大的战略优势。今天，当人类对空间进行了史诗般的载人和不载人的探索之后，我们将会看到总会有一个国家能把与英国商船队和海军舰队相匹敌的东西送入太空。"[②] 他认为，太空已成为维护国家安全和利益的"高边疆"，那些在征服太空领域表现突出的国家或国家集团，将赢得在这一战略"高地"上的决定性优势。

4. 文明冲突理论。美国哈佛大学教授塞缪尔·亨廷顿（Samuel Huntington）是文明冲突理论的主要代表人物。他1993年在《外交事务》杂志上发表《文明的冲突？》一文，首次阐发了他的文明冲突理论。三年后，他在出版的《文明的冲突与世界秩序的重建》专著中，对文明冲突理论作了更详尽和更系统的论证和阐述。亨廷顿的文明冲突理论也涉及了文明冲突与地缘政治之间的关系。他认为："文化在世界上的分布反映了权利的分布。"[③]

亨廷顿提出，世界上有六种现代文明（印度教文明、伊斯兰教文明、

---

[①] [美] 丹尼尔·格雷厄姆：《高边疆——新的国家战略》（1982年），张健志译，军事科学出版社1988年版，第5页。

[②] 同上书，第6页。

[③] 塞缪尔·亨廷顿：《文明的冲突与世界秩序的重建》，周琪等译，新华出版社2002年版，第88页。

日本文明、东正教文明、儒家文明和西方文明）和两种可能的候选文明（非洲文明和拉丁美洲文明）。他认为冷战后的世界是由这八种主要文明构成的，未来的世界新秩序将是这八种主要文明相互作用、合力影响的结果。亨廷顿说："在冷战后时代的新世界中，冲突的基本源泉将不再首先是意识形态或经济，而是文化……全球政治的主要冲突将发生于不同文化的国家和集团之间。文明的冲突将主宰全球政治。""下一次世界大战，如果有的话，必将是所有文明之间的战争。"[①] 很明显，亨廷顿将文化和文明看作冷战后时代国际关系中的关键变量，将文明的冲突看作冷战后时代国际上冲突的主要原因。

在谈到大国关系时，亨廷顿认为："在当代全球政治中，主要文明的核心国家正在取代两个冷战超级大国，成为吸引或排斥其他国家的首要支柱……文明核心国既是文明内部又是文明之间秩序的源泉……是以文明为基础的国际新秩序的核心要素。"[②] 亨廷顿提出，在八种主要文明中，有五个具有文明性质的重要的核心国家，分别是：印度教文明的印度、日本文明的日本、东正教文明的俄罗斯、儒家文明的中国和西方文明的美国。而另外三种现代文明，即伊斯兰教文明、非洲文明和拉丁美洲文明却没有这样的核心国家。亨廷顿认为："由世界主要文明核心国卷入的全球战争虽然爆发的可能性极小，但并不是不可能的……这种危险的根源在于文明及其核心国之间权力均势的变换。"可以看出，亨廷顿文明冲突理论中的大国观仍没有完全摆脱现实主义理论的影响。

亨廷顿说："在冷战后世界，人类历史上第一次全球政治成了多极和多文明的政治。"[③] 他认为，未来的世界秩序将由几种强大的趋势形成：第一，西方主导的世界正在终结，几个非西方国家正在作为大国凭借自己的权力崛起；第二，这些新兴大国愈来愈反对西方的价值观，偏爱它们自己的文化规范，西方物质优越性的持续衰弱将极大瓦解其文化吸引力；第三，每种文明内部蕴含的主要文化价值观念作为个人和政治认同的源泉将

---

[①] Samuel Huntington, The Clash of Civilizations, Foreign Affairs, Summer 1993.
[②] Samuel Huntington, The Clash of Civilizations, Foreign Affairs, Summer 1993, pp. 155 – 157.
[③] Samuel Huntington, The Clash of Civilizations and the Remaking of World Order, Simon and Schuster, 1996, p. 21.

变得愈来愈重要。①

亨廷顿认为:"文明冲突是对世界和平的最大威胁,以文明为基础的国际秩序是防止世界战争最可靠的保障。"② 他主张,在未来时代,为了防止主要文明之间的战争,各国应该遵守三项规则:第一,弃权规则,即核心国应避免干涉其他文明的冲突,这是保持多极和多文明世界的和平的首要前提条件;第二,合作调节规则,即核心国应相互协商和停止发生在彼此之间的断裂带的战争;第三,求同规则,即所有文明的人民都应探寻并努力扩展与其他文明在价值观、惯例和习俗方面的共性。总之,人类必须学会如何在复杂、多极和多文明的世界内共存。③

### 三 中国国家安全战略中的地缘政治考虑

中国国家安全战略的概念虽然在 2004 年才正式提出,但自从 1949 年中华人民共和国成立以来,中国已经有国家安全战略。中国国家安全战略一直受着地缘政治考量的影响,主要是从实现和维持一个较长期的和平国际环境着眼的。

1950 年 6 月 25 日,朝鲜战争爆发。美国及其盟国打着"联合国军"的旗号出兵干涉朝鲜。美军越过三八线,将战火烧向中国东北边境。在这种危急情况下,毛泽东和中共中央做出中国人民志愿军入朝参战的决定。

1962 年,印军在中印边境不断进行蚕食和挑衅,印度政府又拒绝了中方关于双方边防部队脱离接触的建议。中国不得已于 10 月 20 日在中印边境开始进行自卫反击。中国边防部队收复了印军越过 1959 年 11 月 7 日实际控制线所侵占的中国领土,并进入了"麦克马洪线"以南的中国领土。遵照中国政府的命令,中国边防部队虽然只是在传统习惯线以北的中国领土上进行自卫反击,但仍从自卫反击后的驻地撤回到实际控制线,即非法的"麦克马洪线"以北,并且从这条线再后撤 20 公里;在中段和西段,中国边防部队也从实际控制线后撤 20 公里。这样,中印边境实现了

---

① 参见倪世雄等《当代西方国际关系理论》,复旦大学出版社 2001 年版,第 428 页。
② Samuel Huntington, The Clash of Civilizations and the Remaking of World Order, Simon and Schuster, 1996, p. 321.
③ 参见倪世雄等著《当代西方国际关系理论》,复旦大学出版社 2001 年版,第 425—426 页。

停火和双方武装部队的脱离接触。这是中国政府为了用实际行动表示中国主张通过和平谈判而不是通过武力来解决中印边界问题的诚意，也是出于保持中印友好关系的愿望。中国单方面采取的这些建立信任的措施使中印边境局势基本稳定下来。

1966年中国开始"文化大革命"后，其对外政策转为反帝、反修、反对各国反动派，除了认为阿尔巴尼亚、越南等少数几个国家是友好国家外，对外几乎采取反对一切的态度。这使中国在外交上和地缘政治上都非常孤立和被动。1969年中国与苏联在珍宝岛爆发武装冲突。之后直到20世纪80年代中期，苏联成为中国最直接的军事威胁。1972年2月美国总统尼克松访华，标志着中美苏大三角关系的形成。中国力量虽然不大，但在美苏两个超级大国之间像秤砣一样"四两拨千斤"。这是中国领导人布下的国际地缘政治的好棋。

2002年，党的十六大报告明确指出："我们将继续加强睦邻友好，坚持与邻为善、以邻为伴，加强区域合作，把同周边国家的交流和合作推向新水平。"[①] 与邻为善、以邻为伴成为中国外交政策的方针之一。这表明中国对周边国家外交政策既考虑到地缘政治，又超越了地缘政治。

## 第三节　中国国家安全战略能否超越地缘政治

冷战结束以来，中国国家安全战略发生了重大变化。中国提出"新安全观"和"建设和谐世界"的目标等一系列中国特色国家安全新理念。这些表明中国正在根据国际形势的发展，开始使其国家安全战略逐渐超越地缘政治理论。但这种超越的进程将是长期复杂的，而且将视国际安全环境的演变而定。

### 一　"建设和谐世界"的目标

2007年10月，胡锦涛总书记在中国共产党第十七次全国代表大会上

---

[①] 江泽民：《全面建设小康社会，开创中国特色社会主义事业新局面——在中国共产党第十六次全国代表大会上的报告》，《人民日报》2002年11月16日，第3版。

指出："各国人民携手努力，推动建设持久和平、共同繁荣的和谐世界。"[1] 这是将中国传统文化精华与世界先进文化相结合进行创新的结晶，也是在对世界形势进行全面深刻分析基础上提出的奋斗目标和全新命题。"建设和谐世界"是一个长期的目标，具有深刻的内涵。

**（一）国家之间和国家内部利益和谐是实现和谐世界的政治基础**

和谐世界的主要目标之一是持久和平。但自从人类社会有国家以来，就存在国家之间的武装冲突和战争，其根源是国家之间利益的矛盾和冲突。一国对另一国发动侵略战争主要是为了夺取土地、劳动力、财富、资源，争夺殖民地、王位和霸权等。第二次世界大战达到了人类社会战争规模的顶点。

但冷战结束以来，国与国之间战争的数量在减少。从1990年至2005年的16年间，57起重大武装冲突中只有4起是国家间的交战，包括美国及其盟国发动的伊拉克战争、海湾战争、印度与巴基斯坦之间的冲突、埃塞俄比亚与厄立特里亚之间的冲突等。[2] 2005年没有发生新的国家间冲突，而且，自1999年以来，重大武装冲突的数量平稳下降，2005年冲突的次数是冷战结束以来最少的一年。在20世纪90年代前半期，重大武装冲突的次数较多，每年达27次至31次，其中以1991年为最高。而2005年，全世界重大武装冲突减少到16个地点的17起。[3]

战争和武装冲突的减少是有一些深刻原因的：

第一，绝大多数发展中国家在获得独立后，逐渐巩固了民族解放运动的成果。它们具有保卫国家主权和领土完整的实力，集中精力发展国家经济和实现国家现代化，成为维护地区与世界和平的重要力量。

第二，国家发动战争的驱动力大大减弱。在绝大多数发展中国家赢得民族独立后，发达国家已不可能通过武力再将它们重新变为殖民地。而现在原料、市场和投资场所都可以通过商业贸易手段获得，不需要通过战争

---

[1] 胡锦涛：《在中国共产党第十七次全国代表大会上的报告》，《人民日报》2007年10月16日，第3版。

[2] 罗塔·哈博姆、彼得·瓦伦斯腾：《1990—2005年重大武装冲突的模式》，载斯德哥尔摩和平研究所编，中国军控与裁军协会译：《SIPRI年鉴2006：军备、裁军与国际安全》，世界知识出版社2007年版，第132页。

[3] 同上。

手段。同时，由于抵抗侵略的手段越来越多样化和有效，发动侵略战争越来越得不偿失。国际社会对人权的重视程度大大上升，使战争发动者遭受越来越多的谴责和监督。

第三，主要大国之间形成相互核威慑。由于担心导致核战争，它们在处理相互关系时都比较谨慎，它们之间发生战争的可能性非常小。

第四，各国之间共同利益越来越多。随着经济全球化和区域经济一体化的迅速发展，许多国家之间经济上相互依存大为增加，在很大程度上形成"一荣俱荣、一损俱损"局面，发动战争对任何一方都没有好处。同时，非传统安全威胁或新安全威胁，包括环境污染、全球变暖、恐怖主义、大规模杀伤性武器扩散、能源短缺、人口爆炸、毒品走私、国际犯罪、恶性传染病等，对人类安全的挑战大为上升，各国不得不合作以共同对付这些威胁。

第五，毁灭性力量在国际关系中的作用下降，建设性力量的作用上升。在冷战结束之前，毁灭性力量，即军事力量，特别是核对抗在国际关系中起主导作用。冷战结束以来，虽然军事力量仍然是最重要的因素之一，但其作用有所下降。例如，美国凭借其强大军事实力很快占领了伊拉克，但至今无法消除各种形式的暴力抵抗，无法实现伊拉克的稳定和重建。同时，软实力在国际关系中的作用上升。一国向国际社会提供公共产品，特别是建设性倡议和斡旋组织的能力，成为衡量其实力的重要指标之一。

由此可见，人类共同利益的上升、和平力量的增长和战争成本的大幅度上升，是现在战争和武装冲突减少的主要因素。要达到持久和平，最重要的是必须减少国家之间利益的矛盾和冲突，最终实现国家之间的利益和谐。

而实现国家之间利益和谐的道路，将要经过三个阶段：

第一阶段是无政府状态下的国际体系，"权力均势"理论在这一阶段的国际关系中起主导作用。冷战结束以来，世界开始逐渐超越这一阶段。

第二阶段是相互依存状态下的国际体系，绝大多数国家之间的关系在这一阶段将更多地建立在相互依存的基础上。世界开始逐渐进入这一阶段。这一阶段的主要特点之一，是世界总体上将由不对称相互依存向对称性相互依存转变。即上升中大国的实力逐渐接近国际体系中占主导地位大国的实力，发展中国家不仅要完成国家现代化的过程，而且要逐渐缩小和消弭与发达国家之间的经济鸿沟。

第三阶段是一体化条件下的国际体系,世界将逐渐实现经济和政治一体化。这一阶段的主要特点之一,是逐渐实现从区域一体化到全球一体化。只有实现全球一体化,才可能实现国家之间利益基本和谐,从而为实现世界持久和平打下坚实基础。

当前,世界处在从第一阶段向第二阶段过渡时期,这将是一个很长的历史时期。在这一时期,国际战略格局正在逐渐向相互依存状态下的多极化演变。由于在今后相当长时间中,国际战略力量失衡,美国仍然是唯一超级大国,并企图以军事力量为主要支柱来维持美国的"全球领导地位",因此美国对其他国家和非国家行为体动用武力的事件将难以避免。2005年美国是三场冲突的主要参与方(阿富汗政府与"塔利班"的冲突、伊拉克政府与伊各反抗派别的冲突、美国政府与"基地"组织的冲突),成为现在世界上"重大武装冲突最频繁的参与国"。[1]

现在,世界上重大武装冲突的另一个特点是,国内武装冲突占绝大多数。从1990年至2005年的16年间,57起重大武装冲突中有53起是在国内打的,或者是为争夺政府控制权(30起),或者是为争夺领土控制权(23起)。[2] 这表明一些非国家行为体,包括恐怖组织、分裂主义组织和极端主义组织,已经成为重大武装冲突的主要参与方。如何综合运用政治、经济、军事、文化、社会等手段,解决这些非国家行为体引起的武装冲突,成为当前全球安全中的一个极为重要的课题。从长远来说,只有实现国家之间和各国国内利益的和谐,才能最终消除非国家行为体引起武装冲突的根源,实现持久和平。

**(二)各国共同繁荣是实现和谐世界的经济基础**

要实现各国共同繁荣必须首先解决好发展问题,因此发展问题带有战略性和全局性,因为它不仅与发展中国家人民的进步事业密切相关,而且关系到整个世界的发展和繁荣。如果发展中国家的经济不能持续发展,贫困问题不能克服,发达国家的经济也会受到负面影响,更谈不上整个世界的繁荣。

---

[1] 罗塔·哈博姆、彼得·瓦伦斯腾:《1990—2005年重大武装冲突的模式》,载斯德哥尔摩和平研究所编,中国军控与裁军协会译:《SIPRI 年鉴2006:军备、裁军与国际安全》,世界知识出版社2007年版,第132—133页。

[2] 同上书,第132页。

当前要实现各国共同繁荣仍面临巨大挑战：

第一，一些发展中国家无法适应全球化造成的剧变，陷入边缘化境地。

经济全球化、社会信息化的消极作用和负面影响，给发展中国家，特别是那些最不发达国家带来巨大冲击，南北差距拉大，矛盾突出，对话不畅。有些发展中国家尚未找到适合自己特点的现代化道路，国家认同尚未巩固，腐败问题无法从根本上控制。许多发展中国家经济问题严重，基础设施落后，发展遭遇瓶颈，利益分化，矛盾增加。由于缺乏相互交往和互补性差，南南合作困难。这些发展中国家经济长期停滞不前，绝对贫困与相对贫困同时增长。艾滋病和其他传染性疾病威胁着人的生存。

有些被边缘化的发展中国家又被称为"失败国家"，往往为国际社会所遗忘。这常常导致处于这种境况中的某些国家成为恐怖分子的滋生地或藏身地。

第二，经济全球化使发达国家与发展中国家之间以及国家内部的差距拉大，引起了紧迫的公平发展问题。

经济全球化所造成的是不均衡的发展。不仅发达国家与发展中国家之间差距扩大，而且，在发达国家内部和发展中国家内部，贫富差距也在增加。这种经济分配的不公加剧了社会问题。这就是反全球化浪潮高涨的根本原因。这一问题仅靠市场经济是无法解决的，必然要通过政府的宏观调控来减缓。

第三，金融危机等新形式的危机造成重大损失。

新科技革命发生在原有的国际体制之中，造成发展的极不平衡，发展中国家处于不利地位。发展中国家在参与经济全球化中面临巨大的经济风险和金融风险。例如，在1997年发生的亚洲金融危机中，有的东南亚国家在几天时间之内就损失了国内生产总值（GDP）的20%—30%。

第四，经济发展与生态环境的矛盾日益突出。

随着人口的迅速增长和经济的发展，人类对资源的消耗日益增多，对环境的污染日益严重，全球变暖，气候异常，全球生态系统正在趋向危险的临界点。这将对国际关系产生难以预测的影响。一方面，全球性跨国问题日益增多，使世界各国的共同利益上升，促使它们更多地进行合作以解决面临的这些新安全威胁。另一方面，国家之间可能展开对淡水、能源、海洋和太空资源的争夺，这种争夺甚至可能导致武装冲突或战争。

另外，有利于世界朝共同繁荣方向发展的趋势也取得一定的发展。

1. 近年来一大批发展中国家在经济上崛起。

第二次世界大战结束后，广大亚非拉国家先后赢得民族独立。其中一些发展中国家在重新掌握自己命运后，逐渐探索出适合本国经济发展的道路，实现跨越式发展，成为新兴工业化国家。20 世纪 70 年代末，中国走上改革开放道路。美国高盛公司将巴西、俄罗斯、印度和中国作为新兴国家中的金砖四国（BRICs），认为它们将成为全球经济中的重量级国家。[①] 该公司 2005 年 12 月报告预测，如果不出意外的话，中国经济可能会在 2040 年超过美国成为世界第一经济大国，印度在 2033 年可能超过日本成为世界第三经济大国，金砖四国（BRICs）总共的国内生产总值可能在 2041 年超过西方 6 国（G7 减去加拿大）。[②] 高盛公司还将孟加拉国、埃及、印尼、伊朗、韩国、墨西哥、尼日利亚、巴基斯坦、菲律宾、土耳其、越南作为排在 BRICs 之后的新兴的 N-11 国。[③] 这些新兴的金砖 4 国（BRICs）和 N-11 国几乎都是发展中国家。

最近几年，发达国家和发展中国家的经济对比正在发生变化。据国际货币基金组织统计，2005 年，新兴国家经济产值占世界总产值的一半以上。这是自欧洲工业革命以来的第一次。新兴国家经济平均增长速度达到 6%，而发达国家是 2.4%。新兴国家的出口份额增长到占全球的 42%，而 1970 年时仅占 20%。在货币市场，新兴国家目前拥有的外汇储备占世界的 2/3。

2. 发展中国家通过区域经济合作和经济一体化加快了自身发展。

在经济全球化趋势中，面对发达国家建立经济集团的情况，广大发展中国家不得不加快区域经济合作和区域经济一体化，以增强自身竞争力。

一些发展中国家为了发挥相互之间经济的互补性，避免强国与弱国之间的不平等竞争，正在推动平等互利基础上的自主区域一体化。2000 年 7 月，非洲统一组织第 36 届首脑会议通过《非洲联盟章程》，决定在非洲统一组织基础上成立非洲联盟（简称"非盟"）。2001 年 7 月，非洲统一

---

① 美国高盛公司吉姆·奥奈尔等：《全球经济报告第 99 期：与 BRICs 一起梦想》，2003 年 12 月 1 日，http://www.gs.com/hkchina/insight/research/。
② 美国高盛公司吉姆·奥奈尔等：《全球经济报告第 134 期：BRICs 国家有多稳固？》，2005 年 12 月 1 日，http://www.gs.com/hkchina/insight/research/。
③ 同上。

组织第37届首脑会议通过"非洲发展新伙伴计划",目标是消除贫困,实现可持续发展,开展双边和多边合作,推动非洲大陆经济一体化。2002年7月,非洲联盟正式接替非洲统一组织。非洲联盟有53个成员国。20世纪80年代,非洲国家经济增长超过2%的只有6国,20多个非洲国家经济负增长,被称为"失落的10年"。20世纪90年代初,非洲在政治动荡和经济困境中苦苦挣扎。1994年经济形势开始逐步改善。非盟成立后,经济明显好转。据世界银行统计,非洲2003年经济增长为3.4%,2004年为3.8%,2005年达5%。

其他发展中国家走联合自强道路,也在建立和加强一些区域经济合作组织,如里约集团、南方共同市场、安第斯共同体、阿拉伯国家联盟、海湾合作委员会等。

北美和东亚区域经济合作中既包括发达国家,也包括发展中国家。东亚国家已开始构建"东亚共同体"的进程。中国与东盟国家2010年建立了自由贸易区。这是世界上人口最多的自由贸易区,总人口达19亿人,经济规模近6万亿美元。韩国已与东盟就双边自由贸易协定中的商品自由贸易达成协议。中日韩正在就三国自由贸易安排开展联合学术研究。"东亚共同体"如能建成,将形成与北美自由贸易区、欧盟三足鼎立的态势。

发展中国家为了维护自己的权益和推动国际经济秩序向公正合理的方向转变,依靠区域合作组织协调在国际组织谈判中的立场。例如,非洲联盟贸易部长会议2006年4月14日通过的《内罗毕宣言》提出,有关各方必须履行在世界贸易组织多哈回合中所作的有关推动发展的承诺,以使非洲国家和其他地区的最不发达国家的发展需要和关切得到重视;欧盟和美国必须重视它们同非洲之间贸易不平衡问题,必须大幅削减扭曲贸易的各种补贴。[1]

当前的区域性经济合作和区域经济一体化是在全球化趋势背景下发展的,成为经济全球化的有机组成部分,实际上是通向全球化的一个阶段。

3. 发展中国家占绝大多数的亚太地区有望上升为世界经济重心之一。

近年来,随着中国和其他亚洲国家经济的迅速发展和在国际事务中作用的上升,世界经济重心开始由大西洋地区向亚太地区转移。亚太地区人口约30亿人,占世界总人口的半数以上。仅亚太经合组织(APEC)的

---

[1] 新华社内罗毕2006年4月14日电:《非洲统一世贸谈判立场》。

21 个成员人口就占世界总人口的 45%、国内生产总值（GDP）之和占全球生产总值的 57%，拥有全球 58% 的制造业，贸易占国际贸易的一半以上，增长占全球总量的 70%。其中，亚洲在全球国内生产总值中已占 23%，而且这一比例仍在上升。亚洲外汇储备总和达 2.35 万亿美元，占世界外汇总储备的半数以上。2004 年东亚地区经济增长率达 7.6%，是全球经济增长最快的地区之一。在美国的对外贸易中，出口的 1/3、进口的 2/5 是与亚洲进行的。近年来，美国与亚太地区每年双边贸易总额超过 7000 亿美元。在新兴的金砖四国（BRICs）中，有两个半是亚洲国家（即中国和印度两国，俄罗斯算半个）。在新兴的 N-11 国中，有 9 个是亚洲国家。新加坡内阁资政李光耀认为，世界"经济重心"从大西洋向太平洋地区转移。[①] 由于欧美国家现在仍掌握创新工艺和服务的优势，因此其经济中心地位还会保留相当长时期。在这一过渡时期，世界经济体系中将出现欧盟、北美、亚太三个中心区域并存。发展中国家占绝大多数的亚太地区地位大幅上升，将深刻改变世界经济体系。

4. 新科技革命极大地推动生产力和生产关系发展，使更多的人改善生活。

20 世纪 80 年代以来，人类社会正在经历一场新的科技革命。以信息技术、生物工程技术、新能源技术和纳米技术等为代表的科技进步日新月异。科技创新出现群体突破态势，新的技术群和新的产业群蓬勃发展。科学技术进入了前所未有的密集创新时代。许多重大创新出现在学科交叉领域，自然科学与人文科学相互渗透。科研成果转化为现实生产力的周期越来越短，技术更新速度日益加快。科技与经济、教育、文化、社会等的联系日益紧密。

以信息技术革命为核心的新科技革命在极大地推动生产力和生产关系发展的同时，还在有效改善更多人的生活。"当今世界收集、储存、获取和传输信息的边际成本正趋近于零，这种情况可谓前所未有。能够进入因特网的人，全球已逾 10 亿。也许更令人惊异的是，约有 15 亿人使用移动电话。因特网无线接入潜力无限。"[②] 这为实现共同繁荣创造了更多的有

---

① 阿萨德·拉蒂夫：《内阁资政李光耀：美国无须害怕中国和印度的崛起》，新加坡《海峡时报》2004 年 10 月 28 日。

② Martin Wolf, "The World Must Deal Carefully With the Great Changes of Economy", Financial Time, February 1, 2006.

利条件。

**（三）世界不同文明之间关系和谐是实现和谐世界的必要条件之一**

世界各种文明发展的共性和特殊性并存决定了文明的多样性。这是人类社会的基本特征，也是人类文明发展的重要动力。每一种文明的发展都有其特殊性。在古代，由于交通不发达，世界许多民族大多独立发展出各自的文明。因为地理环境、生产方式、社会形态、历史演变等不同，各种文明都有其自身特点，包括强点和弱点，而这些特点在很大程度上决定该文明的命运。人类历史上各种文明都以各自独特的方式为人类进步作出了贡献。另一方面，每一种文明的发展又离不开文明之间的相互交流和相互影响。

从17—18世纪起，西方文明在率先工业化和现代化过程中，利用其坚船利炮，在广大亚非拉地区占领殖民地，在压迫其他文明中成为主导性文明。西方殖民者从非洲掳走数百万黑人使其成为奴隶，对非洲某些文明进行了毁灭性的打击。英国殖民者和美国杀害了数十万美洲印第安人，基本摧毁了美国境内的印第安文明。

随着二战后民族独立运动的发展，亚非拉国家纷纷赢得国家解放和民族独立。其后，在维护政治独立和发展民族经济的同时，许多亚非拉国家的民族文化也在发展，正在逐渐开始本国特色的文明复兴。它们不仅要求国际政治和经济秩序向更加公正合理的方向转变，而且希望在文明领域与西方国家进行比较平等的对话。

当前，世界各文明之间的关系正在由西方文明占主导地位，向一个多样文明比较平等共存的方向演变。这将是一个很长的历史进程，其中将既充满不同文明之间的对话与交流，又存在不同文明之间的竞争乃至碰撞。当前，不同文明之间发生某些碰撞甚至冲突主要是因为：

第一，有的西方大国或某些宗教极端主义团体企图凭借军事实力或信仰优越感，把某种文明的模式强加于其他文明，以实现单一的普世文明。这是一种缺乏理智的行为，因为任何文明都是既有优点，又有弱点，相互之间可以取长补短，而不应该将某种文明的模式强加于其他文明。

第二，不同文明背景的极端分子之间出于无知、狭隘、偏见及因此产生的极端思潮，而相互仇视对方的文明。最危险的是有些文明中主张暴力的极端分子，因为这些暴力会给普通民众带来灾难。

要实现世界不同文明之间关系和谐，各种文明都必须共同努力，作出应有的贡献。

首先,必须寻求它们之间的相通性和共同点。例如,世界各主要宗教的主流都是温和的。伊斯兰教的基本信仰和基本功课特别强调和平、顺从、容忍、博爱、行善、施舍、克制和宿命论等。又如,基督教的基本教义强调平等博爱、爱仇如己、忍耐顺从、天堂幸福等。应该通过对话和交流,增加不同文明对相互之间相通性和共同点的了解和欣赏。

其次,必须提高世界不同文明对相互之间差异的理解和包容度,学会相互共存。这里可以用得上中国"和而不同"的理念,即"和谐而又不千篇一律,不同而又不相互冲突。和谐以共生共长,不同以相辅相成",这"是人类各种文明协调发展的真谛"。[①] 即使提出"文明冲突论"的美国著名学者塞缪尔·亨廷顿也认为:"在未来的岁月里,世界上将不会出现一个单一的普世文化,而是将有许多不同的文化和文明相互并存","所有文明都必须学习共存"。[②]

世界是丰富多彩的,一部人类文明发展史,就是不同文明在竞争交流中取长补短,在求同存异中共同发展的历史。文明的多样性是一种客观存在,世界文明正是在这种多样性中存在,并通过多样性的交流和融汇而发展的,是普遍性与多样性的统一。正如季羡林先生所说:"文化交流是推动人类社会前进的重要动力之一。如果没有文化交流,我们简直无法想象人类今天的社会会是一个什么样子。"[③]

在全球化时代,世界各种文明之间应该相互尊重、相互对话、相互欣赏、相互借鉴、相互包容、相互融合、平等交流、和平相处、取长补短、共同发展。只有相互尊重,才能平等对话。而更高的境界是相互欣赏,这种相互欣赏是欣赏其他文明的优秀之处,相互借鉴这些优秀之处,而不是全盘照抄。只有相互欣赏才能避免文明冲突。应当强调和鼓励各种文明和谐共存和相互交融。正如费孝通先生所说,应该"各美其美,美人之美"。文明之间虽然也产生摩擦甚至冲突,但更多的是交融,而且这种交融逐步从被动融合发展为主动融合,从单向的文明冲击进展到双向和多向

---

① 《江泽民文选》第三卷,人民出版社 2006 年版,第 552 页。
② [美]塞缪尔·亨廷顿:《文明的冲突与世界秩序的重建》,周琪等译,新华出版社 2002 年版,中文版"序言"第 2 页。
③ 郁龙余等:《梵典与华章:印度作家与中国文化》,宁夏出版社 2004 年版,季羡林开卷题词。

的文明互动。

必须充分认识到文明交流的艰巨性和复杂性。例如，发达国家的一些人对西方文明孤芳自赏，不了解其他文明，把其他文明都看作是落后文明，把西方文明与其他文明对立起来。这阻碍了西方文明与其他文明的相互交流和相互理解。又如，发展中国家之间虽有相互交流的意愿和相似的利益取向，但在西方文明占优势的情况下，其学习重点是朝向西方的，相互之间兴趣不大，交流十分有限。同时，发展中国家文明之间也有相互矛盾的一面，尽管发展中国家在追求文明多样性和多元文化共存上利益一致，但在某些情况下也会因实际地缘政治利益不同而发生相互摩擦。

国际社会必须反对非理性民族主义利用文明冲突，同时反对非国家行为体的极端主义和暴力主义。各国应超越民族利己主义，将本国利益与人类共同利益相结合。

**（四）构建调整国家之间利益和关系，使之实现和谐的国际机制，是实现和谐世界的根本途径**

和谐世界必须有建立在经济一体化基础上的上层建筑，其中最重要的组成部分之一应该是调整国家之间利益和关系使之实现和谐的国际机制。国际机制（International Regime）是国际体系的制度化构造，包括国际组织、正式国际协议、非正式国际协议、国际规范以及国际惯例等，是国际秩序的核心特征。

第二次世界大战结束时成立的世界性组织联合国在其宪章中，为战后世界勾勒了一种理想的国际秩序，即用集体安全制度取代传统的军事结盟政策，用大国一致以维护和平与防止战争，用国际组织保证小国安全以及实行大小国家主权平等的民主原则。但在冷战时期，联合国由于超级大国争夺世界霸权而无法发挥正常作用，甚至被大国用来充当相互争夺的工具和"游乐场"。美苏争霸这种国际力量结构及所产生的冷战思维和"零和"游戏规则，决定了国际机制是以北约和华约为代表的相互对抗的军事联盟为主。

冷战结束后，一些只适应冷战需要的旧的国际组织，如华约、经互会等解散了。虽然作为冷战遗产的北约以及美国在亚太地区的若干双边军事联盟仍存在，甚至扩大与强化，但其在国际上的重要性不可避免将逐渐下降。军事联盟这种最早出现的国际机制已越来越不适应新的国际形势。

现有的许多国际组织，如联合国等，是反法西斯战争胜利的产物，虽然现在需要进行一些改革，但仍有继续存在下去的合理性。经济全球化、世界多极化和区域经济一体化等趋势迅速发展，所产生的新的国际力量结构、新的国际行为体和新的国际关系理念，决定了必须要有适应全球化时代的新的国际机制。

联合国应通过改革以适应新形势需要，加强联合国权威、能力与作用，建立一个有效力、效率和公平的集体安全机制，使其成为全球化时代国际机制的核心。

从中期来说，应该建立以联合国为核心的多层次、多渠道、多类型共存的全球经济合作与安全合作机制。这种机制应强调多边主义并主张以对话协商方式解决争端。

从长远来说，实现和谐世界必须要构建调整国家之间利益和关系使之实现和谐的国际机制。这种国际机制应该具有下述特征：

1. 将公正、合理、完善的国际机制作为实现国际关系法治化和保证国际关系民主化的基础。

随着越来越多新兴国家的上升，国际体系中的"金字塔"形等级制结构正在逐渐为一种较为平等的结构所代替，国际关系民主化趋势正在发展。在这种情况下，必须建立公正、合理、完善的国际机制来实现国际关系法治化，并保证国际关系民主化。

2. 保证大国之间的合作，对大国的霸权行为进行制约。

随着国家之间，特别是大国之间经济相互依存性的增加，以及核武器相互威慑状态的存在，大国之间发生战争的可能性大大下降。非传统安全威胁上升和传统安全威胁与之相互交织，使"地球村"内大国之间的合作成为必要，它们合作的可能性大大上升。在这种情况下，必须构建适当的国际机制，来实现大国合作。同时，与在国家内部"绝对的权力会产生绝对的腐败"一样，在国际上没有约束的霸权也是危险的。现在由于相互之间共同利益增加，一些大国与国际体系中占主导地位大国之间的相互关系在"斗而不破、合而不从"的框架内保持并发展。它们相互之间要对霸权行为进行制约，最好的方法是通过有效的国际机制。

3. 从全人类共同利益和国家利益相结合出发，协调各国之间的利益和关系。

和谐世界也会存在各种矛盾，如果处理不当甚至会导致冲突，因此需要建立公正合理的国际机制来协调各国之间的利益和关系。这种国际机制应该从全人类共同利益和国家利益相结合出发,通过协调使各国能够实现合作互利共赢。

同时,这种国际机制应能对遭受突发性灾难的国家及经济发展水平较低国家提供一定的国际保障。

**(五) 合作共赢的新理念是实现和谐世界的理论基础**

和谐世界必须有与其相适应的新理念。自从人类社会出现国家以来,伴随着战争与冲突,在国际政治中占主导地位的观念一直是"弱肉强食"的"丛林法则"、"一方得益,必定导致另一方受损"的"零和"游戏规则等。在冷战时期,则是过于强调意识形态和价值观念对立,过于强调国家政治安全与军事安全的旧安全观,以及"非友即敌"、遏制地缘政治对手的冷战思维盛行。

建立和谐世界,必须彻底抛弃这些旧的思维和冷战思维,并创造一整套与和谐世界相适应的新理念。

"和谐"思想是中国几千年智慧的珍贵结晶之一,将它运用于国际关系领域是一个创造。早在公元前两千五百年,中国人就开始逐渐形成"天人合一"的宇宙观。两千多年前,中国先秦思想家孔子提出了"君子和而不同"与"和为贵"的思想。中国人早就强调追求天人和谐、人际和谐、身心和谐,向往"人人相亲,人人平等,天下为公"的理想社会。近年来,以胡锦涛为总书记的党中央领导集体提出"和谐世界"思想。"中国认为,和谐世界应该是民主的世界,和睦的世界,公正的世界,包容的世界。"[①]

将"和谐世界"思想运用于国际战略领域具有深远的意义。第一,它应该成为指导国与国之间关系的主要准则。第二,它应该成为处理不同社会制度、不同文明、不同文化关系的主要准则。第三,它应该成为处理实现人类发展与维护地球环境之间关系的主要准则。

为了建立持久和平、共同繁荣的和谐世界,为了与民主、和睦、公正、包容的和谐世界相适应,世界各国都应该接受合作共赢的新理念。该理念应包括下述主要内涵:

---

[①] 中华人民共和国国务院新闻办公室:《中国的和平发展道路》(白皮书,2005年12月),上海国际问题研究所编:《国际形势年鉴2006》,上海世纪出版股份有限公司、上海辞书出版社2006年版,第555页。

1. 在承认多样性基础上的合作。

"和谐世界"思想的基础是"和而不同"的世界观。中华民族传统文化的精髓，是重视和追求事物的和谐、均衡与稳定。《礼记·中庸》说："致中和，天地位焉，万物育焉。"认为只有达到和谐，才能正天地，育万物。中华民族传统文化的人文精神和价值理想，主张"兼相爱，交相利"。即以互爱互利的原则来处理人与人、国与国之间的关系。

中华民族传统文化强调"礼为用，和为贵"的思想，要求各种角色举措得当，相互协调，相互结合，重在和谐统一。这种"和而不同"的思想实际上表达了世界多样性的辩证统一，即在多样性的基础上实现和平、和谐与合作。

国家之间、民族之间、地区之间，存在这样那样的不同和差别是正常的，也可以说是必然的。世界各种文明、不同的社会制度和发展道路应相互尊重、相互交流和相互借鉴，在和平竞争中取长补短，在求同存异中共同发展。

2. 在平等和民主基础上的合作。

中国"和谐世界"思想是建立在大小国家一律平等、互相尊重主权和领土完整基础上的。由于世界的多样性，因此应该提倡国际关系民主化和发展模式多样化。各国的事情应由各国人民自己决定，世界上的事情应由各国平等协商，并在此基础上进行合作。

3. 在相互协调与相互合作基础上寻求共赢。

"中国哲学一向崇尚共存、共享、共赢，'海纳百川，有容乃大'。"[①]《管子·兵法》上说："和合故能谐"，就是说，有了和睦、团结，行动就能协调，进而就能达到步调一致。这种和合并非是同一，"和合"也是有原则性的，与人相和而不随波逐流、同流合污。随着各国之间经济相互依存性的增长和共同面临越来越多的跨国安全问题，它们越来越有必要更多地相互协调政策，通过相互合作解决面临的各种新的安全挑战。

中国应该努力使中国"和谐世界"思想和合作共赢的新理念得到全国人民的认同和共识，并进而使其在实践中获得世界各国的集体认同，形成与此相适应的国际机制和制度。同时，中国应该努力运用"和谐世界"

---

① 江泽民 2003 年 7 月 21 日会见英国首相布莱尔时的谈话，《人民日报》2003 年 7 月 23 日。

思想和合作共赢的新理念与霸权主义和强权政治作斗争，并改革现有国际秩序中不公正、不合理的因素。

## 二 中国走和平发展道路

近代以来，中国在国际体系中的地位经历了巨大变化。同时，中国对国际体系的态度也发生了重大转变。"建设和谐世界"重要思想的提出，为中国看待国际体系提供了崭新的视角。中国是当前国际体系的支持者、维护者和改革者。实现中华民族的伟大复兴是中国人民在21世纪的战略任务，也是构建和谐世界的重要组成部分之一。像中国这样一个大国的发展，是不可能一蹴而就的，需要在理论和实际上解决许多重要的问题。为了实现和平发展，必须在邓小平理论和"建设和谐世界"重要思想指引下，根据实事求是、与时俱进、开拓创新的精神，逐渐形成一整套中国特色的国际战略新理念。

### （一）和平与发展为主题的时代为中国和平发展提供现实条件

世界处于和平与发展为主题的时代，为建设和谐世界提供了根本的前提条件和现实可能性。和平与发展为主题的时代观是中国走和平发展道路的前提性大观念。中国走和平发展道路具有极大的时代意义，符合时代潮流，有利于维护世界和平，促进共同发展。

和平与发展为主题的时代是历史发展的必然结果。回顾世界近现代史，我们可以看到，只有在和平与发展为主题的时代，建设和谐世界才有现实可能性。

17世纪欧洲发生了两件对世界历史影响深远的大事。一是1640年英国爆发的资产阶级革命。这使资本主义生产力的发展开始摆脱旧势力的束缚。二是1648年签订的《威斯特伐利亚和约》，该和约塑造了威斯特伐利亚体系，确立了民族国家在现代国际关系中的行为主体的地位，在实践上肯定了国家主权原则，从而使国家主权平等原则成为国际关系的基本准则。这使欧洲中世纪的以罗马教皇为中心的神权政治体制，让位于由主权平等和独立的民族国家组成的国际社会。但当时的欧洲国家只将主权平等原则适用于所谓的"基督教文明国家"。而对其他文明的国家和民族，欧洲列强并不具有中国古代以来一直持有的"和而不同"的世界观，相反，它们凭借资本主义生产力迅速发展所获得的坚船利炮，开始在亚洲、非洲、拉丁美洲等世界广大地区进行残酷征服、疯狂掠夺和殖民占领。欧洲大国通过武力和战争崛起。尽管近代欧洲的康德、美国的威尔逊等人提出建立人类共同体的愿景,中国的康有为等人提出过世界大同的观点,但在当时根本不存在实现的可能性。

至19世纪末20世纪初,资本主义发展到帝国主义阶段。在世界范围内,殖民地已经瓜分完毕。为了夺取商品市场、原料产地和投资场所,帝国主义国家之间展开激烈争夺,导致两次世界大战。这两次世界大战也引起了一些国家的无产阶级革命和广大殖民地、半殖民地人民争取民族解放的斗争。因此20世纪前半期,时代的主题是"战争与革命"。在这一时期,大国通过或企图通过武力和战争崛起的特点发展到了极致。

至20世纪60年代末,绝大多数殖民地、半殖民地人民通过民族解放斗争获得了民族独立。同时,世界上和平力量的增长超过了战争力量的增长,使新的世界大战可以避免。这一切都标志着"战争与革命时代"基本结束,时代的主题开始转换。20世纪70年代以后,时代主题向和平与发展过渡。至冷战结束,这一时代主题完全确立,更加彰显。在这一时代,首次出现了建设持久和平、共同繁荣的和谐世界的现实可能性。当前中国的和平兴起正是在以和平与发展为主题的时代背景下进行的。

**(二) 中国领导人对时代主题的判断是中国走和平发展道路的前提性大观念**

邓小平关于时代主题的论述是我们认识时代的出发点。我们所说的时代,指以马克思主义观察全球形势所做的总体判断。作为时代主题的和平,是指不打世界大战。而不打世界大战,是中国和平兴起所需的稳定和平的国际安全环境的最重要因素之一。作为时代主题的发展,指世界各国无论大小穷富,均应得到充分的发展;也指每个国家应实现政治、经济、科技、社会、文化的全面协调发展。中国本身的这种发展是和平兴起的基础,而且中国希望实现世界各国共同发展。

早在20世纪80年代初,邓小平就已开始思考当代世界的和平与发展问题以及这两大问题的相互关系。80年代中期以后,邓小平提出:"对于总的国际局势,我的看法是,争取比较长期的和平是可能的,战争是可以避免的"。[①] 他认为,国际社会在为反对霸权主义、反对战争威胁,争取世界和平而斗争时,还必须始终不渝地关注和解决人类的发展问题。1985

---

① 《邓小平文选》第三卷,人民出版社1993年版,第233页。

年3月，邓小平指出："现在世界上真正大的问题，带全球性的战略问题，一个是和平问题，一个是经济问题或者说发展问题。"①

冷战结束后，世界形势发生重大变化，但霸权主义、强权政治和不公正不合理的国际经济秩序依然存在。邓小平通过冷静观察和思索，1992年在"南巡讲话"中特别指出："世界和平与发展这两大问题，至今一个也没有解决。"②

党的十三大和十四大报告均依据邓小平的论断，将和平与发展概括为"当今世界"的"主题"和"两大主题"。1997年9月，党的十五大又明确将和平与发展概括为"当今时代的主题"。"当今时代的主题"比"当今世界的主题"立意高、看得远，考虑到了时代基本矛盾的演变。2002年11月，党的十六大报告不仅明确肯定"和平与发展仍是当今时代的主题"，而且进一步对此做了比较详细的阐述：维护和平，促进发展，事关各国人民的福祉，是各国人民的共同愿望，也是不可阻挡的历史潮流。世界多极化和经济全球化趋势的发展，给世界的和平与发展带来了机遇和有利条件。新的世界大战在可预见的时期内打不起来。争取较长时期的和平国际环境和良好周边环境是可以实现的。③中国领导人的这些论述是实现中国和平发展的前提性大观念。

**（三）坚持和丰富和平与发展为主题的时代观是中国和平发展理论的基础**

在当前世界和平受到新的冲击和发展面临新的挑战的形势下，我们应该进一步提高对"和平与发展为主题的时代"的认识，统一思想，坚定信念，抓住机遇，发展自己。一方面，认为现在"还是战争与革命时代，中国被遏制，必有一战"的观点，是没有看到时代已经发生本质的变化，夸大了中国面临的威胁，是错误的。另一方面，那种认为"和平与发展就可以万事大吉"的观点，看不到存在的新挑战，因而也是错误的。还有人认为"现在是从资本主义向社会主义过渡的时代"，这是混淆了社会发展的时代与全球国际局势的时代概念。那种认为"有冲突战争、贫困

---

① 中国外交部编写组：《邓小平外交思想学习纲要》，世界知识出版社2000年版，第32页。
② 同上书，第34页。
③ 江泽民：《在中国共产党第十六次全国代表大会上的报告》，载《中国共产党第十六次全国代表大会文件汇编》，人民出版社2002年版，第45页。

落后就不是和平与发展时代"的观点,是看不到时代的主流。和平与发展是世界的发展潮流。中国走和平发展的道路是和平与发展为主题的时代所决定的,也是在这一时代背景下进行的。

同时,应根据国际形势的变化,不断丰富与调整和平与发展时代观的内涵。

1. 解放思想,与时俱进,克服思想障碍,丰富与发展时代主题。

邓小平理论、"建设和谐世界"重要思想是我们认识时代主题的出发点和理论基础,同时要顺应时代发展潮流,进一步推进时代主题的内涵。"左"的和右的认识偏差都应克服,尤其要克服"左"的倾向。观念要有新提高,开放要有新局面,合作要有新内容。慎提反对"西化",多讲学习和吸取全人类的文明成果。在主权观、人权观、民主观方面,都应当顺应时势而变化。

其一,全人类共同利益上升是和平与发展为主题的时代的一个重要特征。2003年春夏之交一度猖獗的"非典型性肺炎"就是一个例子。我们应该顺应历史潮流,维护全人类共同利益。与国际社会共同努力,积极促进世界多极化,推动多种力量和谐并存,保持国际社会的稳定,积极促进全球化朝着有利于实现共同繁荣的方向发展,趋利避害,使各国特别是发展中国家都从中受益。

其二,合作安全是和平与发展为主题的时代的一个重要原则。维护安全需要有新观念。中国一直在提倡树立以互信、互利、平等、协作为核心的新安全观,主张通过对话增进相互信任、通过合作促进共同安全。

其三,维护世界多样性,提倡国际关系民主化和发展模式多样化,是和平与发展为主题的时代的一个重要目标。只有尊重世界的多样性,各个民族、文明才能和谐相处,相互学习,相互借鉴,相得益彰。世界上的不同文明、不同的社会制度和发展道路应彼此尊重,在竞争比较中取长补短,在求同存异中共同发展。

2. 辩证看待现有国际体系,运用和改善国际体系,促进和平与发展。

现有国际体系当然有不合理不公正的方面,但是也在广大发展中国家的努力下取得了很大进步,有公正与合理的方面。和平与发展的推进不能是无源之水,无根之木,而是从现有国际体系中孕育出来的,也只能在国际体系的变化中发展。中国更应当在融入国际体系的同时,学习运用国际体系,进而逐步改造国际体系,去推进和平与发展。

对一些正在发展的、对国际体系有影响的事物，也应该用辩证的观点去看。例如，非政府组织和跨国公司，对世界和平与发展以及中国和平兴起既有有利影响，也有不利影响，需要客观分析，善用其有利的一面，而防止其不利的一面。

3. 从维护和平与发展的时代主题出发，摒弃冷战思维，超越地缘政治，将中国国家利益与全人类利益相结合。

和平与发展作为客观的发展趋势，是不以我们的主观意志为转移的，也不一定在所有的方面、所有的时间都符合中国的国家利益，但从长远来说可能对中国更为有利。因此维护和平与发展是符合中国国家利益的。地区合作的利益，全人类的共同利益，有些与中国的国家利益是一致的，甚至成为中国国家利益的组成部分。中国应积极参加联合国和区域组织的维和活动，积极促进国际政治和经济秩序的建设和改革，积极参与地区经济与安全合作，推进新安全观的传播，逐渐使合作安全与共同安全成为共识。世界多极化和国际关系民主化意味着不仅中国可能兴起，其他国家也可能兴起。和平复兴的中国应当欢迎其他国家的和平崛起。任何一国的崛起都会对国际局势和地区态势产生影响甚至冲击，中国应当对此做充分的准备，与时俱进地调整政策不断磨合出新的合作与平衡。

4. 不断研究新问题，形成更全面更完整的时代观。

我们仍然处在剧烈变化的世界之中。要不断揭示促进和平与发展的新力量和新因素，不断研究妨碍和平与发展的新问题和不确定因素。和平是发展的前提，发展是和平的基础，一般来说两者互相促进。然而，两者的关系也是复杂的，有时也出现相反的趋势。这就要求进行更深入的研究，逐步形成更全面、更前瞻的时代观。中国的发展离不开世界，中国的和平兴起也需要争取世界的认同。

## （四）中国和平发展推动世界潮流

在世界历史上，大国兴起的先例不胜枚举，但基本上都是通过两种途径实现的：一是战争，二是与世界"领导国家"结盟，或与其有相同的意识形态。

在第二次世界大战之前，大国的崛起必须通过战争。这是战争与革命时代的重要特征。西方殖民主义和帝国主义大国都是通过战争而崛起的，因为他们必须通过战争才能重新瓜分殖民地和势力范围。其中有成功崛起的，如英国、美国等。美国是通过美西战争和两次世界大战而成为西方世界霸主的。也有在崛起时的战争中失败的，如德国、日本等。

第二次世界大战结束后，民族解放运动蓬勃兴起。至20世纪70年代末，绝大部分殖民地和半殖民地实现了民族独立。这标志着战争与革命时代的结束。世界逐渐进入以和平与发展为主题的时代。20世纪80年代，经济全球化进入了新的发展时期。在经济全球化潮流的冲击下，一个国家如果不融入世界市场和国际社会，是无法实现现代化的。在和平与发展为主题的时代，由于经济全球化潮流，使得一个后起国家可以通过和平竞争扩大国际市场，获得原料和资源，吸引外国资本前来投资，从而兴起成为一个大国。这一潮流的发展，大大增加了各国之间经济上的相互依存性和全人类的共同利益，从而促使各国更多地在经济、安全等方面加强合作。这使得国际社会有可能接受一个大国或国家集团的和平兴起。例如，第二次世界大战后，德国、日本等实现了和平兴起。但他们都是世界"领导国家"——美国的盟国，而美国在与苏联争霸的冷战中取得了胜利。

中国和平兴起的定位应该是成为"有全球影响的地区大国"。但中国决不想挑战美国的"世界领导地位"，也永远不称霸，永远不搞扩张。由于中国是一个发展中大国，又是一个社会主义国家，这样一个国家要实现在国际上和平兴起是史无前例的。这充分表明了中国和平兴起的艰巨性。

在近现代史上，中国曾多次面临机遇期，但由于种种原因，都未能很好抓住。1945年9月抗日战争胜利，第二次世界大战结束，中国面临发展的良好机遇。但由于蒋介石集团挑起国共内战，破坏民主建国，使中国失去了发展机遇。20世纪60年代至70年代，世界新科技革命迅猛发展，日本和亚洲"四小龙"利用这一机遇发展起来了，但中国却由于陷入"文化大革命"而丧失了又一次机遇。

因此，机遇只是为发展创造了某些有利条件，提供了一种可能，并不是发展的实现。机遇期的到来并不意味着一个国家必然地走向繁荣昌盛。中国要实现和平兴起，必须抓住并尽可能延长重要战略机遇期。

中央领导集体关于重要战略机遇期的思想是建立在对国际战略形势进行实事求是科学分析基础上的，是在对冷战结束以来，特别是"9·11"事件以来国际战略形势进行客观冷静分析基础上做出的科学判断。这一论断成为我国进入全面建设小康社会、加快推进社会主义现代化建设的新的发展阶段的重要理论根据之一。这也是以与时俱进战略眼光分析当今时代特征和当前国际形势特点，高屋建瓴做出的科学论断。战略机遇期论断的根本出发点，是为了集中精力进行现代化建设，发展中国的综合国力。只有以经济为基础、以科技为先导的综合国力发展了，中国的国际地位才能提高，才能在国际竞争中立于不败之地。

从理论分析来说，战略机遇期具有以下特点：

第一，战略机遇期的时代性。战略机遇期的出现不是偶然的，从来就是国际战略形势发生巨大变化的产物。进入和平与发展为主题的时代，以及经济全球化趋势和世界多极化趋势的发展，为中国的和平兴起创造了有利的外部条件。

第二，战略机遇期的重要性。能否抓住战略机遇期，对中国能否实现和平兴起具有十分关键的意义。

第三，战略机遇期的宏观性。从空间范围来看，战略机遇期不是那种相对孤立的、只对中国某个局部地区或某个领域产生影响的时机，而是将对中国整体和全局有至关重要的意义。

第四，战略机遇期的纵深性。从时间序列来看，战略机遇期不是那种只在短时间内起作用的因素，而是将在一个较长时间内对中国的发展起决定作用的因素。

第五，战略机遇期的转化性。在战略机遇期中，机遇与风险有可能相互转换。处理不好，机遇有可能溜走，或转化为风险。在战略机遇期中，也存在出现危机的可能，处理得好，可能将危机变为转机。

第六，战略机遇期的伸缩性。善于把握和利用战略机遇，就可能延长战略机遇期；反之，战略机遇期有可能被缩短。

抓住重要战略机遇期，中国的和平发展就可以从现实可能性转化为现实。这种现实可能性分为内部客观条件和外部客观条件两部分。从内部有利条件来说，除了前面叙述的以外，还有几点很重要：（1）十一届三中全会以来，中国共产党带领人民成功地走出了一条建设中国特色社会主义的正确道路，我国的改革和发展日益呈现出蓬勃生机和活力。（2）改革开放30多年来，我国的综合国力显著发展。社会主义市场经济体制初步建立，中国经济发展的环境不断改善。（3）在社会主义物质文明和精神文明取得巨大进步的同时，中国的政治文明建设也在逐步推进。

从外部有利条件来说，除了前面分析的以外，还有两点很重要：

一是"9·11"事件后，美国将反恐、反大规模杀伤性武器扩散作为其全球战略的最优先事项，将对外战略的重点由欧洲转到中东地区。朝鲜已进行核武器试验，美国在朝核问题上与朝鲜反复博弈。在这种情况下，美国需要保持中美关系的稳定，希望中国在解决朝核问题、反恐等方面与美国合作。中美关系中引起争议的问题，如台湾问题、人权问题等的尖锐性有所下降。这些有利于中美关系的稳定。

二是在经济全球化趋势的影响下，由于中国具有投资环境良好、生产成本低等特点，世界一些重要的经济要素，如高技术产业、服务业等正在大规模、广谱性地向中国全面转移，这正好与中国建设全面小康社会的需求相配合。这有利于中国加快经济的发展。

中国实现和平兴起的目标，也就是中国共产党十六大提出的我国21世纪头20年的发展目标和到21世纪中叶的发展目标。我国21世纪头20年的发展目标是，全面建设惠及十几亿人口的更高水平的小康社会，使经济更加发展、民主更加健全、科教更加进步、文化更加繁荣、社会更加和谐、人民生活更加殷实。我国到21世纪中叶的发展目标是，基本实现现代化，把我国建成富强民主文明的社会主义国家。与此相适应，中国在国际事务中，将完成从一个负责任的、有全球影响的地区大国向国际体系中一个负责任大国的转变。中国对外政策的目标是努力实现长期的和平国际环境，因为这是中国保持长期经济和社会发展的必要条件。中国在国际上作为一个负责任的国家，有利于保持一个长期的和平国际环境，特别是稳定的周边地区。同时，中国将不谋求地区领导权或世界领导权，而是在经济全球化、世界多极化和国际关系民主化等趋势的大背景下，与其他国家平等合作，共同为推动国际政治经济秩序向更加公正合理方向转变而努力。

无论是从中国社会的发展历程看，还是从世界上其他国家的发展历程看，能不能抓住机遇、加快发展，是一个国家能不能赢得主动、赢得优势、赢得胜利的关键所在。在历史发展的关键时期，把握住了机遇，落后的国家和民族就有可能实现跨越式发展，成为时代发展的弄潮儿；而丧失了机遇，原本强盛的国家和民族也会不进则退，成为时代发展的落伍者。

中国能否实现和平兴起主要取决于能否抓住重要战略机遇期。而要抓住重要战略机遇期，中国必须具备以下条件：

其一，必须具有强烈的机遇意识。战略机遇期是由一个又一个的具体机遇构成的。机遇具有稍纵即逝、不可复生的特性。即所谓"机不可失，时不再来"。只有具备强烈的机遇意识，做好充分准备，才能抓住用好一个又一个的具体机遇,顺势而上,加快发展。要不断提高把握机遇的本领,善于利用机遇。

其二,必须具备宏观的战略思维能力。这种战略思维能力应该是辩证的,能够看到各种事物的正反两方面及其相互联系和相互转化。它又应该是前瞻性的,能够把握历史规律,预见事物发展的方向。它还应该是有洞察力的,能够在纷繁复杂的表象中,抓住事物的主要矛盾及主要矛盾方面。它尤其应该是"海纳百川"的,集中各方面人士和智库的各种意见和智慧,采其精华。

其三,必须把又好又快发展和建立和谐社会作为首要战略目标。邓小平说:"发展是硬道理。"只有又好又快发展,才能为解决中国现在存在的和前进中出现的各种问题创造基本条件,才能不断增强中国的综合国力,才能不断提高中国在国际上的地位。只有建立和谐社会才能做到可长期可持续发展,才能使发展成果惠及最广大人民。

其四,必须具备鼓励创新的机制和迅速将创新成果转化为生产力的机制。世界各国之间的竞争,说到底是人才和创新机制的竞争。因此,机制的创新非常重要。应该通过机制的创新,建立鼓励创新的机制和迅速将创新成果转化为生产力的机制,才能充分调动人们的积极性,勇于创新,大胆实践,不断开拓新局面,取得新成果。

其五,必须具备各种危机预防机制和危机管理机制。在重要战略机遇期,也不可避免地会遇到各种不同的危机。例如,2003年出现的"非典"危机,完全出乎人们的意料,对中国和世界许多国家都产生了一定的负面影响。由于经济全球化趋势的发展和中国与国际社会的联系日益紧密,中国更加容易受到各种危机的影响。危机既是危险,处理得好,也可以转变为机遇。为了预防和处理各种危机,有必要建立各种危机预防机制和危机管理机制。

中国要实现和平兴起必须首先把自己国内的事情办好。为此,必须政治文明、物质文明、精神文明一起抓。在加快发展经济的同时,努力发展社会主义民主政治,建设社会主义政治文明。把坚持党的领导、人民当家做主和依法治国有机统一起来。只有将中国建成富强民主文明的国家,中国才能真正实现和平兴起。

中国还应该使国际社会接受中国的和平兴起。作为一个有13亿人口、960万平方公里领土的大国,中国的迅速发展必将引起世界的瞩目。某些国家的一些人对此产生疑虑心理，担心中国的发展可能对他们不利。少数别有用心的人甚至宣扬"中国威胁论"。与此同时，随着经济全球化和区域经济一体化趋势的发展，中国与世界各国的交流日益频繁，合作日益紧密，共同利益不断上升。中国以实际行动，树立互信、互利、平等和协作的新安全观，与各国通过对话增进相互信任、通过合作促进共同安全，争取在国际事务中"双赢"或"多赢"。这将有利于国际社会接受中国的和平兴起。

可能从根本上阻碍中国和平兴起的唯一外部因素，将是世界头号霸权国家对中国采取遏制政策或双方发生武装冲突。因此，我们应该坚持邓小平"韬光养晦、有所作为"的战略方针，[①] 不管国际形势如何变化，都要在和平共处五项原则的基础上从容发展同所有国家的友好关系；保持警惕，谁也不怕、谁也不得罪，朋友要交、心中有数；埋头苦干，不扛旗不当头。同时，对直接危害我国根本国家利益的霸权主义行为，应该坚决反对，并力争将危机预防在爆发之前，或制止在萌芽状态。另一方面，中国应更积极地在国际上，特别是在与中国联系紧密的周边地区，发挥负责任大国的作用，并更多地利用国际和地区机制或建立新的机制来发挥这种作用。

1. 必须继续执行改革开放路线，加强与世界各国经济技术的交流与合作，积极参与国际体系。

中国要加快发展，全面建设小康社会，实现到2020年比2000年翻两番，到21世纪中叶达到中等发达国家水平的目标，必须坚定不移地继续长期执行对外开放政策，在国际竞争中发展自己。并利用加入"世界贸易组织"（WTO）的机遇，全面参与国际经济贸易体系。

中国历史证明，闭关锁国实际上是作茧自缚，结果一定会落后挨打。一个典型的例子是，在清朝1661年至1796年史称的"康乾盛世"，中国的经济水平在世界上是领先的。乾隆末年，中国经济总量居世界第一位，人口占世界的1/3，对外贸易长期出超。几乎与此同时，西方发生了工业革命，科学技术和生产力迅猛发展。但是，当时的清朝统治者却对这个世界的大变化浑然不觉，麻木不仁，夜郎自大，闭关自守，拒绝学习先进的科学技术。结果在仅仅一百多年时间里，就大大落后于西方国家，在西方

---

[①] 《邓小平外交思想学习纲要》，世界知识出版社2000年版，第11页。

列强的坚船利炮面前不堪一击。这种历史教训我们必须牢牢记取。总的来说，全面参与国际经济贸易体系对我国利大于弊，有利于我国的改革与发展。虽然现有的国际经济、政治和安全机制，大多数是由美国和其他西方国家为主导的，有很多不公正、不合理的成分。加入其中，就会受到这些机制的一定束缚和制约。但是，如果不参加这些机制，中国就会在国际社会中边缘化。而且，中国改革开放的深入发展，要求中国进一步融入国际社会。加入国际经济、政治和安全机制，也有利于中国维护长期的和平国际环境。

2. 必须根据世界多样性的现实，在与世界各种文明和社会制度竞争比较中取长补短，在求同存异中共同发展。

世界是丰富多彩的。世界上的各种文明、不同的社会制度和发展道路应彼此尊重、相互交流和相互借鉴，"在竞争比较中取长补短，在求同存异中共同发展"。[①] 中国的传统文化中既有精华，又有糟粕。要代表中国先进文化的前进方向，必须继承传统文化中的精华，扬弃糟粕，反映人民的心声，把握时代的脉搏，同时吸收其他文明和文化中的精华，创造中国的先进文化。

中国自古以来就有"和而不同"的世界观。发扬光大"和而不同"的世界观有利于创造中国的先进文化，代表中国先进文化的前进方向。

中国传统文化中的精华实际上是中国综合国力中软实力的一部分，在这一基础上创造的中国先进文化将更是中国综合国力中软实力的重要组成部分。我们有必要使"和而不同"的世界观在实践中逐渐获得世界各国的集体认同，并且在国际上实现机制化。

3. 必须继续同各国人民一道，为建设一个持久和平、普遍繁荣的和谐世界而努力。

党的十六大将实现推进现代化建设、完成祖国统一、维护世界和平与促进共同发展作为三大历史任务。在维护世界和平方面，中国提出的以互信、互利、平等、协作为核心的新安全观，是中国传统文化中的精华在新时代发扬光大的产物，也是中国先进文化的一部分。它的理论基础是共同安全与合作安全。新安全观是与冷战思维、霸权主义、强权政治、单边主

---

① 江泽民：《在庆祝中国共产党成立八十周年大会上的讲话》，上海《支部生活》2001年第7期，第15页。

义相对立的,并将在实践中、在与它们的相互比较和竞争中显示其生命力,为维护世界和平作出贡献。

在促进共同发展方面,要通过相互促进、共同发展,实现普遍繁荣。包括积极促进经济全球化朝着有利于实现共同繁荣的方向发展,趋利避害,使各国特别是发展中国家都从中受益。

4. 正确把握韬光养晦、有所作为的战略方针。

"韬光养晦、有所作为"是邓小平国际战略思想的重要组成部分。[①]这二者是相辅相成的。"韬光养晦"的要旨是不挑头、不对抗、首先把自己的事情办好。中国不挑战现存秩序,积极参加现有的国际经济、政治和安全机制,可以赢得世界上绝大多数国家的赞同和支持,加强与它们的各种合作关系,减轻美国少数反华势力对中国搞"遏制包围圈"的战略紧迫感。"有所作为"是指中国作为一个负责任的大国,也要为维护世界和平和促进共同发展发挥积极和建设性的作用。中国要把握好二者的结合点,既能韬光养晦,又要有所作为,从而为中国抓住和用好重要战略机遇期,实现现代化和国家统一,赢得宝贵的时间,创造良好条件。

韬光养晦与有所作为是一个有机的整体,相互依存又相互转化,是辩证的统一,二者不可偏废。韬光养晦与有所作为是长期的战略方针,而不是权宜之计;是积极的战略,而不是消极的方针。只有正确把握好韬光养晦、有所作为的战略方针,才能抓住重要战略机遇期。

韬光养晦,本身的含义是比喻隐藏才能,不使外露。[②] 作为我国对外战略方针的一部分,应将其理解为从我国的基本国情和国际力量对比的现实出发,首先把我国内的事情办好,避免过分张扬、授人以柄、引火烧身,着重营造有利于我们集中力量进行经济建设的长期和平国际环境。具体来说,可以归纳为:不称霸、不当头、不扛旗、不对抗。

不称霸:早在20世纪70年代初,邓小平就代表中国政府向全世界庄严宣告:中国永远不做超级大国。此后,他还多次向第三世界国家的朋友们表示,中国现在不称霸,将来发展了,也永远不称霸。1992年,邓小平再次强调:"社会主义中国应该用实践向世界表明,中国反对霸权主

---

① 中国外交部编写组:《邓小平外交思想学习纲要》,世界知识出版社2000年版,第101页。

② 《汉语成语词典》(修订本),上海教育出版社1986年版,第606页。

义、强权政治，永不称霸。"①

不当头：邓小平指出，中国不去当第三世界的头。尽管第三世界有些国家希望中国当头，但我们千万不要当头，当了绝无好处，许多主动都失去了。邓小平说："头头可不能当，头头一当就坏了。搞霸权主义的名誉很坏，当第三世界的头头名誉也不好。这不是客气话，这是一种真实的政治考虑。"② 即使将来中国强大了，也永远不当头，不称霸，不谋求势力范围，不搞集团政治，不干涉别国内政。③

不扛旗：正如邓小平指出的，中国不去寻求取代苏联在世界共产主义运动中的那种"中心"地位，不去扛那杆大旗。④ 中国将坚定不移地走自己的路，把我们自己的事情办好。

不对抗：1992年，中国领导人提出中国对美外交的16字方针："增加信任，减少麻烦，发展合作，不搞对抗"。⑤ 中国集中精力进行国内经济建设，需要一个和平的国际环境。这决定了中国不寻求与美国或其他任何国家对抗。但是，如果某个国家的政策危及我国的根本国家利益，中国将不得不作出必要的反应。

正确理解韬光养晦必须要有正常国家的心态。韬光养晦不意味着中国有什么不可告人的目的，也不意味着中国强大以后要去报复谁。在古代和近代中国历史上，中国外交通常是两种类型，一种是"朝贡外交"，另一种是"屈辱外交"。在中国强大时，通常是八方来朝贡。而在国运衰落时，往往是屈辱割地求和。由此而产生两种心理，一种是"老大思想"，另一种是遭受屈辱之后产生的"悲情意识"。中华人民共和国成立以来，奉行独立自主的和平外交政策，已经抛弃了过去历史上的那两种外交。在当前国际体系向以相互依存状态为主要特征的新的国际体系的转变中，中国国际战略应该突出和平、合作、负责任等特点，同时应彻底抛弃"老大思想"或"悲情意识"，以自信、开放、包容、坦然的正常心态看待世界和与世界交往。

---

① 邓小平1992年1—2月在武昌、深圳、珠海、上海等地的谈话要点，《邓小平文选》，八一出版社1993年版，第383页。
② 《邓小平外交思想学习纲要》，世界知识出版社2000年版，第104—105页。
③ 同上书，第105页。
④ 《邓小平外交思想学习纲要》，世界知识出版社2000年版，第104页。
⑤ 楚树龙：《冷战后中美关系的走向》，中国社会科学出版社2001年版，第164页。

有所作为应该是有所为、有所不为。韬光养晦决不意味着我们在国际问题上没有声音、没有影响。邓小平指出，中国是一个"有重要影响的大国"，[①] 在国际事务中是有足够分量的。关键是要善于把握形势，抓住时机。中国必须高举和平、发展、合作的旗帜。有时候，有所作为反而有利于韬光养晦。例如，在1998年的亚洲金融危机中，中国发挥了负责任大国的作用，这以实际行动反击了"中国威胁论"，使亚洲国家越来越认识到"中国机会论"。特别是在周边地区出现关系到国家利益的事态时，中国应发挥积极、主动、建设性的作用。

判断是否正确把握韬光养晦、有所作为的战略方针的标准，应该主要看是否有利于中国现代化建设，是否有利于中争取较长时期的和平国际环境和良好周边环境，是否有利于维护中国良好国际形象和提升中国国际地位。

随着中国的发展和实力的上升，中国在国际事务中将发挥更大的作用和更积极的影响。要从代表中国最广大人民的根本利益出发，正确把握发挥作用的平衡点和适度感，并且在其中贯彻与时俱进、开拓创新的精神。

---

[①]《邓小平文选》第三卷，八一出版社1993年版，第279页。

# 第二章 中国国家安全面临的地缘政治环境

中国国家安全面临的地缘政治环境是复杂多样的。它不仅受到地理位置的影响，也受到本国与相关国家科技、经济、军事、文化实力发展水平不同的影响，还受到其他大国和邻国国家安全战略与军事战略的影响。

## 第一节 从地缘政治角度看中国

中国国家安全面临的地缘政治环境首先与中国的地理位置有关。中国位于北半球，在全球最大的大陆——欧亚大陆的东部和全球最大的海洋——太平洋的西岸，西南面距印度洋不远。

中国国土陆地总面积约为960万平方公里，约占全球陆地面积的1/15，亚洲面积的1/4。在世界各国中，中国的面积仅次于俄罗斯和加拿大，居第3位。

中国陆地疆界长2万多公里。与中国陆地接壤的邻国有14个：东北有朝鲜，北有俄罗斯和蒙古，西和西南有哈萨克斯坦、吉尔吉斯斯坦、塔吉克斯坦、阿富汗、巴基斯坦、印度、尼泊尔和不丹，南有缅甸、老挝和越南。其中，俄罗斯和印度是中国的不连续边界国家，蒙古是与中国交界边界线最长的国家。

中国东部面临海洋，海岸线总长度为3.2万多公里。其中大陆海岸线，北起鸭绿江口，南至北仑河口，长达1.8万多公里。环绕中国大陆边缘的海，自北至南为渤海、黄海、东海和南海。它们与太平洋连成一片。中国是世界上岛屿最多的国家之一。其中近86%分布在杭州湾以南的大陆近海和南海之中。台湾岛东部海岸及钓鱼岛、赤尾屿等岛屿的海岸直接濒临太平洋。

同中国隔海相望的国家有六个，东有韩国、日本，东南有菲律宾、马来西亚、文莱和印度尼西亚。

中国国土大部分地处中纬度，最北境在黑龙江省漠河以北的黑龙江主航道的中心线上（北纬53°34′），最南境在广东省南沙群岛的曾母暗沙附近（北纬3°51′），南北延伸5500公里，跨纬度约50度。由于纬度不同，南北之间太阳入射角的大小和昼夜长短差别很大。由此导致辐射能和温度的差异。从南到北，全国（除青藏高原高寒区外）跨越了赤道带、热带、亚热带、暖（南）温带、中温带和寒（北）温带等六个温度带。其中亚热带、暖温带、中温带三者的面积占全国面积的70%。

中国国土最东境在黑龙江省的黑龙江和乌苏里江的主航道汇合处（东经135°05′），最西境在新疆维吾尔自治区的帕米尔高原上（东经73°附近）。东西距离5200公里，跨经度将近62°。时差在4小时以上。

这些表明，中国国家安全面临的地缘政治环境是世界各大国中较为复杂的：

首先，与中国接壤和隔海相望的国家达20个，其数量之多是其他任何国家所没有的。

其次，中国与一些邻国仍有未解决的领土争端和海上权益争端，这在世界近代以来迅速崛起的大国中是极为罕见的。

第三，中国大陆和台湾还未能实现和平统一，这在世界近代迅速崛起的大国中也是少见的。

与接壤中国的国家中既有强邻，也有在历史上侵略过中国的国家，还有对中国迅速崛起深感担心的邻国。

相比之下，美国的地缘政治环境要比中国好多了。美国东临大西洋，西濒太平洋，南北无强邻。美国在迅速崛起的20世纪初之前已将其近邻北美和拉丁美洲国家搞定了。

## 第二节　中国国家安全面临的全球地缘政治环境

世界在 20 世纪 80 年代进入以和平与发展为主题的时代，但实现世界持久和平仍任重而道远。

和平问题带有战略性和全局性，是因为它直接关系到人类的生存和世界的安全。20 世纪前半叶，人类遭受了两次世界大战的巨大浩劫。第一次世界大战席卷 30 多个国家，卷入的人口超过 15 亿人，造成 2000 多万人死亡、2000 多万人伤残。第二次世界大战规模更大，造成的损失更惨重。共有 60 多个国家、20 多亿人口卷入战争。仅中国和苏联损失的人口就达 6000 万左右，对物质财富造成的破坏更是无法估量。

第二次世界大战结束不久，人类社会陷入了长达 40 多年的东西方冷战时期。在此期间，美国和苏联两个超级大国展开了激烈的军备竞赛，特别是核军备竞赛。它们各自建立了庞大的核武库和常规武库。其中，双方投入了数千亿美元的资金，发展了从地面到海洋、空中的庞大的核武器系统，其核弹头总数达到 5 万余枚，足以毁灭人类好几次，成为悬在人类头上的"达摩克利斯剑"，是对世界和平与安全的最大威胁。到 20 世纪 80 年代末，全世界各国现役部队人数约 2900 万人，占全球人口总数的 0.58%。年军费开支总额高达 1.1 万多亿美元，约占全世界年生产总值的 4.5%。这种激烈的军备竞赛不仅严重威胁世界的和平与人类的生存，也给国际社会的发展和人类的环境带来极为不利的影响。同时，美苏激烈争霸造成国际局势紧张动荡，导致局部战争和武装冲突不断。冷战时期，共有 2000 多万人在各种局部战争和武装冲突中死亡。

冷战结束后，尽管世界上有利于和平与发展的因素在上升，但国际关系中多种矛盾交织，国际形势复杂多变，决定了当今时代和平与发展的潮流是曲折前行的。国际政治经济秩序还有许多不公正不合理之处，影响和平与发展的不确定因素在增加。世界还很不安宁，人类面临着许多严峻挑战，世界安全形势更加复杂。面对着严峻的挑战，中国走和平发展道路的意义更加深远。

**一　非传统安全威胁上升**

非传统安全威胁又称为全球问题、跨国问题或低政治问题,包括环境污染、全球变暖、人口爆炸、毒品走私、国际犯罪、恐怖主义、艾滋病等。非传统安全威胁有两个重要特点:一是具有全球性和全人类性,这些问题不是某些国家和局部地区存在的个别问题,而是在世界范围内普遍存在并且关系到整个人类的问题;二是就其后果来说非常严重,它不是人类社会发展中遇到的一般困难和障碍,而是威胁人类的生存和发展,决定人类命运的重大问题。[1]

非传统安全威胁有时也与传统安全威胁交织在一起。传统安全问题有可能转化为非传统安全威胁,非传统安全威胁也有可能导致传统意义上的战争与武装冲突。例如,大规模杀伤性武器是传统安全问题,但如果恐怖分子掌握了大规模杀伤性武器,就成为非传统安全威胁和跨国问题。又如,在非洲某些国家和波黑发生的武装冲突中,叛军或参战军队强奸成千上万名妇女,造成艾滋病在大范围内流行。[2]

中国是世界上人口最多的国家,非传统安全威胁和传统安全威胁对中国都是严重的。中国能够以和平方式兴起,确保安全,不仅事关中国的利益,也是对世界和平的巨大贡献。

**二　国内政治国际化,国际政治国内化,民族主义强化,宗教政治化,成为新的趋势**

一些国家国内的政治矛盾和冲突,导致国际干预,出现国内政治国际化。由于经济全球化的发展,各国之间在许多领域的交流和接触大大增加。在许多国家,国内政治对外交政策的影响有很大上升。冷战结束后,过去被东西方对抗所掩盖的许多民族、宗教和文化矛盾重新抬头。

中国处于建设全面小康的社会的关键时期,这一时期国内的政治、经济、社会和文化矛盾都相当突出,处理好内部发展与外部压力的关系至关重要。和平发展的方向将有助于解决内外压力的矛盾。

---

[1]　尹希成等:《全球问题与中国》,湖北教育出版社1996年版,第2—3页。
[2]　《战乱助艾滋病为虐》,载《解放日报》2002年7月11日,第3版。

### 三 未来冲突大部分仍将发生在发展中国家

有些发展中国家内部动荡加剧，冲击地区稳定。中国有20个陆上与海上邻国，其中绝大部分是发展中国家，相当部分还是最不发达国家。因此中国必须以双边关系和多边地区合作来减缓周边可能造成的冲击。

### 四 冷战残余和传统安全威胁仍然存在

冷战或内战所造成的有些民族和国家的分裂仍然存在，如朝鲜半岛、中国台湾等。特别是近年来，这些分裂地区已经或曾经成为矛盾热点。第二次朝鲜核危机发生后，朝鲜半岛紧张局势上升，这给亚太地区和世界的和平稳定投下了阴影。

同时，美国为维持其"世界领导地位"，企图保持其军事力量"无与伦比的优势"。为此，它不允许其他国家谋求军事优势或与美国平起平坐的军事地位。在2002年1月向国会提交的《核态势评估报告》中，美国国防部提出由核与非核进攻性打击力量（包括信息战手段）、主动和被动防御力量（特别是导弹防御）、能及时提供对付正在出现的威胁的新能力的防务产业基础设施组成新的"三位一体"战略力量，以代替由洲际弹道导弹、战略轰炸机和战略核潜艇组成的旧的"三位一体"战略力量。这大大扩大了战略武器的范畴，使核武器、导弹防御系统、高技术常规武器、太空武器、信息战手段等都纳入战略力量范畴。美国单方面退出《反弹道导弹条约》，为其大力发展导弹防御系统解除了束缚。这些都加大了战略武器控制和实现战略稳定的难度。美国还大力加强在亚太地区部署的海、空军力量。冷战思维和强权政治是与"和平与发展为主题的时代"背道而驰的。

而且，随着高新技术的迅速发展，世界正进入以信息技术等在军事上的应用为主要标志的新军事变革。美国借新军事变革之机正在大力开发高新技术武器，企图保持它在军事上的绝对优势。因此，新军事变革可能在与冷战思维结合，为传统安全威胁输血补气。

总之，和平与发展作为时代主题将是长期的，但是世界政治经济形势将表现出"总体和平，局部战争；总体稳定，局部动荡；总体缓和，局部紧张"的特点，也将是长期的。

中国所处的东亚乃至亚太区域总体和平稳定，但也有多处热点，这些热点都围绕着中国。尤其是台湾问题涉及中国的核心利益,对中国的重要战略机遇期形成严峻考验。和平发展有助于中国化解诸多矛盾,实现战略机遇期的任务。

中国作为世界上最大的发展中国家,在过去 30 年通过改革开放政策实现了经济高速增长,打破了超级人口大国不能现代化的定论,摸索出了适合中国特点的发展道路,它本身已为发展中国家树立了榜样。中国探索和平发展的新道路,将会对共同开发和利用世界资源,合理进行劳动分工,减少恶性竞争,共同防止金融危机等经济冲击,以及团结协作使世界经济体系朝公平合理方向转变,发挥更大的建设性作用。

## 第三节 中国国家安全面临的东亚地缘政治环境

中国位于东亚,因此东亚地区的地缘政治环境对中国影响很大。近年来,东亚的地缘政治环境有一些新特点。

### 一 地缘经济与地缘政治具有同等重要性

在冷战时期,东亚和世界其他区域一样,地缘政治起主要作用。在美国和苏联相互争夺全球霸权的斗争中,东亚区域有很大的重要性。为此,美国在东亚建立了一系列双边军事联盟,企图在这种争夺中占据有利态势。冷战结束以来,东亚区域发生重大变化。军事安全形势的基本稳定,使得东亚国际关系中"低级政治"(经济、社会、生态等问题)的紧迫性和重要性第一次明显地超过"高级政治"(军事对抗和核威慑)。同时,东亚区域经济从亚洲金融危机的影响中恢复后发展迅速。2004 年东亚地区经济增长率达 7.6%,2006 年达到约 8%,是全球经济增长最快的地区之一。东亚经济体率先从 2008 年开始的国际金融危机中复苏,2010 年经济增长达 8.1%。其中,中国从 1978 年至 2005 年国内生产总值从 1473 亿美元增长到 2.2257 万亿美元,年均增长 9.6%;进出口总额从 206 亿美元增长到 1.4221 万亿美元,年均增长超过 16%。2006 年中国进出口总额达到 1.76 万亿美元。中国成为世界第四经济大国和第三贸易大国,是世界第三和亚洲最大进口市场。2009 年,中国外贸进出口总值为 2.20727 万亿美元，其中出口总值达到 1.20167 万亿美元，超过原来的世界第一——德国，成为世界第一出口大国。2005 年中国从亚洲国家和地区进口总额达到 4400 亿美元，同比增长 20%，占中国进口总额的 67%。2006 年，中国从亚洲国家和地区进口 5255 亿美元，占中国进口总额的 66.4%。2009 年，中国进口继续保持高速增长，总额达到 1.0056 万亿美元。2007 年，中国连续 16 年成为发展中国家吸收外国直接投资最多的国家。中国 2007 年共吸收外资 840 亿美元，创历史新高，相当于 1983 年水平的 91 倍。截至 2008 年 7 月底，中国已累计批准了外商直接投资项目 63.4 万个，实际利用外资金额累计达 8204 亿美元。① 1990 年至 2005 年，在华外资企业汇出利润达 2800 亿美元。2002 年以来，中国企业非金融类对外直接投资年均增长超过 43%，到 2006 年底，已累计达到 733 亿美元，其中 61% 集中在亚洲地区。② 2009 年，在全球跨国投资大幅下跌约 40% 的情况下，中国非金融类对外直接投资同比增长 14.2%，达 478 亿美元。截至 2009 年底，1.2 万家中国境内投资者已在境外设立 1.3 万家企业，遍布全球 170 多个国家和地区。对外投资的存量约 2460 亿美元，居全球第 15 位，发展中国家第 3 位。1996 年至 2006 年，中国对亚洲经济增长的贡献率达到 40% 以上。以经济为核心的综合国力竞争已经代替冷战时期的军备竞赛，成为主要国家之间关系的特点之一。而且，美国在东亚的双边军事联盟是地缘政治的产物，它们在应付一些新的安全挑战，特别是非传统安全威胁方面并不有效。

　　在这种情况下，东亚国家建立各种多边的经济、安全合作和对话机制，以共同应对经济全球化和区域经济一体化趋势引起的新挑战和新问题。这些新型的、多层次、多种类的合作和对话机制主要是地缘经济的产物，是东亚新区域主义的集中体现。它们并不采取军事联盟的组织结构或军事对抗的方式，而是通过合作与竞争来化解挑战，通过对话和谈判来解决争端。

　　从长远来看，未来东亚将形成一个多层次（包括次区域、多边和双边）、多渠道（各种安全论坛和会议相互补充）、多类型（包括官方和非官方）共存的安全合作结构。这种结构应建立在"共同安全"、"综合安

---

① 联合国贸发会议 2008 年 9 月 24 日出版的《2008 年世界投资报告》。
② 吴邦国：《开创亚洲和平合作和谐新局面——在博鳌亚洲论坛 2007 年年会开幕式上的主旨演讲》，《人民日报》2007 年 4 月 22 日，第 1—2 版。

全"、"协调安全"和"合作安全"的基础之上。

## 二 区域化与国家推动的区域主义合作相互促进

区域化（regionalization）与国家推动的区域主义合作是两个有区别的概念。区域化是指某一区域内由非国家实体，主要是跨国公司在市场力量影响下进行贸易和投资所推动的区域经济和社会一体化。而国家推动的区域主义（regionalism）又称"地区主义"，是指国家通过进行相互之间的经济和安全合作安排，建立各种多边机制包括区域性的经济和安全合作组织，来推动区域经济和社会一体化以及安全合作。

东亚经济的区域化自20世纪90年代以来发展很快。从1975年至2001年，东亚区域内贸易总量翻了6番，达到年均16%的增长率。中国市场经济的迅速增长成为其重要发动机之一。中国（包括内地和香港）已成为东亚国家出口商品的主要吸纳市场和贸易出超的重要来源。中国年均进口增速达到15%以上，已成为亚洲第一大进口市场。1992年中国与东盟10国的贸易总额仅为80.8亿美元，2003年增加到782.5亿美元，增长了近9倍；2006年高达1608亿美元，比上年增长23%。2000年11月，时任中国国务院总理朱镕基在新加坡举行的第四次中国—东盟领导人会议上首次提出建立中国—东盟自由贸易区的构想，此建议立刻得到东盟有关国家的积极响应和支持。2001年11月，在第五次中国—东盟领导人会议上，中国和东盟达成共识，并正式宣布将在未来10年内建成自由贸易区。2002年11月，在第六次中国—东盟领导人会议上，11国领导人签署了《中国与东盟全面经济合作框架协议》，决定到2010年建成中国—东盟自由贸易区，自由贸易区谈判进程正式启动。中国在2004年1月正式启动"早期收获计划"，即在达成自由贸易协定前，先期给东盟国家一些现实的贸易利益，不对等地开放农产品贸易。2004年中国从亚洲国家和地区的进口额近3700亿美元，同比增长35%，占中国进口总额的65%。中国在大湄公河次区域经济合作中，给予了资金、技术和市场等方面的全力支持。中国—东盟2004年11月、2007年1月《货物贸易协议》和《服务贸易协议》的分别签署，以及2009年8月《投资协议》的最后签署，标志着中国与东盟顺利完成自由贸易区协议的主要谈判。2005年7月中国—东盟自由贸易区货物贸易协议开始实施，双方7000余种商品开始全面降税，贸易持续增长。2006年，双边贸易额达到1608亿美元，同比增长 23.4%。中国、东盟还提出了在 2010 年将双边贸易额达到 2000 亿美元的目标。2010 年 1 月 1 日，由发展中国家组成的全球最大自由贸易区——中国—东盟自由贸易区经过 10 年努力如期于全面建成。中国—东盟自由贸易区覆盖面积 1400 万平方公里，消费群体达 19 亿人，经济总量超过 6 万亿美元，而贸易总量也高达 4.5 万亿美元，约占全球贸易总额的 13%。从 2000—2010 年 10 年间，在中国与东盟推进自由贸易区谈判和建设的带动下，中国与东盟的双边贸易额突飞猛进。据统计，双边贸易额从 2000 年的 395 亿美元猛增至 2008 年的 2300 多亿美元。中国已超过美国成为东盟的第三大贸易伙伴，而东盟也跃居为中国的第四大贸易伙伴。此外，双方互相投资额也超过 600 亿美元。中国—东盟自由贸易区建成后，从 2010 年 1 月 1 日起，双方的 7000 余种商品实现零关税。根据双方达成的协议，中国和东盟的印度尼西亚、马来西亚、菲律宾、新加坡、泰国和文莱等 6 个创始国将针对 90% 的商品削减投资壁垒及关税，而随后加入的越南、柬埔寨、缅甸和老挝等成员国将在 2015 年加入协议。东盟副秘书长普什帕纳丹称，中国—东盟自由贸易区的建成将使中国在数年内超越日本和欧盟，成为东盟最大的贸易伙伴。

2004 年日本对华贸易总额高达 2132.8 亿美元，占日本外贸总额的 20.1%，首次超过对美国贸易总额。中国成为日本最大的贸易伙伴。中国也成为韩国最大的出口对象国。

同时，东亚区域内相互投资也增长很快。例如，从 1979 年至 1987 年，东盟国家对华投资的合同金额仅为 1700 多万美元。而从 1988 年至 1997 年的 10 年中，东盟国家在华投资项目共计 13710 个，协议外资为 399 亿美元，实际投入金额为 128 亿美元。近年来中国对东盟投资年增幅达 60%。2006 年，中国在东盟的投资总额达 13 亿美元。又如，至 2002 年，日本和韩国对华投资分别达到 363.39 亿美元和 151.19 亿美元，分别排名第 3 位和第 6 位。2003 年韩国海外投资的 45.8% 是投向中国。这些都促使东亚经济朝一体化方向发展。

20 世纪 90 年代后期以来，在东亚，国家推动的区域主义合作也有很大进展，包括"东盟+3"、3 个"东盟+1"机制和中日韩合作机制等。东亚国家已实际上开始构建东亚共同体的进程。这是冷战结束后东亚崛起和国际地位上升的重要表现。当前的区域性合作是在全球化趋势背景下发展的，实际上是通向全球化的一个阶段。

### 三　各国国家利益与区域利益趋同性的发展

各国首先是根据自己的国家利益确定对外战略和政策的。但随着经济全球化和区域经济一体化趋势的发展，东亚各国国家利益与区域利益的共同性在增加。首先，这表现在东亚国家之间经济相互依存性上升。其次，它们面对许多共同的安全挑战，特别是非传统安全威胁，包括环境污染、全球变暖、大规模杀伤性武器扩散、人口爆炸、毒品走私、跨国犯罪、恐怖主义、海盗、艾滋病、非典型性肺炎、禽流感等。而且，非传统安全威胁与传统安全威胁交织在一起，并可能相互转化。传统安全问题可能转化为非传统安全威胁，非传统安全威胁也有可能导致传统意义上的战争与武装冲突。

这些使各国安全需求多样化，大大增加了东亚各国之间的共同利益，使它们逐渐接受"共赢"观念，更多地寻求通过多边合作来应对和解决这些问题。例如，亚洲金融危机使东亚国家认识到加强区域金融合作的重要性，2000年5月"东盟+3"财政部长会议达成关于金融合作的"清迈倡议"。该倡议主张东盟各国与中、日、韩签订双边货币互换协定，以便在亚洲地区发生短期资本急剧流动等紧急情况下，相互提供干预资金，以应付紧急之需；并建立区域性的金融监测与预警机构。此举在当年11月举行的第4届"东盟+3"首脑会议上获得认可。截至2004年4月，依据"清迈倡议"签订的双边货币互换协定已有16个，总金额达365亿美元。中国支持东亚国家加强金融合作，已在"清迈倡议"框架下签署了总额为155亿美元的货币互换协议。2003年6月东亚及太平洋中央银行行长会议组织（EMEAP）还首次发行亚洲债券基金（Asian Bond Fund）。

东亚区域一体化和亚洲兴起对国际体系将产生重要影响：

第一，将有助于国际政治经济秩序向公正合理方向发展。

东亚区域一体化趋势将成为亚洲兴起的最重要因素之一。但仅有东亚的兴起是不够的。邓小平曾指出："中印两国不发展起来就不是亚洲世纪。"[①] 因此，要实现亚洲兴起，就必须有包括中国、印度、韩国、东盟

---

① 邓小平1988年12月在会见印度朋友时的谈话，转引自《印度前总统K. R. 纳拉亚南在纪念和平共处五项原则国际研讨会上讲话》，2004年6月14日，北京，http://www.fmprc.gov.cn/chn/ziliao/。

国家、巴基斯坦等在内的亚洲主要国家发展起来,并实现东亚、中亚、南亚等次区域经济一体化。另一方面,中国的兴起也只有在亚洲兴起中才能真正实现。

东亚区域一体化和亚洲兴起将标志着发展中国家的兴起,极大改变西方发达国家占主导地位的国际力量格局。亚洲的这些发展中国家将推动国际政治经济秩序向更公正合理方向发展。

第二,东亚国家将以开放的区域主义处理与美国的关系。

美国是当今世界上唯一的超级大国,是影响东亚区域最大的外部因素。1990年马来西亚曾提议创设"东亚经济集团"(EAEG)。美国认为这是有意排除美在东亚的势力,并对日本施加压力,使这一倡议无疾而终。现在美国自己在积极推动建立美洲自由贸易区并与某些亚太国家签订双边自由贸易协定,因此并未表示反对东亚区域经济整合。但美国实际上仍担心东亚出现类似欧盟的强大区域经济一体化组织和排除美国的多边安全合作机制。

构建东亚共同体已是东亚国家的共识,是大势所趋,不是任何国家所能阻挡的。但美国采取什么样的政策,仍关系到构建东亚共同体的进程能否顺利进行。中国和其他东亚国家一贯主张"东盟+3"合作应是开放包容的。让美国继续在包括东亚在内的亚太地区经济发展和安全合作中发挥有积极意义的和建设性的作用,是符合东亚国家利益的。随着构建东亚共同体进程的发展,东亚国家可以通过强化亚太经济合作组织、东盟地区论坛、亚欧对话等框架,来加强与东亚区域外国家,包括美国的沟通与合作。

第三,将使中日两国更多地在区域合作框架内处理相互关系。

当前,中日关系正处于一个过渡期中。两国都处在各自历史上重要的变革与转折期。日本经济近年来民族主义情绪上升,希望成为一个"正常国家"。反映在对外关系上,表现为某种躁动甚至偏激。中国是日本最大的邻国,面对迅速上升的中国,一些日本人在感情层面上一时难以适应,在战略层面上认为中国将构成威胁,这使得中日关系中的一些问题处理难度加大。与此同时,中日双方在经济上的互补性和依赖性不断增加。

在这种情况下,东亚各种经济和安全合作与对话机制的发展,有助于中日两国利用多边机制的一些有利条件来增加互相了解和互相信任。根据国际关系中的功能主义理论,国际制度具有的有利条件包括:首先,国际制度能够提供资讯，促进各国进行合作，防止其他国家利用参与制度进行有意的欺骗；其次，制度内的互动，使参与制度国家忠实履行协定；第三，制度化的规则促进国家在不同议题上的互动，增加相互依存；第四，制度能够降低进行合作的成本，提高合作的收益；第五，制度能够使国家的承诺更具有可信度，在整体上增加国家间相互礼让的行为。[①] 现在"东盟＋3"和中日韩合作机制已初步形成国际制度功能，在这一框架下，中国与东盟之间、日本与韩国之间互信都有一定程度的增加。如果中日双方善于运用这些机制，将有助于通过对话使双边关系步入良性发展轨道。而中日关系如何演变将成为东亚共同体能否实现的关键之一。

第四，在国际体系中巩固"一个中国"框架和在东亚形成反独促统区域框架。

台湾是中国的一部分，这是当今国际体系的重要内容。当今国际体系是世界反法西斯战争胜利的产物。世界反法西斯战争同盟国在多项具有国际法律效力的重要文件中多次确认，台湾是中国的一部分。1943年12月1日，中美英三国签署的《开罗宣言》指出："三国之宗旨，在剥夺日本自1914年第一次世界大战开始以后在太平洋所夺得或占领之一切岛屿，在使日本所窃取于中国之土地，如满洲、台湾、澎湖列岛等，归还中国。"1945年7月26日，中美英三国签署（后苏联参加）的《波茨坦公告》重申："开罗宣言之条件必将实施"。同年8月15日，日本宣布投降，《日本投降条款》规定："兹接受中美英三国共同签署的、后来又有苏联参加的1945年7月26日的波茨坦公告中的条款。"当前中国在东亚一体化趋势的发展和亚洲兴起中都发挥着重要作用，这将有利于在国际体系中巩固"一个中国"的框架。

东亚国家都坚持"一个中国"政策。"东盟＋3"、"东盟＋1"和中日韩合作作为主权国家之间的合作机制，自然排除中国台湾的参加。这些机制的未来发展将进一步强化"一个中国"原则作为将来东亚一体化的基本原则之一，形成"反独促统"的东亚区域框架。

构建东亚共同体进程的发展，也将对台海两岸关系产生重要影响。台湾对东亚区域的贸易依赖性相当高，与东亚区域的贸易额占台湾外贸总额

---

[①] Robert O. Keohane, and Lisa Martin, "The Promise of Institutionalist Theory", *International Security*, Vol. 20, No. 1 (1995), p. 42.

的一半以上。2003年台湾全年贸易对象统计显示，日本、中国大陆、中国香港和韩国是台湾贸易伙伴的前1、3、4、5名，对这4个国家和地区的贸易量，大约占台湾外贸总额的44.29%。如果加上台湾与东盟国家的贸易，则台湾与东亚区域的贸易量高达其外贸总额的57.06%。[①] 东亚区域在台湾出口贸易中占有非常重要地位。台湾对日本、中国大陆、中国香港、新加坡和韩国的出口额总计达到712亿美元，约占台湾当年出口总额的49.41%。中国大陆和香港已成为台湾出口的主要对象。2003年香港与中国大陆分别为台湾出口贸易的前1、2名，台湾对香港和中国大陆的出口额近500亿美元，占台湾当年出口总额的34.52%。中国大陆已是台湾重要的贸易伙伴。2003年台湾对中国大陆的贸易顺差为314.4亿美元。2004年，台海两岸间接贸易首次突破700亿美元，比上年增长34.2%。2006年，台海两岸间接贸易达到1078.4亿美元，同比增长18.2%。其中，台湾对中国大陆的贸易顺差高达663.7亿美元。2006年，中国大陆共批准台资项目3752项，合同资金113.4亿美元，实际利用台资21.4亿美元。[②]

东亚区域经济一体化趋势的发展将使台湾不可避免成为东亚经济区域一体化的组成部分。如果台湾当局坚持体现一个中国原则的"九二共识"，两岸"可以谈妥善解决台湾地区在国际上与其身份相适应的活动空间问题"，[③] 从而在东亚区域经济一体化趋势中实现共同繁荣。

---

① 台湾"经济部国贸局"资料，转引自陈欣之《东亚经济整合对台湾之政经影响》，《全球政治评论》，2004年第7期，台湾中兴大学国际政治研究所，第37—39页。
② 《人民日报》2007年1月18日，第4版。
③ 中国全国政协主席贾庆林2005年1月28日在江泽民同志《为促进祖国统一大业的完成而继续奋斗》重要讲话发表10周年纪念会上的讲话：《坚决遏制"台独"分裂活动 维护台海地区和平稳定 继续争取两岸关系朝着和平统一的方向发展》，载《人民日报》2005年1月29日。

# 第三章 中国与大国关系中的地缘政治

大国之间的地缘政治是影响大国战略关系的最重要因素之一。而大国战略关系是决定国际格局和国际体系的主要因素之一。

冷战结束以来，大国战略关系正在发生前所未有的重大变化。地缘政治在大国关系中的作用虽然有所下降，但仍然有着重要影响。大国之间既相互合作又相互竞争，既相互协调又相互防范，多种互动模式共存。为了推进建立互信、互利、平等、相互尊重的新型全球安全架构，有必要进一步减少地缘政治在大国战略关系中的影响。

本章重点研究构成当前大国战略关系中地缘政治影响最大的世界上最重要的一些三边关系，如中美俄关系、中美欧关系、美欧俄关系、中美日关系、中美印关系等和最重要的双边关系之一——中美关系，以及它们对国际格局和国际体系转型的影响，并探讨构建 21 世纪大国战略稳定框架的必要性与可能性。

## 第一节 大国关系中的地缘政治理论研究

恩格斯说："每一时代的理论思维，从而我们时代的理论思维，都是一个历史的产物，在不同的时代具有非常不同的形式。因此，关于思维的科学，和其他任何科学一样，是历史的科学，关于人的思维的历史发展的科学。而这对于思维的实际应用于经验领域也是非常重要的。"[①] 有关大

---

① 恩格斯：《自然辩证法》，《马克思恩格斯全集》第 20 卷，第 382 页。

国关系的理论和地缘政治理论，也是时代的产物，在不同时代、不同国家有不同形式。系统地研究这些理论，并加以批判地吸收，有助于构建中国特色大国关系理论体系，并服务于中国的和平兴起。

## 一　中国古代关于大国地缘政治关系理论概要

在中国古代就有关于大国地缘政治关系的理论，特别是在春秋战国和三国时期。而在汉、唐、宋、元、明、清等有统一中央政权的时期，则有关于大国如何处理对外地缘政治关系的理论和实践。

首先，在春秋时期，"霸道"的理论占据主导地位。《淮南子》认为"五霸任力"。这里的"力"指的是国力，即一国的经济实力和军事实力。《吕氏春秋》强调"先事而后兵"。这里的"事"指为着强兵之目的而采取的一系列富国的措施或事功。各国争霸，首先是国力的较量。"五霸"中的齐桓公和晋文公都十分重视生产和商业。越王勾践实行"十年生聚而十年教训"的方针，恢复和发展国力和军力，从而一举打败曾征服过越国的吴王夫差。为争夺霸权，一些国家在不同程度上进行过以"富国强兵"为目的的改革，改革成功的往往成为强国。而且，争霸是在周天子一统天下（虽然周天子的名分已名存实亡）里进行的。齐桓公和晋文公为了争取各国对他们争霸行动最大限度的支持，打着"尊王攘夷"的旗号，在表面上并不根本改变当时天下的格局。

第二，在战国时期，"合纵连横"等理论起主导作用。在三国时期，三角关系的理论和实践发展到很高水平。

第三，明朝和清朝将以中国为核心的东亚"朝贡"体系发展到鼎盛状态，体现了中国"和而不同"的文化价值观，实际上是中国古代的和平共处外交政策，有助于中国与邻国和睦相处。这一体系与中国和邻国之间的地缘政治密不可分。但这种体系自身也存在致命的弱点，它使中国封建王朝的统治者自以为是优于其他一切国家的"中央大国"，盲目乐观，甚至采取闭关锁国的政策，导致了中国在近代史上的落后挨打，遭受西方列强的侵略和欺凌。

## 二　西方关于大国地缘关系理论的评述

现代西方国际关系理论、政治学和世界历史研究中都涉及大国关系理论。随着这些领域研究的深入，关于大国关系理论的研究也取得一些进展。

**（一）西方国际关系理论中的大国关系理论。**

1. 现实主义学派与大国地缘政治关系理论。

西方国际关系理论的"奠基之父"汉斯·摩根索（Hans Morgenthau）认为，在国际社会中，国家的行为是由对权力的追求驱使的。从这个意义上说，国际政治的动因就是对权力的追求[①]。新现实主义进一步认为，权力本身不是目的，而是实现国家目标的有用手段，国家追求的最终目标是安全，而不是权力。肯尼思·华尔兹（Kenneth Waltz）提出，对一国来说，权力有一个适当的量，太大或太小都危险。权力太小，就会遭受别国的攻击；权力太大，则会刺激一国冒险扩张，也会刺激别国增加军备并与其他国家结盟抵制强国，造成国际局势不稳定。

亨利·基辛格（Henry Kissinger）认为，传统的均势判断标准是领土，一国只有通过征服别国才能获得支配地位，因此，只要领土扩张被制止，均势局面就可维系。如今情况不一样了，实力的增长、支配地位的获得完全可以通过一国内部发展来实现。一国通过掌握核武器拥有的军事实力比通过征服别国领土所获得的还要大。在这样一个多变的多极世界上，美国应该以实力和均势作为外交决策的依据，在均势的基础上建立和平结构，以均势来维持国际体系的稳定。[②] 肯尼思·华尔兹提出，国家不应谋求权力的最大化，而应寻求权力的平衡。均势理论的实质是主要大国间实力平衡的分配。[③]

从这些基本观点出发，现实主义学派中一些人提出，一个新兴大国的崛起，必然会影响甚至打破现有的国际力量均势，从而可能导致国际局势不稳定甚至冲突。也有人根据现实主义理论提出"霸权稳定"论，认为可以在美国霸权下实现均势，从而保持国际局势稳定；而新兴大国的崛起会挑战美国的霸权，引起不稳定。

自称为进攻性现实主义的约翰·米尔斯海默（John J. Mearsheimer）认为："每个国家压倒一切的目标是最大化地占有世界权力，这意味着一国获取权力是以牺牲他国为代价的。然而，大国不只是为了争当大国中的

---

[①] Hans Morgenthau, Politics Among Nations, p. 8.
[②] Henry Kissinger: American Foreign Policy, W. W. Nortow Company, 1974, pp. 57–58.
[③] Kenneth Waltz, Theory of International Politics, McGraw Hill Publishing Company, 1979, p. 118.

强中之强,尽管这是受欢迎的结果;它们的最终目标是成为霸主(hegemony),即体系中唯一的大国。……这种对权力的无情追逐意味着大国可能伺机改变权力分配。一旦具备必要的实力,它们就会抓住这些机会。简言之,大国存有进犯的预谋。"① 从这一理论出发,米尔斯海默得出对中国的"接触政策注定要失败"的论点,提出:"如果中国成为一个经济增长中心,它必然会把经济实力转化为军事能力并主宰东北亚。……当中国不断增加权力时,中国的邻国和美国谁也不会袖手旁观,而会采取行动遏制它,很可能通过组建一个均势联盟的方式达到此目的。结果是中国与其对手进行激烈的安全竞争,大国战争的危险常常环绕在它们头上。简单地说,当中国的权力增长后,美国与中国势必成为对手。"② 米尔斯海默是地缘政治的坚定支持者。他认为:"没有哪个国家能获得全球霸权,主要原因在于,它们难以越过如大西洋、太平洋那样大片的水域而投送力量",但"美国将竭力阻止中国获得地区霸权,因为美国不能容忍世界舞台上存在与之匹敌的竞争对手"。③ 他主张,美国应该成为"离岸平衡手",让其他地区的两个大国互相牵制,谁也无法成为地区霸主。④

2. 霸权周期理论与大国地缘政治关系理论。

20世纪中叶以来,西方学者相继研究了国际政治周期性规律问题。其中一些学者,如罗伯特·吉尔平(Robert Gilpin)和乔治·莫德尔斯基(George Modelski)提出了霸权周期理论。其主要观点之一是:霸权国家和挑战国家的交替出现和相互间的冲突是国际政治体系变动的必然结果,也是国际政治体系变动的内在动力。国际政治周期性演变是不依人们意志为转移的客观规律。当一国霸权建立之后,其实力远远大于其他国家,国际体系由此处于稳定时期。在经过相当长时间后,随着各国实力的消长,挑战国家开始出现,领导者的地位相对下降。在某一周期结束时,这些新兴国家对现存国际秩序的不满和叫阵越来越强,双方争夺霸权的战争不可避免,国际政治体系重新回到无序和混乱的局面,在经过长期和反复的拉锯战后,挑战国家代替旧的霸权国家开始主导国际政治体系,世界又一次

---

① [美]约翰·米尔斯海默:《大国政治的悲剧》,王义桅、唐小松译,上海人民出版社2003年版,第2页。
② 同上书,第4页。
③ 同上书,第38—39页。
④ 同上书,第53—54页。

回到稳定时期，国际政治进程完成一次大的循环。①

乔治·莫德尔斯基的"长周期理论"认为，战争是世界霸权兴衰不断循环所依赖的必要条件，同时也是这种周期性转变的结果。霸权国（又称为世界领导国）位置更替的周期基本呈现规律性发展，这个"长周期"大约为一个世纪。②要成为世界领导国，必须具备四个条件：岛国或半岛的地理位置；开放、有凝聚力、有联盟能力的社会；领先的经济；具有全球投放能力的政治——战略组织。③莫德尔斯基"长周期"包含四个阶段：（1）争霸性的全球战争；（2）世界领导国的出现和被承认；（3）霸主原有权力的合法性被拒绝；（4）权力逐渐分散化。他将500年（1495—2030年）的国际政治划分为5个世纪性周期，每个周期中都有一个霸权国家，它们依次是16世纪的葡萄牙、17世纪的荷兰、18世纪和19世纪的英国、20世纪和21世纪的美国。乔治·莫德尔斯基的"长周期理论"与地缘政治联系密切，特别是他强调，岛国或半岛的地理位置是成为世界领导国必须具备的四个条件之一。

霸权周期理论认为，在每一轮周期中都会出现许多新兴国家，一般情况下，新兴国家可以和挑战国划等号，它们都希望改变现存的国际政治经济体系，使之有利于自己的发展。挑战国家通常不止一个，有时有许多个。争夺霸权的斗争并不仅仅是在正在衰弱的霸权国家和挑战国家之间进行，更多的是在挑战国家之间进行，霸权国家的某些合作者其实也是争夺霸权的国家之一。未来的国际冲突更可能在挑战国家之间发生。因此，更应该关注新兴国家或称挑战国家之间的冲突，它们之间关系的好坏才真正决定国际政治经济体系的未来。一国兴起使其不能不成为挑战国家，但挑战国家可以不做"霸权国家"。前者决定于客观事实，后者决定于主观意图。④

3. 地缘经济学与大国关系理论。

地缘经济学（geo-economics）是冷战结束后出现的新的国际关系理论。它的核心观点之一是认为，世界上正在逐步发展成为三个相互竞争的经济集团：美国领导的西半球经济区；日本率领的环太平洋经济区；以德

---

① 参见倪世雄等著《当代西方国际关系理论》，复旦大学出版社2001年版，第302页。
② 倪世雄等著《当代西方国际关系理论》，复旦大学出版社2001年版，第298页。
③ Modelski, George, *Long Cycles in World Politics*, *Seattle*, p. 220.
④ 倪世雄等：《当代西方国际关系理论》，复旦大学出版社2001年版，第304页。

国为中心的欧洲经济区。它强调:"在未来的竞赛中,三个经济霸权中的每一个都倾向于超过其他两个。无论哪一个实现了这种超越,都会位居领先,都会像英国主导19世纪。美国主导20世纪那样,主导21世纪。"[1]

地缘经济学认为,冷战结束后,世界进入了地缘经济时代。按地缘政治标准划定的对手或敌手,在地缘经济时代可能同时是贸易伙伴。对全球的最大威胁已从核战争危险转向经济危机和生态破坏,国际关系中"低级政治"(经济、社会、生态等问题)的紧迫性和重要性第一次明显超过"高级政治"(军事对抗和核威慑)。这一转向"开拓了超越国界的、竞争与合作并存的新时代"。从某种程度上来说,谁掌握国际经济和生态的优势,谁就在国际事务中拥有最大的发言权。[2]

日益加深的全球经济一体化趋势使国家的经济政策更具竞争性,特别是在发达的资本主义经济之间。这种竞争特别表现在高科技领域。如果一个国家在生物工程、电子计算机、电子通信和新材料领域中领先,它就会首先控制其产品的专利权。这种专利权将使它在一定程度上能够控制其他国家的经济,而又不会受限于对付传统工业品的关税壁垒。美国、欧洲和日本之间争夺高技术产业领先地位的地缘经济斗争正在影响它们之间的关系,以及它们与其他重要贸易国家之间的关系。

根据以上理论,在新时期,大国要实现和平崛起,就必须首先发展经济和保护生态环境,特别是发展高新技术产业,依托区域经济一体化,通过竞争来取得世界经济中的主导地位。

### (二) 西方历史研究中的大国地缘政治关系理论

西方历史研究中的关于大国崛起的研究可追溯到公元前5世纪古希腊历史学家修昔底德著的《雅典斯巴达战争史》。该书记述了伯罗奔尼撒战争的起因和经过。伯罗奔尼撒战争是古希腊斯巴达为首的伯罗奔尼撒同盟与海上强国雅典之间的战争。斯巴达在崛起过程中,与伯罗奔尼撒半岛大部分城邦结成伯罗奔尼撒同盟。这个以斯巴达为首的军事和政治同盟,与以雅典为首的提洛同盟争夺希腊霸权,终于导致战争。

在当代,西方最享有盛名的研究大国崛起理论的历史著作是保罗·肯

---

[1] Lester Thurow, Head to Head: The Coming Economic Battle Among Japan, Europe and America, Morrow Publishers, 1992, p.246.

[2] 参见倪世雄等著《当代西方国际关系理论》,复旦大学出版社2001年版,第399—401页。

尼迪1987年发表的《大国的兴衰》。该书系统论述了1500年至2000年这5个世纪中各大国的相互关系与兴亡盛衰。在这期间,一个接一个大国,如西班牙、荷兰、法国、英国、美国等相继崛起,而一些以前的一流强国又相继沦为二流国家。保罗·肯尼迪在这本书中总结出的大国崛起的带有规律性的经验教训包括:

第一,一流国家在世界事务中的相对地位总是不断变化的。主要原因有二:一是各国国力的增长速度不同;二是技术突破和组织形式的变革,可使一国比另一国得到更大的优势。

第二,在国家的生产力和取得收入的能力与军事力量之间,从长期看有一种非常重要的相互依存关系。"财富通常是军事力量的基础,而要获取和保卫财富又总是需要军事力量。然而,如果一个国家把它的很大一部分资源不是用于创造财富,而是用于军事目的,那么,从长远来看,这很可能将导致该国国力的衰弱。同样,如果一个国家在战略上过分扩张(如侵占大片领土和进行代价高昂的战争),它就要冒一种风险:对外扩张得到的潜在好处,很可能被它付出的巨大代价抵销了。"①

第三,16世纪初期,"东方帝国中的一些国家与欧洲相比,尽管显得不可一世、组织得法,但它们都深受实行中央集权制的后果之害"。② 在欧洲由于没有东方式的最高权力机构,各王国和城邦之间征战不已,这就推动人们经常寻求军事改革。军事改革又有力推动了在竞争、积极进取的环境中出现的科学技术与商业贸易的发展。欧洲社会碰到的变革的障碍很少,进入了持续向上的螺旋式的经济发展,增强了军事效能。随着时间的推移,这些因素使欧洲社会在以后的几个世纪中走在世界其他地区的前头。

第四,科技的进步和军事的竞争推动着欧洲各国以其通常的互不相让、各显其能的方式向前发展。尽管如此,仍有可能在各个敌对国家中有一个国家因拥有充足的资源脱颖而出,超出其他国家,控制整个欧洲大陆。在1500年以后的大约150年中,西班牙和奥地利哈布斯堡家族统治下的王朝——宗教联盟就企图这么做,而欧洲其他强国则竭力阻止"哈布斯堡王朝争当霸主"的活动。

---

① [美]保罗·肯尼迪:《大国的兴衰》,王保存等译,求实出版社1988年版,第2页。
② 同上书,第2页。

第五，综合经济力量和生产能力对比的变化与国际系统中各大国的地位之间有一种因果关系。两个最好的例证是：16世纪以后世界贸易集中地由地中海逐渐移向大西洋和西北欧，1890年以后的几十年中世界工业品集中产地又由西欧慢慢移向其他地区。这两个例子都说明，经济力量的转移预示着新大国的崛起。这些新大国总有一天会对世界军事形势和各国领土状况施加决定性影响。过去几十年发生的全球生产的重要力量向"环太平洋地区"转移，是一个值得注意的趋势。

第六，在一个国家的经济力量升降曲线与军事影响升降曲线之间，有一个引人注目的"时间滞差"。一个经济正在迅速发展的国家（如19世纪60年代的英国、19世纪90年代的美国和20世纪80年代的日本）总希望自己越来越富，而不希望将巨资用于军备。半个世纪之后，国家的投资重点可能发生变化。世界上的竞争越来越激烈，悲观主义的政治家谈论衰退，爱国的政治家号召"复兴"……在这种令人担忧的环境中，大国往往会自觉不自觉地以比两代人之前多得多的费用用于国防，但仍感到国际环境不够安全，这仅仅因为其他国家发展得更快，正变得更加强大。大国走下坡路时的本能反应是，将更多钱用于"安全"，因而必然减少经济"投资"，从长远看，却使自己的处境更为困难。

第七，为争夺欧洲或世界霸权而进行的大规模联盟战争的最终结局，与双方动员的生产资源之间有着非常密切的联系。在一场大国间（通常是联盟间）的长期战争中，胜利往往属于有坚实的经济基础的一方，或属于最后仍有财源的一方。

## 第二节　中美战略关系与地缘政治

冷战后期的中美战略关系非常符合现实主义理论，即双方关系建立在权力政治——共同对付苏联扩张的基础上。地缘政治在其中扮演重要角色。冷战结束后，特别是"9·11"事件以来，随着经济全球化的迅猛发展，现实主义理论已不适用于中美关系的现实。中美之间权力政治的因素虽然还存在，但两国关系已更多地建立在相互依存的基础上。用新自由制度主义的相互依存理论可以较好地解释中美关系。同时，中美之间这种相互依存关系又是非对称性的。但由于美国在亚太地区驻扎军队，并在这一地区保持和加强军事联盟,中美两国之间又仍存在地缘政治的现实。这些决定了中美关系当前的主要特点及其发展趋势。

**一 当前中美关系的相互依存性**

美国著名学者罗伯特·基欧汉和约瑟夫·奈指出:"世界政治中的相互依赖(interdependence),指的是以国家之间或不同国家行为体之间相互影响为特征的情形。"① 他们认为:"当交往产生需要有关各方付出代价的相互影响时(这些影响并不必然是对等的),相互依赖便出现了。如果交往并没有带来显著的需要各方都付出代价的结果,则它不过是相互联系而已。这种区别对我们理解相互依赖的政治至关重要。"② 根据这一定义,我们分析中美关系中相互依存的各主要方面。

**(一)中美在经济领域的相互依存**

冷战结束以来,中美政治关系虽然经历了风风雨雨、跌宕起伏,但中美经贸关系却一直向前发展。正如美国前国务卿鲍威尔所说,两国"经济在很多方面是互补的"。③ 现在中美两国已形成互补共赢和密不可分的经济关系。美国是中国第二大贸易伙伴和最大出口市场,中国是美国第二大贸易伙伴、第三大和增长最快的出口市场。双边贸易额从2001年的805亿美元增长到2010年的3853.4亿美元,美国对华出口增长了2.9倍。其中,2001年至2005年的4年间,美国对华出口增长118%,年均增长21.5%,是美国对全球出口增幅的4.9倍。2000年至2006年间,美国对华出口增长了240%。其中2006年美对华出口达552亿美元。④ 中美建交的1979年,双边贸易额只有24亿多美元,2005年则达到2116亿美元,增长80多倍。中方统计,2006年中美贸易额为2626.8亿美元。美方统计,2006年中美贸易额达到3430亿美元。其中,美国从中国进口达近2320亿美元。⑤ 时任美国财政部部长的保尔森认为:"现在美国和中国的

---

① [美]罗伯特·基欧汉、约瑟夫·奈:《权力与相互依赖》,门洪华译,北京大学出版社2002年版,第9页。笔者认为,interdependence译成相互依比相互依赖更为贴切。
② [美]罗伯特·基欧汉、约瑟夫·奈:《权力与相互依赖》,门洪华译,北京大学出版社2002年版,第10页。
③ 美国前国务卿鲍威尔2003年11月5日在美国德州农工大学举办的美中关系研讨会上的讲话, http://www.whitehouse.gov。
④ 美国《纽约时报》2007年4月29日。
⑤ 《理顺美中关系》,美国《纽约时报》2007年5月28日。

经济增量之和已接近全球经济增长的一半,发展美中经济关系对美国未来繁荣至关重要。"①

中国对美贸易顺差的产生有多方面的原因,但从根本上讲,是两国产业结构调整和经济全球化推动下国际产业分工的结果。美国从中国进口的商品中,90%以上美国已不再生产,如不从中国进口,也要从其他国家进口。同时,中国一直在扩大进口美国商品,积极减少对美贸易顺差。至2010年底,美方对华直接投资累计超过652.2亿美元,是中国最大外资来源地之一。至2005年,美国在华投资项目超过49万家,实际投资累计510多亿美元。据摩根斯坦利公司的材料,仅2004年,中国向美国出口质优价廉的商品就为美国消费者节省了1000亿美元,美国对华贸易为美国创造了400多万个工作岗位。美国公司从中美经贸合作中获利丰厚,增强了全球竞争力和在美国本土的持续发展能力。2005年,美资企业在华销售额达到1076亿美元。中国美国商会的调查显示,86%的在华美国公司收益提高,42%的公司在华利润率高于全球利润率。中国也有800多家企业到美国投资,为当地发展和增加就业作出了贡献。至2010年底,中国对美投资也已经超过47.3亿美元。

至2010年底,中国外汇储备超过2.85万亿美元,居世界第一位。美国是中国对外金融投资的最主要目的地,中国对美国的金融投资以国债为主。截至2010年4月,中国持有的美国国债总额达到9002亿美元,居世界第一位,占外国持有美国国债总额的23.09%。其中,2006年1月至2007年1月,中国增持美国国债866亿元,年增幅高达27.59%。② 中国还向美国出口大量价廉物美的商品。这些都为美国经济的稳定和繁荣、为美国消费者的生活质量作出了贡献。但另一方面,美国前财长萨默斯曾将中美金融关系形容为"金融恐怖平衡",就如同冷战时期的"核威慑力"概念。③ 这种平衡一旦被打破,后果将是灾难性的。

随着中美经贸关系的迅速发展和经济相互依存的不断增长,两国社会之间的交往面大幅增加,同时摩擦面也在增多。一个重要表现是,中美经贸关系中存在的问题明显增加。美国经常利用这些问题向中国施加压力,

---

① 美国财政部长保尔森:《一次与中国的广泛对话》,《华盛顿邮报》2006年12月11日。
② 中国《国际先驱导报》2007年4月5日。
③ 《中美金融"恐怖平衡"?》,《香港商报》2007年1月23日。

其中包括中美贸易不平衡、市场准入、人民币汇率、知识产权保护、纺织品贸易、农产品贸易、倾销与反倾销、反补贴等。美国要求中国履行对世界贸易组织承担的义务，而且，布什政府为了国内政治需要和从中国获得更多经济利益，对中国滥用"反倾销"手段。同时，美国对华长期实行技术转让限制和保留对华制裁措施，成为影响中美经贸关系健康发展的严重障碍。美国国会一些议员和其他一些政界学术界人士还以"国家安全"为理由，以政治干预经济事务，反对中国海洋石油有限公司收购美国"尤尼科"石油公司。

如果中美经贸关系因美国政治的原因遭受重大挫折，对两国经济都会有极大的负面影响。

**（二）中美在军事安全领域的相互依存**

军事安全领域相互依存的涵义包括两个方面：一方面是指双方在军事安全领域的合作；另一方面是指双方在防止因台湾问题导致中美武装冲突上形成某种相互威慑和合作。

从第一个方面来说，中美两国在解决朝鲜半岛核问题方面的合作是一个良好的例子。中美在朝鲜半岛稳定和实现无核化目标上有一定的共同利益。2003年底朝核问题发生后，中国先是在北京主办了三方会谈，后又主持了6轮六方会谈。中美两国合作努力在六方会谈框架下解决朝核问题。美国前国务卿赖斯说："中国在朝核问题六方会谈发挥着重要作用。"[1] 2005年9月19日，第四轮朝核问题六方会谈一致通过共同声明。在声明中，朝鲜承诺放弃核武器和所有核设施，其他各方也做了相应的承诺。这是六方会谈取得的重要阶段性成果。美国国务院前副发言人埃雷利称赞中国政府为举行六方会谈并使之取得成果做了大量工作。[2] 2007年2月13日，第五轮朝核问题六方会谈第三阶段会议通过共同文件。根据该文件，朝鲜承诺以最终弃核为目标，关闭并封存宁边核设施，并将"对其所有核计划进行全面申报"，其他五方将向朝鲜提供经济、能源及人道主义援助。这是六方会谈在朝着实现朝鲜半岛无核化方向取得的一个突破。时任美国总统布什认为，此次的协议迈出了"良好的第一步"。[3]

---

[1] 美国前国务卿赖斯2005年3月19日在日本东京上智大学发表的关于美国亚洲政策的讲话，http://www.whitehouse.gov。

[2] 《人民日报》2005年8月10日。

[3] 《解放日报》2007年2月16日，第7版。

另一个例子是中美在维持南亚次大陆稳定和防止印巴发生战争方面的合作。2002年印巴在克什米尔地区爆发较大规模武装冲突后，中美两国与国际社会一起做了许多调解工作，促使印巴两国关系缓和。

从第二个方面来说，台湾问题事关中国的核心国家利益，是中美关系中唯一有可能导致两国发生武装冲突的问题。中美两国在防止"台独"分裂势力改变台海现状方面有共同利益，也进行了某种合作。因为如果中美因台湾问题爆发武装冲突，那将是两个核国家之间的战争，是不符合两国利益的。中国现在和今后都将致力于和平发展，不会与美国进行军备竞赛。中国大陆正在努力维护台海和平、发展两岸关系、促进和平统一。但少数"台独"分裂分子千方百计企图实现法理"台独"，严重危害台海和亚太和平，是中美关系的麻烦制造者。如果"台独"分裂势力触犯《反分裂国家法》，制造法理"台独"，中国将"采取非和平方式及其他必要措施，捍卫国家主权和领土完整"。[①]

### （三）中美在非传统安全领域的相互依存

冷战结束后，非传统安全威胁对国际关系的影响迅速上升。非传统安全威胁又可以称为全球问题、跨国问题或低政治问题，包括环境污染、全球变暖、恐怖主义、大规模杀伤性武器扩散、能源短缺、人口爆炸、毒品走私、国际犯罪、恶性传染病等。非传统安全威胁有两个重要特点：一是具有全球性和全人类性。这些问题不是某些国家和局部地区存在的个别问题，而是在世界范围内普遍存在并且关系到整个人类的问题；二是就其后果来说非常严重，它不是人类社会发展中遇到的一般困难和障碍，而是威胁人类的生存和发展，决定人类命运的重大问题。[②] 近年来非传统安全威胁日益突出，造成安全问题的多元化和全球化，对国际关系的影响越来越大，导致各国安全需求的多样化。这大大增加了世界各国，包括中美之间相互依存的共同利益，促使它们更多地进行合作来应对和解决这些问题。

现在中美在应对非传统安全威胁方面正在逐渐形成新的安全合作关系，这种合作是由两国在这方面的相互依存关系所决定的。

例如，在反恐领域。"9·11"事件发生后，反恐成为美国全球战略

---

① 《反分裂国家法》（2005年3月14日第十届全国人民代表大会第三次会议通过），《人民日报》2005年3月15日。

② 尹希成等：《全球问题与中国》，湖北教育出版社1996年版，第2—3页。

和国家安全战略的最优先事项。为此,美国需要中国的合作。中国也反对一切形式的恐怖主义。基于双向互利的原则,中美建立了中长期反恐怖主义交流与合作机制,设立了两国反恐工作组,定期交流看法,共享反恐情报;双方在阻止恐怖组织洗钱和转移资金方面进行协调;两国达成协议,同意双方海关人员在中国港口对运往美国的集装箱进行预检;中方同意美方暂时在美驻华大使馆设立联邦调查局法律办公室,处理反恐合作事务;在中方的要求下,美国将"东突厥斯坦伊斯兰运动"列入美国国务院恐怖组织名单;中国投票支持了联合国安理会反恐怖主义的所有关键性决议等。美国国务院反恐事务协调员泰勒大使认为:"美国和中国两国高层领导人的大力支持已经促成牢固的、多层面的和不断发展的伙伴关系。"[1]

又如,在防治恶性传染病领域。艾滋病、非典型肺炎、禽流感等恶性传染病是中美两国共同面临的非传统安全威胁之一。近年来,美国逐步重视中美在防治传染病领域的合作。2003年10月,美国卫生与公共服务部部长汤米·汤普森访问中国时说,布什总统希望在防治艾滋病和其他健康议题上扩大中美的实际合作。美国疾病控制和预防中心的专家来华与当地中国卫生工作人员共同工作。美国国家卫生研究院向中国提供1480万美元,帮助中国更新卫生保健基础设施。中美在防治恶性传染病领域的合作可以成为两国关系的一个新增长点。

## 二 当前中美关系中的非对称性

### (一) 国际体系中占主导地位的大国与上升中的大国

冷战结束后,美国是世界上唯一超级大国和国际体系中占主导地位的大国。近年来,随着中国经济的迅速发展和综合国力的提高,中国成为上升中的大国。国际体系中占主导地位的大国与上升中的大国这种非对称性,使中美关系成为世界上最重要的双边关系之一。

上升中的大国一定会与占主导地位的大国发生冲突吗?答案是否定的。美国本身就是一个例子。19世纪末,美国作为上升中的大国,并没有与当时国际体系中占主导地位的大国——英国发生冲突,而是通过与英国多次合作,逐渐发展起来。历史的经验教训证明,后起的大国只有与国际体系中占主导地位的大国合作才能最终兴起。在这方面,占主导地位的

---

[1] http://www.usembassy-china.gov.cn.

大国如何适应新兴大国的上升并实现相互合作也非常重要。而且，当前世界处于和平与发展为主题的时代，这为中国和平发展提供了根本的前提条件和现实可能性。在当代，资源、市场、投资都可以通过国际经贸合作来获得或实现。

### （二）最大的发达国家与最大的发展中国家

美国是世界上最大的发达国家，而中国是世界上最大的发展中国家。这种非对称性关系可以有互补合作的一面，并不一定会发展到两国之间的对抗。

最大发达国家与最大发展中国家的非对称关系首先表现在实力在量的方面不对称性。2009 年，美国国内生产总值（GDP）达 14.25 万亿美元，中国国内生产总值（GDP）为 4.9 万亿美元，约为美国经济总量的 1/3。而中国的人口是美国的近 5 倍。美国人均 GDP 为 46381 美元。中国人均 GDP 为 3678 美元，是美国人均 GDP 的约 1/12。

中美实力在质的方面也存在不对称性，这主要表现在双方之间在科技方面的巨大差距。美国在信息技术、生物技术、新材料、航天航空技术、海洋技术等重要科技领域仍占有很大优势。不仅具有很好的科技创新机制，而且具有将科技成果迅速变为先进生产力的良好转化机制。

中美还在经济管理方面存在不对称性。美国经济管理的法治机制比较完善，而中国经济管理的法治机制仍在建立和完善之中。

中美两国这种在经济、科技、管理方面的不对称性，是中美之间在经贸领域发生矛盾和摩擦的重要原因之一，也是美国利用知识产权、反倾销、人民币汇率等对中国施压的原因之一。

中国要在 21 世纪中叶达到中等发达国家的水平，仍要经过长期艰苦的努力。在这一过程中，如果中美两国能够很好地在经济、科技等领域互补互利，将不仅有利于两国利益，而且有利于南北合作。

### （三）后现代化国家与正在争取实现现代化的国家

美国已经是一个现代化国家。而且，由于美国信息化社会和知识经济的迅速发展，可以说它已成为一个后现代化国家。美国国内生产总值的 50% 以上来自知识密集型产业。在这种情况下，真正占主导地位的资源和生产要素，既不是农业经济时代的土地和劳动，也不是工业经济时代的有形资本，而是知识。美国产业的知识含量日益增加，知识资源正在成为主要的财富源泉。知识经济生产方式标志着人类社会的生产力发展水平有质的提高。美国高新技术产业的高速发展既是经济发展新阶段的体现，又会对整个经济体系乃至社会带来深刻的影响。在美国，知识经济的社会形态正在成为现实。

中国是一个正在争取实现现代化的国家，既面临着工业化和信息化的双重艰巨任务，又面临着建立中国特色社会主义精神文明、政治文明和社会文明的伟大使命，道路是艰难曲折的，必须处理好发展、改革、稳定三者之间的关系。

美国作为一个后现代化国家与中国作为一个正在争取实现现代化的国家之间的不对称性，是中美之间在人权、民主等领域发生矛盾的重要原因之一。中国将"建设成为富强、民主、文明的社会主义强国"。[①] 中国的民主将根据中国国情在现代化过程中逐步实现，而不能照搬任何其他国家的模式。而美国一些人忘记了美国的民主制度也是用了上百年时间逐渐建立的。企图向其他国家输出美国的民主模式是违反历史规律的，因为民主与人权只能适应各国的实际情况而逐渐发展。"输出民主"与"输出革命"一样，都不会有好结果。

### 三 非对称性相互依存情况下中美关系的特点

罗伯特·基欧汉、约瑟夫·奈提出了"复合相互依存（complex interdependence）"的模式，认为复合相互依存的三个基本特征是各社会之间的多渠道联系；问题之间没有等级之分；军事力量起着次要作用。他们指出："复合相互依存与现实主义的观点一样，都是理想模式。大多数世界政治的实际情况往往介于这两个极端之间。"[②] 从某种程度上来说，尽管中美之间在实力、地位、发展进程等方面是非对称性的，但是当前的中美关系接近于一种复合相互依存的关系。

首先，自从20世纪70年代初中美重新打开大门以来，特别是1979年中美建交以来，两国关系有了很大发展，建立了多层次、多领域、多渠道、多形式的交流联系。不仅两国政府机构各部门之间有多层次的密切联系，而且两国企业界之间也建立了广泛的交流。两国社会之间和人民之间

---

[①] 《中华人民共和国宪法》，人民出版社2004年版，第2页。
[②] ［美］罗伯特·基欧汉、约瑟夫·奈：《权力与相互依赖》，门洪华译，北京大学出版社2002年版，第25页。

的联系交往，已经相当深入。虽然两国之间接触交往面越大，产生摩擦的几率也越大，但总的来说，两国民间和企业之间的这种密切关系，已经成为中美关系的重要支柱之一。中美之间多渠道、多层次的交流联系对两国关系产生的影响还包括：两国的国内政策对彼此的影响越来越大；国内政策与对外政策的界限越来越模糊，与对外政策相关的问题越来越多；对外经济政策与国内经济活动的联系越来越广泛。

其次，两国之间的外交议程更为广泛，更加多元化。在冷战时期，两国之间的所有问题都附属于军事安全问题。但现在，经济和许多非传统安全问题，如能源、资源、环境、反恐、防止大规模杀伤性武器扩散、恶性传染病等已经凸现出来，成为与构成传统外交议程的军事安全问题几乎同等重要的问题。当然，台湾问题关系到中国的核心国家利益，仍然是中美关系中最敏感的问题。

第三，冷战结束之后，特别是"9·11"事件后，大国之间共同利益和相互依存性的上升，促使它们的合作也在发展，大国之间发生战争的可能性大大减少。布什政府2002年9月20日发表的第一份《国家安全战略报告》表明，愿意建立一个大国合作维护国际和平与稳定的框架。而且，中美都是核武器国家，双方发生战争不符合任何国家利益。因此，虽然军事力量在国际政治中仍很重要，但在中美关系中的影响有所下降。

同时，中美非对称性相互依存关系使中美关系还呈现下述特点：

其一，敏感性。罗伯特·基欧汉和约瑟夫·奈认为，相互依存中的"敏感性（sensitivity）指的是某政策框架内做出反应的程度——一国变化导致另一国家发生有代价变化的速度多快？所付出的代价多大？"[1] 中国作为上升中的大国，与美国作为国际体系中占主导地位的大国之间的关系，使得这种敏感性增加。虽然中国并不是唯一一个快速发展、给世界带来冲击的新兴国家，但中国更加突出一些。自从2000年以来，中国对全球GDP增长的贡献比后三个新兴经济体——印度、巴西和俄罗斯——加在一起的总和还要多近一倍。[2] 而且，中国经济对外开放的程度特别高。进出口商品和服务的总额占中国GDP的75%左右。在日本、印度和巴西，

---

[1] ［美］罗伯特·基欧汉、约瑟夫·奈：《权力与相互依赖》，门洪华译，北京大学出版社2002年版，第12页。

[2] China and World Economy: from T Shirt to National Bonds, *Economy*, July 29, 2005, p. 8.

这个数字是 25%—30%。① 在这种情况下，作为互为最大贸易伙伴之一的中美两国，一方经济形势或经济政策的小变化，都会导致另一方经济迅速发生有代价的变化。而且，美国一些戴着有色眼镜看中国的人士，夸大中国军事力量的发展，鼓吹"中国威胁论"，甚至以错误的判断为基础，对中国作出过度的反应。

其二，脆弱性与韧性并存。美国著名的中国事务专家何汉理（Harry Harding）曾把 1972 年至 1989 年的中美关系概括为"一种脆弱的（fragile）关系"。② 这主要是因为中美两国意识形态不同、政治制度各异，要在它们之间建立强有力关系非常困难。自那时以来，中美关系经历了风风雨雨、曲曲折折、起起伏伏，但仍在向前发展，表明了两国关系又是一种具有韧性的（durable）关系。这一是由于中美在经济和安全等领域具有广泛而重大的共同利益，相互依赖的态势基本形成，经济和安全已成为中美关系基础的两根主要支柱；二是由于中国领导人一贯从战略高度和长远角度看待两国关系，美国领导人也认识到中美关系的重要性，从而双方求同存异，趋利避害；三是中美各界人士长期努力维护和发展两国关系。

罗伯特·基欧汉和约瑟夫·奈认为，相互依存中的"脆弱性（vulnerability）可以定义为行为体因外部事件（甚至是在政策发生变化之后）强加的代价而遭受损失的程度"，"脆弱性相互依存的衡量标准只能是，在一段时间内，行为体为有效适应变化了的环境做出调整应付的代价"。③ 中美在相互依存方面的脆弱性各有特点。以能源为例，美国是世界第一大能源和石油消费国及第一大石油进口国，具有先进的能源技术和石油勘探开采加工技术，拥有较多的未开采的石油储备和将近一年的战略石油储备。中国已成为仅次于美国的第二大能源和石油消费国、第三大石油进口国，具有一定的石油生产能力和石油储备。中美两国的能源政策都会给对方造成直接或间接的影响。美国虽然在石油储备和石油技术方面对能源缺乏的耐受性要高于中国，但在能源使用方面的脆弱性在某种程度上要大于

---

① China and World Economy: from T Shirt to National Bonds, *Economy*, July 29, 2005, p. 8.
② Harry Harding, A Fragile Relationship: the United States and China: Since 1972, Brookings Institution, Washington DC, 1992.
③ [美]罗伯特·基欧汉、约瑟夫·奈：《权力与相互依赖》，门洪华译，北京大学出版社 2002 年版，第 14 页。

中国。因为中国人均石油消费仅为美国的 1/15，目前中国平均每 70 人才有一辆汽车，而在美国每两个人就拥有一辆。如果石油紧张，对美国民众日常生活的直接影响要大于对中国民众日常生活的直接影响。

其三，两重性。主要表现在中美之间既合作又竞争，既对话又斗争，斗而不破，合而不同。这是由于两国之间既存在广泛和重大的共同利益，又有着许多不同和各自的战略需求和安全、经济利益。再以能源为例，中美在能源领域既存在着一定程度的竞争，也存在重要的共同利益，具有合作的巨大潜力。双方如能避免恶性竞争，争取更多合作，有利于两国及世界的能源安全。

## 四　中美在非对称性相互依存情况下的政策选择

### （一）建立和加强各种合作和对话机制

西方国际关系理论中的新自由制度主义主张以国际组织、国际机制为中心安排国际秩序的基本结构。罗伯特·基欧汉和约瑟夫·奈主张"维持和发展国际机制"，强调"应更加关注政府政策对国际机制的影响。具有消极影响乃至摧毁有益的国际机制的政策或许即可产生积极的有形效应，却是不智之举"。①

他们认为："1971 年的中美关系非常符合现实主义理论：安全问题至关重要，两国之间极少经济相互依赖，国际组织和国际机制在两国关系中的作用可以忽略不计。但在 2002 年，现实主义理论不适用于中美关系的现实……从经济方面讲，中美之间存在相当程度的相互依赖性……国际组织和国际机制在中美关系上发挥重要作用。"② 在已有的基础上，为了建立长期稳定健康的建设性合作关系，解决中美关系中存在的问题，防止两国冲突，中美有必要进一步加强两国之间的合作机制。

这包括两大部分。第一部分是中美双边合作和对话机制，应包括中美首脑定期互访机制、高层战略对话机制、安全合作协调机制、在政治和军事方面建立信任措施机制、经贸争议和纠纷解决机制、危机预防和管理机制等。2006 年 12 月和 2007 年 5 月，中美在北京和华盛顿分别举行首次和

---

① ［美］罗伯特·基欧汉、约瑟夫·奈：《权力与相互依赖》，门洪华译，北京大学出版社 2002 年版，第 233 页。
② 同上书，中文版"序言"，第 40 页。

第二次战略经济对话,双方在服务业和贸易、能源和环境、经济平衡增长等领域达成多项共识。

第二部分是中美积极参与的全球性和区域性多边机制。美国作为国际体系中占主导地位的大国,应采取多边主义的政策,防止单边主义。中国作为新兴的大国,应建设性参与现存国际机制。在构建新的多边机制时,应该在照顾到机制有效性的同时,强调机制的开放性。中美应从共同利益出发,在这些国际机制中加强相互协调。

中美合作机制的加强和完善,将使两国关系建立在机制合作化的基础上,从而使脆弱的中美关系更加富有韧性(durability)。

**(二) 充分照顾到对方的核心国家利益,寻求扩大相互利益的汇合点**

中国的核心国家利益包括两个方面:一是国家的发展利益,因为中国的根本性安全只能通过发展来实现。中国的发展目标是到2050年达到中等发达国家水平,因此需要有一个长期和平稳定的国际环境和周边环境。二是台湾问题,因为这牵涉到中国作为一个大国的核心主权问题。美国的核心国家利益是维持其世界领导地位和保证国家安全。

中美作为两个大国,都会尽全力确保其核心国家利益。如果两国为此而发生冲突,双方都会遭到重大损失,不符合任何一方利益。因此,中美在制定政策和处理问题时,都必须充分考虑和照顾到对方的核心国家利益,力避损害这种利益,同时寻求相互利益的交汇点,发展共同利益。

**(三) 不要试图操纵非对称性相互依存关系而单方得益,必须争取"合作双赢"**

由于中美在经济和安全方面利益的交叉与融合日益密切和广泛,两国的未来已更加紧密地联系在一起。一方如果企图利用双方之间这种非对称性相互依存关系而单方得益,必然会损人不利己。罗伯特·基欧汉和约瑟夫·奈认为:"要操纵经济脆弱性或社会—政治脆弱性,必将承担相应的风险。操纵相互依赖的战略有可能导致战略反击。"[①]

如果一方试图运用自己的军事优势来谋取单方利益,必然会导致"安全困境"(security dilemma),即形成军备竞赛,使己方更加不安全。而如果一方试图利用对方的经济脆弱性或社会—政治脆弱性来达到自己的

---

① [美] 罗伯特·基欧汉、约瑟夫·奈:《权力与相互依赖》,门洪华译,北京大学出版社2002年版,第18页。

目的，必然也会殃及自身。因此，美国如果对中国实行"遏制"或"围堵"政策，只能取得事与愿违的结果。

中国将始终不渝地高举和平、发展、合作的旗帜，坚定不移地长期坚持走和平发展的道路。中国的和平兴起符合美国的利益。正如美国前国务卿赖斯所说："美国有理由对充满自信、和平而又繁荣的中国的崛起表示欢迎。"[1] 中美两国都必须作出巨大努力，超越地缘政治，避免"安全困境"和相互冲突，争取"合作双赢"。

## 第三节 中美俄三边关系与地缘政治

在冷战时期，中美苏大三角战略关系的理论基础是均势理念。地缘政治和意识形态在其中起主要作用。冷战结束后，随着和平与发展成为世界的主题，以及世界多极化和经济全球化潮流的发展，在中美俄三边关系中，中国和俄罗斯正在以超越均势理念的新观念看待和处理他们之间的关系以及他们与美国的关系。而美国的全球战略是以"霸权加均势"为基本理念。这两种不同理念的碰撞和互动将对国际战略格局产生不可低估的影响。

### 一 中美苏大三角战略关系与中美俄三边关系比较

冷战时期的中美苏大三角战略关系形成于20世纪60年代末。它的形成有两个基本条件：一是美苏互为对手、争夺霸权，而且哪一方都没有压倒对方的绝对优势，中国无论站在哪一方对于美苏力量对比都有举足轻重的作用；二是中国执行独立自主的外交政策、中苏两国根据意识形态和社会制度结成的同盟破裂和双方在国家利益上发生冲突。随着美苏冷战的结束，这两个基本条件消失，中美苏大三角战略关系不复存在。

中美俄三边关系是在冷战结束后逐渐形成的，它与中美苏大三角战略关系相比，有几个显著的不同特点：

第一，时代背景不同。中美苏大三角战略关系所处的时代是战争与革

---

[1] 美国前国务卿赖斯2005年3月19日在日本东京上智大学发表的关于美国亚洲政策的讲话，http://www.whitehouse.gov。

命为主题的时代。美苏为争夺世界霸权，在世界各地区对抗，并进行了规模巨大的军备竞赛，对世界和平和人类安全造成极大威胁。而中美俄三边关系所处的时代是和平与发展为主题的时代。世界多极化和经济全球化潮流正在发展。各国之间，特别是大国之间经济上的相互依存关系有很大的进展。

第二，关系的性质不同。在中美苏大三角战略关系中，美苏之间和中苏之间都存在对抗的关系，中美之间"建立了某种特殊战略联系"。[①] 而在中美俄三边关系中，中美之间和美俄之间的关系是竞争与合作并存，摩擦与协调交替。1996年中国和俄罗斯决定建立和发展两国"平等信任的战略协作伙伴关系"。这一关系"是建立在不结盟、不对抗、不针对第三国基础上的新型国家关系"。[②] 而且，中俄两国2001年7月16日签署的《中俄睦邻友好合作条约》，"彻底摈弃了那种不是结盟就是对抗的冷战思维，是以互信求安全、以互利求合作的新型国家关系的体现"。[③]

第三，关系的内容不同。中美苏大三角战略关系中军事因素占主导地位。而在中美俄三边关系中，军事安全因素虽然仍很重要，但其地位已比过去有所降低；经济因素的重要性大大上升；政治、经济、安全、军事、外交等因素综合发挥作用，不仅有地缘政治因素，而且有地缘经济因素，因此互动也更加复杂。同时，在中美苏大三角战略关系中，美苏经济关系是两个平行的世界市场之间的关系。而在中美俄三边关系中，中美俄三国都存在于同一个世界市场。尽管作为三个大国，即使相互之间断绝经济联系，三国也能各自生存下去，但三方的经济都会受到重大的影响。加之，中美经贸关系的日益密切已经使经济合作成为两国关系的最重要基础之一。

第四，三个角的分量不同。在中美苏大三角战略关系中，美苏是两个超级大国，中国是较弱的一角，但由于美苏矛盾是"三角"关系中的主要矛盾，美苏之间的利害冲突是它们所关注的重心，犹如天平的两端，双

---

[①] 邓小平语，参见高金钿主编《邓小平国际战略思想研究》，国防大学出版社1992年版，第93页。

[②] 见2001年7月16日签署的《中俄元首莫斯科联合声明》，载《人民日报》2001年7月17日。

[③] 时任中国国家主席江泽民2001年7月16日在莫斯科与俄罗斯总统普京举行会谈时的谈话，载《人民日报》2001年7月17日。

方都怕对方从外部得到一种力量，破坏它们之间的平衡，两家都想拉中国来抗衡对方。这就使中国在"大三角"中处于主动和有利的地位，能够发挥"四两拨千斤"的作用。① 而在中美俄三边关系中，美国是世界上唯一的超级大国，中俄两国是重要国家。

第五，互动的范围不同。在中美苏大三角战略关系中，中美两国全面对抗苏联的扩张主义。而在中美俄三边关系中，中俄两国在经济上对美国的需要超过他们之间的相互需要，但他们之间的关系要好于他们各自与美国的关系。在这种情况下，中俄两国并不是与美国全面对抗，而只是在某些主要问题上，如美国发展导弹防御系统、北约东扩等，寻求加强相互合作以在外交上应对美国。

第六，影响的范围不同。中美苏大三角战略关系在某种程度上具有决定国际战略全局的作用。而中美俄三边关系只是对国际战略形势有重要影响。从这个意义上说，其战略重要性与前者相比有所减小。

## 二 两种不同理念的碰撞与互动

中美苏大三角战略关系的理论基础是均势理念。均势理念的基本涵义是，使国际力量的相互配置大致相等，以防止任何国家强大到可以把自己的意志强加于其他国家。均势或"权力平衡"中的"权力"（power）不仅仅指状态意义上的"实力"（strength），更指力量层面上的"势力"（force）及意志层面上的"影响力"（influence）。中美苏大三角战略关系的历史实际上是一部中美苏三国互动，以保持国际战略平衡的历史。由于当时苏联实力上升并采取扩张政策和进攻态势，因此中美两国联手抗衡苏联。

冷战结束后，根据变化了的国际形势，中国和俄罗斯始创了以结伴而不结盟为核心的新型国家关系，逐渐发展形成了以相互信任、裁军与合作安全为内涵的新型安全观。这种新型安全观的一个重要体现是以互信、互利、平等、协商，尊重多样文明，谋求共同发展为特征的"上海精神"。②而且，中国认为，安全应是相互的，建立在别国不安全感基础之上的安

---

① 邓小平语，参见高金钿主编《邓小平国际战略思想研究》，国防大学出版社1992年版，第128页。
② 时任中国国家主席江泽民2001年6月15日在"上海合作组织"成立大会上的讲话，见《人民日报》2001年6月16日，第1版。

全，是不能够长久和稳定的。①

但是，美国在成为世界上唯一的超级大国之后，开始推行实际上的"霸权加均势"的战略。这一战略的目的是实现和长期保持美国霸权下的国际格局。主张这一战略的美国学者认为："在只有一个霸主的情况下，国际环境处于和平之中的可能性要大得多。"② 然而，在如何实施这一战略问题上，美国政界内部存在分歧。一派被称为"全球化"流派，强调"民主和平论"，赞成进行积极有力的干预和动用武力来促进美国价值观的传播。原来的克林顿政府基本上属于这一派，但在实际实施过程中，它经常显示出实用主义的特点。

另一派被称为"现实主义"流派，主张用加强军事力量优势地位的方法来维护美国关键的国家利益。乔治·W. 布什政府基本上属于这一派。这一派的理论基础是新现实主义和新保守主义。

前国务卿赖斯曾经说过，布什政府的外交政策是"新现实主义的"。③ 新现实主义认为，不论国际形势发生何种变化，国家的生存和它们之间的竞争是永恒的。一个国家为了提高自身的安全系数，需要不断追求增强自己的军事实力，并为寻求更多的国际威望和权力而致力于在国际上扩张势力与影响。虽然新现实主义也承认全球化增强了各国间的相互依存性，但认为这反而提高了各国之间"相互脆弱性"的程度，从而给各种形式的"讹诈"提供了更多的机会，而且全球化的发展并未使国际社会处于无政府状态的特性发生根本的改变，因此一国如果比其他国家获得更大的相对收益，它最终会变得更加强大，从而使其他国家的脆弱性相对增加。

布什在总统大选中曾标榜自己为"富有同情心的保守主义"。这种保守主义在对外关系方面的基本主张是，世界应由美国来领导。为了巩固美国的世界领导地位，美国的一切对外政策行动必须以是否符合美国家利益和美国价值观作为衡量标准。

根据新现实主义和新保守主义的理论，布什政府第一个 4 年任期在推

---

① 时任中国外交部部长唐家璇 2001 年 7 月 25 日在第八届东盟地区论坛（ARF）外长会议上的讲话，见《人民日报》2001 年 7 月 26 日，第 3 版。

② Charles Crosummer, *Bushism*: *ABM*, *Kyoto Protocol and U.S. New unilateralism*, *Banner Weekly*, June 4, 2001, p.26.

③ Thom Shanker, *White House Says the U.S. Is Not a Loner, Just Choosy*, *New York Times*, July 31, 2001.

行对外政策中显示出单边主义和均势政策两个特点。单边主义就是追求美国在国际事务中的行动自由，即美国为了自己的国家利益，拒绝多边束缚，可以不顾国际机制和国际条约，甚至不顾绝大多数国家的反对，一意孤行地推行美国自己的政策。例如，布什政府宣布退出关于限制全球温室气体排放的《京都议定书》，坚持部署导弹防御系统，拒绝签署经过国际社会7年艰苦谈判达成的关于加强核查机制的《禁止生物武器公约》议定书，甚至暗示要退出《全面禁止核试验条约》并考虑重新进行核试验，等等。实际上，单边主义也是霸权主义的一种表现。

与在冷战时期寻求借重中国来从全球角度抗衡苏联的均势政策不同，美国当前的均势政策是侧重于防止在欧亚大陆出现能够挑战美国领导地位的潜在威胁，为此准备将美国自己作为一种在世界一些重要地区起"独一无二的、最终起平衡作用的力量"。有些美国学者将18世纪至19世纪的英国奉为榜样，认为"英国在这两个多世纪中一直是欧洲起平衡作用的力量，总是加入比较弱小的联盟来反对比较强大的联盟，以便创造均势"。① 他们甚至鼓吹："将通过支持中国周边地区的一些较小国家（和地区）（从韩国到中国台湾，甚至到越南）的办法来抵消中国在力量上所占的优势。"②

当前，中俄两国与美国之间在关于如何看待和处理冷战后时期国际关系方面存在着两种不同的理念，主要表现在：

其一，中俄两国都认为，推动世界多极化进程"有助于建立一个稳定、民主、不对抗、公正合理的国际新秩序。这一趋势客观上符合所有国家的根本利益"。③ 而美国则极力要长期保持其"单极独霸"的地位。

其二，中俄两国正在以超越均势理念的新型安全观看待和处理他们之间的关系，以及他们与美国及世界其他国家的关系。他们认为，两国的友好关系是建立在不结盟、不对抗、不针对第三国基础上的新型国家关系。而美国则将均势政策作为保持其世界霸权地位的主要手段之一。美国强调要加强与盟国的军事联盟关系，这种联盟关系是建立在针对第三国基础

---

① Charles Crosummer, *Bushism*: *ABM, Kyoto Protocol and U.S. New unilateralism*, *Banner Weekly*, June 4, 2001, p.25.

② Ibid.

③ 时任中国国家主席江泽民和俄罗斯总统普京2001年7月16日签署的《中俄元首莫斯科联合声明》，见《人民日报》2001年7月17日。

上的。

其三，中俄两国都从宽广的角度看待国家安全问题，认为国家安全是综合性的，包括政治、经济、军事、科技、金融、信息等因素在内，其中经济、科技、金融、信息等非传统安全因素越来越重要。而美国政界的主流派则继续从狭窄的角度看待国家安全利益，强调军事这一传统安全因素的作用，将保持美国的军事优势作为维持美国唯一超级大国地位的主要支柱。

这两种不同的理念必然要进行碰撞和互动，其结果将对国际战略形势产生重大影响。中俄两国的新型安全观代表了世界发展的大趋势。因为从世界发展趋势来看，当代国际体系的演变进展，一般将是从无政府状态下的国际均势体系发展到相互依存状态下的国际体系，再发展到一体化条件下的国际体系。根据存在决定意识，意识又反过来对存在有重大影响的原理，均势理念实际上是对历史上无政府状态下的国际均势体系的反映和当代一些人对此种体系的追求。而中俄两国的新型安全观则是对世界各国相互依存日益紧密的现状的反映和对相互依存状态下的国际体系的追求。这也是代表新旧两种不同国际体系的两种不同理念的碰撞和互动。

从理论和实际两方面来看，美国霸权下的国际体系将不可能有真正的和平，因为作为霸权国家的美国在缺少制衡其霸权的力量的情况下，将可以经常使用武力打击违反其意志或认为有损其利益的中小国家。

### 三　中美俄三边关系的互动模式

在国际关系中，存在着三个行为体之间相互作用和反作用的现象，一般称为三边关系或三角关系。三边关系可被看作初级的或不甚严格的三角关系，而三角关系则是高级形式的三边关系。国际关系中的三角关系，指的是在一个由三个国家构成的系统中，其中一个国家的行为会对另一个或两个国家的行为产生影响，或其中一对双边关系的变化会导致另一对或两对双边关系发生变化的互动关系。三角关系是国际关系中的一种重要现象，对当代国际战略形势的发展有重大影响。大国关系中的三角关系与地缘政治有密切的关系。

实际上，国际关系中的三角关系是主客观相结合的产物。它具有三种基本内涵：即作为客观存在的三角关系——三角关系的客观规律，作为手段的三角关系——三角策略,作为目的的三角关系——三角关系理念。客观存在的三角关系是人类社会历史的一种带有规律性的东西,它是自在的三角关系,也是对三角关系的客观描述。主观表达的三角关系(人为的三角关系)通常指一国对外战略或策略的一种选择。前者如冷战时期的中美苏大三角战略关系,后者如毛泽东和尼克松采取的打开中美关系大门的行动。而隐含在这两者背后的思想意识是"三角关系理念"。

国际上较早对三角关系进行论述的是英国学者马丁·怀特,他1977年出版的著作《国家体系》有一章专门从历史的角度研究了三角关系。[①]美国学者洛厄尔·迪特默1981年发表的论文《战略三角:竞赛理论初析》,对三角关系的形态作出了较系统的理论分析。他提出了三角关系的三种形式:

(1)"三人共处"式,由三方间的对称和睦关系组成。

(2)"浪漫三角"式,即由处于"主轴"的一方与处于"两翼"的两方建立和睦关系,而后两方则是敌对关系。

(3)"稳定婚姻"式,即两方之间建立了和睦关系,而都同第三方处于敌对关系。[②]

从三角关系的互动来说,三角关系的各方都是会力争在三角结构中处于有利地位。其中的某些主要模式有:

其一,A国与B国发展关系是为了促进与C国的关系。例如,70年代初美国打开中美关系大门的目的之一是为了促使苏联缓和与美国的关系。中美关系的改善,特别是1971年7月中美两国宣布尼克松总统将访问中国,引起苏联的极大不安,促使苏联加快改善与美国的关系。基辛格后来回忆说:"(尼克松)总统要访问北京的消息公布之后,有关柏林的未决的问题就在一周之内获得使我们感到满意的解决。关于突发战争的协议也于8月底完成……在我们所有的其他交往中莫斯科的腔调都明显地发生了变化。共处,至少是暂时的共处,实现了,不是由于

---

[①] Martin Wight, *Systems of States*, Leicester University Press, 1977.

[②] Lowell Dittmer, The Strategic Triangle: An Elementary Game-Theoretical Analysis, WORLD POLITICS 33 (4) July 1981.

刹那间有了远见卓识,而是由于我们协助形成的这种国际均势所使然。"①

其二,A国与B国发展关系是为了制约C国。例如,苏联1979年入侵阿富汗后,在苏联咄咄逼人的全球攻势下,美国加快发展与中国的关系,由在中苏之间搞"机械的一碗水端平"的平衡政策进到偏向中国。卡特总统下决心把给中国以最惠国待遇问题同给苏联以最惠国待遇问题脱钩,先给中国以最惠国待遇。美并同中国开始发展军事关系。

在中美苏大三角战略关系中,三方互动的模式基本上是"零和"模式,即一方得益意味着另一方受损,或两方关系的接近意味着第三方利益的受损。而在中美俄三边关系中,"零和"游戏模式的可能性下降,有可能出现各方良性互动和三方都得益的"三赢"模式。

以亚历山大·温特为代表的建构主义理论认为,在当代无政府状态下的国际体系中,至少有三种"无政府文化",每一种都有自己的逻辑。

(1) 霍布斯文化。在这种无政府文化中,国家的互相定位是"敌人"角色,而对敌人是不能给以生存和自由的权利,因此国家利益就是消灭对方。以侵占领土、吞并国家为目的的战争是这种文化塑造的国家基本行为方式。

(2) 洛克文化。在这种无政府文化中,国家的互相定位是"竞争对手"角色,竞争对手有生存和自由的权利,但是不具有免于暴力的权利,结果出现军事竞争,有时会爆发战争,但战争会被控制在有限范围之内。

(3) 康德文化。在这种文化中,国家的互相定位是"朋友"角色,朋友之间承担义务:不使用暴力解决争端,在出现侵略的情况下相互帮助。结果就是多元安全共同体或集体安全。

根据推理,如果国家以相互敌对的方式思维,就会创造霍布斯文化居于主导的世界;如果国家以相互竞争的方式思维,就会创造洛克文化居于主导的世界;如果国家以相互帮助的方式思维,就会创造康德文化居于主导的世界。

但是,在中美俄三边关系中,如果A和B国希望与C国建立朋友关系,而C国把A和B国当作竞争对手或潜在敌人看待,会出现什么结

---

① [美] 亨利·基辛格:《白宫岁月》第三册,中文版,世界知识出版社1980年版,第46页。

果呢?

可能性之一是双方成为竞争对手或潜在敌人,创造洛克文化居于主导的世界。可能性之二是双方成为朋友,创造康德文化居于主导的世界。可能性之三是双方形成既合作又竞争的关系。

从现实情况看,中美之间和俄美之间由于既有很多共同利益又有许多矛盾,因此形成既合作又竞争关系的可能性最大。中俄两国与美国之间在某些传统安全问题上可能会出现"零和"模式;但由于各国在经济方面相互依存关系的发展和存在许多跨国界问题,他们在大多数非传统安全问题上,如环境恶化、国际恐怖主义、毒品等,将不得不寻求良性互动或良性互不动,面临"三赢"模式或"全输"模式。由于美国和中国都是大国和核国家,中美之间如发生战争,将给双方都造成重大损失,因此两国将努力保持双边关系的稳定,避免发生武装冲突。

而中俄两国相互视为朋友,在许多问题上互相帮助,双方承诺"在其相互关系中不使用武力或以武力相威胁","如出现缔约一方认为会威胁和平或涉及其安全利益和针对缔约一方的侵略威胁时,缔约双方为消除所出现的威胁,将立即进行接触和磋商"。[①] 而且,中俄两国之间共同利益的领域已经大大拓宽,包括反对恐怖主义、经济合作、军品贸易、维护中亚地区的稳定等。如果两国能够较好地处理他们之间仍存在的一些问题,努力发展平等信任的战略协作伙伴关系,就能够实现两国和两国人民"世代友好、永不为敌"的和平思想。建立在这种思想基础上的中俄关系将不是一种建立在主要为了制衡美国的均势思想基础上的关系,虽然在一些具体问题上不可能完全排除"均势"的考虑,但总体上是以新型安全观为指导的。

## 第四节 中美欧三边关系与地缘政治

随着欧洲一体化的发展和中国的上升,中美欧三边关系在国际上的作用越来越大,是21世纪世界上最重要的三边关系之一。在经济全球化趋

---

[①] 时任中国国家主席江泽民和俄罗斯总统普京2001年7月16日签署的《中俄睦邻友好合作条约》,见《人民日报》2001年7月17日。

势的影响下,中美欧三边关系中的共同利益上升,良性互动在增加。由于世界战略力量对比仍严重向有利于美国的方向倾斜,美国在中美欧三边关系处于优势地位。中国与欧盟在当代国际关系理念方面有许多相同或相似之处,在一些重大国际问题上采取不同于美国单边主义的立场,在建立体现人类进步要求的21世纪新型国际政治秩序上也将有更多共同点。中美欧三边关系有可能超越地缘政治。本节将从实力、利益、理念、互动四个方面探讨中美欧三边关系的发展趋势和影响。

**一 中美欧三边实力关系发展趋势**

国际战略力量对比仍向有利于美国的方向倾斜,但中美欧三方实力关系显示多维化,从长远来看将趋向均衡化。

冷战结束后,美国成为世界上唯一的超级大国,世界战略力量对比严重向有利于美国的方向倾斜,在中美欧三边关系中也是如此。"9·11"事件以来,布什政府将反恐和防止大规模杀伤性武器扩散作为全球战略的最优先事项,同时又以此为旗号企图借机巩固美国在世界上的"领导地位",实现单极独霸。

但现实与美国的愿望相反,中美欧三方实力关系正在显示三维化。在经济领域,随着欧盟一体化进程的进展和东亚地区经济合作的发展,中国所在的东亚、欧洲与北美自由贸易区正在逐渐形成三足鼎立的多极化态势。在经济总量上,欧盟已略高于美国。2004年美国国内生产总值(GDP)约为11.7万亿美元,欧盟达到12万亿美元。美国约占全球国民生产总值的28%,欧盟约占全球国民生产总值的30%。2004年5月1日,马耳他、塞浦路斯、波兰、匈牙利、捷克、斯洛伐克、斯洛文尼亚、爱沙尼亚、拉脱维亚、立陶宛10国加入欧盟。2007年1月1日,保加利亚和罗马尼亚加入欧盟。欧盟成员国已达27国,人口达到4.9亿人。这进一步奠定欧盟在欧洲的中心地位,并使欧盟在全球范围内的分量显著增强。同年12月13日,欧盟各国首脑签署《里斯本条约》,标志着欧盟正式结束了长达6年的制宪进程,是欧洲一体化进程中具有里程碑意义的关键一步,促进了欧盟的政治一体化。

在货币力量方面,欧元自1999年问世至今已经成为一种重要的国际货币,2004年它已占到世界货币市场的24%、债券市场的31%、世界储备资产的13%,欧元区外已有50多个国家把它们的货币汇率盯住欧元。

虽然欧元的国际地位与美元相比，仍有一段距离，但美元也离不开欧元等重要国际货币的相互借重与支持。在科技水平方面，欧盟虽然总体上稍逊于美国，但差距不过2年至5年，而且欧美各有短长，欧洲追赶的潜力很大。

中国虽然在经济总量上只有4.9万亿美元（2009年），但中国的经济增长速度处于世界各国最快之列，是世界第三大贸易国。中国与东盟在2010年实现自由贸易区，该自由贸易区拥有19亿人口、面积达1412万平方公里、国民生产总值近6亿美元。如果中、日、韩与东盟实现东亚自由贸易区，东亚经济将成为世界一极。世界经济的多极化将促进世界力量的均衡化趋势。

在军事领域，国际格局仍然是单极，美国是世界上唯一具有全球大规模力量投送能力和全球作战能力的军事超级大国，在中美欧三方关系中占有绝对优势。要实现世界军事的多极化尚需很长时间。但当前许多非传统安全问题并不是用军事力量就能解决的。同时，欧洲国家正在欧洲联盟的框架内加速推动独立的欧洲安全与防务政策的最终形成，包括建立适当的磋商与决策机制，以及必要的、自主的军事手段和军事能力。欧盟在2003年组建欧洲快速反应部队。伊拉克战争后，曾一致反对美国发动这场战争的德国、法国、比利时和卢森堡四国首脑2003年4月底聚会布鲁塞尔，讨论推动欧洲安全防务一体化进程问题。他们一致认为，欧盟在经过多年不断探索后，现在应该到了推动"欧洲安全和防务建设进入新阶段的时候"。四国领导人商定，着手在比利时筹建一个"防务计划与指挥中心"，负责制订计划以及指挥四国部队在欧洲地区展开的军事行动；最后，建立一个指挥共同行动的多国总司令部。欧洲国家在防务上独立自主因素的发展将对欧洲未来安全格局的形成有重大影响，也是世界朝多极化发展的一个重要表现。

中国实行防御的国防政策和积极防御的军事战略方针，正在适应世界军事变革的趋势，提高高技术条件下的防卫作战能力。中国国防现代化有利于地区稳定与和平，有利于多极化趋势发展。

在政治领域，由于非传统安全问题对国际关系影响的上升和与传统安全问题相互渗透、相互转化，各国政府都面临越来越多的超越国界问题。其中包括恐怖主义、全球气候变暖、跨国犯罪、毒品买卖、非法移民、传染病蔓延等。在这些方面，实力分布杂乱无章，因此谈论单极或新帝国论没有什么意义，用军事手段或仅用军事手段无法解决这些问题。

总之，实力对比实质上是各方综合国力以及运用综合国力的机制、能力和意愿之间的对比。在中美欧三方中，现在美国占据着优势。但随着中国和欧盟综合国力的上升，美国的优势将逐渐减少，并面临世界多极化进程越来越大的制约。而且，随着非传统安全问题对国际关系影响增大，美国强大军事力量解决国际问题的能力逐渐下降。

## 二　中美欧三边利益关系发展趋势

当前中美欧共同利益上升，它们之间结构性矛盾在常态下不具有对抗性。中国是世界上最大的发展中国家和正在兴起的大国，美国是世界上最大的发达国家和唯一的超级大国，欧盟是世界上最大的区域一体化组织之一，三方之间不可避免地存在许多结构性矛盾。另一方面，随着经济全球化的发展和非传统安全问题在国际关系中影响的上升，中、美、欧结构性共同利益正在增加。但它们之间结构性矛盾还存在，有时甚至会比较尖锐，如围绕伊拉克战争的国际博弈等。在常态下，它们之间结构性矛盾不具有对抗性。但在台湾问题上导致中美对抗的可能性不能排除。

中美关系在曲折中发展，呈现出既竞争又合作、既矛盾又协调、既对话又斗争的复杂状况。这种状况是由中美双方的共同利益和结构性矛盾决定的。在冷战时期，中美战略合作关系是建立在共同对付苏联扩张主义的基础上。冷战结束后，这一因素不复存在，但中美关系的基础扩大了。经济贸易和安全合作成为现在中美关系基础的两大支柱。布什政府上台初期，两国关系一度陷入低谷。"9·11"事件以来，中美关系不仅相对稳定，而且取得很大改善，两国合作有一定发展。这既是由于美国将反恐和防止大规模杀伤性武器扩散作为其国家安全战略的最优先事项，需要与各大国，包括中国的合作，也是中美结构性共同利益增加和结构性矛盾尖锐程度暂时下降的结果。

美欧关系是长期传统盟国之间的关系，但这种关系正在趋于松弛。双方在价值取向和利益取向上有很多共同点，这是双方关系的"黏合剂"。但"9·11"事件后，美国凭借自己的超强实力，不惜置联合国、欧盟以及整个国际社会于"从属"地位，发动进行"先发制人"打击的伊拉克战争，以实现它的意志。而欧盟中许多国家，特别是德、法等国，自主意识日益增强，越来越不能容忍美国的单边主义行径。这成为美欧关系的

"疏松剂"。

中欧关系的发展在20世纪90年代呈现质的飞跃。由于中欧在各自发展道路上取得具有重大意义的进展,国际地位和影响显著提高,双方加强全面合作的需求与能力因而大为增加,共同利益大幅上升。中国与欧盟的关系建筑在长期和全面共同利益的基础上,因而是比较巩固的。中欧关系有良好的长期和稳定发展的前景。当然,由于历史、文化和社会的差异,中欧在人权、西藏等问题上存在分歧,但双方关系中友好与合作是主流。

在中美欧关系的各领域,它们之间共同利益和结构性矛盾的分布是不平衡的。

### (一) 经济贸易领域

经济贸易是中美欧之间共同利益最大的领域,也是冷战后时期中美关系和中欧关系的主要基础之一。冷战结束后,中美和中欧经济合作的范围由过去较为单一的商品贸易为主向商品、投资、服务、技术等领域全面扩大。特别是中国加入世界贸易组织后,中美和中欧经贸关系的深度和广度在继续发展。中美和中欧经济发展水平、产业结构等的不同,决定了它们发展经贸合作有着客观的必然性和必要性,决定了它们经贸合作的互补性和互利性,也决定它们经济贸易合作的巨大潜力。

中美尽管多年来政治关系风风雨雨、跌宕起伏,但经贸关系一直向前发展。经贸关系已成为冷战后中美关系发展最快、合作最富有成效的领域。

中欧贸易额与1978年中国开始改革开放时相比,已经增长了40多倍。2004年,中国成为欧盟的第二大贸易伙伴。2005年,欧盟成为中国第一大贸易伙伴。欧盟是向中国提供外国政府贷款比较集中的地区。欧盟企业对华投资整体稳步增长。欧盟国家是中国引进先进技术和设备的最大供应者。2005年,中国对欧洲出口总额达到1160亿美元,欧盟对中国出口为590亿美元。2006年,欧盟从中国的进口额上升21%,中国取代美国成为欧盟最大的进口来源国。2010年中欧双边贸易总额超过5000亿美元。中国与欧盟整体及与欧盟成员国的经贸关系都处于不断上升的态势。

中国加入世界贸易组织后,将对美欧企业来说非常重要的工业品关税从25%减少到7%,将农产品关税从31%减少到14%,并且正在开放服务业领域的重要方面,包括银行、保险、通讯和专业服务等。这些为美欧商品和资本能够更多地进入中国创造了良好的条件,从而将促进中美和中欧经贸合作更上一个层次。2005年，中国成为世界第三大商品进出口国，仅次于美国和德国。在商业服务方面，中国是第九大出口国和第七大进口国。

另一方面，中美和中欧在经济贸易领域仍存在一些结构性矛盾。中美之间主要有贸易不平衡、知识产权保护，以及美国所认为的中国执行加入"世界贸易组织"时的承诺问题等。中欧之间主要是欧盟对中国的市场经济发展估计不足，没有全面地将中国作为市场经济国家对待，对中国的反倾销措施有失公正等。但由于中美和中欧产业结构具有很强的互补性和互利性，它们经贸合作的利益要远远大于矛盾，因此这些问题都可以通过双方协商和谈判来解决，不会转化为对抗性矛盾。

美欧之间存在着成熟的经济贸易关系。一方面，双方经济利益相互渗透和相互依存。从全球收入的角度看，美欧相互都是对方最重要的市场，美欧现在出口中约各有20%以对方为对象。目前平均每天的跨大西洋贸易额已超过10亿美元。在全球商品贸易总额中，美欧占近37%，而在服务贸易中则达到了近45%。2005年，美国对欧盟的出口为1628亿美元，欧洲对美国的出口为2515亿美元。[①] 2000年，美国企业的外国资产中约有58%是在欧洲，而在美国的外国资产中，欧洲公司占2/3以上。大约700万美国人的生计是由欧洲投资者提供的；而依靠美国投资者提供生计的欧洲人有600万人。2007年美欧贸易额达到6200亿欧元，约占全球贸易的40%，双方的投资带来了1400万个就业机会。[②] 另一方面，美欧之间的经济竞争非常激烈。其中最常见的是直接商业利益之争，如转基因农产品贸易、钢铁贸易等。

### （二）非传统安全领域

中、美、欧在非传统安全领域有着广泛的共同利益。近年来非传统安全威胁日益突出，造成安全问题的多元化和全球化，对国际关系的影响越来越大，导致各国安全需求的多样化。这大大增加了世界各国之间，包括中、美、欧之间的共同利益，使它们不得不更多地进行合作来应对和解决这些问题。中、美、欧在非传统安全领域所有问题上都具有很大的共同利

---

① ［美］戴维·卡列奥：《欧洲：中国的缪斯？》，美国约翰·霍普金斯大学保罗·尼采国际研究学院《SAIS环球》，2006年12月25日。

② 欧盟贸易委员曼德尔森2007年11月18日在美国卡内基国际和平基金会上的演讲，美联社2007年11月19日华盛顿电。

益，但也有某些非对抗性矛盾。

中美从 20 世纪 70 年代末起就开始在该领域进行合作。具体可分为三个方面，即科技合作、司法合作、反恐合作。"9·11"事件后，中美在反对恐怖主义方面的合作取得重大进展，反恐合作已成为两国关系的重要支点之一。但中美在非传统安全领域也存在非对抗性矛盾。例如，在能源安全中的石油供应方面，美国担心随着中国经济的迅速增长，中国从国外进口的石油将大量增加，会增大中美之间在中亚和南中国海竞争的可能性。

中欧在非传统安全领域一系列重大问题上有相同或类似的判断、立场和对策。双方认为，应把可持续发展、环境保护、扶贫等问题提到战略高度来重视，通过各种途径推动这些问题的解决。中欧为解决这些问题进行了有成效的合作。欧盟及欧盟国家在这些方面对中国提供了一定的援助。

美欧在非传统安全领域有许多合作，特别是"9·11"事件后双方在反恐方面的合作有很大进展。但由于布什政府过于重视美国自己的利益，推行单边主义，美欧在这一领域的矛盾有所增加。例如，布什政府拒绝批准控制全球变暖的《京都议定书》，引起欧盟国家的强烈不满。

### （三）传统安全领域

传统安全问题主要指地缘政治和军事安全。一方面，中、美、欧在传统安全领域仍有许多共同利益；另一方面，双方在此领域也存在一些结构性矛盾。现在中、美、欧在安全领域主要面临两大问题：地区安全和防止大规模杀伤性武器扩散。它们在这些问题上的共同利益大于相互矛盾。但如果某些问题处理不当，有可能导致对抗性矛盾。

从地区安全来说，以与中国关系较大的朝鲜半岛、南亚地区和中亚地区为例。

朝鲜半岛。中美欧在朝鲜半岛问题上有着共同利益，即和平、稳定和无核武器化。但它们在如何实现这些目标方面存在一些分歧。布什政府上台后，放弃了克林顿政府的对朝"接触"政策，转而对朝采取强硬政策，将朝鲜列为"邪恶轴心"之一和可能的核打击目标国之一。2002 年 10 月第二次朝鲜核危机发生后，中国为通过对话和平解决危机发挥了积极作用，主办了 2003 年 4 月中美朝北京会谈和以后的六方会谈。布什政府表示希望和平解决危机，但美朝之间缺乏信任，朝核问题解决进程仍然曲折复杂。欧盟虽不是东亚大国，在介入朝鲜半岛上也是一个"迟到者"，但对朝采取"建设性接触"政策,对朝核危机极为关注,2003年3月,欧盟外长会议决定,向平壤派出高级代表团,斡旋此次危机。2007年2月14日,欧盟主席国发表声明,对第五轮朝核问题六方会谈第三阶段会议通过的共同文件表示欢迎,同时表示计划派欧盟"三驾马车"代表团访问朝鲜。

南亚地区和中亚地区。中、美、欧在这两个地区的和平、稳定和反恐问题上有共同利益。例如,中美都为防止印度和巴基斯坦发生大规模武装冲突和核战争作出了重大努力。又如,中美欧为打击"基地"组织等恐怖组织进行了合作,中国、欧盟还为阿富汗战后重建作出了自己的贡献。但中美的安全关切也有不同甚至矛盾之处。例如,美国在中亚国家的驻军,现在主要是对付"基地"组织等恐怖组织的。但美驻军是否会长期化,甚至成为包围中国的一部分,成为一些人担心的问题。欧洲国家对南亚地区和中亚地区的兴趣和介入正在增加。德国和荷兰曾共同指挥在阿富汗的国际安全援助部队。2003年4月,北约决定接替美军承担维护阿富汗安全和秩序的任务。西欧国家,如德、法为了确保长期的能源供应和实现能源渠道多样化,也把中亚国家列为它们外交的重要目标之一。

从防止大规模杀伤性武器扩散来说,中、美、欧在这方面有重大共同利益。它们都不愿看到大规模杀伤性武器在包括亚太地区在内的全球扩散,也为防止这种扩散作出了相互协调或各自的努力。例如,1998年5月印度和巴基斯坦相继进行核武器试验后,中美欧经过协调在联合国安理会采取了共同的立场。近年来,中国还为加强本国武器技术和军民两用技术出口控制制度作出了不懈的努力。例如,中国政府已发布了一系列有关的法规,2002年又发布多个重要法规,包括《导弹及相关物项和技术出口管制条例》等。这些法规为中国的不扩散和出口控制制度奠定了良好的法律基础,得到美欧有识之士的肯定。

但另一方面,美国采取单边主义做法,拒绝批准《全面禁止核试验条约》,退出《反弹道导弹条约》。这些对国际防止大规模杀伤性武器扩散的进程产生了消极影响。一些欧洲国家对美国的这些单边主义做法表示了不满。

**(四)人权领域**

人权问题是中美结构性矛盾比较尖锐的领域,也是中欧存在分歧较大的领域。这主要是由于美国和欧盟对华政策的重要目的和内容之一是演变中国。由于美国是根据它对华战略的需要来决定该问题在其战略中的重要性的，因此不同时期人权问题在中美关系中的尖锐程度有所变化。如果美国在该领域选择与中国对抗的方针，就可能使人权问题成为中美之间的对抗性矛盾。而中美关系和中欧关系的稳定和发展，中国在社会主义政治文明和政治改革方面取得的进展，以及中美之间和中欧之间在人权方面的对话，有助于缓和双方在该问题上的矛盾，有益于它们在人权方面的相互了解和合作。

中国与美欧意识形态不同，这本来不应妨碍它们之间的国家关系。但由于美国的单方面行为导致了中美两国在该领域的矛盾与斗争。冷战结束后，美国对中国的战略需求大大减少，因此克林顿政府将演变中国提到美国对华战略和对华外交的根本目标之一的高度。布什政府上台后，认为"中国民主的发展对中国的未来是关键的"。[①] 布什政府继续每年发表人权报告对中国的人权状况进行无理攻击和无端指责。布什本人及高级官员多次向中方提出中国人权和宗教自由问题。这些实际上是在人权问题上搞双重标准，以人权为借口干涉中国内政。

从总体上说，中欧之间在人权方面的对话效果要好于中美之间的对话效果。而且，中美之间在人权方面的对话常因两国关系挫折而暂停。

### （五）台湾问题

台湾问题是中美关系中最敏感的问题，是中美结构性矛盾表现得最为尖锐的领域，也是唯一有可能导致中美发生对抗或直接武装冲突的问题。长期以来，美国在台湾问题上采取"不统不独不战不和"的方针，企图将台湾作为制约中国的一张牌。但中美两国在台湾问题上实际上存在共同点。首先，中国坚持"一个中国"原则，美国实行"一个中国"政策，双方在"一个中国"上有交汇点；其次，双方都反对台湾独立；第三，中国努力实现与台湾的和平统一，美国希望台湾问题能得到和平解决，双方在"和平"上有交汇点；第四，如果中美因台湾搞"法理台独"而打一仗，两国都会遭受重大损失，这不符合双方的利益。这些共同点使中美有可能采取不同方法，努力不让台湾问题影响两国关系的

---

① The White House, The National Security Strategy of the United States, September 20, 2002, http://www.whitehouse.gov/nsc/.

大局。

欧盟及欧盟成员国坚持"一个中国"政策,支持中国的主权与领土完整,但一些欧洲国家或人士在台湾问题上与中国的看法不尽一致,有时也会对整体良好的中欧关系产生一些干扰。

### 三 中、美、欧国际关系理念比较

当前,美欧在国际关系理念方面的差异扩大,中欧在这方面的共同点或相似点增加。

布什政府上台以来,更加赤裸裸地奉行"美国利益至高无上"的准则,认为美国必须靠实力领导世界,而不必考虑现存的国际条约或盟国的异议。"9·11"事件后,布什政府将"先发制人"作为美国国家安全战略的重要内容之一。① 2003年3月,美国在没有得到联合国安理会授权的情况下,发动伊拉克战争,首次将"先发制人"战略运用于实战。美国一意孤行推行单边主义和战争政策,扩大了它与一些欧盟国家在国际关系理念方面的差异,双方曾进行激烈较量。

中国和欧盟力量的增长不仅扩大了双方利益的汇合点,而且使双方在当前国际关系理念上有更多的共同点或相似点。一般来说,中欧在世界多极化趋势、安全观念和政策、国际组织等方面有一致或近似的看法,而美欧在人权、国家主权观念方面有共同或相似观点。当前美国与中国和欧盟在国际关系理念上的碰撞与博弈主要表现在以下方面。

#### (一)"世界秩序"观的差异

冷战结束以来,特别是"9·11"事件后,美国依仗其"一超独大"的实力优势,推行单极化战略,实行单边主义政策,企图建立"美国统治下的世界和平"。美国在能够利用联合国等多边机制时就加以利用,而在觉得联合国等多边机制碍手碍脚时,就企图一脚踢开。美国绕开联合国安理会,发动伊拉克战争,违反了联合国宪章和国际法,破坏了现存的国际秩序。

而欧盟希望看到多极化趋势的发展,主张建立一个以国际法为基础、联合国等国际机构为框架的多边主义的"世界秩序"。德、法等国不愿意

---

① The White House, The National Security Strategy of the United States, September 20, 2002, http://www.whitehouse.gov/nsc/.

亦步亦趋地跟随美国建立一个以美国为中心的单极世界。德、法等国希望用联合国牵制美国的单边主义和战争政策。欧盟的长远目标是要在全球化政治格局形成的博弈中争取成为世界第二极。

中国顺应世界多极化的趋势，提倡国际关系民主化和发展模式多样化，主张建立公正合理的国际政治经济新秩序，强调维护联合国在国际事务中的权威。中国与欧盟在"世界秩序"方面的主张有许多共同和相似之处，而它们与美国实现"单极化"和"美国统治下的世界和平"的企图有着重大矛盾。双方之间的斗争难以避免。

### （二）关于安全观与安全政策

"9·11"事件后，美国放弃自冷战时期以来实行的"遏制"战略，转而采取进攻性的"先发制人"战略。2002年9月，布什政府公布的第一份《国家安全战略报告》认为，随着大规模杀伤性武器和弹道导弹技术的扩散，即使弱国和恐怖集团也具有对大国进行造成灾难性后果攻击的能力。为了防止"恶棍国家"或恐怖组织对美国和盟国发动这样的攻击，美国在必要时将对其进行"先发制人"的打击。[①] 伊拉克战争成为布什政府"先发制人"战略的第一次实验。

而大多数欧盟国家"9·11"事件后与美国在对安全威胁的认知上发生分歧。它们认为，美国夸大了恐怖主义的威胁，反恐并不是一场战争；对付恐怖主义只能"多管齐下、标本兼治"。欧盟负责外交事务的高级代表索拉纳指出，欧洲人"把恐怖主义视为一种更广、更深的政治紊乱之最极端和应受谴责的症状"，"倾向于将它看作多种威胁之一，把它与贫困、未解决的地区冲突、流行病和气候变化相提并论"。[②]

"强权政治"曾在欧洲长期处于支配地位，导致欧洲历史上曾多次经历战火，特别是两次世界大战使欧洲国家和人民深受其害。第二次世界大战结束后，欧洲国家通过经济政治一体化解决了曾长期困扰欧洲的西欧强国之间争霸的问题，维持了长期和平繁荣的局面。在借鉴这些经验教训的基础上，欧盟国家重视"共同安全"，强调共同利益、权力分享、相互照应和与其他国家协调利益，并以有约束力的共同游戏规则和合作为准则，

---

① The White House, The National Security Strategy of the United States, September 20, 2002, http://www.whitehouse.gov/nsc/.

② Javier Solana, "The Transatlantic Rift U. S. Leadership After September 11", Harvard International Review, Winter 2003, XXIV, issue 4.

寄望于多边主义。

近年来，中国主张维护安全需要有新观念，一直在提倡树立以互信、互利、平等、协作为核心，以通过对话增进相互信任，通过合作促进共同安全为宗旨的新安全观。这一新安全观表现了中国"和而不同"的世界观，代表了世界要和平、人民要合作、国家要发展、社会要进步的时代潮流。

大多数欧盟国家的主张和中国的新安全观与美国"先发制人"战略和单边主义具有结构性矛盾。美国前国防部长拉姆斯菲尔德甚至指责反对美国发动伊拉克战争的欧洲国家为"旧欧洲"。

### （三）关于国家主权观念

1648年的《威斯特伐利亚和约》确立了主权平等原则，从而形成了独立的民族国家所组成的国际社会。自此之后，国家主权逐渐成为国际社会的基本原则。第二次世界大战结束后建立的以联合国为核心的国际体系就是建立在国家主权原则基础上的。这一世界体系的另一个主要特点是无政府状态下的均势体系。近年来，特别是冷战结束后，随着经济全球化趋势、世界多极化趋势的不断发展和各国之间共同利益的增加，无政府状态下的国际均势体系正在逐渐向以相互依存状态为主要特征的新的国际体系演变。这一转变的主要表现或影响之一，是有些国家将它们的某些经济甚至政治方面的主权让渡给有些国际组织，如欧盟等。

但美国一些人歪曲理解这一转变，看不到向以相互依存状态为主要特征的新的国际体系演变的大趋势，而是从错误角度看待这种转变的副产品——主权的变化。克林顿政府就打着"人权高于主权"的旗号发动科索沃战争。布什政府认为，现在在主权的性质正在发生变化，已经变得既不是完全的，也不是无条件的；如果一个国家政权不能履行它的某些基本义务，它就失去了国家主权所拥有的不得对其进行武力干涉这一特权；各国可对下述国家进行武力干涉：其政权不能在领土上防止种族清洗和反人类罪行的国家、支持和庇护国际恐怖分子的国家、有着侵略和支持恐怖主义历史并寻求获得大规模杀伤性武器的国家。[①]

---

[①] Haass, Richard（美国国务院政策计划委员会主任）, *Sovereignty: existing Rights , Evolving responsibilities*, remarks to the School of Foreign Service and the Mortara Center for International Studies at Georgetown University in Washington, March 26, 2003, http://usembassy.state.gov.

一些欧盟国家同意美国这种观点中的一部分，即认为现在主权的性质正在发生变化，已经变得既不是完全的，也不是无条件的。它们支持甚至参与打着"人权高于主权"旗号的科索沃战争。但他们反对美国不经联合国安理会授权就发动伊拉克战争。

中国强调相互尊重主权和不干涉内政原则，这与美国存在结构性矛盾。但这种矛盾在一般情况下并不是对抗性的。只有当美国在台湾问题上以武力干涉中国内政的情况下，双方在这方面的矛盾才可能转化为对抗性的。

### 四 中、美、欧互动趋势

当前，中美欧良性互动增加，但"零和游戏"思维仍存在，有必要建立建设性的三边关系。

**（一）美欧关系趋于成熟，"斗而不破、合而不从"成为大国关系的新特点**

随着欧洲一体化的发展，欧盟正在争取在国际事务中有更大的发言权。中国选择了和平兴起的道路，成为一个负责任的大国。中国集中力量进行国内现代化建设，但也不可避免更多地参与国际事务。在这种情况下，中欧合作的因素在增长。

同时，中美欧也有许多促使它们进行多边良性互动的因素。首先，中、美、欧在非传统安全领域有着广泛的共同利益。它们必须合作才能解决恐怖主义、全球气候变暖、跨国犯罪、毒品买卖、非法移民、传染病蔓延等问题。正如哈佛大学肯尼迪政治学院前院长约瑟夫·奈所指出的："同其他国家合作特别是与有能力的欧洲人合作对于美国人是否能取得自己想要的结果是至关重要的。"[①]

一方面，中、美、欧在地区安全和防止大规模杀伤性武器扩散等方面也有许多共同利益。例如，它们在维护朝鲜半岛和平稳定与保持无核化方面进行合作，有利于这一目标的实现。布什政府在"9·11"事件后认识到大国合作的重要性，愿意建立一个大国合作保持和平的框架，主张美国用外交手段"将其他国家和国际组织整合到与美国利益和价值相一致的

---

① Joseph Nye, the Strong Europe Should not Neglected, *Finance Time*, Britain, March 11, 2003.

世界性安排中",以促进和平与繁荣,并帮助美国对付地区冲突等传统安全挑战和恐怖主义、大规模杀伤性武器扩散等跨国威胁。①

另一方面,大国围绕伊拉克战争进行外交博弈和出现分化组合,表明美国在西方世界不容置疑的领导地位有所动摇,跨大西洋联盟出现裂痕。德、法、俄等国在某些重大问题上协调立场,共同对美国进行"软制衡"。它们反战不反美,"斗而不破、合而不从"成为美欧关系的新特点。这种情况并不是坏事,而是说明,美欧关系比过去更平等、更成熟了。中美关系也在走向成熟,两国的交往达到前所未有的深度和广度,中国反霸不反美,双方都在努力防止单一问题阻碍中美关系全局的发展。这些都有助于世界多极化和国际关系民主化趋势的发展。

此外,在经济领域,美欧对中国市场的竞争是一种良性竞争,这有利于促进中美和中欧经济合作,提升有关各方的经济水平。

**(二) 单边主义和"零和"游戏思维仍是妨碍中美欧合作的负面因素**

美国单边主义恶性膨胀导致它与其他一些大国分歧尖锐化。布什政府上台以来,更加赤裸裸地奉行"美国利益至高无上"的准则,认为美国必须靠实力领导世界,而不必考虑现存的国际条约或盟国的异议。在联盟战略上,美国将重点从过去主要依靠"条约盟国"(Treaty Allies)转为主要依靠"自愿联盟"(Coalition of Willingness),即面对新形势,美国不再拘泥于固定的盟国,而是根据不同的战略威胁和战略需要,纠合不同的盟友。这使得美国与德、法等传统盟国之间的矛盾上升。

而且,美国新保守派势力在布什政府的第一任期中居于主导地位,他们坚决主张美国采取以军事实力为基础在全球占据优势地位的战略。这些人认为,美国的政治经济"模式"必须被推广到世界其他地方,如有必要,可以诉诸武力,这是美国"必须完成的一项全球使命"。② 今后如果美国一意孤行推行单边主义和战争政策,有些大国与它在某些重大问题上

---

① Haass, Richard(美国国务院政策计划委员会主任), *Defining U. S. Policy in a Post-Post-Cold War World*, the Arthur Ross Lecture, remarks to Foreign Policy Association, New York, April 22, 2002, http://usembassy.state.gov。

② Jim Lobel, New Conservatives Seek for the Support from Democrats to the post-War Objectives, *Focus of Foreign Policy*, March 24, 2003.

还将进行外交博弈。

同时，在美国有一些人主张联合欧洲防范中国。例如，2003年2月，美国亨利·史蒂文森研究中心发表了题为《跨大西洋关于中国的对话》的研究报告。该报告认为："中国的崛起对美国和欧洲都是带有根本性的挑战，对它们各自以及它们的相互关系来说都是如此。虽然美国和欧洲都无法决定中国的未来，但双方在管理中国崛起所造成的问题方面进行合作有助于防止美欧在危机时发生分歧。"[1] 该报告建议，美国和欧盟现在应该就与中国有关的武器扩散、技术转让、出口控制以及海峡两岸关系与台湾问题进行会谈。还建议美国和欧盟联合监督中国经济改革和执行世界贸易组织规则的情况，促进中国法制，以及健康和环保事务，如艾滋病等。[2]

此外，美国一些对外政策仍带有"零和"游戏思维的特征。例如，美国掌控伊拉克石油资源后，争取实现在其主导下增产伊拉克原油，企图在此基础上，操纵石油输出国组织，使美国进口的石油价格有利于美国经济复苏和增长的水平。而且，美国认为，谁控制海湾，谁就拥有对全球经济的钳制能力。布什政府担心世界其他力量中心将来挑战美国的唯一超级大国地位。现在西欧和中国从中东进口的石油分别占其进口石油的60%和40%。美国企图通过控制海湾石油，制约欧盟和中国等世界其他力量中心的崛起。

### （三）走向建设性的中美欧三边关系

由于大国在对付非传统安全威胁方面共同利益的增加和全球化锻造的相互依存关系上升，大国关系以竞争与合作共存、矛盾与协调同在为主要特点。但美国正处于新一轮战略扩张的势头上。布什政府将伊拉克战争作为实现美国单极化企图的重要步骤之一，这对中美欧良性互动产生负面影响。

为了实现世界的安全与繁荣，中、美、欧有必要在21世纪建立建设性的三边关系。这将是建立国际政治经济新秩序的最重要基础之一。中美两国领导人已承诺建立建设性合作关系，中欧领导人已确认双方"长期、

---

[1] The Transatlantic Dialogue on China: Final Report, Report 49, 2003, the Henry L. Stimson Center, http://www.stimson.org/pubs.

[2] Ibid.

稳定的建设性伙伴关系"。2007年1月17日,时任中国外长李肇星和欧盟对外关系委员共同宣布,正式启动中欧伙伴关系协定的实质性谈判。[①] 有必要在此基础上分别建立中美和中欧长期战略稳定合作关系的框架,并不断在各个领域充实和发展合作关系。单边主义和"零和游戏"思维应该被抛弃。中、美、欧应该超越地缘政治,争取"三赢"。中美与中欧必须增加各种层次的相互战略对话。由于北约将进一步东扩和在中亚与南亚进行活动,中国与北约也应该建立对话机制。

## 第五节　中美日三边关系与地缘政治

冷战结束后,中美日三边关系成为亚太地区影响最大的三边关系之一。在21世纪,中美日之间建立平衡稳定、合作共赢的三边关系,是构建全球大国战略稳定框架的重要一环。

### 一　当前中、美、日三边关系的主要特点

(一) 中、美、日利益交汇点扩大,推动三国更多进行合作

1. 经济相互依存上升,成为中美、中日合作的最重要基础之一。

美国是世界上最大的经济体,具有世界上最先进的经济,2009年国内生产总值达14万亿美元。日本现在是世界第三经济大国,虽然亚洲金融危机发生后,日本经济发展放缓,但其生产和出口仍有不俗的表现。日本GDP的质量要远强于中国。2010年中国超过日本成为世界第二大经济体。中国的经济增长是全球经济中的亮点。从1978年至2006年,中国国内生产总值年均增长超过9.4%。2009年中国国内生产总值超过4.9万亿美元。这些决定了中美日之间的经贸合作对各方都有巨大的利益,并具有极大的发展潜力。

中美经济贸易是两国之间共同利益最大的领域。特别是中国加入世界贸易组织后,两国经贸关系的深度和广度在继续发展。中国市场成为带动美国出口增长的主要因素。经贸关系已成为冷战后中美关系发展最快、合

---

[①] [美]《中欧,欠成熟的伙伴"绕礁"而行》,载美国《华盛顿观察》2007年1月24日,第1期。

作最富有成效的领域。

中日关系中，经济交流处于先行地位，并在不断扩大和发展。两国之间经济上有着很高的互补性。2009年中日两国贸易额2321.8亿美元，比关系正常化前的1972年的11亿美元增长220倍。日本是中国第三大贸易伙伴。中国2006年成为日本第一大贸易伙伴。中国是日本增长最快的出口市场。至2003年，日本曾连续11年成为中国最大的贸易伙伴。截至2006年末，日本企业在华直接投资累计达579.7亿美元，成为中国最大的外资来源国。在中国的日资企业已达3万多家，日资企业在中国国内的雇用人数达到920万人。现在两国之间每年的人员往来超过了400万人次，每周有多达500余民航航班往来于中日两国之间。在日本的中国留学生和学习日语的学生达到10万人以上，长期逗留在华的日本人有10万人，两国友好城市发展到300多个。

当前，经济全球化趋势与地区经济一体化趋势同时迅速发展。世界各国、各地区在经济、贸易、投资、金融等领域的相互渗透和相互依存大大加深，经济体之间相互流通的障碍不断减弱，经济融合的需求在日益加强。与此同时，以信息技术为核心的新科技革命潮流也在强劲地推动经济全球化潮流。经济全球化趋势将使世界经济真正形成一个不可分割的有机整体。地区经济一体化趋势是经济全球化趋势的一个发展阶段，又促进了经济全球化趋势的发展。这两种趋势加快和优化了资本、技术、劳动力在全球资源中的合理配置，有利于世界范围内生产力的迅速提升，促进了国家之间，特别是大国之间经济上相互依存关系的增强，并进而加强中美关系和中日关系的基础。

2. 共同对付非传统安全威胁，具有巨大的合作潜力。

近年来，非传统安全威胁对国际关系的影响迅速上升。而且，传统安全威胁与非传统安全威胁是相互交织，可以相互转化的。传统安全问题有可能转化为非传统安全威胁，非传统安全威胁也有可能导致传统意义上的战争与武装冲突。例如，大规模杀伤性武器是传统安全问题，但如果恐怖分子掌握了大规模杀伤性武器，就成为非传统安全威胁和跨国问题。又如，争夺水资源这种非传统安全问题，有可能导致某些国家之间爆发传统意义上的战争。由于冷战时期美苏两个超级大国进行大规模军备竞赛，发达国家对发展中国家长期的剥削与漠视，以及人类对自然界的过度攫取，近年来非传统安全威胁日益突出，造成安全问题的多元化和全球化，对国际关系的影响越来越大，导致各国安全需求的多样化。这大大增加了世界各国之间的共同利益，包括中美日之间的共同利益，使它们不得不更多地进行合作来应对和解决这些问题。

中美日在非传统安全领域的合作主要包括以下方面：

第一，在打击恐怖主义方面进行合作。

恐怖主义是全球性问题，也是非传统安全领域当前最突出的问题之一。中美日都深受恐怖主义的危害，在打击恐怖主义方面有共同利益。例如，美国遭受"9·11"恐怖袭击。日本的"奥姆真理教"头目麻原彰晃从1993年春天起不断制造世界末日和最终战争的理论，为了准备"即将到来的最终战争"，该邪教教团逐步武装化，大量购进用以制造沙林毒气的化工原料并研制出这种毒气。在风闻警察当局准备对"奥姆真理教"总部进行搜查后，在麻原的指挥下，一伙歹徒于1995年3月20日早晨上班高峰时间，同时在东京日比谷线、千代田线和丸之内线的5辆地铁列车内播撒剧毒沙林气体，造成12人死亡、5500余人中毒，制造了轰动世界的恐怖主义事件。中国则遭受"东突"恐怖组织的危害和威胁。

"9·11"事件后，中美两国在反对恐怖主义方面的合作取得重大进展。双方相互交换有关恐怖组织和恐怖活动的信息。两国政府的财政专家就对付恐怖分子洗钱、寻找恐怖分子存款、打击恐怖分子转移资源的财政网络等方面进行制度性的对话。双方都将"东突"伊斯兰组织看作恐怖组织，并一起努力在联合国将其列为恐怖组织。中日两国也应把握当前机遇，加强双方在反恐怖主义方面的情报信息交流和多种合作。

第二，在与非传统安全有关的科技领域的合作。

中美两国自1979年以来已签订了30多个双边科技合作协议，开展了上千个科技合作项目。其中与非传统安全有关的主要包括双方在环境保护、防灾减灾、防治艾滋病等的科技合作。

中日在环境保护方面也进行了有成效合作。环境问题是一个跨国问题，一个关系到能否可持续发展的重大问题，也是非传统安全领域的主要问题之一。社会生产力的迅速发展和科学技术的飞速进步，把人类社会的物质文明提高到空前未有的境地。但另一方面，全球气候变暖、臭氧层遭到破坏、酸雨蔓延、生物多样性丧失、江河湖海污染、土地沙漠化、沙尘暴肆虐等已经对人类社会的生存与发展构成严重威胁。工业化国家85%

的公民认为，环境是公众关注的首要问题。①

中日在环境保护方面有许多直接的共同利益。日本方面认为，中国的大气污染已经严重影响到日本的空气质量，甚至在日本造成酸雨；从蒙古刮到北京的沙尘暴也影响到日本。因此，日本参与中国生态建设，帮助中国保护和治理环境，不仅有利于中国的环保，而且有利于日本自己生态环境的改善。

而且，环保产业是一个朝阳产业，与经济和社会可持续发展紧密联系在一起，具有的很大前途，日本参与中国生态建设有利于扩大日本对华出口和投资。近年来，中国加大了对污染治理和环境保护的力度。从1990年到2000年，中国环保产业的产值每年以15%—20%的速度增长，大大高于世界年均8%的增长速度，环保产业的产值从300亿元增长到1800亿元，环保企业数量从不足8000家增长到1.8万家，环保从业人员从不足180万人增加到300万人。②"十五"期间，中国进一步加大保护和治理环境、生态建设的力度。"十五"计划纲要指出："要把改善生态、保护环境作为经济发展和提高人民生活质量的重要内容，加强生态建设，遏制生态恶化，加大环境保护和治理力度，提高城乡环境质量。"③为了保证这项任务的顺利完成，中国政府2001年至2005年投入7000亿元用于生态建设和保护、治理环境，使环保产业到"十五"最后一年的市场总额实现并突破了3600亿元，即5年翻一番。环保产品产值达到450亿元，环保服务达到550亿元，废物处理和利用达到1200亿元。④日本在防治公害、节约能源方面拥有世界第一流的先进技术，而中国的环保产业将是一个潜在大市场。中国居民环保意识的增强与生态建设需求的增长，将给日本对华出口环保产品、服务和进行投资提供更多的机会。

中日在环保领域的合作已取得较大进展。其中，日本政府对中国环保

---

① [美] 帕屈克·卡森与朱莉亚·莫顿：《绿就是金》（中译本），广东人民出版社1998年版，第4页。

② 中国中央电视台《中国报道》2001年12月9日，转引自何月香和王兵银《21世纪初中日发展环境合作有利因素分析》，载《当代亚太》2002年第6期。

③ 《中华人民共和国国民经济和社会发展第十个五年计划纲要》，载《人民日报》2000年3月18日。

④ 中国中央电视台《中国报道》2001年12月9日，转引自何月香和王兵银《21世纪初中日发展环境合作有利因素分析》，载《当代亚太》2002年第6期。

领域的无偿援助达 1.2 亿美元（截至 1997 年），[①] 占世界上 6 个对中国环境领域无偿援助国（日本、德国、加拿大、澳大利亚、荷兰和挪威）援助总额（2.6 亿美元）的 46.1%。在从 2001 年开始的日本第 5 次对华日元贷款的 16 个项目中，有 9 个是环境项目。近年来，日本通过"政府开发援助"（ODA）贷款和民间企业投资，帮助中国植树造林、培训环保工作人员和专家、研究开发环保产品、治理大气和水污染等，受到中国人民的广泛好评。2006 年，中日签署政府换文，根据该换文，日本向"中国酸雨与沙尘暴监测网络系统建设项目"提供总额为 7.93 亿日元（约合 720 万美元）的无偿援助。该项目共设 50 个监测地点，建成后对整个东亚地区的环境改善起到积极作用。[②] 据中国政府统计，从 1979 年至 2006 年上半年，日本政府累计向中国政府承诺提供日元贷款约为 23864.13 亿日元，主要用于支持中国的基础设施、环保、能源和扶贫等领域的工作。[③] 欧盟委员会的研究报告认为，2010 年，中国环保技术市场规模达到 980 亿欧元。[④] 中日两国在环保领域的合作还有很大的发展空间。

第三，司法合作。

时任中国国家主席江泽民 1997 年访美期间两国发表的《中美联合声明》指出，中美两国认为，促进法律合作符合两国的利益和需要。双方愿意加强在打击国际有组织犯罪、毒品走私、非法移民、制造伪币和洗钱等方面的合作。[⑤] 中美司法交流与合作已由点到面、由临时性向制度化方向发展。不仅是两国政府间合作的重要方面，而且日益成为两国教育、企业和民间交流的内容之一。近年来，中日在打击国际有组织犯罪、非法移民等方面的司法合作也取得一定的进展。

第四，中日在反海盗方面进行合作。

当前，海盗问题已经成为影响亚太地区海上安全的严重问题之一，对海上航运构成重大威胁。

日本由于是亚太地区的大国和海运大国，非常重视打击海盗问题。日

---

① 中国对外经济贸易部数字，转引自《东北亚学刊》2002 年第 2 期，第 35 页。
② 《解放日报》2006 年 12 月 21 日，第 4 版。
③ 刘浩远：《中日经贸合作空前发展 走向互利合作多元格局》，《解放日报》2007 年 4 月 7 日，第 6 版。
④ 《文汇报》2007 年 1 月 22 日，第 3 版。
⑤ 楚树龙：《冷战后中美关系的走向》，中国社会科学出版社 2001 年版，第 590 页。

本海上保安厅的船只已与东南亚国家船只共同在马六甲海峡举行了反海盗演习。日本政府并派出官员训练东南亚国家警官执行反海盗任务。

日本著名海上安全问题专家、海上自卫队退役少将川村纯彦提出，要消灭海盗，东亚国家必须采取下述措施：

其一，应加强在反海盗方面合作。可以考虑在东盟地区论坛（ARF）框架内达成协议，建立一个东亚国家反海盗合作机制。

其二，对海盗作案必须予以严惩。一旦发现海盗作案，不仅要抓到犯罪嫌疑人，而且要顺藤摸瓜，抓到海盗组织的头子，并破获其组织。

其三，在东亚地区设立一个有关反海盗的信息中心。成员国警方不仅通报发生海盗事件的情况，还应通报海盗的动向，并请求其他成员国警方协助追捕。还可以在所有海运船只及其运载的货物上安装电子装置，通过卫星将其位置传到反海盗信息中心。①

川村纯彦建议，中国作为一个亚太地区大国和正在迅速发展的海运大国，必须在反海盗方面发挥重要作用。日本与中国在反海盗情报交流方面已进行了很好的合作，但这还很不够。他表示希望中国边防武警能派出巡逻船前往东海，特别是中国台湾东部海域与日本海上保安厅巡逻船联合执行反海盗巡逻任务，以对海盗起到震慑作用。②

3. 在传统安全领域的合作，再次成为中、美、日利益交汇点之一。

在冷战时期，共同反对苏联的霸权主义曾经是中、美、日战略合作的基础。冷战结束后，这一基础已不存在。近年来，中、美、日三国在传统安全领域的合作增加，再次成为它们的利益交汇点。

这特别表现在朝鲜核问题上。中、美、日在朝鲜半岛保持和平、稳定与无核武器化方面有共同利益。2002年10月，朝鲜半岛第二次核危机爆发。中美两国进行了有效的磋商与协调。美日两国密切磋商，中日两国也进行了磋商。2003年4月，中、美、朝在北京举行三方会谈。同年8月，中、美、日、俄、朝、韩在北京举行第一轮六方会谈。六方会谈开启了通过对话解决朝鲜核问题的进程。中、美、日保持协调与合作，有利于朝核问题的和平解决。

---

① 日本著名海上安全问题专家、海上自卫队退役少将川村纯彦2002年7月18日在会见上海国际问题研究所代表团时的谈话，根据谈话记录整理。

② 同上。

## （二）三边关系仍处于调整之中，呈现出既依存又竞争，既协调又制约，既合作又斗争的复杂状况

在冷战后时期，中、美、日三边关系在东亚地区发挥重大的作用。这个三边关系与冷战时期的中、美、苏大三角关系相比有两个显著的不同特点：第一，中、美、苏大三角关系里美苏和中苏之间都存在对抗的关系，而在中、美、日三边关系中，大国之间的关系竞争与合作并存，摩擦与协调交替；第二，中、美、苏大三角关系中军事因素占主导地位，而在中、美、日三边关系中，经济因素的重要性大大上升，逐步占据主导地位，军事安全因素虽然仍很重要，但其地位已比过去有所降低。

当前，国际战略形势正处在深刻变化之中。中、美、日三边关系也在进行前所未有的调整。美国作为现在世界上唯一的超级大国，是中、美、日三边关系中矛盾的主要方面，即矛盾中起主导作用的方面。而中、美、日三边关系的性质，主要是由取得支配地位的矛盾的主要方面决定的。

"9·11"事件后，美国将反恐作为国家安全战略的最优先事项。在这种情况下，美国认识到大国合作的重要性。布什政府推动大国合作保持和平，有利于中、美、日三边关系中合作与协调因素的发展。

但另一方面，布什政府的战略理念和对外政策中又存在一些严重的内在矛盾和制约因素。这些内在矛盾和制约因素，使中、美、日三边关系中相互制约和相互竞争的因素仍很有影响力。

日本政治的发展仍有一定的不确定性。近年来，日本国内右翼政治势力有较大发展。"9·11"事件后，日本相继通过了"反恐怖特别措施法"三法案和"有事法制"三法案，几乎彻底摆脱了"和平宪法"对日本军事发展的限制。时任日本首相小泉多次参拜供奉有甲级战犯牌位的靖国神社。一些日本政界人士提出要修改"和平宪法"第九条，为自卫队"正名"，使日本自卫队成为"名副其实的军队"。2007年1月，日本将防卫厅升格为防卫省，其地位与日本内阁其他各省比肩。5月，根据时任日本首相安倍晋三的指示，日本政府新成立的一个工作小组开始讨论重新解释日本宪法，以使日本能合法行使参加"集体自卫"的权利。日本有些右翼政客不时发表否认日本在第二次世界大战中侵略历史和战争罪行的谈话。这些表明日本国内右翼政治势力正在抬头。

中国进入全面建设小康社会的阶段，致力于国内经济发展。同时，中国从争取较长时期的和平国际环境和维护全人类共同利益出发，作为负责

任大国，积极参与国际事务。中国是维护世界和平、促进共同发展的一支重要力量，也是中、美、日三边关系中促进协调与合作的主要力量之一。

**（三）"共赢"模式影响增加，但"零和游戏"思维仍存在**

在冷战时期，中、美、苏三角关系的互动模式主要是地缘政治模式和军事同盟模式，"零和"游戏规则在其中起主要作用。而在当前中、美、日三边关系互动中，虽然还存在地缘政治模式和军事同盟模式，但已出现地缘经济、"共赢"等新的模式。中、美、日实力的消长、经济全球化和区域经济一体化趋势的发展将决定三边关系的互动模式。同时，每一对双边关系中也将是多种互动模式共存。

当前，中美日三边关系互动中存在四个主要的模式：

第一，"双赢"或"共赢"模式。

冷战结束后，安全的内涵扩大了，不再是单纯的军事问题，还涉及政治、经济、金融、科技、文化等诸多领域。各国在安全方面的共同利益明显增加，相互依存性加深。安全的游戏模式正在发生变化，由原来的"零和游戏"转向更多地寻求"双赢"或"共赢"。单一的军事手段已不足以应付多种多样的安全挑战，维护安全的手段面临更新的需要。

近年来，中国主张维护安全需要有新观念，一直在提倡树立以互信、互利、平等、协作为核心，以通过对话增进相互信任、通过合作促进共同安全为宗旨的新安全观。[①] 中国的"新安全观"有利于中美日三边关系实现"共赢"。现在"双赢"或"共赢"已经成为中美日三边关系互动的主要模式之一。这特别表现在非传统安全领域、经贸合作领域和朝鲜核问题上。

第二，地缘经济模式。

在经济全球化背景和区域一体化趋势下，世界经济中北美、欧洲、东亚三大板块日益形成。在中美日三边关系中，美国依托北美自由贸易区，同时加强在东亚的经济竞争实力和影响力。而中日两国在将美国作为最大出口市场和重要的技术与投资来源的同时，双方之间的经贸合作迅速发展，并且都对实现东亚地区的经济一体化感兴趣。如果东亚能够实现经济一体化，将有助于提高东亚地区，包括中日等国在世界经济中的整体竞争

---

① 中国外交部长唐家璇："在五十七届联合大会一般性辩论上的讲话"，纽约，2002年9月13日，载《人民日报》2002年9月16日，第7版。

实力。同时，由于东亚地区经济一体化的趋势是开放式的，美国又是亚太经济合作组织的重要成员，因此总体来说，地缘经济模式将有助于推动美中日之间新的竞争、依存与合作关系的发展。

第三，军事同盟模式。

美日军事同盟在冷战时期，曾在一段时期里发挥过制约苏联霸权主义扩张的作用。但在冷战结束后，美日继续加强其军事同盟。1997年的《美日防卫合作指导方针》与1960年的"美日安保条约"以及1978年的"美日防卫合作指针"相比，最突出的变化是规定在日本的"周边地区"出现紧急事态时，日本不仅要向美国提供使用基地设施的便利，而且自卫队将以实施"后方支援"为名，向美军提供作战情报，供应除武器弹药外的作战物资，运输包括武器、弹药在内的美军物资，在毗邻战区的公海上扫雷，对试图突破海上封锁线的船只强行登船检查等。这表明美日军事同盟已从主要是"保卫日本"转变以"防止地区冲突"为主，从美日双边的军事安排转变为对第三国和地区进行干预，为日本向海外派兵敞开了大门。

日本外务省一些高级官员1998年曾多次声称，"周边事态"的地理范围与1960年"美日安保条约"关于"远东地区"的界定是一致的，也就是说，"周边事态"范围包括台湾海峡在内。[①] 1999年4月和5月，日本当局通过了新日美防卫合作指针相关法案：《周边事态法》、《自卫队法修改案》和《日美相互提供物品与劳务协定修正案》。这些进一步加强了美日两国介入所谓"周边事态"时的军事合作，明确了日本自卫队在亚太地区发生冲突时承担对美军的后勤保障任务，使日本自卫队有可能在日本以外的周边地区配合美军的正规作战。2005年2月19日，由美国国防部长和日本外长参加的"2+2"美日安保磋商委员会会议发表联合声明，宣称"美日鼓励和平解决台湾问题"，公开表明美日联盟是与台湾问题相联系的。

虽然美日军事同盟在维护地区稳定和防止日本走军事大国道路方面有一定的积极作用，但如果这一军事同盟针对中国或干预台湾海峡事务，将成为危害中美日三边关系合作和稳定的破坏性因素。

---

[①] 参见吴奇南《面向21世纪的中日关系》，载陈佩尧主编《21世纪中国对外战略》，百家出版社1998年版，第199—200页。

第四，地缘政治模式。

其主要表现是均势战略与"零和"规则继续对大国关系产生一定的牵制作用。例如，美国对台湾海峡两岸实行"不统不独不战不和"的方针，企图以台湾制约中国大陆。又如，美国不愿看到中日之间发生战争，但也不愿看到中日结盟。它愿意中日两国之间有一定的相互牵制，使这两国都不可能成为地区霸权国家。再如，日本国会众议院2007年3月3日通过旨在"确保东海的油气田开发工作时安全"的《海洋建筑物的安全水域设定相关法案》和统筹各省厅有关海洋政策的《海洋基本法案》，在东海争议问题上向中国显示日本的强硬姿态。

中美日在三边或双边关系上，应抛弃"零和游戏"等冷战思维，减少地缘政治模式和军事同盟模式的作用和影响，争取双赢或共赢。

## 二 建立平衡稳定、合作共赢的中美日三边关系

当前中美日有很多共同利益。它们相互之间的贸易和经济合作关系不断发展，在经济上日益相互依存。三国都希望亚太地区保持和平与稳定，都需要进行合作来解决一些全球性问题。但中美之间和中日之间仍缺少相互了解，存在相互疑虑。美国和日本都有极少数人抱着"中国威胁论"或"中国崩溃论"不放。这是造成中美日三边关系复杂化的重要因素之一。从长远来说，中美日有必要建立平衡稳定、合作共赢的三边关系。

### （一）继续努力扩大中美日利益交汇点

中美日三国应在已有共同利益的基础上，从战略高度和长远角度来处理相互关系，加强在各个领域的合作，继续扩大相互之间的利益交汇点。

在经济方面，中国经济强劲发展，已经成为亚太地区乃至世界经济增长的主要发动机之一。同时，中国正在由潜在大市场加速向现实大市场转变。中国与美、日的经贸关系是互利互惠，有利于三国和世界经济。

但是，近来美国一些国会议员和官员，指责中国人民币汇率偏低，中国的出口和美国公司对中国的投资，造成美国失业率居高不下。一些别有用心的人企图借此问题攻击中国，来抹黑对手或推卸责任，并使此问题成为政治问题。这些论调和这种做法已遭到世界各国包括美国许多有识之士的驳斥。中美两国应从发展的角度来看待两国的经贸合作，在发展中实现

中美贸易的基本平衡。对于中美经贸关系中出现的问题，双方应以平等协商的方式加以解决，以利于两国经贸关系健康、平稳地发展，最终实现经贸合作的共赢局面。

中日经贸合作有长远的发展前景和巨大潜力。"发展互惠双赢的经济合作，是中日关系的物质基础和重要动力，有利于本地区乃至世界的繁荣和发展，应当积极推动。"① 而要实现东亚地区经济一体化，中日两国建立长期稳定友好的双边关系是必不可少的。

在非传统安全方面，中美日共同利益巨大，相互合作具有广阔的发展前景。应该提高在反恐、司法、环境保护、预防和治疗艾滋病等领域的合作水平，开辟新的合作领域。

在传统安全方面，中美日在地区安全和防止大规模杀伤性武器扩散等问题上的共同利益大于相互矛盾。中美日保持稳定与合作的相互关系，是维持东亚地区安全的最重要因素之一，并将对东亚多边安全合作机制的建立产生重要影响。

而且，中美日三边关系的稳定需要平衡，如果日美关系过于密切就会使这种三边关系出现不平衡。

（二）用新理念处理相互关系

中美日三国应该用"共赢"的观念来发展相互关系和处理面临的问题，而不应该把其中一方看作"威胁"。例如，在中日两国关系史上，在很长一段时期中，总体上是中国强、日本弱。但从中日"甲午战争"后至第二次世界大战结束，是日本强、中国弱。而现在出现了中国和日本都强的局面。

中日两强相处相遇，是否一定会斗个你死我活呢？就像俗话所说的"一山不容二虎"呢？答案是否定的。因为时代不同了，只要中日两国共同努力，一定能建立和平友好、互惠双赢的双边关系。

最新的经济数据显示，中国的经济繁荣，成为挽日本经济危机狂澜于既倒的决定性因素之一，与中国有经贸关系的日本企业集团，都获取了巨大利益。在日本被视为管理学大师的大前研一指出，中华经济圈崛起可使日本摆脱经济衰退，神州大地刮起的经济强风，吹走了富士山上空的愁

---

① 时任中国国家主席江泽民2002年8月28日在会见日本共产党中央主席不破哲三时的谈话，《人民日报》2002年8月29日，第1版。

云。时任日本首相的小泉纯一郎说:"日中贸易发展到如今的规模,正是证明了我一向主张的中国的发展对日本不是威胁而是机会。"① 他说,现在有越来越多的日本国民认识到,日本的经济停滞不是中国的发展造成的,恰恰相反,中国的发展有助于日本摆脱经济上遇到的困难。

第二,鼓励各方走顺应和平与发展时代的道路。

当前时代的主题是和平与发展,这是世界历史发展的大趋势,是不可阻挡的。正如中国民主革命的先行者孙中山所说的:"世界潮流、浩浩荡荡、顺之者昌,逆之者亡。"

中国自从20世纪70年代末改革开放以来,一直将精力集中在国内经济发展上,以便改善人民的生活水平和教育水平。中国将长期沿着这条路走下去。中国国家发展战略的长期目标是使中国"到21世纪中叶时基本实现现代化,建成富强民主文明的社会主义国家"。② 为了实现这一目标,中国将继续执行改革开放政策,并需要一个长期的和平国际环境,特别是稳定的周边地区。这意味着,中国将不做任何可能会严重破坏现有国际经济和政治体系的事情,除非中国的关键国家利益受到威胁。即使中国能按计划达到这个目标,因为它人口众多、经济发展非常不平衡,所以它将继续长期集中精力于内部事务。同时,中国越繁荣,它将越愿意与其他国家合作。

在21世纪,中国进入了全面建设小康社会、加快推进社会主义现代化的新的发展阶段。几乎与此同时,以加入世界贸易组织(WTO)为标志,中国进入了全面参与国际体系的新阶段。而且,中国改革开放的深入发展,要求中国进一步融入国际社会。加入国际经济、政治和安全机制,也有利于中国维护长期的和平国际环境。

日本自"二战"结束以来一直走"和平发展"的道路,才取得今天这样的成就。由日本著名记者船桥洋一主编、8名学者合著的《日本战略宣言——以民生大国为目标》提出,在和平、发展、人权、环保等

---

① 日本首相小泉纯一郎2003年9月5日在东京隆重纪念《中日和平友好条约》缔结25周年时的致词,转引自香港《亚洲周刊》2004年9月14日一期文章:《日本破除迷思"中国威胁论"破功》。

② 江泽民1997年9月12日在中国共产党第15次全国代表大会上的报告,载中共中央文献研究室编:《十一届三中全会以来党的历次全国代表大会中央全会重要文件选编》,中央文献出版社1997年版,第409页。

领域"日本必须发挥强大的指导能力","经济力量必然成为军事力量的历史法则是不存在的。决不能把日本的经济力量变为军事力量,而应把它发展成为全球性民生大国（Global Civilian Power）"。① 这是具有远见的看法。日本继续沿着"和平发展"的道路走下去,成为一个全球性民生大国,是符合日本的国家利益的,也是顺应历史发展大趋势的。

第三,确立相互协调和合作的安全观。

由于中美日两国在安全领域现在存在越来越多的共同利益,因此它们相互之间的合作既有一定的基础,又有日益增长的需求。日本一些有远见的政治家也看到了这一点。例如,日本国会参议院外交防卫委员会委员长、参议员武见敬三认为:"东亚各国应该建立协调安全观,通过相互协调来解决它们之间的问题和地区热点问题。"②

中美之间在安全领域的相互协调和合作需要进一步发展。时任美国总统国家安全事务助理赖斯认为,美中之间在反恐问题上建立起了很好的合作关系,在朝核问题上也有着非凡的合作,建立起了六方会谈的机制。在类似的双方关心的安全问题上,两国进行合作是非常重要的。③ 时任美国国务卿鲍威尔说,在世界面临诸多挑战的今天,"美中两国关系应该建立在共同利益的基础上,而不应被两国之间存在的分歧所左右"。④ 而要做到这一点,必须加强两国的相互协调和合作。

### （三）建立中美日三边安全合作和增加信任机制

到目前为止,中美日之间的合作主要是双边的,而这是远远不够的。随着它们之间合作的发展和东亚地区形势的更加复杂,中美日有必要巩固双边机制、建立多边安全合作和增加信任机制。

从巩固中美双边机制来说,有必要建立中美之间战略稳定框架。从巩固中日双边机制来说,有必要建立中日之间在安全领域的长期交流与合作机制,为建立长期、健康、稳定发展的中日关系做贡献。"中日睦邻友好

---

① ［日］船桥洋一编著:《日本战略宣言》,讲谈社1991年版,第13—18页。
② 日本国会参议院外交防卫委员会委员长、参议员武见敬三2002年7月15日会见上海国际所代表团时的谈话,根据谈话记录整理。
③ Speech by Condolisa Rice, Advisor of National Security to President, at a news conference November 1, 2003, http://www.whitehouse.gov/nsc/.
④ 美国国务卿鲍威尔2003年11月5日在美国得克萨斯州农工大学举行的中美关系研讨会上的演讲,载《人民日报》2003年11月7日,第3版。

符合两国人民的根本利益,是双方唯一正确的选择。"[①] 2006 年 10 月,时任日本首相安倍晋三访华,中日两国确定努力构筑"基于共同战略利益的互惠关系"。拓展中日在安全领域的交流与合作,是建立两国战略互惠关系的一个重要方面。中日在安全方面的合作可分为在传统安全领域的合作和在非传统安全领域的合作。为了加强这种合作,必须正确对待历史问题和台湾问题。

同时,中日应加强在地区事务中的合作。两国都希望保持东亚地区的和平与稳定,这符合双方和所有各方的利益。中国国家主席胡锦涛说:"中日关系发展的历程证明,中日两国和则两利,斗则两害。"[②] 日本的有识之士也认为,中国和日本应该努力共同培育亚洲共同体的观念。[③] 双方应积极推动中日韩的合作、"东盟 + 3"框架下的合作,并就如何建立东北亚地区多边安全合作与协调机制进行探讨。中国和日本作为东亚地区的两个主要大国,应该努力发展和平、稳定、友好、互惠、双赢的双边关系。这将有利于东亚地区安全对话与合作机制的建立和巩固。

从多边机制来说,应建立中美日三边战略对话和安全合作机制。例如,因为中国的核武器数量很少,如果美国部署导弹防御系统,将削弱中国的核反击能力。日本部署海基导弹防御系统,存在日本将这一导弹防御系统转用于台湾海峡冲突的可能性。鉴于这两种状况的存在,中美日三国需要就这一事关战略稳定的问题进行磋商。

又如,美日军事同盟对地区安全既有积极因素,又存在消极因素。为了鼓励积极因素,防止消极因素,增加中国与该同盟的相互了解和信任,应考虑建立美日同盟与中国的对话机制。

## 三 中美日三边关系与建立东亚地区安全机制的互动

东亚地区包括东北亚和东南亚。其中,东北亚是美、俄、中、日四大国战略利益交汇和碰撞的一个重要地区,大国关系错综复杂。东南亚地处

---

[①] 时任中国国家主席江泽民 2002 年 8 月 28 日在会见日本共产党中央主席不破哲三时的谈话,《人民日报》2002 年 8 月 29 日,第 1 版。
[②] 中国国家主席胡锦涛 2004 年 4 月 23 日在会见日本首相小泉纯一郎时的谈话,《人民日报》2004 年 4 月 24 日,第 1 版。
[③] 日本国会参议院外交防卫委员会委员长、参议员武见敬三 2002 年 7 月 15 日会见上海国际所代表团时的谈话,根据谈话记录整理。

太平洋与印度洋的交汇点，战略地位十分重要。冷战结束后，建立东亚地区安全对话与合作机制的进程有所进展，但发展不平衡，东北亚次地区安全对话与合作机制的建立显得滞后。中美日三边关系的稳定与建立东亚地区安全机制的进展，可以相互促进。

**（一）中美日关系实现稳定和合作，有利于促进东亚安全合作机制的形成和发展**

冷战结束以来，中美日三边关系相对稳定。特别是"9·11"事件后，三国之间的合作取得了一定的进展。这有利于促进东亚安全对话与合作机制的形成和发展。为了中美日三国关系能够实现稳定和合作，它们应该建立紧密的协调关系。这种协调关系不仅应包括第一轨道的官方交流，也应包括第二轨道的非官方交流。这三大国之间建立紧密的协调关系不是一件很简单的事，要逐步朝这个方向努力。现在东亚安全对话与合作机制主要包括：东盟地区论坛、东盟+3（即10+3）机制、东亚峰会、东盟+1（即10+1）机制、亚洲合作对话等，以及各种第二轨道安全对话机制。

**（二）有望在解决朝鲜核问题的基础上，建立朝鲜半岛的和平机制和东北亚安全对话与合作机制**

第二次世界大战结束以来，对东北亚地区安全形势影响最大的因素主要有两个：一个是各大国相互之间的关系，另一个是朝鲜半岛问题。这两个因素是互相作用和互相影响的。2000年以来朝鲜半岛局势的变化显示该半岛的冷战格局正在开始逐步走向终结，尽管这一进程将是长期复杂曲折的，而且受到朝鲜核危机再次发生的影响，但它将对东北亚地区乃至整个亚太地区战略格局产生重要影响。在当前情况下，东北亚地区安全面临的主要课题有两个，一是如何在解决朝鲜核问题的基础上建立朝鲜半岛的和平机制，二是如何建立未来东北亚次地区的安全对话与合作机制。前一个课题与后一个课题紧密相连，实际上是后一个课题的组成部分。而决定这两个课题如何解决的主要因素之一是东北亚的大国关系。

20世纪90年代以来，朝鲜半岛发生了多次危机，但也出现了一些积极的趋势，有某些转折性的变化。六方会谈进程有利于朝鲜核问题的解决。而朝鲜核问题如能解决，将为建立朝鲜半岛和平机制提供一个良好契机。在此基础上，中、美、朝、韩、日、俄六方会谈还可以进一步成为东北亚安全对话与合作机制的重要组成部分，并进而成为东亚安全合作结构的重要组成部分之一。

**（三）建立东亚地区安全对话与合作机制的进程，有利于中美日三边关系的稳定与发展**

近年来，建立东亚地区安全对话与合作机制的进程，对中美日三边关系的稳定与发展也产生了积极影响。在这一进程中，东盟发挥了主导作用。由于东盟地区论坛和东盟＋3（即10＋3）机制，中美日三国领导人和主管外交的官员有更多的机会和场合相互会面和进行沟通。这有利于他们增加相互了解和信任，通过磋商解决争议和问题。不过，美国对东盟加中国、日本和韩国三国这一框架也存在不信任感。但它难以阻止这一框架的发展。

而且，东盟经济一体化进程已取得了很大进展。这对促进中美日之间以及他们与东盟之间的经贸合作有积极作用。2002年12月，当时的中国总理朱镕基向日本和韩国提议研究建立自由贸易区问题。如果中日韩能够建立自由贸易区，将进而促进中日等国的安全合作。

## 第六节 中美印三边关系与地缘政治

中美印三边关系正在引起国际社会越来越大的关注。美国是世界上唯一超级大国，最大的发达国家，又是国际体系中占主导地位的大国。中国和印度是两个人口最多的发展中国家，互为邻国，又是国际体系中两个上升的大国。中美印互动关系朝什么方向发展，将在很大程度上决定未来世界的战略格局和国际体系的走向。本节试图运用现实主义、自由制度主义和建构主义等三种西方主流国际关系理论对中美印三边关系进行分析研究。

**一 中美印三边关系的现实主义分析**

现实主义是一个庞大的理论体系，其中有诸多理论流派，包括经典现实主义、新现实主义（又称结构现实主义）和进攻性现实主义等。

尽管各流派观点不尽相同，但对世界的一些基本看法和认识世界的基本思路是一脉相承的。现实主义强调国际社会的无政府状态，认为组成国际社会的主权国家都毫无例外地在追求权力，国家间关系实质上是一种特殊的权力关系,国际政治即权力之争;国家利益是国际政治中分析国家行为的路标,权力与利益是影响对外政策的核心因素,在决策过程中权力与利益的重要性超过道义和理想的重要性;维护国际和平的最好办法是实现力量均势。

根据现实主义理论分析中美印三边关系,以下三个问题非常重要。

**(一) 中印力量的增长是否导致相互对立,从而使美国能利用印度来平衡和制约中国**

美国 2009 年 GDP 为 14.8 万亿美元,约占世界 GDP 总和的 30%,军费开支占世界军费总额的 47%,[①] 经济和军事力量遥遥领先其他国家。但"一超"并不等于"单极",美国并没有完全支配世界的能力,它能够打败任何中等国家,但并不等于它单独能长期有效占领它们中的任何一个。伊拉克战争就是一个典型例子。中国 2009 年 GDP 约为 4.92 万亿美元,名列世界第 3 位,外汇储备世界第一。[②] 印度 2007 年 GDP 为 1.171 万亿美元,[③] 已超过韩国和墨西哥,成为全球第 12 个国内生产总值超过 1 万亿美元的国家。中国和印度人口总和达 25 亿人,约占世界总人口的 2/5。两国经济充满活力,1978—2009 年,中国年均增长率超过 9%,印度也达到 8% 左右。[④] 2009 年,中印两国经济增长率分别为 8.7% 和 7.2%。美国高盛公司 2005 年 12 月报告预测,如果不出意外的话,中国经济可能会在 2041 年超过美国成为世界第一经济大国,印度在 2035 年可能超过日本成为世界第三经济大国。[⑤]

由于中国力量迅速增长,美国一些学者认为,中国作为上升的大国有可能会挑战美国在国际体系中的领导地位。进攻性现实主义理论主要代表人物约翰·米尔斯海默甚至认为:"当中国的权力增长后,美国与中国势必成为对手,"[⑥] 因而主张美国加强与印度的合作来平衡和制约中国。与

---

[①] 张幼文、黄仁伟等:《2006 中国国际地位报告》,人民出版社 2006 年版,第 219 页。

[②] 胡锦涛:《深化互利合作促进共同发展——在美国西雅图午餐会上的讲话》,2006 年 4 月 19 日,《人民日报》2006 年 4 月 21 日。

[③] World Bank, Economic Indicators of India, 2010, http://web.worldbank.org/WBSITE/EXTERNAL/COUNTRIES/SOUTHASIAEXT/INDIAEXTN/.

[④] Ibid.

[⑤] 美国高盛公司吉姆·奥奈尔等:《全球经济报告第 134 号:BRICs 国家有多稳固?》2005 年 12 月 1 日,http://www.gs.com/hkchina/insight/research/.

[⑥] [美] 约翰·米尔斯海默:《大国政治的悲剧》,王义桅、唐小松译,上海人民出版社 2003 年版,第 4 页。

此同时，美印关系近年来得到了很大发展。2005年3月，时任美国国务卿赖斯在访问新德里时表示"美国将帮助印度成为21世纪的全球大国"。① 2006年3月，时任美国总统布什访问印度时表示两国建立了基于共同价值观的实质而重要的战略伙伴关系，双方就实施2005年7月18日签署的民用核合作协议一事达成谅解。

美印军事合作近年也有很大进展。2006年3月2日，美国国防部宣布，将向印度出售F-16和F-18等先进战斗机，并表示可向印度出售P-3C"猎户星座"反潜巡逻机、C-130军用运输机、"佩里"级护卫舰、"海鹰"直升机和防生化武器装备等。2009年，印度耗资21亿美元购买了8架美国波音公司制造的远程"海神"侦察机，并已列装印度海军。2010年1月，美国政府同意向印度出售145门美制榴弹炮，交易金额为6.47亿美元。印度还正式表示意欲从美国波音公司购买10架C-17"环球霸王III"远程战略运输机，此项交易可能超过20亿美元。2010年1月澳大利亚空中力量杂志官方网站报道，美国考虑向印度提供第五代战机F-35"闪电II"短距起降战斗机。五角大楼宣称，帮助印度满足国防领域需求，提供印度寻求获得的军事能力和技术是美国的目标。②

中国和印度是邻国，又有边界领土争端，这是美国从地缘政治角度可以利用的。但美国能否利用印度来平衡和制约中国，并不完全取决于美印关系的发展。因为在经济全球化趋势下，中印两国之间有许多共同利益。首先，中印两国的发展是在亚洲兴起大背景下进行的。世界经济和政治重心正在从大西洋地区向亚太地区转移，中印两国都发展起来，才能实现亚洲崛起和亚洲世纪。其次，中印作为两个最大发展中国家，都致力于提高本国人民生活水平和教育水平，相互军备竞赛或相互牵制，并不符合两国国家利益。第三，中印两国都是新兴大国，有着类似遭遇和相似任务。因此，只要中国坚持走和平发展道路，印度就不会让美国利用来平衡和制约中国。

（二）中美印战略目标是相互抵触还是能相互容忍

中国的战略目标是抓住和用好21世纪头20年重要战略机遇期，实现到2020年国内生产总值比2000年翻两番，全面建成小康社会；进而到21

---

① 美国前国务卿赖斯2006年3月访美时的讲话，印度驻华大使馆《今日印度》2006年第4期，第7页。

② 王伟华：《印度总理访美》，《2006国际形势年鉴》，上海辞书出版社2006年版，第255页。

世纪中叶基本实现现代化，达到中等发达国家水平。为此，中国需要争取和维护长期和平与稳定的国际和周边环境。中国走和平发展道路，既通过争取和平国际环境来发展自己，又以自身发展来促进世界和平。

印度的战略目标是"全面实现在 2020 年之前将印度转变成一个发达国家的理想"。[1] 在国际体系中的目标是"在世界上获得她应有的地位，并为促进世界和平与人类福祉做出她的充分的和心甘情愿的贡献"。[2] "印度承诺与东盟以及东亚国家一道努力，以使 21 世纪真正成为一个亚洲世纪"。[3]

美国的战略目标是维持其世界领导地位和绝对安全。美国国防部 2006 年 2 月 3 日公布的《四年防务评估报告》，将印度、俄罗斯和中国都作为"处于战略十字路口国家"。其中，它认为"印度正在成为一个大国和一个重要的战略伙伴"，"决心把美印之间的关系转变成一种全球伙伴关系，这种关系将在双方共同关心和关系到双方共同利益的方面发挥领导作用"。而对中国，它提出："在大国和新兴国家中，中国最有潜力在军事上与美国竞争，并采用破坏性的军事技术，如果美国没有相应的战略与之抗衡，那么随着时间的推移，这将抵消美国传统的军事优势。"但报告也提出："美国的政策仍然着重于鼓励中国在亚太地区发挥建设性的、和平的作用，并在解决共同的安全挑战方面充当美国的伙伴，这些挑战包括恐怖主义、大规模杀伤性武器扩散、毒品和侵犯知识产权行为……美国的目标是使中国继续作为经济伙伴，并成为负责任的利益相关者、世界上一个向善的因素。"[4]

美国国防部 2010 年 2 月公布的《四年防务评估报告》，在论述重要地缘政治趋势时说："世界上人口最多的国家中国和最大的民主国家印度都在崛起，将继续影响一个已无法轻易定义的国际体系。其中美国仍将扮演最强大的角色，但为维持稳定与和平也越来越依赖重要的盟友和伙伴。崛起中的大国（中印）是否以及如何充分融入全球体系将成为本世纪的

---

[1] 印度总统阿卜杜勒·卡拉姆 2006 年 1 月 25 日在第 57 个印度共和国日前夜向全国发表的讲话："十亿人民：一个理想"，见印度驻华大使馆《今日印度》2006 年第 1 期，第 2 页。

[2] 印度首任总理尼赫鲁语，转引自印度外交秘书萨兰 2006 年 1 月 11 日在上海国际问题研究所发表的演讲：《目前印度的外交政策》，见印度驻华大使馆《今日印度》2005 年第 12 期，第 18 页。

[3] 印度总理曼莫汉·辛格 2005 年 12 月 12 日在吉隆坡东盟经济顾问委员会领导人特别对话会议上的主题演讲，见印度驻华大使馆《今日印度》2005 年第 11 期，第 2 页。

[4] http://www.defenselink.mil/pubs/pentagon/.

决定性问题,他们的成功符合美国的利益。"仅从字面上看,美国似乎一视同仁地欢迎新兴大国力量增长。但仔细比较,这份报告对中印的措辞和语气是有显著区别的,而且似乎还包含着"联印制华"的意味。报告这样描述印度:"随着印度经济实力、文化传播和政治影响的增长,她正在全球事务中扮演更具影响力的角色。这种日益扩大的影响力,加之其与美国共同拥有的民主价值观、开放的政治体系和对全球稳定的承诺,将提供许多的合作机遇。"报告说,通过增加国防采购,印度军事能力正在迅速提高,而这些采购项目包括远程海上侦察、海上拦截和巡逻、空中拦截和战略空运。"印度已经通过打击海盗、维和、人道主义援助以及救灾工作建立起全球军事影响力","随着其军事能力的增长,印度将成为印度洋及以外地方的'安全净提供者',并以此为亚洲做出贡献"。在说到中国时,报告语气要保留许多,而且充满怀疑。报告说,中国快速发展的全球经济力量和政治影响力,加之其同样快速增长的军事能力,成为亚洲地区战略环境中的核心和决定性要素之一,在全球安全事务中也日益如此。中国在区域和全球经济和安全事务中日益增长的存在和影响"是不断演变的亚太战略格局最重要的方面之一"。报告认为,为了给自身更大的区域和全球利益提供支持,使之在提供国际公共产品方面发挥更为重大的作用,中国已开始对其军队的角色、任务以及能力做出新定位,"这将使中国在国际事务中扮演一个更实质和更具建设性的角色"。"美国欢迎一个强大、繁荣和成功并在世界事务中发挥更大作用的中国的崛起"。但报告话锋一转,称(中美关系)"未来并不确定……为审慎起见,美国将防范另一种可能性,也就是说,即使通过合作方式,也可能无法防止(中美)破坏性竞争和冲突"。报告又提出"中国军事透明度"问题,认为"中国军事现代化有限的透明度——包括能力、意图和投资等方面,仍然是所在地区一件日益堪忧的事情,从而增加了误解和误判的潜在来源","缺乏透明度、中国军事发展的性质和决策过程,使人对其未来在亚洲和以外地方的行为和意图提出合法性的问题。有关其军事现代化计划的步伐、范围以及最终目的,中国只分享了有限信息,使人对其长远意图也提出了一些合法性的问题"。[①]

---

① The U. S. Department of Defense, *The Quadrennial Defense Review*, http://www.defense.gov/qdr/.

美国在成为世界上唯一的超级大国之后，推行实际上的"霸权加均势"的战略，目的是实现和长期保持美国霸权。

总体来看，中印两国的战略目标是并行不悖的，相互间共同利益远远大于分歧，它们都致力于国内经济发展，并希望实现地区与世界和平。而中美之间也有许多利益交汇点，它们的战略目标并不是相互冲突的，虽然有相当多的矛盾之处。

**（三）中美印能否避免"安全困境"**

"安全困境"概念是新现实主义理论的理论基础之一。肯尼斯·沃尔兹指出："自希腊的修昔底德和印度的考蒂利亚时起，武力的使用以及控制武力的可能性一直是国际政治着重研究的对象。约翰·赫茨新创了'安全困境'一词以描述这种状态，在此状态中，各国都无法摸透彼此的意图，为了安全，各国便将自己武装起来，而在这样做时，恶性循环便形成了。各国出于安全考虑将自己武装起来后，更感不安全，需要购买更多的武器，因为保护任何一国安全的手段是对其他国家的威胁，而后者又转而武装起来作为对前者的反应。"[①]

但是，中美印之间是有可能避免"安全困境"的。首先，安全的内涵正在发生重大变化，传统军事安全虽然仍很重要，但非传统安全威胁的上升促使中美印更多进行合作。世界正处于一个新的经济全球化时代，在"地球村"中，中美印共同面临恐怖主义、传染性疾病等许多非传统安全威胁，需要合作加以应对。

其次，实现安全的手段发生了很大变化，虽然军事力量仍然非常重要，但发展经济、相互合作和建立军事信任措施在实现国家安全方面的重要性大大上升。例如，中印都将经济发展作为各自发展战略的中心，国防现代化必须与经济发展相协调。它们并没有相互将对方作为军事对手，其国防现代化也不是针对另一方的。而且，近年来两国关系有了很大改善和发展。在中印两国总理2002年和2003年互访期间，双方表示愿意加强1996年中国国家主席访印时提出的两国"面向未来的建设性伙伴关系"。这标志着中印关系在经历了长期曲折之后进入比较成熟时期。中国国家总理温家宝2005年4月访问印度时，双方决定建立"中印面向和平与繁荣

---

① ［美］肯尼斯·沃尔兹：《国际政治理论》，胡少华、王红缨译，中国人民公安大学出版社1992年版，第225页。

的战略合作伙伴关系",并签署了关于解决边界问题政治指导原则的协定。中国国家主席胡锦涛2006年11月访问印度时,双方表示"拓展全面互利合作"。两国在建立军事信任措施方面也取得很大进展,非常有助于中印避免陷入"安全困境"。1993年和1996年两国政府分别签署了《关于保持中印边境实际控制线地区和平与安宁的协定》和《关于在中印边境实际控制线地区军事领域建立信任措施的协定》,对中印边境实际控制线地区稳定与和平起到了积极作用。

再者,共同利益的增加有助于中美、中印之间减少从最坏的可能预期对方的意图。以中美关系为例,冷战结束后,中美之间在安全方面共同利益不是减少了而是增加了,合作基础不是缩小了而是扩大了,由以军事安全为主转变为综合性安全。中美都希望看到亚太地区的稳定与发展,而两国保持健康稳定的双边关系,是维护亚太地区和平与稳定的最重要因素之一。中美只有进行战略对话和加强合作,才能有效处理和解决朝鲜半岛、南亚等地区热点问题。而且,中美都是联合国安理会常任理事国,对国际事务负有特殊责任。反恐、防止大规模杀伤性武器扩散及各国共同面临的其他全球性问题,也都需要包括中美在内的各大国加强对话与合作,以寻求解决途径。布什政府上台后,中美表示要致力于建立两国建设性合作关系。布什总统认为,中美关系是正面和复杂的,合作领域日益宽广。中国是伟大的国家,国际地位显著上升,是维护世界和平的关键伙伴,对世界和平发挥着日益重要的影响。[1] 表示"欢迎一个和平、繁荣并支持国际制度的中国的兴起。作为国际体系的利益攸关方,我们两国有很多共同的战略利益"。[2] 中美两国领导人经常互访和会面。2005年两国开始进行战略对话。而且,中美两国建立军事信任措施进程取得一定进展。中美安全合作关系的发展,以及两军建立军事信任措施进展有助于避免两国走入"安全困境"。

### 三 中美印三边关系的自由制度主义分析

自由制度主义理论的核心论点包括:我们生活在一个相互依存的时

---

[1] 布什总统2006年4月20日在美国白宫欢迎中国国家主席胡锦涛时的致辞,《人民日报》2006年4月22日。
[2] 同上。

代,全球化不仅导致经济相互依存增加,还导致环境、社会、与武力相关的相互依存增加;相互依存影响着世界政治和国家行为,而政府行为也影响着相互依存的模式;国际机制是建立在国家理性基础上的,既是对冲突的反应又是对冲突的限制,国家的理性本质是国际机制与合作的基础;和平与全球合作在国际组织和国际机制维持下是可能的,国际组织、正式和非正式的国际规则可以避免冲突,加强合作。

运用自由制度主义理论对中美印三边关系进行分析,可以看出以下特点:

**(一) 中美印相互依存关系不断加深**

冷战结束以来,中美政治关系虽然经历了风风雨雨、跌宕起伏,但中美经贸关系却一直向前发展。正如美国前国务卿鲍威尔所说,两国"经济在很多方面是互补的"。[①] 现在中美两国已形成互补共赢和密不可分的经济关系。美国是中国第二大贸易伙伴和最大出口市场,中国是美国第二大贸易伙伴和增长最快的出口市场。

中国对美贸易顺差的产生有多方面的原因,但从根本上讲,是两国产业结构调整和经济全球化推动下国际产业分工的结果。美国从中国进口的商品中,90%以上美国已不再生产,如不从中国进口,也要从其他国家进口。同时,中国一直在扩大进口美国商品,积极减少对美贸易顺差。

随着中美经贸关系的迅速发展和经济相互依存的不断增长,两国社会之间的交往面大幅增加,同时摩擦面也在增多。如果中美经贸关系因美国政治的原因遭受重大挫折,对两国经济都会有极大的负面影响。

中国与印度贸易增长迅速。2005 年双边贸易额达 187.1 亿美元,比 2004 年增长近 38%,是 1995 年的 33 倍,年均增长 34%。[②] 2007 年中印贸易额达到 387 亿美元,2006 年 11 月,两国签署《中印双边投资促进和保护协定》。两国决定,将努力使双边贸易额到 2010 年实现 400 亿美元。[③] 这一目标已提前达到。中国 2008 年成为印度最大的贸易伙伴。中

---

[①] 美国前国务卿鲍威尔 2003 年 11 月 5 日在美国德州农工大学举办的美中关系研讨会上的讲话,http://www.whitehouse.gov。

[②] 张幼文、黄仁伟等:《2006 中国国际地位报告》,人民出版社 2006 年版,第 208 页。

[③] 《中印联合宣言》(新德里,2006 年 11 月 21 日),见印度驻华大使馆《今日印度》2006 年第 11 期,第 12 页。

印双边贸易额从 2005 年的 187 亿美元增加到 2008 年的 518 亿美元。2010 年双边贸易达到 739 亿美元。双方确立了 2015 年双边贸易额达 1000 亿美元的目标。

美国是印度第二大贸易伙伴国，印度是美国一个重要的贸易伙伴。尤其是美国的软件外包市场，印度占据很大份额。2005 年美印商品贸易额为 250 亿美元左右，2008 年达到近 380 亿美元。受国际金融危机冲击，2009 年美印双边贸易额下降，但降幅低于美国同期整体对外贸易降幅。按照美国商务部的统计，2009 年美印双边贸易额为 377 亿美元。美国对印度出口额 2002 年至 2005 年翻了一番，每年增长 40 亿至 80 亿美元。美国是印度第二大外国投资来源国，占 1991 年至 2005 年中期印度外国直接投资总额的 16%，其中还不包括美国通过以避税港闻名的毛里求斯流向印度的投资。2010 年 3 月 17 日，美国贸易代表柯克和印度商业与工业部长夏尔马代表两国签署了经贸合作框架协议，进一步规范美印双边的投资，也有利于扩大双边贸易额。双方承诺将经贸关系提升到一个新的高度。双方就解决农业、服务、制成品贸易等方面的障碍，鼓励扩大双边投资资金流动，以及加强知识产权保护等问题拟订了工作计划。柯克表示，美印贸易增长"前景无限"，两国加大贸易投资力度，能够推动美国的经济复苏和就业，同时也有助于印度经济的持续增长。夏尔马则表示希望双方合作促进印度清洁能源和环保技术研发以及基础设施建设。

中美和美印在军事安全领域的相互依存在增加。

中美军事安全领域相互依存的涵义包括两个方面。一方面是指双方在防止因台湾问题导致中美武装冲突上形成某种相互威慑和合作；另一方面是指双方在军事安全领域的合作。一个例子是中美在维持南亚次大陆稳定和防止印巴发生战争方面的合作。2002 年印巴在克什米尔地区爆发较大规模武装冲突后，中美两国与国际社会一起做了许多调解工作，促使印巴两国关系缓和。

近年来，中美印在非传统安全领域的相互依存也在上升。

现在中美之间和美印之间在应对非传统安全威胁方面正在逐渐形成新的安全合作关系。这种合作是由它们在这方面的相互依存关系所决定的，因为恐怖主义、环境污染、大规模自然灾害、毒品走私、跨国犯罪、传染性疾病等的威胁是跨国的，没有哪个国家可以单枪匹马解决它们。有印度专家提出 Chindia（中印一体）的概念。① 虽然要达到这一水平还有很长的路要走，但这也表明两国之间相互依存关系的发展。美国和英国学者提出 Chimerica（中美一体）的概念。② 这也说明中美两国在经济上相互依存的程度。

**（二）与中美印有关的国际合作机制在发展**

国际机制能够对国家间关系提供多种有利条件。③ 就中美印三边关系发展而言，机制内的互动和机制化的规则能促进它们在不同议题上互动，增加相互依存；能够使国家的承诺更具有可信度，在整体上增加中美印之间相互礼让的行为；能够提供资讯，促进合作，防止有的国家利用参与制度进行有意的欺骗；能够降低合作成本，提高合作收益。

目前中印都在考虑建立未来亚洲合作框架问题，而美国也希望继续保持在亚太地区的地位和影响。中国对亚太合作和东亚合作都抱持积极的建设性态度。中国支持亚太经合组织"建设亚太大家庭"的目标，与该组织其他成员一起积极争取如期实现"茂物目标"，认为1994年茂物目标的确立"是亚太大家庭建设的一个重要标志"。中国主张，亚太经合组织应"以实现贸易和投资自由化、便利化为目标不断扩大市场开放，以经济技术合作为杠杆不断消除发展差距，以共同应对本地区面临的重大挑战为目标不断深化合作"，"应该发挥积极作用，引导亚太地区自由贸易协定有序发展"。④ 中国2001年在上海主办了亚太经合组织第九次领导人非正式会议，2005年主办亚太经合组织可再生能源研讨会，2006年主办亚太经合组织新发传染病研讨会。中美在亚太经合组织框架下有积极互动和合作，亚太经合组织领导人非正式会议也成为中美两国领导人每年会晤的重要机会之一。中国积极参加2005年12月的首届东亚峰会，认为该峰会"是本地区各国相互依存、共同利益不断扩

---

① Jairam Ramesh, Making Sense of Chindia: Reflections on China and India, 转引自谭中《中美印新三角互动观察》，《中国评论》2005年9月号，第82—83页。

② 美国哈佛大学教授尼尔·弗格森和英国经济学家莫里茨·舒拉里克：《"中美经济共生体"在认识》，美国《华尔街日报》2007年2月6日。

③ Robert O. Keohane, Lisa Martin, "The Promise of Institutionalist Theory", *International Security*, Vol. 20, No.1, 1995, p.42.

④ 胡锦涛主席2005年11月18日在亚太经合组织第十三次领导人非正式会议上的讲话，《人民日报》2005年11月19日。

大的必然结果,标志着东亚合作进入一个新的发展阶段"[①]。中国支持东亚合作保持透明和开放,倡导开放的地区主义,认为"印度、澳大利亚和新西兰参与到东亚合作进程中,必将为今后的合作开拓更大的发展空间",欢迎俄罗斯参加东亚峰会,也欢迎美国为东亚的稳定与发展发挥建设性作用。

印度对泛亚区域合作持积极态度,认为这是亚洲发展的方向,并希望通过泛亚区域合作进程在亚洲发挥更大作用。印度政府1992年提出"东向"政策,表现出对与东亚国家发展关系的强烈兴趣。2003年印度与东盟达成全面经济合作框架协议。2005年初,印度总理辛格重提前总理瓦杰帕伊2003年在巴厘提出的关于建立"亚洲经济共同体"的建议,认为亚洲国家应该朝着建立"亚洲经济共同体"和"泛亚洲自由贸易区"的目标努力。[②] 印度外交部联合秘书康特表示,印中两国现在都在考虑建立未来亚洲合作框架问题,应在这方面进行合作。[③] 当然,印度也认识到,建立"亚洲经济共同体"的进程不可能一下子包括所有亚洲国家,因而主张可先由东盟国家、中国、日本、韩国和印度等14个国家开始这一进程,然后再进一步扩大。但印度还存有中国不支持其参加亚太经合组织的担心。

中印在区域合作机制方面既有竞争也在加强合作。近年来,在亚洲,区域和次区域合作机制取得较大发展,如东盟、"东盟+3"、上海合作组织、南亚区域合作联盟等。中国努力推动区域和多边经济合作,积极促进地区安全合作。中国是上海合作组织成员国,积极参加"东盟+3"各领域合作,2005年成为南亚区域合作联盟观察员国。印度是南亚区域合作联盟成员国,建立了东盟+印度合作机制,2005年成为上海合作组织观察员国,对参加亚洲其他区域合作组织感兴趣,并希望早日加入。当前,中印两国共同利益在增多,但也存在许多矛盾。中印成为更多的区域和次区域合作组织成员国或观察员国,使两国在这些机制中既存在竞争,但更

---

[①] 温家宝总理2005年12月14日在首届东亚峰会上的讲话,《人民日报》2005年12月15日。

[②] 印度总理曼莫汉·辛格2005年12月12日在吉隆坡东盟经济顾问委员会领导人特别对话会议上的主题演讲,《今日印度》2005年第11期,印度驻华大使馆出版,第2页。

[③] 印度外交部联合秘书(相当于东亚司司长)康特(Ashok k. Kantha) 2005年2月20日会见上海国际问题研究所代表团时的谈话。

多的是合作机会。亚洲各种经济和安全合作与对话机制的发展，有助于两国在机制框架下进一步增信释疑、发展合作。

中美印在区域合作机制中已开始某些积极互动，如它们都参加了东盟地区论坛。该论坛主要任务是促进建立信任措施、推进预防性外交和探讨解决冲突的方式。近年来，其参加国还在应对非传统安全挑战方面进行了有效合作。中国在东盟地区论坛中发挥了积极作用。2004年11月在北京举行了首届东盟地区论坛安全政策会议。2005年中国承办了东盟地区论坛毒品替代研讨会和加强非传统安全领域合作研讨会。在东盟地区论坛中，中国与美国、印度进行了有益的交流与合作。当然，这种交流与合作的加强仍有待各方共同努力。

中美印在建立多边能源合作与对话机制方面也开始起步。2006年12月，中、美、印、日、韩五国在北京举行能源部长会议，发表联合声明，表示将在能源结构多元化、扩大清洁替代能源应用、节能提效、战略石油储备、促进全球能源安全等方面加强合作。

冷战时期的中美战略关系和中印关系非常符合现实主义理论。中美双方关系当时建立在权力政治——共同对付苏联扩张的基础上。中印两国也在对峙之中。冷战结束后，特别是"9·11"事件以来，随着经济全球化的迅猛发展，现实主义理论已不适用于中美关系和中印关系的现实。中美印之间权力政治的因素虽然还存在，但这种关系已更多地建立在相互依存的基础上。用新自由制度主义的相互依存理论可以较好解释当前的中美印关系。同时，中美印之间这种相互依存关系又是非对称性的。这些决定了中美关系当前的主要特点及其发展趋势。

**四 中美印三边关系的建构主义分析**

建构主义理论主张用社会视角看待世界政治，认为除了物质结构以外，还存在社会结构。社会结构指行为体行为的文化内容，例如构成社会主流特征和占支配地位的信仰、规范、观念和认识等。社会结构有三个基本要素：分享的知识、物质资源和实践活动。认同构成利益的基础，世界政治行为体和结构之间存在着相互构成关系。

运用建构主义理论对中美印三边关系进行分析，以下三个问题非常重要：

## (一) 中美印相互认同程度和对利益的界定

建构主义理论主要代表人物之一亚历山大·温特认为:"利益依赖于认同。"① 国家利益的内容不仅包括有形的物质利益,而且包括价值观等无形的文化利益。从价值观方面来说,在美印关系上,布什总统宣称:"印度是伟大的民主国家,共同价值观是我们良好关系的基础"。②"印度和美国建立起了基于共同价值观之上的战略伙伴关系"。③ 在中印关系上,中国和印度历史上有类似遭遇,现在面临相似的任务,有诸多共同的价值观。在中美关系上,"民有、民治、民享"是美国先哲林肯提出的民主政治的精髓,中国古代先哲提出"以人为本"和"民为重,社稷次之,君为轻"思想,中美这两种思想虽然有一定的差别,在两国历史上的遭际不同,但在"重民"方面有共同点。中国改革开放以来在构建市场经济体系、民主法治建设和人权方面取得有目共睹的进步。现在中国又提出建设"富强民主文明和谐的社会主义现代化国家"的目标。④ 只要不是带有偏见的人,都能看到中美在价值观上并不是完全不同的。

即使追求物质的国家利益,也有如何界定的问题。在这里,"自我证实的预言"规律往往会起作用。即一方如果视另一方为敌人,双方就会成为敌人;而如果一方认为可以与另一方合作,双方就会成为合作者。例如,只有中印都发展起来,才会有亚洲的兴起。如果两国都从这一角度看待相互关系,就会更愿意进行合作,更容易解决它们之间的问题。又如,尽管中美印之间在能源方面存在竞争,但如果三国根据"零和"游戏来处理能源问题,就都会得不偿失;而如果能在能源方面进行合作,就会出现"双赢"或"多赢"结果。目前中印美都已逐渐认识到这一点。时任印度石油和天然气部长艾亚尔2006年1月访华期间,中印签署了6份在能源方面进行合作的谅解备忘录。中美能源合作也取得了进展。

## (二) 中美印战略文化的异同

中印同是具有悠久历史的东方文明古国,两国交往源远流长,双方文

---

① Alexander Wendt, "Collective Identity Formation and the International State", *American Political Science Review*, No. 2, 1994, p. 88.

② U. S. President George W. Bush, *The National Security Strategy of the United States*, March 2006, p. 39. http://www.whitehouse.gov.

③ U. S. President George W. Bush, Speech at a news conference with Indian Prime Minister, July 18, 2005, http://www.whitehouse.gov.

④ 《中共中央关于构建社会主义和谐社会若干重大问题的决定》,《人民日报》2006年10月19日。

化中有许多相似之处。中印文明都是基于多元、多样、宽容理念的。中华民族自古以来讲信修睦、崇尚和平，"己所不欲，勿施于人"，"利而不害，为而不争"，有着"天下情怀与道德理性"的品格。印度文化的核心是以宗教哲学为基础，而印度宗教哲学的三大精神支柱是仁爱和平精神、超脱精神和强而不暴的自我牺牲精神。印度将"邻国概念看作是一个围绕历史与文化共性之圆心的不断拓展的同心圆的概念……从这一角度看，发展与亚洲国家的关系是我们优先考虑的问题之一"。[①] 中印20世纪50年代共同提出的和平共处五项原则既来自中国"和而不同"的思想，也源自佛教的精华，而佛教的精华源于古印度强调的与人为善的生活方式。这种相似的战略文化使中印在冷战结束后都较快接受了新的安全观念，两国都不赞成用陈旧的"均势"或"利益冲突"观念看待双方关系，对21世纪世界发展面临的主要问题持有一致和相似的看法。

美国战略文化具有较强的扩张性，不仅认为"安全必须扩张"，迷信实力和武力，而且美国文化中有着向"荒原"传播"文明"的天定命运观念，教化弱小民族的"救世主"思想，唯我独尊心态，这同其要求其他国家接受美国自由民主体制等所谓"输出民主"、"传播自由"战略，显然是一脉相承的。"这些影响美国外交决策的价值观根深蒂固于美国文化之中，当它们体现在美国具体外交政策上时，多数情况下变成了对美国追求自我利益的一种'堂而皇之'的掩饰或'振振有辞'的解释。"[②] 这些是造成美与中、印矛盾的一个基本因素。

但另一方面，美国战略文化中也有一些比较客观进步的内容。例如，美国不同于老殖民主义，它在现有美国领土之外并不追求领土扩张。又如，冷战结束后，美国一些具有远见的学者和政治家认识到，美国的大战略不应该是谋求全球霸权，而应该将"防止对美国本土的进攻"作为至关重要的国家利益，将"防止欧亚大陆上大国之间爆发战争，并尽量防止可能引发此类战争的激烈的军备竞赛"和"保证美国的石油供应渠道安全畅通，有能力购买到价格合理的石油"作为非常重要的国家利益。[③] 罗伯特·阿特认为："美国也必须谨慎节制地使用军事手段"，"不受约束

---

[①] 印度外交秘书萨兰2006年1月11日在上海国际问题研究所发表的演讲，印度驻华大使馆《今日印度》2005年第12期，第16页。

[②] 王晓德：《美国文化与外交》，世界知识出版社2000年版，第11页。

[③] [美] 罗伯特·阿特：《美国大战略》，郭树勇译，北京大学出版社2005年版，第7页。

的单边主义就像傻瓜手中的金子一样,办事不成反坏事"。①

美国战略文化中还有容忍新兴大国的内容。保罗·肯尼迪指出:"同以往大国的兴衰史十分相像,美国也正面临着可称之为'帝国战线过长'的危险,也就是说,华盛顿的决策者不得不正视这样一种棘手而持久的现实:即美国全球利益和它所承担的义务的总和目前已远远超过它能同时保卫的能力。"② 他认为,美国将从它现在这种非常高的地位降到一个较为"正常"位置,但"在这一多极化进程中,美国经济和军事的综合实力可能仍比其他任何一个国家都强大","对美国实际利益的唯一严重威胁反倒可能来自不能明智地适应新的世界秩序"。③ 如果美国政府能够接受这些睿智之见,将有助于美国处理好与新兴的中国和印度的关系。

### (三) 中美印对国际体系的态度

建构主义不是根据在行为体背后起作用的实力分配和权力结构来看待国际体系,而是认为国际体系是由与规范有关联的国际机制组成。中印是国际体系中的新兴大国,但它们都不愿挑战国际体系中居于主导地位的大国——美国的领导地位,也不想打破现有的国际机制和国际规则,而是赞同国际关系民主化,主张在遵循国际法准则、平等和相互尊重、合作以及赞同多极化的基础上推动国际秩序朝公正合理方向转变。中国是当前国际体系的支持者、维护者和改革者,中国和美国现在形成"国际体系中的利益攸关方"关系,这有利于中美关系的稳定和发展。美国作为世界上唯一超级大国,有时实行单边主义,能利用国际机制时就用,不能利用时就绕过,有时甚至使用双重标准。这些对国际机制产生负面影响。但布什政府在伊拉克战争遭受挫折后,在第二任期中较多运用多边机制。奥巴马政府上台后,更加强调依靠盟国和多边国际机制。例如,在朝鲜核问题和伊朗核问题上美国主要依靠两个"六方会谈"和联合国安理会,这有助于国际社会在处理这两个问题上形成共识。

## 五 关于中美印三边关系的结论

从上述分析研究可以看出,如不出现重大政策偏差,中美印三国间并

---

① [美] 罗伯特·阿特:《美国大战略》,郭树勇译,北京大学出版社 2005 年版,第 11 页。
② [美] 保罗·肯尼迪:《大国的兴衰:1500—2000 年的经济变迁与军事冲突》,陈景彪译,国际文化出版公司 2006 年版,第 503 页。
③ 同上书,第 520—521 页。

不会形成两国制约第三国的三边关系，而是有可能避免安全困境，建立起对三方都有益的合作关系。

美国能否利用印度来平衡的制约中国，并不完全取决于美印关系的发展，即使从现实主义角度分析，在经济全球化趋势下，中印之间战略目标是并行不悖的，都集中精力于国内经济和社会发展，都希望有一个长期和平的国际安全环境，共同利益远远大于分歧，只要中国坚持走和平发展道路，印度就不会让美国利用来制约中国。同时，虽然美国作为国际体系中的主导大国与新兴大国中国之间存在结构性矛盾，但中美之间并不一定成为对手。中美之间战略目标有诸多矛盾之处，但也并不是相互冲突的，仍有许多利益交汇点。中国实力发展是相对有限的，并不想挑战美国的世界领导地位，也不愿与美国走入军备竞赛的"安全困境"。而且，历史上也有英国把国际体系中主导大国地位和平转移给美国的先例（虽然英国这样做是迫不得已的）。因此，中美印之间有许多共同利益或利益交汇点，如处理得当，是有可能避免"安全困境"的。

用自由制度主义理论分析，随着经济全球化趋势的迅速发展，中美、中印、美印等三对双边关系中的相互依存都在不断加深。这不仅表现在经济领域，而且也扩大到安全领域，特别是在非传统安全方面。中美印必须合作来对付恐怖主义、环境污染、大规模自然灾害、毒品走私、传染性疾病等跨国威胁。另外，中美印在全球性国际机制，包括联合国中的合作在增加。与中美印有关的国际多边机制在发展。多边主义必须以相互合作和协调为基础。中美印在国际机制中的合作有助于增进它们的共同利益。在国际多边架构下，霸权主义行为较易受到软制衡，一些双边矛盾较易得到控制和化解。

根据建构主义理论分析，中美印之间相互认同程度对它们相互间关系有重大影响。中印之间和美印之间都存在一些共同价值观，中美在价值观上也并不是完全不同的。中印都起源于农业文明，这使它们在许多基本价值观上有相通之处。美国是移民文明，在继承欧洲文明的基础上有自己的独特之处。印度曾长期遭受英国的殖民统治，接受了欧洲发展起来的某些价值观。这使美印在民主等价值观上有相近之处。总的来说，中印战略文化相似之处大大多于美印之间，这使得中印之间在国际问题上有较多相同或相似看法，也较能相互理解。美国战略文化具有较强的扩张性，但也有一些容忍新兴大国的内容。

从现实情况看，中美印之间由于既有很多共同利益又有许多矛盾，因此形成既合作又竞争关系的可能性最大。中美之间和中印之间在某些传统安全问题上可能会出现"零和"模式；但由于各国在经济方面相互依存关系的发展和存在许多跨国界问题，它们在大多数非传统安全问题上，如环境恶化、国际恐怖主义、毒品等，将不得不寻求良性互动或良性互不动，面临"共赢"模式或"全输"模式。由于美国和中国都是大国和核国家，中美之间如发生战争，将给双方都造成重大损失，因此两国将努力保持双边关系的稳定，避免发生武装冲突。

美国的"一超独大"使国际战略力量对比严重失衡。这是美国进行海湾战争、科索沃战争和伊拉克战争的重要原因之一。现实主义理论认为，维护国际和平要以均势为主，这一观点已为许多历史事实证明是有偏颇的，但它在国际关系中还未完全失效。由于中美印关系发展对世界的影响越来越大，从长远说，三国有必要建立相对均衡的三边关系。就目前来看，只要各方处理得当，中美印是完全有可能超越地缘政治，避免"安全困境"，建立"共赢"关系的。

# 第四章 中国与邻国关系中的地缘政治

中国的邻国主要分布在四个地区：东北亚、东南亚、南亚、中亚。由于这四个地区地理环境和战略态势各有不同，中国与这四个地区邻国的地缘政治关系也有所不同。

西方学者在地缘政治方面对这一地区很重视，但有出于西方利益的偏见。1904年1月，英国地缘政治学家麦金德在提出"大陆枢纽理论"时，曾经提出中国是欧亚大陆边缘地区的"内新月地形带"国家，是陆地强国与海上强国的必争之地；一旦海洋国家日本与中国联合，将对俄国及其他海洋国家构成威胁。[1] 美国地缘政治学家斯拜克曼在1943年出版的《和平地理学》书中提出"边缘地带论"，认为从西亚、南亚、东南亚到东亚整个沿海地带，是世界上最重要的地带。他指出：第一，这一地带具有发展经济的优势，是工业化的重要地带；第二，它集中了能源以及很多战略性的资源；第三，这里还是海权和陆权进行角逐的最关键所在；"东亚边缘地区"是控制世界的关键，如果在这里出现统一强大的国家（中国或日本），对美、苏、英三国都将构成很大威胁。[2]

---

[1] ［英］哈·麦金德：《历史的地理枢纽》，林尔蔚、陈江译，商务印书馆1985年版，第9页。

[2] ［美］N.G.斯拜克曼：《和平地理学》，商务印书馆1965年版，第18—20页。

## 第一节　中国与东北亚国家的地缘政治关系

东北亚地区,包括中国、日本、朝鲜、韩国、蒙古五国和俄罗斯的远东地区。该地区是美、俄、中、日四大国战略利益交汇和碰撞的一个地区,大国关系错综复杂。该地区处于欧亚大陆的东南边缘地区,濒临太平洋,因此也是陆权和海权相互碰撞的着力点区域。

由于东北亚各国距中国政治中心和经济中心较近,因此中国在地缘战略上对东北亚的重视要远超过对东南亚和南亚的重视。

东北亚地区爆发的朝鲜战争是冷战时期规模最大的局部战争之一,导致了北南朝鲜之间长期的武装对峙。冷战结束后,朝鲜半岛成为现在世界上军事力量最密集的地方,武器装备的现代化程度也保持很高的水平。

### 一　二战结束以来东北亚地区地缘政治的演变与特点

第二次世界大战结束以来,对东北亚地区地缘政治影响最大的因素主要有两个:一个是各大国相互之间的关系,另一个是朝鲜半岛问题。

#### (一) 冷战时期东北亚地区地缘政治的主要特点

1. 大国关系由美苏两极格局转变中美苏大三角关系。

第二次世界大战接近尾声时,美国和苏联就对东北亚地区展开了瓜分和争夺。在1945年2月的雅尔塔会议上,美苏英三国首脑背着有关盟国(如中国)秘密签订了《雅尔塔协定》,其主要内容包括:在德国投降及欧洲战争结束后2—3个月内,苏联参加对日作战。而苏联的条件则是维护蒙古人民共和国现状;库页岛南部及临近一切岛屿交还苏;大连商港国际化;苏继续租用旅顺港为海军基地;苏、中共同经营中长铁路和南满铁路;千岛群岛须交予苏等。美国出于让苏联先打败德国、巩固美国在欧洲的地位并促使苏联早日对日宣战等考虑,答应了苏联的全部要求。美国并利用其对蒋介石政权的控制,迫使其接受了协定中的条款。美国此时实际上已经决定单独占领日本,为尔后争取在东北亚地区独占鳌头预作准备。当时的美国总统杜鲁门表示:"坚持对日本和太平洋的完全控制是美国的基本方针","要把太平洋变为美国的内湖",美国"不能给俄国人以任何机会"等。美苏经过几次较量,在1945年9、10月的美苏英三国外长伦敦会议和同年12月的莫斯科会议上达成妥协。美国默许苏联对东欧的控制,苏联则不再坚持对日本共管的原则。美苏的这些瓜分和争夺确立了战后亚太地区,特别是东北亚地区形势发展的起点和基本格局,也在东北亚国家间留下了潜在的领土纠纷和矛盾。

二战结束后,美苏很快由战时的盟友变成针锋相对的敌手。蒋介石政权1949年在中国的失败,标志着美国战后亚太战略的第一次重大失败。面对蓬勃发展的民族解放运动,美国不得不调整战略部署:一是强化日本在其亚太战略中的作用,以日本取代中国成为美国亚太战略的基石。二是建立从阿留申群岛(经日本、冲绳、中国台湾、菲律宾)到东南亚的"弧形防线",先后与日本、韩国和中国台湾当局签订了《美日安保条约》(1951年9月)、《美韩共同防御条约》(1953年3月)和"美台共同防御条约"(1954年12月),并与泰国和澳大利亚、新西兰分别签订了《美泰军事援助协定》(1950年10月)和《美澳新联合防务条约》。

新中国成立后,为对抗美国封锁、禁运的遏制战略,于1950年2月与苏联签订了《中苏友好同盟互助条约》,与蒙古、朝鲜、越南一起构成了社会主义阵营的东方安全屏障。苏联在亚太地区的战略地位大为加强。至此,亚太地区形成了以两大阵营对立为基本形式的美苏两极格局。美苏间的对抗与冷战成为影响亚太地区,包括东北亚地区安全的最主要因素。

20世纪50年代后期起,苏联不尊重中国主权,要中国在军事和外交上受制于苏联、服从苏联全球战略需要的事情不断发生。中国坚决反对苏联损害中国主权的行动,反对苏领导人执行苏美合作主宰世界的路线。苏联于1960年7月突然召回在中国工作的苏联专家和顾问,并挑起边界事件,侵犯中国领土,致使1969年中苏之间爆发边境武装冲突。中苏关系破裂。20世纪70年代末,中美正式建立外交关系,中日签订《中日友好合作条约》,中国在国际事务中的作用越来越大。亚太地区形成了中美苏大三角关系,中国在两霸争夺中起着"四两拨千斤"的作用。从20世纪70年代至冷战结束,中美苏大三角关系成为影响亚太地区,包括东北亚地区安全的最重要因素。

2. 朝鲜半岛由"热战"转为长期冷战和军事对峙。

朝鲜半岛在地理上位于东北亚的中心,战略地位十分重要。1910年,朝鲜成为日本的殖民地，并成为其侵略中国的跳板。1943年12月，中美英三国首脑签署的《开罗宣言》宣布："我三大国轸念朝鲜人民所受之奴隶待遇，决定在相当期间使朝鲜自由独立。"1945年2月，在苏美英三国首脑雅尔塔会议上，罗斯福与斯大林单独会谈时，提出了共同托管朝鲜问题。斯大林表示，"托管期愈短愈好，应该邀请英国参加"，并主张战争一结束，应尽快使朝鲜获得独立。1945年7月至8月举行的苏美英三国首脑波茨坦会议在公告中，又重申了《开罗宣言》中关于朝鲜问题的规定。

二战结束时，美苏达成妥协：在中国东北、朝鲜三八线以北和库页岛的日军向苏军投降；日军总部及在日本本土、朝鲜三八线以南和菲律宾的日军，向美军投降。[①] 其后，美苏军队以三八线为界分别占领南北朝鲜。1948年8月和9月南北朝鲜分别成立大韩民国政府和朝鲜民主主义人民共和国政府。至此朝鲜正式发生分裂。1950年6月25日，朝鲜战争爆发。美国及其盟国打着"联合国军"的旗号出兵干涉朝鲜。美军越过三八线，将战火烧向中国东北边境。在这种危急情况下，中国人民志愿军入朝参战。朝鲜战争历时三年。1953年7月27日，中朝方面首席代表和美方首席代表在板门店签订了《朝鲜停战协定》。

朝鲜战争虽然结束了，但此后朝鲜南北方军事对峙长期存在。双方不但兵力数量众多，而且武器装备精良先进。处于高度戒备状态，剑拔弩张。加上美军驻扎在朝鲜半岛南部，更增加朝鲜问题的复杂性。

3. 美苏的军备竞赛给东北亚地区安全造成重大威胁。

在冷战时期，美苏两国在东北亚地区进行了长期的军备竞赛。该地区有着苏联太平洋舰队总部和主要基地，也有着美国太平洋舰队的主要海外基地。两国海军在此地区都部署了航空母舰、导弹巡洋舰和核潜艇等海上主要作战兵器。在陆上，苏联在此地区驻兵百万。美国也在日本、韩国等地驻有重兵。而且，苏联曾在中苏边境部署有大量战术核武器，美国在韩国也曾部署过核武器。美苏长期的军备竞赛是造成东北亚地区紧张局势的根源之一。

(二) 冷战后时期东北亚地区地缘政治的主要特点

冷战结束后，东北亚地区地缘政治发生较大变化，其主要特点有：

---

① 参见麦克阿瑟关于日军投降细节的"总命令第一号"。1945年8月15日，美国总统杜鲁门致函斯大林，附上该文件。第二天斯大林复信，表示苏联基本上不反对该文件中的安排。

1. 大国关系处于调整之中，呈现出既依存又竞争、既协调又制约、既合作又斗争的复杂状况。

在冷战后时期，中、美、日俄四边关系正在东北亚地区发挥越来越大的作用。其中又存在着两个三角关系，一个是中美日三角关系，另一个是中美俄三角关系。这两个三角关系与冷战时期的中美苏大三角关系相比有两个显著的不同特点：

第一，中美苏大三角关系里美苏和中苏之间都存在对抗的关系，而在新的两个三角关系中，大国之间的关系竞争与合作并存，摩擦与协调交替。

第二，中美苏大三角关系中军事因素占主导地位，而在新的两个三角关系中，经济因素的重要性大大上升，逐步占据主导地位，军事安全因素虽然仍很重要，但其地位已比过去有所降低。

总的来说，当前大国关系仍处在调整之中，尚未定位和理顺，因而显得变化无常，很不稳定。美日两国1996年4月签署《美日安全保障联合宣言》，1997年9月23日又发表了经过修改的《美日防卫合作指导方针》。这对亚太地区大国关系的调整产生重大的消极影响。因为这表明美日重新把军事安全问题置于两国关系的首位和美国企图依靠军事力量来维持其"一超独霸"的地位。这是与和平、发展以及多极化趋势已成为主要潮流的冷战后世界形势不合拍的。它说明美国和日本有一些人仍在很大程度上抱着"冷战思维"不放。同时，美日安保体制的加强使原本在冷战时期为"保卫日本"而设立的"防卫体制"一下子变成一种针对整个亚太地区的新的军事联盟。这不仅把日本纳入美国冷战后的全球军事战略之中，而且也为日本借此大力发展军事力量开了方便之门。日本将由"专守防卫"转变为与美"联合出击"，由过去起"盾"的作用转变为起"剑"的作用。小布什政府和小泉纯一郎政府时期，双方宣称建立"全球性的美日同盟"。2005年2月，美日开启两国外交部长和国防部长的"2+2会谈"。在此次会谈后发表的新的美日安保共同宣言中，美日宣称，"台湾海峡的安全问题"将成为两国的"共同战略目标"。这是美日防卫合作指针自1996年后出现的最大变化，公开将美日同盟的范围覆盖中国台湾地区。

中美日三角关系的稳定需要平衡，而如果日美关系过于密切就会使这种三角关系出现不平衡。

当前中美俄三角关系在保持东北亚地区稳定中发挥一定的积极作用。中国和俄罗斯都反对"单极"世界，主张建立"多极"世界。这对美国搞强权政治是一种制约。普京2000年担任俄罗斯总统后，重视发展俄与亚洲国家的关系，力图恢复和增加俄在亚太地区的影响。同年2月，俄罗斯与朝鲜签署了《俄朝睦邻友好合作条约》。7月，普京访问中、朝、日等国，以重新确立俄罗斯在东北亚地区的大国地位，谋求更大的发言权。2010年6月，俄罗斯军队在远东举行代号"东方—2010"的历史上最大规模的战略战役演习。驻扎在西伯利亚军区和远东军区的所有陆军常备部队全部参加，空军派远程航空兵部队参与。在海上，俄罗斯海军三大舰队集中近40艘主力战舰，在北太平洋上举行了声势浩大的实兵实弹演习，并会师日本海。空降兵、航空兵和战略火箭兵等军兵种部队悉数登场。总参演兵力规模达到两万人。目的在于展示军事改革成果，彰显强国气质，以期在与大国的博弈中争取主动权。俄罗斯总统梅德韦杰夫还特意坐上北方舰队旗舰"彼得大帝"号核动力巡洋舰，经由北极航道来到远东，亲自观摩海军演习。

2. 日本的未来走向成为影响东北亚安全形势的重大因素之一。

冷战结束后日本国内政治右倾化的潮流曾有一定的发展。1999年4月和5月，日本当局相继通过了"新日美防卫合作指针"相关法案：《周边事态法》、《自卫队法修改案》和《日美相互提供物品与劳务协定修正案》。这些进一步加强了美日两国介入所谓"周边事态"时的军事合作，明确了日本自卫队在亚太地区发生冲突时承担对美军的后勤保障任务，使日自卫队有可能在日本以外的周边地区配合美军的正规作战。有的日本政界人士提出了旨在修改和平宪法的国会法修改案。日本有些右翼政客不时发表否认日本在第二次世界大战中侵略历史和战争罪行的谈话，甚至公然举行否定南京大屠杀的集会，小泉纯一郎担任首相期间多次参拜靖国神社，给中日关系造成严重损害。

进入21世纪，日本国内一些有远见的政治家再次重视中日关系。安倍晋三首相2006年10月访华被誉为打开局面的"破冰之旅"，给中日关系的发展带来了新的转机。安倍晋三首相访华的最大成果，是中日双方同意建立两国关系新的基本框架，即"基于共同战略利益的互惠关系"。日本民主党执政后，鸠山由纪夫首相和菅直人首相继续了重视中日关系的路线。2010年9月在钓鱼岛发生两国船只相撞事件后，中日关系降到低点。

当前中国和日本有很多共同利益。双方的经济贸易和合作关系不断发展，在经济上日益相互依存。两国都希望亚太地区保持和平与稳定，都需要进行合作来解决一些全球性问题。但中日两国之间又仍缺少相互了解，存在相互疑虑。中日保持稳定与合作的相互关系，将是维持东北亚地区安全的最重要因素之一。

3. 地区形势趋于缓和，但仍存在一些不确定因素和不稳定因素。

美苏冷战和"两超"争夺的结束使东北亚地区安全形势总体上向缓和方向发展。但近年来，朝鲜半岛的局势更加复杂化。2001年小布什政府上台后，对朝鲜实行强硬政策。朝鲜借机在2006年10月和2009年5月先后进行两次核试验。这使朝鲜半岛的紧张局势升级。

与此同时，东北亚地区仍然存在着一些影响安全和稳定的问题，可分为两大类：第一类是被分裂国家的问题。朝鲜北南关系虽然有所缓和，但双方仍处于严重的军事对峙状态。在面积仅22万平方公里的半岛双方部署着175万人的正规部队和100万人的准军事部队，其中70%部署在军事分界线两侧，加上3万多驻韩美军，这使危机可能一触即发。中国大陆与台湾的和平统一进程受到台湾分裂主义分子的阻挠。李登辉1999年7月提出"两国论"，破坏了两岸对话的基础和气氛。陈水扁2000年5月上台后，不接受"一个中国"的原则，甚至不肯承认是中国人。这使两岸关系一度处于僵冷状态。

第二类是岛屿主权归属争议和海洋权益纠纷。岛屿主权归属问题包括日俄之间的"北方四岛"归属问题、韩日之间的"独岛"主权问题和中日之间的钓鱼岛主权问题；海洋权益之争主要有中日之间东海大陆架划分问题，以及韩中之间关于黄海和东海大陆架划分问题。岛屿主权归属、大陆架划分和海洋权益等问题交织在一起，有关各国均公布了法律，实行200海里专属经济区的政策，以保护本国的利益，这些领土及海洋权益纠纷虽属局部性质，规模也不大，但矛盾根深蒂固，难以在短期内解决。

4. 过快的军备增长成为地区潜在的不稳定因素之一。

美国正在加快发展"国家导弹防御系统"和"战区导弹防御系统"。其中，它与日本共同研究"海军战区高层导弹防御系统"。美国还企图向中国台湾转让"战区导弹防御系统"。

日本2009年度军费预算达518亿美元，居世界第6位。日本政府

1998年底决定开始自行研制并在2002年前部署价值17亿美元的4颗侦察卫星。日本航空自卫队1998年部署从美国购买的4架E—767空中预警机，并在2005年前耗资6.6亿多美元引进4架空中加油机。日本还将装备本国生产的下一代预警机（MPA）和下一代运输机（CX）。日本海上自卫队已装备了1艘排水量为8900吨的大型登陆运输舰，21世纪初再装备两艘。海上自卫队装备两艘新型"宙斯盾"护卫舰和两艘1.35万吨级可搭载直升机的护卫舰。①

韩国2010年8月部署射程为1500公里的新型巡航导弹，该型导弹可以覆盖朝鲜全境，以及中国和俄罗斯。韩国正在研制射程约为500公里的弹道导弹，并已部署了美国制造的AIM-120高级中程空对空导弹。② 韩国国防部计划生产"天马"短程防空导弹，并花费46亿美元引进100架以色列产"HARPY"无人攻击机、俄罗斯"KILO"级潜艇、大型运输舰和舰对舰、舰对空及地对空等各种导弹。

台湾1994年至1998年武器进口总价值达133.11亿美元，其中主要是从美国进口。③ 1999年8月，美国宣布向中国台湾出售包括E-2T预警飞机以及F-16战斗机的零件和装备在内的大量先进武器装备，价值达5.5亿美元。2000年美国又继续向中国台湾出口高性能武器，包括AIM-120主动制导空对空导弹、"鱼叉"式导弹等。台湾军队研制出上千种电脑病毒，以准备进行信息战。这些过快的军备发展给地区的安全稳定投下了阴影。

## 二　中国在东北亚地缘政治中的积极作用

东北亚地区和平与安全合作机制的建立进展缓慢。近年来，如何建立朝鲜半岛的和平机制和未来东北亚地区的安全秩序，以及防止大规模杀伤性武器扩散问题突出起来。

朝鲜战争结束以来，由于朝鲜半岛北南双方军事对峙的问题长期未能解决，因此冷战时期东北亚地区只有一些建立信任措施的行为。冷战结束后，中国和俄罗斯分别与韩国建交，促使该半岛的冷战格局逐渐走向结

---

① 日本政府2000年12月15日决定的《2001—2005年度中期防卫力量整备计划》。
② 詹姆斯·里森：《韩国被发现增加导弹的射程》，载美国《纽约时报》1999年11月14日；罗伯特·卡尔尼奥尔：《亚洲竞技场》，载英国《简氏防务周刊》1999年12月。
③ 瑞典斯德哥尔摩国际和平研究所：《国际军备与裁军年鉴：1999年》。

束，尽管这一进程将是复杂曲折的，但它将对东北亚地区乃至整个亚太地区战略格局产生重要影响。在当前情况下，东北亚地区安全面临的主要课题有两个，一是如何建立朝鲜半岛的和平机制，二是如何建立未来东北亚地区的安全秩序。

中国在东北亚为建立地区和平与地区安全机制进程努力的主要特点有以下几个方面。

### （一）中国在建立军事信任措施方面起了重要作用

中朝方面在1953年与美国签订的《朝鲜停战协定》中规定了建立非军事区、组成停战委员会等建立信任的措施。这是第二次世界大战后最早的建立信任措施的例子之一。

冷战结束后，东北亚地区建立信任措施的进展包括朝鲜北南双方1991年12月签订的《关于朝鲜北南和解、互不侵犯与合作交流协议书》、《朝鲜半岛无核化共同宣言》，以及1994年12月朝鲜与美国签订的《关于朝鲜核问题的框架协议》中的一些建立信任措施等。2000年9月，朝韩举行半岛分裂50多年来的首次国防部长会谈，双方就改善北南关系、建立军事信任措施等问题交换了意见。在会谈后发表的联合新闻公报中，双方一致表示要努力缓和朝鲜半岛的紧张局势，消除战争危险，实现半岛的持久和平。双方同意依据朝鲜停战协定开放连接北南方铁路和公路周边的军事分界线和非军事区，划定北南方分别管辖的地区。双方表示允许各自的人员车辆和器材进入非军事区各自的一方进行修复铁路和铺设公路的工程，并保障他们的安全。

### （二）中国在单方面裁军与双边裁军中发挥带头作用

中国1985年率先决定裁军一百万人，这一进程早已完成。1997年又宣布裁军50万人。2003年9月，中国政府决定，2005年以前再裁减军队员额20万人，使军队总规模降至230万人。俄罗斯从1989年开始裁减其在远东地区的部队，其远东驻军的水平已有一定降低。中俄两国还根据中、俄、哈、吉、塔五国1997年4月签署的《关于在边境地区相互裁减军事力量的协定》，将边境地区的军事力量裁减到与睦邻友好关系相适应的最低水平。

### （三）中国在朝核六方会谈中发挥重大作用

朝核问题从一开始就具有极端复杂性和解决的艰巨性。处于东北亚的朝鲜半岛又是世界上唯一冷战格局还未消除的地区。朝韩重兵对峙，美国在韩国大量驻军,使朝鲜半岛成为世界上军队人数和武器部署最密集的地区。冷战结束后,美国将防止核等大规模杀伤性武器和弹道导弹扩散作为它全球战略的重要内容之一,在东北亚地区尤其重视这一问题。美国为防止朝鲜发展核武器和弹道导弹,采取了各种措施。

1993年爆发的第一次朝核危机以1994年12月美朝签订核框架协议而结束。此后朝美关系有较大改善。

2001年小布什上台后,改变了以往克林顿政府对朝鲜的"接触"政策,美朝之间的敌对情绪加剧。2002年10月,美国认为,朝鲜一直在秘密进行浓缩铀计划。面对美国的强大压力,朝鲜宣布退出《不扩散核武器条约》。这些恶性互动导致第二次朝核危机爆发。

在此情况下,中国发挥建设性作用,旨在多边框架内和平解决朝核危机的六方会谈应运而生。2005年9月19日,第四轮六方会谈取得实质性成果,六方发表《共同声明》,一致重申以和平方式通过核查实现朝鲜半岛无核化是六方会谈的目的。朝方承诺,放弃一切核武器及现有核计划,早日重返《不扩散核武器条约》,并接受国际原子能机构的监督。

但2005年10月美国对朝金融制裁使得朝鲜认为美国对朝的敌视政策并未改变,从而采取以硬对硬的对美政策。2006年7月5日,朝鲜再次试射了多枚导弹。7月15日,联合国安理会以15个成员国一致赞成的方式通过决议,对朝鲜实施有限制裁,并要求平壤中断弹道导弹计划。10月9日,朝鲜正式宣布进行了首次核试验。联合国安理会通过第1718号决议,对朝鲜进行谴责并制裁。朝核问题上的尖锐斗争达到高潮。

2006年10月底,中、美、朝等六方会谈代表团团长在北京会晤,美朝双方都表示同意尽早重启六方会谈。这对解决朝核问题无疑是一个积极迹象。同年11月,朝核问题第五轮六方会谈第一阶段会议在北京结束时,各方重申,将根据"承诺对承诺、行动对行动"的原则全面履行《9·19共同声明》,早日可核查地实现朝鲜半岛无核化目标。

2007年1月,美朝就如何解决美国对朝鲜金融制裁问题举行双边会谈,美方最终同意解冻朝鲜在澳门汇业银行中的资金。同年2月,第五轮六方会谈第三阶段会议通过"2·13共同文件",即《落实共同声明起步行动》。根据文件,朝鲜同意关闭并封存宁边核设施,其他各方同意向朝鲜提供紧急能源援助。这在解决朝核问题上取得突破性进展。其后，根据共同文件成立的五个工作组先后举行首次会议，美国与朝鲜就解决因美金融制裁而冻结的朝资金达成共识。10月3日，六方会谈达成《落实共同声明第二阶段行动》共同文件。朝方承诺将在2007年12月31日前完成宁边核设施去功能化，并申报全部核项目。美方承诺，启动不再将朝列为支恐国家程序及推动终止对朝适用《敌国贸易法》进程，致力于改善双边关系，向实现全面外交关系迈进。

但在2008年这一协议并没有得以全面履行。美朝在核项目申报问题上存在分歧。朝方说已根据共同文件要求申报，但美方说"仍在等待"朝鲜提交"完整而准确"的核申报书。在这种情况下，美朝通过3月13日在日内瓦和4月8日在新加坡的两次双边谈判达成某种妥协，变通处理核申报僵局。2008年4月17日，美国国家安全委员会亚洲事务高级主任韦德宁说，将把朝鲜钚提取及其存量问题与美国怀疑朝的铀浓缩项目和核技术扩散问题分开处理。但美国国内强硬派对此大为不满。为了平息国内的批评声音，白宫否认美国在朝核问题上降低门槛，声称美国的一些技术性变通有助于启动处于停顿状态的六方会谈以及敦促朝鲜申报核武器计划的全部内容。5月10日，美国国务院韩国科科长金成从朝鲜带回8箱1.8万多页与朝鲜钚加工计划有关的文件。美国则准备兑现向朝鲜提供50万吨大米的诺言，以对朝鲜的积极态度给予回报和鼓励。6月18日，美国国务卿赖斯宣布朝鲜承诺在6月底提交核申报清单。6月26日，朝鲜向六方会谈主席国中国递交了核申报清单。美国随即表示，作为对此的回应，打算在45天内将朝鲜从"支持恐怖主义国家"名单中除名和解除朝适用《敌国贸易法》等制裁。6月27日，朝鲜炸毁宁边核反应堆的冷却塔。

但另一方面，美国中央情报局长迈克尔·海登4月24日在美国国会展示了叙利亚秘密核设施的影像资料，并试图证明朝鲜参与了叙利亚的核计划。[1]

2009年5月25日报道，朝鲜在距首次核试验地点10公里至15公里处进行了第二次核试验。联合国安理会6月12日通过第1874号决议谴责

---

[1] Steven Lee Myers, Bush Says Syria Nuclear Disclosure Intended to Prod North Korea and Iran, The New York Times, April 30, 2008.

这次核试验。

近年来，东北亚地区多边安全对话开始起步。这包括第一轨道和第二轨道的多边安全对话。第一轨道的多边安全对话主要是有朝鲜、韩国、美国、中国、日本和俄罗斯高级官员参加的有关朝鲜半岛核问题的六方会谈。作为亚太地区国家安全对话合作机制的东盟地区论坛对东北亚地区安全也有一定影响，2000年7月朝鲜第一次正式参加该论坛的外交部长级会议。

第二轨道的多边安全对话包括东北亚合作对话会（NEACD）、中美日三边学术研讨会、东北亚有限无核武器区高级研讨会等。

朝核问题的最终解决，将为建立朝鲜半岛和平机制和东北亚安全合作机制创造有利条件，并为构建和谐东北亚奠定基础。

从长期看，随着朝鲜半岛问题的逐步解决，东北亚地区有可能形成类似六方会谈的多边安全对话合作机制。中国积极参加了这些多边安全对话合作进程，主张通过这些政府和民间讨论安全问题的重要渠道，增进各国相互了解与信任，促进地区和平与稳定。

**（四）中国促进中日韩合作的发展**

在中国的推动下，中日韩三国2003年发表了《推进三方合作联合宣言》。该文件是三国领导人发表的第一份三方合作文件，确定了三国合作的基本框架和前进方向，有力地促进了三国合作的不断深入和拓展。2003年至2009年中日韩就三国自由贸易安排开展了联合学术研究，2010年至2011年，三国开展了自贸区官产学联合研究。2012年5月，三国宣布将启动三国自贸区谈判。2007年1月在菲律宾宿务举行的第七次中日韩领导人会议，同意启动三方投资协议谈判，2012年3月，三国完成谈判并于当年5月签署投资协定。

## 第二节　中国与东南亚国家的地缘政治关系

东南亚地处太平洋与印度洋的交汇点，战略地位十分重要。东南亚包括中南半岛和马来群岛两大部分，现有11个国家：越南、老挝、缅甸、菲律宾、印度尼西亚、马来西亚、新加坡、文莱、柬埔寨、泰国、东帝汶。东南亚国家有的是我国的陆上邻国，有的与我国隔海相望，因此东南亚地区的安全形势对我国的安全环境有重要影响。马来半岛和苏门答腊岛之间的马六甲海峡，是太平洋与印度洋间国际航运的重要通道。自第二次世界大战结束以来，东南亚地区的安全形势已发生了重大变化。中国与该地区的地缘政治关系经历了转变的过程。

## 一 东南亚地缘安全形势的演变与发展

16世纪以后，西方殖民主义国家相继入侵东南亚，占领了大部分国家和地区。第二次世界大战中，绝大部分东南亚国家又遭到日本军国主义铁蹄的蹂躏。二战结束后，东南亚各国人民掀起了争取国家独立和民族解放斗争的浪潮，先后赢得独立。

### （一）冷战时期东南亚地缘安全形势的主要特点

1. 越南战争挫败了美国控制印度支那的企图。

1945年7月26日，在波茨坦会议上，美、英、苏决定把印度支那分为两个受降区，以便在日本投降后解除日本军队的武装。北纬16度以南由英军负责，北纬16度以北由中国国民党军队负责，法国被排除在外。但当日本政府宣布无条件投降以后，法国派军队再次发动了对越南的侵略战争。越南人民在胡志明主席领导下，奋起抵抗。1954年3月至4月，越南人民军发动奠边府战役，歼灭法军精锐部队1.5万人，俘虏法军1万人，沉重打击了法国殖民主义者。

奠边府大捷的第二天，日内瓦会议开始讨论印度支那问题，中、苏、美、英、法、越南民主共和国、柬埔寨、老挝等国以及南越当局参加了会议。由于法国新政府在此时采取较为现实的态度，日内瓦会议很快达成了关于恢复印度支那和平的协议。

协议规定：在印度支那三国（越南、柬埔寨、老挝）停止敌对行动；在北纬17度线以南、九号公路稍北划一条临时军事分界线，越南人民军向军事分界线以北集结，法军则向该线以南集结；由印度、波兰和加拿大三国组成国际委员会，负责监察协议的实施；与会国尊重印支三国独立、主权、统一和领土完整，印支三国保证不参加任何军事集团，不准外国在其领土上建立军事基地；印支三国将分别举行全国自由普选。法国殖民主义者被迫在该协议上签字，承认越南的独立、主权、统一和领土完整。这标志着法国侵略越南的完结。

但1955年1月以后，美国趁法军撤离之机，大量向南越派遣军事人员，取代了法国的地位。同时，美国积极扶植南越当局，并支持其对越南人民进行血腥镇压。对此，越南人民进行了猛烈反抗。1960年12月，越南南方民族解放阵线宣告成立，不久又组成了越南南方人民武装力量。

面对越南南方人民的顽强斗争，美国为了维护它在南越的统治，于1961年5月对越南南方发动了由美国出钱、出枪、出顾问，由南越军队打头阵的"特种战争"。但在越南人民的打击下，"特种战争"失败了。1965年3月，美国将"特种战争"升级为"有限战争"，即派遣美国军队直接参战，并对越南北方进行海空袭击。从此，美国开始源源不断地向越南南方增兵，1969年初最高时达到54万人。

由于越南人民的英勇斗争，美军的伤亡很大。从1968年起，美国国内反对越南战争的呼声日趋高涨，形成声势浩大的全国性反战运动。在这种形势下，1968年10月美国不得不同意举行关于越南问题的巴黎会议。从1969年6月起，美国还开始推行"战争越南化"政策，即美国出钱、出枪装备和训练南越军队，最终实现"由越南人打越南人"。

经过长达数年谈谈打打的尖锐斗争，1973年1月27日，参加巴黎谈判的越南民主共和国、美国、越南南方共和临时革命政府和南越政权四方在巴黎正式签订了《关于在越南结束战争、恢复和平的协议》，又称《巴黎协定》。协定规定：美国和其他国家必须尊重1954年关于越南问题的日内瓦协议所承认的越南的独立、主权、统一和领土完整；美国必须在协议生效后的24小时内在越南南方全境实现停火，同时停止对越南北方的海域、港口及水道的布雷，并进行排雷，使其永远失效或销毁；美国应在协议生效后的60天内撤出其和同盟国的全部军事人员、武器弹药及作战物资，不再继续对越南南方进行军事参与；越南南方人民的自决权应受到各国的尊重，外国不得将任何政治倾向和人物强加给越南南方人民，而越南南方的政治前途应在国际监督下由越南南方人民自己进行真正自由和民主的普选来决定；越南的统一，将通过南北方之间的讨论和在达成协议的基础上，通过和平的方式逐步实现。

据美国政府和五角大楼统计，自1961年5月美国在越南发动"特种战争"至1973年3月29日美军全部撤出南越时止，美军死亡56550人，受伤30多万人，损失喷气机3700架，直升机5000架，耗战费达1500亿美元。①

《巴黎协定》签订后，由于美国继续推行"战争越南化"的政策，1975年4月，越南军民发动攻势，实现了越南的统一。《巴黎协定》的签订及其后来的这些事件标志着美国控制印度支那企图的失败。

2. 美苏在东南亚进行了激烈的争夺与军备竞赛。

冷战时期，美国和苏联都把东南亚作为它们有重要战略利益的地区，在该地区进行了激烈的争夺和军备竞赛。在冷战时期，美国把东南亚地区作为它在亚太地区三层岛屿防线中的第二道防线。为此，美国企图通过东南亚条约组织（1954年成立）和与有些东南亚国家签订双边军事协定来遏制社会主义国家，维持和巩固它在亚太地区的利益和影响。而且，美国还将保护对它及其盟国来说都是生命攸关的海上航线作为其太平洋舰队的又一重要任务。1986年，美国海军宣布的它今后要控制的世界上16个海上咽喉点就包括马六甲海峡。

20世纪70年代后期，苏联取得使用越南金兰湾、岘港和柬埔寨磅逊港等海军基地的权利，不仅使苏联的军事力量一下向南推进了近4000公里，而且严重威胁到马六甲海峡和东南亚国家的安全。美国和日本更是认为，这威胁到他们海上航线的安全，成为影响地区战略平衡的重要因素。

在冷战时期，美国和苏联在东南亚争夺的焦点是印度支那。即使在《巴黎协定》签订后，美国在从越南南方撤出美军的同时，还着力在军事上继续援助和支持南越政权。仅1973年美国就给南越军队提供飞机600架，价值3亿美元；另从韩国、中国台湾、伊朗调拨100架F-5战斗机，使南越空军的飞机一度增至1850架。

苏联当时企图将整个印度支那纳入它的势力范围，改善它在东南亚的战略态势，以便与美国在亚太地区继续对抗，打开美国西太平洋"岛屿锁链"的缺口，并从南面包围中国。因此，苏联积极拉拢北越。仅1973年和1974年，苏向北越提供8.4亿美元的经济援助和4.25亿美元的军事援助，给北越运去大量军事装备，其中包括现代化坦克和装甲车辆、战术导弹、大型军用车辆等。在越南统一后，苏联趁美国势力被赶出印度支那的机会，加紧在东南亚地区的扩张，对越南的地区霸权主义有所借助，也

---

① 袁文靖：《越南战争史》，台湾国际形势周刊社1981年版，第551、552页。

有所迎合。这助长了越南地区霸权主义的野心。1978年11月，苏越签订具有军事同盟性质的《友好合作条约》，苏联向越提供进一步的军援和经援，为越发动侵柬战争提供了充分的物质保证。同年12月25日，越南发动侵略柬埔寨的战争。这使美苏对抗进一步加剧。苏联支持越南侵柬埔寨和1979年12月苏联对阿富汗的直接侵略，构成了苏联南下战略的两个重要环节。

美国为抗衡苏联，加强了与东盟各国的关系，企图联合东盟遏制苏联的南下。它向东盟国家大力提供军事和经济援助，推动东盟联合自强，支持东盟联合反对苏、越扩张。它分别与菲律宾、泰国、新加坡、印度尼西亚等国签订了使用军事基地或进行防务合作的协定。美国还在南中国海与东盟国家经常举行双边或多边的联合军事演习。

3. 东南亚国家联盟的影响不断增加。

1967年8月8日，印度尼西亚、马来西亚、菲律宾、新加坡和泰国五国外长会议发表联合宣言（通称《曼谷宣言》），宣告成立东南亚国家联盟（简称东盟）。根据《曼谷宣言》，东盟的宗旨是："基于平等与合作的精神，通过联合的努力促进本地区的经济增长、社会进步与文化发展"，并且"通过在本地区国家之间关系中尊重正义与法治以及坚持联合国宪章原则，促进地区的和平与稳定。"东盟的成立表明东南亚国家具有奉行独立自主政策、走集体自力更生道路的倾向。

1971年11月东盟发表了主张在东南亚建立"和平、自由、中立区"的《东南亚中立化宣言》，即《吉隆坡宣言》。这在一定程度上反映了东盟国家摆脱超级大国争夺影响的强烈愿望。1972年东盟明确拒绝了苏联、日本提出的关于马六甲海峡"国际化"的要求。马来西亚、新加坡和印度尼西亚三国政府还宣布共管马六甲海峡和新加坡海峡。1973年东盟国家又一致拒绝苏联的"亚洲集体安全体系计划"。之后，东盟五国领导人多次重申，不许外国干涉东盟国家内部事务，决心建立一个区域合作、摆脱外国统治和影响的东南亚。

1976年2月，东盟五国举行第一次首脑会议，签署了《东南亚友好合作条约》和《东盟协调一致宣言》。条约的主要内容是：缔约国要相互尊重"彼此的独立、主权、平等"，"彼此不干涉内政"，"用和平手段解决分歧和争端"；在这些原则下，努力发展和加强"友好睦邻合作关系"，促进在经济、社会、文化、科学技术和行政方面的合作，对国际性和地区性的问题保持定期接触和磋商，协调看法、行动和政策，推进本地区和平、友好和稳定的事业。在1977年8月举行的第二次东盟首脑会议上，菲律宾宣布放弃对沙巴地区的领土要求，马来西亚则保证不再支持菲南部反政府的摩洛民族解放阵线，消除了成员国之间冲突的隐患。在对外关系上，五国同意采取步骤，加强同日本、澳大利亚、新西兰和欧洲共同体的经济关系；并协调了对印支三国的政策，争取印支局势朝着有利于东盟的方向发展。这些表明，东盟五国在加强内部团结和经济合作等方面取得了重要进展，对外的影响趋于增加。

越南在苏联支持下于1978年底入侵柬埔寨，直接威胁到东盟国家的安全。在这种情况下，东盟国家加强相互间的政治合作，协调对印支三国的政策，展开了反对越南侵柬的斗争，要求越南从柬埔寨撤军，致力于早日政治解决柬埔寨问题。1988年7月，印尼主持召开柬埔寨问题非正式会议，使柬埔寨问题开始朝着政治解决的方向发展。

在越南宣布将从柬全部撤军后不久，关于柬埔寨问题的国际会议1989年7月在巴黎举行，印度尼西亚和法国作为会议两主席进行了大量的斡旋和调解工作，确定了政治解决的基本目标。在包括东盟国家在内的有关国家和柬各方的共同努力下，1991年10月来自18个国家的政府代表和柬全国最高委员会成员在巴黎签署了《柬埔寨冲突全面政治解决协定》等4个具有重要历史意义的文件。这些文件的签署，揭开了柬埔寨结束内战、走向和平的序幕。

**（二）冷战结束以来东南亚地缘安全形势的主要特点**

1. 东南亚形势朝缓和方向发展，但仍存在一些潜在的不稳定因素。

随着冷战走向终结，东南亚地区的主要热点——柬埔寨问题逐步得到政治解决。1993年5月在联合国的主持下，柬埔寨举行了历史上第一次自由选举，并组成了民族团结政府。柬埔寨问题政治解决的实现，使东南亚地区的形势得到很大的缓和。

随着中国和越南关系的恢复和改善，中越两国本着互谅互让的精神，经过谈判，在解决边界问题方面取得了重大进展。1999年12月30日，中越两国外长签署了《中国和越南陆地边界条约》。至此，中越两国约1500公里陆地边界存在的问题已全部解决。2000年12月，在越南国家主席陈德良访华期间，两国签署《中越关于在北部湾领海、专属经济区和大陆架的划界协定》。

但另一方面,当前东南亚地区仍存在一些潜在的不稳定因素。首先,美国正在加强它在东南亚国家的军事存在。冷战结束后,美国为了保持它在东南亚地区的主导地位,继续保持与泰国、菲律宾和澳大利亚的安全联盟,同时为美军能增加使用东南亚国家的基地做出安排。美国1990年与新加坡签署《美军进入事宜备忘录》,现在美军平时保持近200名军事人员常驻在新加坡。1997年1月,美国与新加坡就美国航空母舰可停泊在新加坡海军基地达成共识。美国军舰和飞机经常访问文莱,并将文莱作为丛林战的小型训练基地。美国军舰访问马来西亚的次数也在增加。美国与菲律宾根据1951年缔结的《共同防御条约》,仍然保持着密切的军事合作。菲律宾国会1999年5月批准了《菲美来访部队协定》,使美军在菲律宾具有治外法权。2000年1月至3月,美军与菲律宾军队举行联合军事演习。同年5月,美国扩大了其每年一度与泰国举行的"金眼镜蛇"联合军事演习的规模,新加坡军队首次正式参加演习,从而成为美国所设想的在亚洲的第一次"多国间演习"。美国还提议马来西亚等东南亚国家也参加该军事演习。

2. 东南亚国家与其他国家以及东南亚国家之间存在着领土和海洋权益争端。

南沙群岛历来为中国领土,但菲律宾、越南、文莱、马来西亚、印度尼西亚等东南亚国家也对南沙部分或所有岛屿及其周边海域提出了领土要求。中国提出了"搁置争议,共同开发"的主张。但要使有关各国就此形成共识,并就具体实施达成协议,还有很长的路要走。泰国与柬埔寨在柏威夏寺附近地区的主权归属问题上存在争议。柏威夏寺建于公元10世纪至12世纪,历史上柬泰两国都宣称对该寺所属区域拥有主权。1962年,海牙国际法庭把柏威夏寺判归柬埔寨所有。2008年7月,联合国教科文组织正式批准柏威夏寺为世界文化遗产,两国有关柏威夏寺的主权争议升级,双方在这一区域多次发生武装冲突,均有人员伤亡。2011年2月,柬埔寨和泰国在柏威夏寺区域又多次发生武装冲突,双方均有人员伤亡。

3. 恐怖主义组织在东南亚国家存在和活动。

在美国国务院确定的45个国家中有"基地"等恐怖组织的分支机构中,包括在菲律宾南部的阿布沙耶夫恐怖主义组织以及在马来西亚的恐怖主义组织。阿布沙耶夫组织最初是1995年出现的,它的成员已从1997年的不到200人迅速增加到2001年的大约1200人。该组织与"基地"组织有着牢固的关系,并且已在菲律宾南部建立了以阿富汗的"基地"组织训练营地为样板的训练营地。① 美国政府还怀疑,有些"基地"组织成员从阿富汗逃到了印度尼西亚。② 印尼政府2001年12月12日承认,"基地"组织的秘密行动小组活跃在该国。③ 新加坡政府2002年1月11日发表声明,透露伊斯兰组织在新加坡、马来西亚和印尼有许多秘密行动小组,其中三个秘密行动小组曾企图袭击美国海军人员在新加坡使用的车辆及经过新加坡海域的美国海军舰艇。伊斯兰组织还密切注意美国、以色列、英国和澳大利亚在新加坡的大使馆、新加坡国防部以及美国在新加坡的公司等。该组织1997年以来就已经存在,有8名成员在阿富汗的"基地"组织营地里接受过训练。

美军重返东南亚,协助东南亚国家反恐。在2002年美国占领阿富汗后,时任美国总统布什于同年3月15日宣布,美国已经完成全球反恐战争的第一阶段,并开始第二阶段的反恐战争。④ 布什总统说,东南亚成为"打击恐怖主义战争的第二前线"。时任美军太平洋司令部总司令丹尼斯·布莱尔宣称,美国在亚太地区打击国际恐怖主义斗争中的目标是明确的,那就是搜捕并彻底铲除恐怖主义分子及其支持力量,使恐怖组织分子无法在该地区寻找新的据点。⑤

2002年1月中旬,美国派遣660名海军陆战队和特种部队官兵进驻菲律宾南部的棉兰老岛,与菲律宾政府军联合进行"肩并肩02-1"反恐行动,协助其打击菲律宾南部的阿布沙耶夫恐怖主义团伙。美军并以"演习、训练、装备、情报、维修支援和军事顾问"等方式向菲律宾提供"军事支援和其他方面的支援"。至2002年4月下旬,在菲律宾南部参加

---

① 参见新加坡南洋大学国防与战略研究所所长巴里·德斯克尔和该研究所助理教授马尔·罗摩克里希纳的文章《制订一项在东南亚的迂回战略》,载美国《华盛顿季刊》2002年春季号。
② 参见在纽约的外交学会预防行动中心副主任戴维·菲利普斯发自雅加达的文章《下一阶段的反恐战争》,载美国《国际先驱论坛报》2002年3月23日。
③ 参见新加坡南洋大学国防与战略研究所所长巴里·德斯克尔和该研究所助理教授马尔·罗摩克里希纳的文章《制订一项在东南亚的迂回战略》,载美国《华盛顿季刊》2002年春季号。
④ Remarks by President George W. Bush, in Fayetteville, North Carolina, March 15, 2002, http://www.whitehouse.gov.
⑤ 美军太平洋司令部总司令丹尼斯·布莱尔2002年2月21日从夏威夷对在华盛顿特区参加美国防大学举行的"2002太平洋研讨会"的人员发表的演说,该研讨会的主题为"9·11以后的亚太安全",http://www.defenselink.mil。

该项行动的美军已达到 1000 人。2003 年,美国继续派遣军队进驻菲律宾南部,以军事演习名义,参与打击当地恐怖主义组织。美国 2001 年 11 月向菲律宾提供了 4.6 亿美元的一揽子军事和经济援助,其中包括 1 亿美元的对菲律宾武装部队的训练援助、军事装备及其保养援助。美军太平洋司令部还在美国驻菲律宾、印尼、马来西亚的大使馆部署军事人员,以便使驻亚太美军的行动"更好地与美跨部门国别(反恐)小组相互配合"。[①]

时任美国总统布什许诺向印尼提供 7 亿多美元的经济和军事援助,以回报印尼在反恐中与美国的合作。他还保证很快签署美印(尼)军事合作协议,并结束对印尼实行的"非杀伤性"武器出口限制。美国还在反恐领域与印尼实行情报共享,并派特种部队训练印尼安全部队。

4. 东盟实现十国"大东盟",并努力在东亚地区合作中发挥作用。

随着冷战的结束,特别是柬埔寨问题的政治解决,东盟在亚太地区的作用上升,对外部国家的影响力在增加。在这种情况下,东盟自身也得到了发展壮大。1995 年 7 月,东盟昔日对手越南成为东盟第七个成员国。这是 1984 年文莱加入东盟之后,东盟组织的首次扩大,不仅对东盟组织本身具有重要意义,而且对东南亚地区也产生了重大影响。1997 年 5 月,在东盟国家外长特别会议上,东盟 7 国顶住以美国为首的西方国家的压力,一致决定接纳缅甸、柬埔寨和老挝为东盟新成员国。这是东盟在其成立 30 周年之际朝着实现东南亚国家政治经济一体化所采取的一个重要步骤。1999 年 4 月,柬埔寨正式加入东盟成为第十个成员国,使东盟终于建成囊括东南亚所有国家的"大东盟",实现了其"东盟的东南亚、东南亚的东盟"的构想,结束了东南亚地区自冷战以来长期分裂的局面,为东南亚一体化的发展奠定了政治基础。大东盟 10 国集团拥有近 5 亿人口、面积达 452 万平方公里、国民生产总值逾 5000 亿美元。

东盟国家的经济合作进展迅速。在 1992 年 1 月举行的东盟第四次首脑会议上,成员国一致同意在 15 年内建立东盟自由贸易区。1995 年 12 月举行的东盟第五次首脑会议决定加速朝着 2003 年既定日期之前建成东盟自由贸易区的目标前进。1998 年 12 月举行的东盟第六届首脑会议决定

---

① 美军太平洋司令部总司令丹尼斯·布莱尔 2002 年 2 月 21 日从夏威夷对在华盛顿特区参加美国防大学举行的"2002 太平洋研讨会"的人员发表的演说,该研讨会的主题为"9·11 以后的亚太安全",http://www.defenselink.mil。

加快建立东盟自由贸易区的步伐，文莱、印度尼西亚、马来西亚、新加坡、菲律宾和泰国这6个经济较为发达的成员国从2002年起将关税降低到5%，越南则为2006年，老挝2008年，柬埔寨2010年。

东盟国家合作的深化。2003年东盟首脑会议发表《巴厘第二协约》，提出了建立东盟共同体设想，即东盟要在2020年建成经济共同体，并逐步建立安全共同体和社会、文化共同体。安全共同体是要通过合作来保证区域和平、加强打击恐怖主义和跨国犯罪的能力，确保区域无大规模杀伤性武器。它既不是军事同盟，也不是防御协定，而是用和平手段共同应对对和平与安定的威胁。社会、文化共同体是要通过合作解决社会问题，如缩小社会贫富差距和促进文化艺术的发展等。2007年1月在菲律宾宿务举行的东盟首脑会议决定将建立东盟共同体的时间提前至2015年。

东盟国家在政治和安全领域的合作进一步深化，对亚太地区事务发挥着独特的，有时甚至超过自身实力的作用。冷战结束后，东盟国家意识到，在新的国际形势下，必须加强政治上的合作，才能抗衡大国，维护自身的独立。这种共识成为东盟各国消除成见、加强政治合作的基础。1992年的东盟国家首脑会议决定加强东盟内部的安全合作，并使东盟在构筑亚洲新安全机制过程中发挥独特的作用。在国际舞台上，东盟国家独立自主的意识正在加强，并善于协调一致，用一个声音说话，从而大大提高了其国际影响能力。在处理与大国的关系上，东盟注意运用大国均势外交，在政治上与对该地区有影响的所有大国都建立和保持良好关系，同时又与它们保持适当距离；另一方面，利用大国矛盾，使之相互制衡，维持地区力量均衡。东盟在建立东盟地区论坛、"东盟与中日韩"、多个"东盟+1"机制和东亚峰会，及这些机制的运作中，都发挥着主导作用。

在1997年的亚洲金融危机中，大多数东盟国家经济受到打击，导致东盟的实力和影响下降。随着东盟国家逐渐从金融危机中恢复，他们加强协调，不断推动内部合作。1999年东盟以集体名义发表声明支持印尼维护国家统一的立场，明确表明不赞成亚齐脱离印尼独立。印尼总统瓦希德1999年在访问菲律宾期间提出充当菲律宾穆斯林组织与政府谈判的调停人。同时，东盟在外交上还采取一些新的动作，推动亚太地区的合作，包括呼吁加强东盟地区论坛在维护地区安全中的作用。

在东盟的推动下，东亚区域合作逐渐展开。东盟地区论坛（ASEAN Regional Forum，ARF）1994年7月成立，成员包括来自东盟成员国和其他亚太国家以及欧盟代表，现参加国已达到23个。东盟地区论坛的宗旨是鼓励亚太地区国家就该地区的和平与安全问题进行对话和协商，促进建立信任措施，开展预防性外交和解决纷争。东盟地区论坛经过10年的发展，逐渐成为亚太地区最大的官方多边对话与合作渠道。论坛确定了协商一致、循序渐进、互不干涉内政、充分照顾各方舒适度等行之有效的新模式。东盟地区论坛还将促进建立信任措施、开展预防性外交、探索解决冲突的途径等三个功能作为论坛发展的三大阶段。在1999年东盟地区论坛年会的联合公报中，各成员国一致同意扩大东盟地区论坛的作用，"使它从一个建立信任的机制转变为进行预防性外交活动的组织"。① 2000年7月，在泰国举行的东盟年度外长会议上，一致同意建立由前任、现任和下任主席国的外长组成的"三驾马车"式领导机构，以便能够迅速对付"可能跨越国界波及数个国家的冲突和问题"。② 东盟地区论坛在安全对话和建立信任措施方面所取得的进展虽然是与整个亚太地区有关的，但影响主要是在东南亚，有利于东南亚的和平与稳定。

自1997年12月起，每年举行东盟与中、日、韩（东盟+3）和3个东盟+1（东盟—中国、东盟—日本、东盟—韩国）的首脑非正式会晤。1999年11月28日，在马尼拉举行的"10+3"领导人会议就东亚合作发表联合声明。在该声明中，领导人一致认为："将继续进行对话、协调与合作，加强相互理解与信任，从而在东亚建立持久的和平与稳定。"2000年7月，在东盟地区论坛举行期间，东盟与中、日、韩（10+3）首次举行外长级正式会谈，讨论加强经济合作问题。这是冷战后东亚崛起、国际地位上升以及世界战略格局走向多极化的重要表现，它有助于促进中国与东盟国家之间的相互信任与合作，为东亚国家之间增进信任、加强合作开辟一个新的渠道。

5. 东南亚国家重点发展海空军装备。

在冷战时期，东盟国家军事战略的重点是对付"内乱"。经过20多年的"政治感化"和"军事围剿"，大多数国家内部的反政府武装已逐步被瓦解，有的被消灭。冷战结束后，东盟各国军事战略的重点开始由

---

① 美联社1999年7月26日英文电：《东盟地区论坛公报摘要》。
② 泰国外长素林语，见日本《东京新闻》2000年7月30日刊登的该报记者团野诚的报道《东盟会议取得成果但留下不少课题》。

"安内"转向"御外",其军队的主要职能由镇压国内反政府武装转移到对付"外来威胁"上。与此同时,随着对海洋资源和海上交通在经济发展中作用的认识的深入,东盟各国开始扩大海上防御纵深,把保卫它们所认为的海洋国土和维护海洋权益作为重要的战略目标。为此,各国都把军队建设的重点由陆军向海、空军转移,不断增加对海、空军的投入,完善海、空军基地建设。

20世纪90年代前半期,东南亚国家在经济迅速发展的背景下一直大力推动武器装备现代化。1997年开始的金融危机使它们不得不削减军备开支。1999年起,随着经济开始复苏,特别是在科索沃战争的影响下,东盟国家增大国防开支,研制和购买新式武器,其中优先提高海、空军的武器装备水平。例如,新加坡1999年7月提出新的军事发展规划,计划建造6艘隐形护卫舰,并决定购买8架AH-64D"阿帕奇"攻击直升机;泰国已从西班牙引进轻型航空母舰,从美国购买18架F-16战斗机,并购买25架德制"阿尔法"喷气式攻击机。[1]菲律宾计划购买战斗机和巡逻机。马来西亚从法国国营航空空间公司引进短程导弹。据瑞典斯德哥尔摩国际和平研究所公布的统计资料,在1994年至1998年的主要武器购买国当中,东盟有四个国家名列世界前20名。

而且,多数东盟国家已开始有计划地发展本国的军事工业,提高武器装备自给能力,自行研制一些较先进的武器。其中,新加坡的军事工业比较发达,不仅能够制造陆军的部分轻重武器,而且可以制造导弹快艇和导弹护卫舰。其他东盟国家的军事工业也在不断发展,如马来西亚制造新型快艇的速度已由过去两年1艘提高到1年2艘;印尼已具备生产直升机、轻型运输机和舰对舰导弹的能力。

## 二 中国在东南亚地缘政治中的积极作用

### (一)中国与东盟国家关系取得长足进步

中国与东盟国家于2010年建立自由贸易区。这是亚洲最大的自贸区,也是世界上人口最多的自贸区和发展中国家之间最大的自贸区,总人口达19亿人,经济规模近6万亿美元。这是地缘经济超过地缘政治的一个很

---

[1] 乔舒亚·库兰齐克:《东南亚国家增加军事开支》,载《华盛顿时报》2000年10月16日。

好例子。

过去十几年，中国与东盟关系迅速从建立全面对话关系发展到确立睦邻互信伙伴关系，到最终建立战略伙伴关系。双方政治互信不断增强，经济交融日益紧密，合作越来越富有成效。2002年，中国与东盟签署了《全面经济合作框架协议》，正式启动中国与东盟自由贸易区谈判进程；发表了《关于非传统安全领域合作联合宣言》，开辟出新的合作空间；签署了《南海各方行为宣言》，就和平解决争议、共同维护地区稳定并开展南海合作达成共识。2003年6月在金边举行的东盟地区论坛外长会议上，中国外交部长还提出在论坛内适时举办"安全政策会议"的建议。在2003年10月举行的东亚领导人系列峰会上，中国与东盟建立了战略伙伴关系。这是我国第一次与一个地区组织签署建立战略伙伴关系的文件，从而成为东盟第一个战略伙伴。中国响应东盟方面的愿望，率先作为非东南亚大国签署并正式加入《东南亚友好合作条约》，增进了双方的相互信任，加强了双边关系的法律基础。

（二）中国积极参加东亚合作发展

2005年12月14日，第一届东亚峰会在马来西亚首都吉隆坡举行。出席峰会的有中国、东盟10国、日本、韩国、印度、澳大利亚、新西兰等16国的国家元首或政府首脑。会议确认，东亚峰会将与"10+3"和"10+1"等合作机制共同在东亚一体化进程中发挥重要作用。与会领导人共同签署的《吉隆坡宣言》指出，实现东亚及世界的和平、安全与繁荣符合各国的共同利益，愿意本着平等的伙伴精神和协商一致的原则，加强合作、增进友谊，创造一个和平的环境，为本地区及世界的和平、安全与经济繁荣作出贡献。宣言表示，与会各国领导人同意将东亚峰会建成一个以东盟为主导的开放、包容、透明和外向型的战备论坛，就共同兴趣和关切的战略、政治和经济问题进行对话，目标是促进东亚地区的和平、稳定和经济繁荣。东亚峰会在努力推进本地区一体化建设时，应与东盟建设保持一致。东亚峰会还通过了《关于预防、控制和应对禽流感宣言》。2007年1月在菲律宾宿务举行的第二届东亚峰会各国领导人签署《东亚能源安全宿务宣言》，承诺共同努力节约能源并开发新型可替代能源，以应对国际油价起伏造成的经济威胁。与此同时，"10+3"是东亚合作的主渠道。这标志着东亚区域主义的发展进入一个新阶段。东亚峰会16国人口合计31亿人，几占全球人口总数之半；其国内生产总值达10万亿美元,几占全球GDP总额的1/3;贸易总额超过5万亿美元,约占全球的1/4。如果它们能建成自由贸易区,将成为与欧盟、北美自贸区三足鼎立的力量之一。

近年来,在东亚区域主义发展的同时,超出东亚区域的合作也在发展。其中最显著的是东盟地区论坛(ARF)、亚太经济合作组织(APEC)和亚洲合作对话组织(ACD)。其中,亚太经济合作组织自1989年成立以来,已从初期一般的经济论坛演变和发展为亚太地区经济合作层次最高、参与国家最多的官方组织。

亚洲合作对话组织2002年6月在泰国成立,是有史以来第一个在整个亚洲开展合作的框架,现有26个成员国。2003年亚洲合作对话组织第二届部长级会议决定推进在经济、金融、资源、交通、农业、科技等18个领域的合作。这些领域有很多属于非传统安全事务。2003年6月在泰国的清迈举行的亚洲合作对话组织第二次外长会议,同意推进农业、科技等17个领域的合作,启动亚洲债券基金,从而促进了亚洲合作,启动了泛亚合作机制。

同时,次区域经济合作方面也取得一定进展。2003年大湄公河次区域领导人会议首次举行,澜沧江—大湄公河流域6国领导人共商合作发展大计。建立大湄公河区域经济的合作机制,不仅有利于该地区的和平与发展,而且为中国西部地区的大开发创造了有利的国际环境。

中国近年来积极参与"10+3"和中日韩3国的经济和安全合作,并对推进这些合作提出许多战略性意见和切实可行的建议。中国领导人出席"10+3"领导人会议和中日韩领导人会晤。在2003年第7届"10+3"首脑会议上,中国国家总理温家宝指出:"'10+3'有必要在现有基础上,明确长远目标,提高合作水平。深化'10+3'合作,需要遵循平等协商、互利共赢、循序渐进、开放包容四项原则。"[①] 这些原则既是对"10+3"合作经验的总结,也显示出中国优秀传统文化的影响。为完善充实"10+3"合作,推动东亚合作迈向更高水平,他提出了"研究建立东亚自由贸易区"等四项建议。"10+3"机制实际上已成为东亚区域合作的主渠道之一,有利于东亚国家之间增进信任、加强合作。

中国积极参与了东盟地区论坛(ARF)、亚太经济合作组织(APEC)

---

① 俞新天主编:《国际形势年鉴2004》,上海社会科学院出版社2004年版,第297页。

和亚洲合作对话组织（ACD）等超地区合作和大湄公河区域经济合作机制等次地区合作的进程。

东亚地区还有一些第二轨道安全对话机制。其中包括亚太安全合作理事会（CSCAP）、东北亚合作对话会（NEACD）、中美日三边学术研讨会、东北亚有限无核武器区高级研讨会等。其中，亚太安全合作理事会使亚太地区的安全研究机构和有着广泛基础的成员国委员会联结在一起，包括来自澳大利亚、加拿大、中国、印度尼西亚、日本、韩国、朝鲜、马来西亚、蒙古、新西兰、菲律宾、俄罗斯、新加坡、泰国、美国和越南的委员会，这些委员会由各国的学者、安全专家、前（现）任外交官和国防部门的官员组成。该理事会成立于东盟地区论坛之前，现在主要是为东盟地区论坛这一官方的多边安全对话论坛提供直接支持，同时寻求其他形式的第二轨道外交尝试。它建立了几个国际工作组，包括北太平洋工作组、在亚洲建立安全与信任措施的工作组、综合安全与合作安全工作组、海上安全工作组等。中国也积极参与了这些第二轨道安全对话机制。

（三）中国支持或积极参与建立信任措施

在冷战时期，东南亚地区建立信任措施的进程主要表现在为结束某一场战争而采取的某些在军事上建立信任的措施。这最早可回溯到 1954 年 7 月日内瓦会议达成的《关于恢复印度支那和平的协议》中一些有关建立信任的措施。1973 年 1 月美国与越南民主共和国在巴黎签订的《关于在越南结束战争、恢复和平的协定》中也有某些建立信任的措施。

冷战结束后，在解决地区冲突时进行由联合国监督下的裁军或一些国家采取单方面裁军措施。1991 年 10 月 23 日，出席柬埔寨问题巴黎国际会议的柬埔寨全国最高委员会成员和 18 个国家（包括中国）的代表签署的《柬埔寨冲突全面政治解决协定》等 4 个文件规定了在政治解决柬埔寨冲突的同时，在联合国监督下裁减柬埔寨各派武装力量。

之后，一些东南亚国家还采取了某些单方面裁军行动。越南在 1989 年从柬埔寨撤军后，逐渐将其总兵力由原来的 120 万人减至 1994 年的 58 万余人。泰国 1999 年 8 月决定在未来 10 年内把它 40 万武装部队的人数削减 72215 人，即减少 17%。柬埔寨 1999 年也决定将在 5 年内裁减其 20 万名士兵和警察中的 60%。

近年来，东南亚地区建立信任措施进程的范围扩大了。其中，东盟地区论坛发挥了重要作用。1994 年 7 月东盟地区论坛一成立，就将促进建立信任措施作为论坛的三项主要任务之一,并把促进建立信任措施、开展预防性外交、探索解决冲突的途径等三个功能作为论坛发展的三大阶段。为促进建立信任措施,东盟地区论坛成立了建立信任措施的会间支持小组。该小组提出的一些有关建立信任措施的建议得到东盟地区论坛与会外长的赞同。东盟地区论坛在建立信任措施方面所作的努力有利于东南亚的和平与稳定。

1997年3月,东盟地区论坛建立信任措施会议在北京举行。这次会议就地区安全环境、安全观念和国防政策等问题交换了意见,还交流了本地区开展信任措施合作的情况。这次会议也是中国第一次举办多边安全对话会议。

2000年7月,在泰国举行的东盟年度外长会议上,一致同意建立由前任、现任和下任主席国的外长组成的"三驾马车"式领导机构,以便能够迅速对付"可能跨越国界波及数个国家的冲突和问题"。[①] 在同月举行的东盟地区论坛会议上,朝鲜正式加入并首次参加东盟地区论坛。

1991年中国与东盟建立磋商伙伴关系,4年后,这种磋商伙伴关系升格为全面对话伙伴关系。1997年3月,中国东盟联合合作委员会成立并在北京举行首次会议。中国与东盟1997年12月一致同意建立面向21世纪的睦邻互信伙伴关系。在此基础上,中国与泰国于1999年2月签订旨在促进两国交流与安全合作的《关于21世纪合作计划的联合声明》,这成为确立中泰两国乃至中国与东南亚安全保障对话机制的样板。其后,中国又与文莱、泰国、越南、马来西亚、印度尼西亚、新加坡签署或发表了面向21世纪的合作计划或联合声明。中国同印度尼西亚、泰国、马来西亚之间的双边安全对话业已启动。

在南中国海问题上,东盟1992年签署了关于南中国海的五点声明。其中,声明的第二点要求各方"保持克制从而为最终解决所有争端建立良好的氛围"。在1999年5月31日中国与马来西亚签署的《关于未来双边合作框架的联合声明》中,双方表示将共同维护南中国海的和平与稳定,根据公认的国际法原则,包括1982年联合国海洋法公约,通过双边友好协商和谈判促进争议的解决。2000年5月,中国与菲律宾签署《关

---

① 泰国外长素林语,见日本《东京新闻》2000年7月30日刊登的该报记者团野诚的报道《东盟会议取得成果但留下不少课题》。

于21世纪双边合作框架的联合声明》，表示双方致力于维护南海的和平与稳定，重申遵守1995年中菲两国关于南海问题的联合声明，同意不采取可能使事态复杂化和扩大化的行动，决心完成建立中菲信任措施工作小组的工作，促进本地区的和平与稳定。双方重申将为制订和达成南海地区行为准则作出积极贡献。

1999年12月和2000年12月，中国与越南分别签署了《中国和越南陆地边界条约》和《中越关于在北部湾领海、专属经济区和大陆架的划界协定》，解决了陆地边界问题和北部湾划界问题。在2000年12月越南国家主席陈德良访华期间，两国在签署的《关于新世纪全面合作的联合声明》中表示："双方同意，继续维持现有海上问题谈判机制，坚持通过和平谈判，寻求一项双方都能接受的基本和长久的解决办法。在问题解决前，双方本着先易后难的精神，积极探讨在海上，诸如海洋环保、气象水文、减灾防灾等领域开展合作的可能性和措施。与此同时，双方均不采取使争端复杂化或扩大化的行动，不诉诸武力或以武力相威胁。双方对产生的分歧应及时进行磋商，采取冷静和建设性的态度，予以妥善处理；不因分歧而影响两国关系的正常发展。"[①]

**（四）中国支持建立东南亚无核武器区**

1995年12月15日，东盟当时7个成员国和柬埔寨、老挝、缅甸在曼谷签署《东南亚无核武器区条约》。1997年3月该条约生效。东南亚无核武器区的建立有助于防止大规模杀伤性武器在该地区的扩散，增加有关国家之间相互信任，对促进地区与国际和平与稳定作出重要贡献。1999年11月，中国政府宣布愿意签署该条约议定书。

## 第三节　中国与南亚国家的地缘政治关系

南亚地区包括印度、巴基斯坦、孟加拉、尼泊尔、不丹、斯里兰卡、马尔代夫等国。该地区位于喜马拉雅山南侧与印度洋之间，由于高大的喜马拉雅山脉的阻隔，自成一个单元，因而有"南亚次大陆"之称。南亚

---

[①] 中国和越南2000年12月25日签署的《关于新世纪全面合作的联合声明》，《人民日报》2000年12月26日，第3版。

次大陆的南部,伸入印度洋。斯里兰卡和马尔代夫则在印度洋中。印度洋在地理位置上具有重大的战略意义,它东连太平洋,西通大西洋,是亚洲、欧洲、非洲和大洋洲的交通纽带。印度洋周围地区也是世界上的重要战略原料产地,如波斯湾地区是世界最大的石油产地和输出地。南亚国家除斯里兰卡和马尔代夫外,均紧邻中国西南地区。中国与南亚国家之间有3000余公里的边界线。因此,南亚战略态势的发展变化不仅在一定程度上影响整个国际战略格局,而且还关系到中国西南边陲的稳定与安全。

南亚地区存在着一些边界和领土争端以及民族、宗教矛盾,第二次世界大战结束以来这些争端和矛盾曾引起多次国家间的战争和武装冲突。在冷战时期,特别是从20世纪60年代中期起,两个超级大国在印度洋地区进行了激烈的争夺。冷战结束以后,南亚地区的形势虽然有所缓和,但那些争端和矛盾都还未解决。1998年5月印度进行核试验后,巴基斯坦也以核试验作为回应。这种情况导致次大陆的核军备竞赛,从而对该地区的安全和军备控制构成严重挑战,并对国际防止核武器扩散机制产生重大消极影响。

### 一 冷战时期南亚地缘安全形势的特点

在1947年印度与巴基斯坦分治后,世界已处于冷战状态。美苏两个超级大国为了争霸世界,在世界各地扩展各自的势力和影响,在南亚地区当然也不例外。

与太平洋地区同时存在几个大国的情况不同的是,在南亚和印度洋地区,印度在国土面积、人口、资源、经济规模、科技能力和军事实力上是唯一的最大国家,其他中小国家的综合国力与印度相差悬殊。而且,印度在地理位置上位于南亚的中心,与其他南亚国家或领土相接,或隔海相望,而其他南亚国家领土基本互不相连。这些因素使印度在南亚享有独占鳌头的优势。由于印度在相当长一段时期推行"地区大国"的战略,将在南亚次大陆取得支配地位和控制印度洋作为其军事战略的主要目标之一,它与其邻国的矛盾和冲突成为南亚国家间的主要矛盾。其中,印度和巴基斯坦的矛盾在南亚居于突出的地位,它们长期互为对手,并且已进行过三次战争。

但另一方面,由于外部大国的介入,南亚地区这种力量对比严重失衡的状况得到某种程度的缓解。在外部大国中,又以美国、苏联(俄罗斯)

和中国对南亚地区的影响最大。因此,南亚地区的战略格局在很大程度上是由印度和巴基斯坦这两个南亚大国,以及美、苏(俄)、中这三个外部大国相互之间的关系决定的。

冷战时期,南亚地区曾一直是美苏两个超级大国全球争夺的重要环节之一。苏联为推行其"南下战略",以南亚地区作为其从陆路进入印度洋的一块跳板,企图破坏美国在南亚的战略部署,打通南下印度洋的陆上通道,策应其印度洋分舰队,使其亚太战略与欧洲战略首尾呼应,从而在与美国的全球争夺中占有优势。美国则把南亚地区作为阻止苏联南下的重要阵地,以维持美苏在南亚地区的战略平衡,确保西方国家在印度洋和波斯湾地区的利益。在一个很长时期里,印度利用美苏之间的战略对抗,与苏联建立了政治、经济乃至军事安全领域的特殊关系。南亚的另一个较大的国家巴基斯坦,则成为美国抗衡苏联的"前线国家",得到美国提供的大量军事和经济援助。在这种情况下,南亚形势的发展在很大程度上受美苏两个超级大国争夺的制约。南亚地区逐渐形成了以印苏结盟、巴美联手、印巴严重对峙为特征的战略格局。这种战略格局一直持续到冷战结束,使该地区在这种格局中维持着大体上的均势,显示了其一定的稳定性。

与此同时,南亚国家之间的矛盾,特别是印巴冲突,为超级大国干涉南亚事务创造了机会和条件。从 1947 年印巴分治时起,印度与巴基斯坦在克什米尔归属问题上一直有争端。在冷战时期,印巴两国因克什米尔问题在 1947 年和 1965 年先后爆发了两次战争。1971 年第三次印巴战争后,东巴脱离巴基斯坦成为独立的孟加拉国,印巴之间的严重武装对峙依然长期存在。

这种情况为超级大国所利用。50 年代,美国为构筑反苏、反共防线,拉拢巴基斯坦等国加入巴格达条约组织,并同它们分别签订了双边防务协定。巴基斯坦当时的战略意图是要借助美国的力量,使它与印度的力量对比保持基本平衡。美国从 50 年代至 60 年代,特别是在 1962 年中印边界战争期间,向印度提供了经济和军事援助,但未能将印度纳入其战略轨道。而苏联自 50 年代中期起开始向印度提供长期贷款,从 60 年代起印苏关系开始突进,进入 70 年代后进一步密切。1971 年 8 月,印苏两国签订了为期 20 年的《和平友好合作条约》,该条约具有军事同盟性质。苏联利用印苏结盟关系不断扩大它在南亚地区的影响,并于 1979 年武装入侵阿富汗,大力推进其南下战略。印度则利用印苏结盟关系企图在与巴基斯坦对抗中处于有利地位。可以说，美苏在南亚地区的争夺与该地区内部的印巴矛盾交织在一起，这导致南亚长期处于美巴为一方与印苏为另一方相互抗衡的基本战略格局之中，并使该地区的紧张局势和军备竞赛加剧。

不过，由于美、苏、中这三个外部大国之间关系的变化，以及它们与印、巴两国关系的变动，因此在不同时期南亚地区力量对比组合也有不同。例如，从50年代末到60年代初，在中苏关系和中印关系恶化后，美苏出于各自目的，在外交、经济、军事方面积极支持印度，联合反华，这在中印边境战争爆发后尤其明显。又如，从70年代末至80年代中期，在苏联入侵阿富汗后，中国、巴基斯坦与美国共同反对苏联侵阿。

另一方面，在冷战后期，南亚地区也出现了促进地区合作与交流的区域性组织。1985年，在孟加拉国总统拉赫曼的倡议下，南亚区域合作联盟在达卡举行了第一次首脑会议，并正式得以建立。该联盟是促进南亚地区团结、为地区发展而开展合作与交流的机构。联盟宪章规定，联盟的基本目标是："实现地区的和平、稳定与繁荣，增进各国人民的福利，推进各国在经济、社会和文化等领域的合作。"该联盟成立以来，在推动地区经济合作方面取得的成果较为显著。

## 二 冷战结束以来南亚地缘安全形势的发展

随着苏联的解体和美苏冷战的结束，南亚地区长期以来形成的以印苏结盟、巴美联手、印巴严重对峙为特征的战略格局被打破了，印苏结盟、巴美联手的状况已不存在，但印巴严重对峙仍是影响该地区安全的主要因素之一。同时，美俄同南亚国家的关系进入重新定位、全面调整时期。在这种情况下，南亚地区安全形势出现了一些新的特点。

### （一）美国在南亚地区的影响大大增加，成为在南亚地区影响最大的外部大国

冷战结束后，美国成为世界上在政治、军事、经济等方面都具有全球性力量、作用和影响的唯一的超级大国。它力图利用苏联解体留下的力量"真空"，发展与南亚国家的关系，扩大其在南亚地区的影响，努力争取在该地区战略态势中居于有利地位。俄罗斯由于国力下降，对南亚地区的影响已远比不上苏联对该地区的影响。

与冷战时期美国在南亚长期实行联巴抗苏印的政策不同，冷战结束后，美国重点改善与印度的关系。1998年5月印度进行核试验后，美国

虽然对印度采取了一些制裁措施，但 1999 年在美国国会暂不实施对印度制裁的授权之下，克林顿政府解除了对印的某些经济制裁。美国国会众议院通过决议，要求美国政府与印度建立战略伙伴关系。1998 年 11 月，时任美国副国务卿塔尔博特发表文章，宣称"美国在南亚地区有着长期、持久和广泛的利益。克林顿总统一直认为，美国现政府应该比以往历届政府都更加重视印度。美国期望印度崛起成为一支全球性力量"。而且，尽管美国对印度实行的军事制裁尚未解除，印度军队司令 V.P. 马利克应美国国防部邀请 1999 年访问了美国。美国五角大楼企图通过此次访问在美印"两国军事机构之间建立起信任感并寻找共同关心的领域，以发展两国之间的军事合作伙伴关系"。

2000 年 3 月，时任美国总统克林顿访问南亚三国，其中将加强美印关系作为重点。在访印期间，双方发表联合声明《美印关系：21 世纪展望》，表示两国决心在新世纪"建立一种更为密切的新型关系"，成为"怀着确保地区与国际安全的共同兴趣、肩负互为补充的责任的和平伙伴"。两国决定定期举行首脑会晤和政府官员高层磋商，讨论亚洲和其他地区的战略稳定等问题。这标志着美国对南亚的政策从冷战时期以美巴军事联盟为重点转向以美印广泛合作的伙伴关系为重点。同年 9 月，时任印度总理瓦杰帕伊回访美国。美国有的学者还鼓吹"美印建立战略伙伴关系"，以防止"俄罗斯—印度—中国轴心"形成。[①]

（二）有关大国重视保持和增加在南亚的影响

2000 年 5 月，普京就任俄罗斯总统后，继承和发展了其前任叶利钦的亚洲政策，为抗衡美国一超独霸之势，重振大国雄风，在巩固和发展与中国等大国友好关系的同时，也把密切与印度的合作关系视作进一步推动世界多极化趋势不断发展，保持和扩大俄罗斯在亚洲乃至国际事务影响力的重要举措。同年 10 月，普京总统访问印度，双方宣布，两国在主权平等、领土完整、互不干涉内政、相互尊重和互利的基础上建立战略伙伴关系，但这种关系不针对任何第三国或国家集团，也不谋求建立军事政治联盟。双方签署了《俄印战略伙伴关系宣言》。该宣言规定：两国最高领导人每年举行一次会晤；政府和外交部门定期就共同关心的问题进行磋商；

---

[①] 阿莫斯·珀尔马特：《朝着美印建立战略伙伴关系的方向发展》，载《华盛顿时报》2000 年 9 月 12 日。

加强在联合国及其专门机构以及其他国际和地区组织的合作；进一步作出努力，以加强国际和平与安全，实现全面和彻底的裁军，在全球范围内削减并最终销毁核武器，防止核扩散，和平解决争端；不参加任何针对另一方的政治和军事集团以及联盟或武装冲突，也不参加任何侵犯另一方独立、主权、领土完整或国家安全利益的条约和协议；加强长期的防务和军事技术合作，加强各军兵种之间的合作；加强合作，共同打击国际恐怖主义、分裂主义、集团犯罪和毒品走私活动等。同时，两国还签署了科技合作协议、文化科学和教育协议、在印度东部近海联合勘探石油和天然气协议等。

但另一方面，当前的俄印关系与冷战时期苏印关系相比还是有较大的不同，一是它缺乏冷战时期那种战略联盟关系，商业因素仍将成为双边关系的主导因素；二是印度虽然同俄罗斯建立了密切的战略关系，仍想进一步同西方进行更多的合作。

日本为了争取成为"政治大国"，在亚太地区发挥更大的作用，重视发展与南亚国家，特别是印度的关系。2000年8月，时任日本首相森喜朗对印度和巴基斯坦进行访问。这是10年来日本首相首次对印度进行的正式访问。在与印度总理瓦杰帕伊会晤后，森喜朗宣称："印度和日本从今天起已经成为全球合作伙伴。"瓦杰帕伊则说："由于会谈取得的成果，双边关系已经达到一个新的领域和新的层次。"[1] 尽管日本在印度核试验后对印进行经济制裁，但仍向印度提供了经济援助。日本仍要求印度签署《全面禁止核试验条约》，但对印冻结核试验感到满足。日印两国还一致同意推进联合国安理会改革。日本与印度重视发展相互关系，一是由于它们认为两国在信息技术方面具有合作的广泛前景；二是有牵制中国的意图。它们的新关系中有战略因素。例如，森喜朗说："关于日印关系，在战略上也是重要的。我们想在国际政治和安全问题上同印度紧密合作。"[2] 但总的来说，在当前，安全问题还不大可能在两国关系中占据主导地位。

**（三）印度推行"争取成为世界大国"的战略，并巩固其在南亚地区的战略优势**

在冷战时期，印度利用美苏之间的矛盾，纵横捭阖于两超之间，牟取

---

[1] 秦家骢：《印度和日本打造新关系》，载《香港远东经济评论》2000年9月7日一期。
[2] 崛江隆：《森首相想通过改善日印关系牵制中国》，载《朝日新闻》2000年8月25日。

自己的实际利益。但从根本上说,取得苏联的支持和保持在不结盟运动中发挥领导作用是印度外交国防政策的两个支柱。冷战结束后,印度曾一度遭受冲击。长期以来印度与苏联及东欧国家建立起来的传统经济互补关系,由于苏联解体和东欧国家对国家经济结构实行彻底变革而中断了,这样印度就失去了传统的国际贸易市场,一度造成严重的外汇困难。在军事安全方面,苏联解体使含有军事同盟性质的印苏条约消亡。1993 年初,俄罗斯总统访问印度时签订的《印俄友好合作条约》与原有条约相比删去了彼此提供安全保障的条款。俄罗斯对印度提出印俄条约应写上"若一国受到攻击,两国应彼此磋商"的要求没有答应。俄罗斯还停止印度用卢比—卢布软贷款方式优惠购买其武器装备,曾一度使印军部分装备陷于瘫痪。由于不结盟运动在冷战后面临重新确定其性质的任务,该运动的几个主要创建国都在忙于处理国内棘手的矛盾和问题,这一运动的影响下降,印度的国际地位也由此受到一定的影响。

鉴于国际形势的巨大变化,印度对其对外政策进行了重新调整,以适应冷战后的新形势。在此时期,印度对外政策的基本方针是:继续利用地缘政治的优势,维持其在南亚地区的主导地位,建立有利于经济发展的外部环境,促进本地区的和平与稳定,争取成为世界政治大国。

1. 重视发展与美国的关系。

苏联解体后,巴基斯坦在美国南亚战略中的地位下降,美巴关系中矛盾上升,1990 年美国以巴基斯坦继续执行其核计划为由,停止对巴的军事和经济援助,这实际上宣告了冷战时期美巴同盟关系的终结。同时,印度虽然失去与前苏联的那种特殊关系,但由此也摆脱了其约束,为改善和发展印美关系创造了必要的条件。印度认为,改善与美关系,可以有效地遏制对手巴基斯坦,减轻本国的防务压力,争取美国更多的投资、技术和援助,提高自己的外交分量和国际地位。而且,美国也想借改善美印关系扩大其在南亚的影响。在这种情况下,从 90 年代初起,印度重视改善和发展与美国的关系。印美政治关系取得较大进展,军事关系在一段时期内发展迅速,两国在军事领域内甚至建立了一些合作关系。1992 年 5 月,美印两国海军在印度西海岸进行了联合军事演习。两国军界的高层互访也相当频繁。在经济领域,印度不断放宽政策限制,扩大经济自由化的幅度,努力采取措施消除美国在知识产权和市场准入等问题上的不满,改善投资环境,吸引美国企业的投资和技术转让。同时,印度还努力争取以美国为主导的国际金融机构的援助和优惠贷款。

2. 努力恢复与俄罗斯的关系。

尽管俄罗斯在国际上的影响已远不能与前苏联相比,但俄仍是一个大国。在武器装备和先进技术方面,印度对俄仍有很大需求。因此,印度为了维护本国利益,在大力发展与西方国家关系的同时,采取主动措施,积极推动印俄双边关系的发展,力争保持较高水平的军事合作水平,恢复经贸往来。在1993年1月时任俄罗斯总统叶利钦访印期间,印度作出让步,同意按卢布急剧贬值前的官方汇率偿还欠前苏联的债务。俄罗斯则同意继续向印度提供武器装备和零配件,在印度建立生产武器零配件的合资企业。叶利钦表示,支持印度成为联合国安理会常任理事国的努力。俄方还支持印在克什米尔问题上的立场,并保证不向巴基斯坦提供武器。

1998年12月,时任俄罗斯总理普里马科夫访问印度。印俄双方发表的联合声明说:"双方打算发展战略伙伴关系,将在下次首脑会议上通过签署印度共和国和俄罗斯联邦战略伙伴宣言来确认这种战略伙伴关系。"联合声明重申了两国关于多极世界的信念,认为:"必须以所有国家主权平等、民主价值和正义为基础建立多极世界。"在访问期间,两国还签署了10年军事技术合作条约和其他一些协议。在1999年科索沃战争后,面对以美国为首的西方国家在政治上的压力,印俄两国感到在战略上也有合作的需要。同年11月,在俄罗斯一个高级代表团访印期间发表的联合公报中,俄印双方表示要加强它们的伙伴关系,"努力建立一个以法律优先和所有国家主权平等为基础的多极世界"。印度在维护《反导条约》方面与俄罗斯的立场也一致。双方还签署了一份两国联合生产和俄给予印度许可证生产以及印购买俄武器系统的协议,包括印与俄合作生产苏-30喷气式战斗机,以及印度向俄罗斯购买机载预警系统、航空母舰和远程轰炸机等。俄罗斯于2000年5月向印度海军提供第10艘俄罗斯潜艇,它装备有俄罗斯最新型反舰巡航导弹3M-54a,射程达220公里。

3. 开始实施"向东看"政策,努力发展与东盟国家和日本的关系。

2000年11月,印度与老挝、泰国、柬埔寨、越南和缅甸等5个东南亚国家在老挝首都万象签署《万象湄公河合作宣言》,以推动这6个国家在旅游、文化、教育和通信领域的多方合作。2001年初,印度总理瓦杰帕伊先后访问越南、印度尼西亚、日本等国，以巩固印度与这些国家在政治、经济、文化等领域的关系。印度还与这些国家发展军事方面的关系。印度与越南签署了在常规武器设计和制造方面进行合作的防务协定。2000年10月，印度海军军舰与越南和日本舰船在南中国海举行联合训练和演习。[①] 印度这样做是企图将其影响从南亚扩大到整个亚太地区，在该地区发挥重要政治作用。

4. 为争取世界政治大国的地位，跨入核门槛，发展核武器。

印度核政策的演变可分为三个阶段：

第一阶段是从1947年至1964年，尼赫鲁政府奉行和平核政策，公开承诺不谋求制造核武器，积极主张核军控。

第二阶段是从1964年至1998年初，印度政府转而执行"核门槛"政策和"最后一根导线"核战略。这一政策实际上是一种边缘政策，即通过民用核能计划秘密地储存核武器材料和研究、开发核武器技术，但又不公开宣布拥有核武器，以便既在政治上不违背自称"不制造核武器"的立场，取得外交利益；同时又不受《不扩散核武器条约》束缚，随时能作出核选择，从而保持政治上和军事上的主动。1974年印度爆炸了一枚核装置，但自称为"和平核试验"。长期以来，印度认为《不扩散核武器条约》对非核国家带有歧视性，因此拒绝加入该条约。冷战结束后，印度国内军界和政界一些人要求印度公开拥有核武器的呼声大大上升，他们企图以核武器来增强印度在争取世界政治大国地位中的分量。

第三阶段是从1998年5月起至现在，印度公开宣布拥有核武器，实行"可信的最低限度核威慑"战略。到90年代中后期，印度已储存了足以制造上百枚核武器的核材料，其核武器技术也已逐渐成熟。瓦杰帕伊政府上台后，为了增加对其内阁的支持率，争取长期执政，同时也为了适应印度保持在南亚的主导地位和成为世界政治大国的需要，于1998年5月11日至13日连续进行了5次地下核试验。至此，印度的核武器由秘密研制转入公开发展。时任印度总理瓦杰帕伊公开宣称，印度已经拥有原子弹并建立了必要的指挥和控制系统，因此印度已成为核武器拥有国。其后，印度又宣布实行"可信的最低限度核威慑"战略。1999年10月，时任印

---

① 本·巴伯：《据认为印度海军演习使北京恼怒》，载美国《华盛顿时报》2000年5月8日。

度总统纳拉亚南宣称，印度将继续实行确保国家"战略自主"的核武器政策。印度进行核试验后，大幅度增加了军费开支。2000年印度国防开支比上年增加28.2%，达到135亿美元。

**（四）印度和巴基斯坦在克什米尔归属问题上的争端仍然是南亚地区主要热点之一**

印巴在克什米尔的领土之争来源于1947年英国殖民统治者被迫撤离南亚次大陆时实施的"印巴分治"方案。印度与巴基斯坦在独立后爆发的三次战争中，有两次起因于克什米尔争端。自1971年第三次印巴战争以来，两国虽然没有再次诉诸大规模军事行动，但各自的立场始终没有改变。印度认为克什米尔是其领土不可分割的一部分，并在它控制的地区成立了"查谟和克什米尔邦"。巴基斯坦则坚持克什米尔的归属应遵照克什米尔人的意愿，通过公民投票解决。印巴两国在外交场合就此问题唇枪舌剑，互相攻讦；小规模武装冲突和交火事件经常在两国边界地区发生，还不时出现重兵对峙、剑拔弩张的危急状态。

巴基斯坦一直主张将克什米尔问题国际化，1999年初科索沃危机发生后，它更是希望克什米尔问题升温，以便引起国际社会的广泛注意，从而使国际社会介入这一问题的解决。同年5月，印巴双方在克什米尔印巴实际控制线附近的格尔吉尔地区爆发了新的武装冲突。印度指责巴基斯坦派遣数以百计的军人和穆斯林武装分子"越界渗透"，进入印控克什米尔地区，在格尔吉尔一带修筑工事和哨所。印度空军出动米格战斗机和武装直升机，对格尔吉尔地区的巴方军事人员实施空中打击，后来又出动先进的米格29和幻影2000战斗机，加大空袭力度。巴基斯坦则使用导弹进行还击，击落印方两架米格战斗机和一架武装直升机，使其蒙受很大损失。巴基斯坦方面也付出很大代价。这次冲突被认为是自1971年印巴第三次战争以来规模最大、烈度最强、伤亡最多的一次。据估计，在不到两个月的时间里，双方伤亡总数已超千人。同年7月11日，印巴军方就在该地区"脱离战斗"问题达成一致。但是，印巴两国在克什米尔问题上的争端和双方的武装对峙都依然存在。

近年来，印度和巴基斯坦在建立信任措施方面有所进展。

自1971年第三次印巴战争以来，印度和巴基斯坦两国长期处于军事对峙状态，两国在克什米尔地区经常发生小规模的武装冲突。同时，印巴都在发展核武器能力。双方都不愿意看到这种军事对峙或小规模的武装冲突导致大规模的战争,也不愿意看到各自的核设施因敌意或相互猜疑而遭到对方先发制人的攻击。在这种情况下,印巴之间开始试探着建立某些信任措施,特别是80年代后半期以来,在这方面取得了某些进展。尽管这些建立信任的措施非常不完善,有些甚至并未被很好地执行,但这种进程的开始毕竟是值得鼓励的。

1. 印巴在核领域的建立信任措施进程。

印度和巴基斯坦1985年同意互不攻击对方的核设施,1988年2月双方正式签署了关于该问题的条约,1991年起该条约生效。这一条约规定,双方每年都必须向对方通报己方核设施的地点,并保证不对对方的核设施进行攻击。1992年1月1日,印度和巴基斯坦政府交换了它们各自的核设施的清单。

1998年5月印度和巴基斯坦分别进行核试验后,印巴两国的核军备竞赛公开化,并形成核对抗的态势。由于国际社会的压力,也由于印度在常规军事力量上与巴基斯坦相比占有二比一的明显优势,因此印度承诺不首先使用核武器,不对无核国家使用核武器,并宣布暂停进行核试验。

1999年11月,印度外长辛格表示,印度将签署《全面禁止核试验条约》,不再进行核试验。尽管美国国会没有通过《全面禁止核试验条约》,但这并不影响印度签署该条约。同样,印度签署该条约也不取决于巴基斯坦是否签署。

与此同时,巴基斯坦表示不会参加任何形式的核竞争或军备竞赛,巴政府将奉行"克制与负责"的政策,继续致力于减少南亚的核危险。

2. 印巴关于禁止使用化学武器协议。

1992年8月,印度和巴基斯坦发表声明,承诺不发展、生产、取得或使用化学武器,也不帮助或鼓励其他国家这样做,重申它们决心成为化学武器公约的创始缔约国。

3. 印巴在其他领域建立信任措施进程。

1971年12月,印度出兵肢解东巴,并与巴基斯坦在克什米尔地区再次发生冲突。在联合国的敦促下,双方于12月17日实现停火。1972年7月2日,印度和巴基斯坦签订《印巴两国政府关于双边关系的协定》(因在西姆拉签署,又称为《西姆拉协定》),就双方在克什米尔地区的控制线达成协议,基本维持1949年《卡拉奇协定》规定的走向。该协定规定,印巴双方"将通过双方谈判的和平方式或双方同意的其他和平方式解决它们之间存在的分歧"。两国政府在该协定中宣称："两国打算结束损坏它们关系的冲突和对抗，努力促进友好与和睦的关系并在次大陆建立持久和平。"为了实现持久和平，在克什米尔问题上，两国政府同意："双方尊重1971年12月17日停火时的控制线，不损害任何一方公认的立场。任何一方都不寻求单方面改变它，不论相互之间有什么分歧和在法律解释上有什么不同。双方都进一步承诺不以威胁使用武力或使用武力来违反这一控制线。"该协定要求两国举行双边会晤以最终解决克什米尔问题。此后，印巴两国都宣布，应以《西姆拉协定》来指导两国关系。但是印巴在谈判中在如何贯彻实施协定方面有分歧，因此长期以来两国在建立和睦关系方面没有取得明显进展。

1989年印巴在两国政府、军队司令部和边防部队之间建立"热线"通讯联系。1991年4月，两国达成相互提前通报在双方边境地区进行部队调动和军事演习的协议与防止发生侵犯领空和飞越领空的协议。

1999年2月，印巴两国总理乘坐公共汽车到边界城市拉合尔签署《拉合尔宣言》等文件，双方表示要通过谈判解决包括克什米尔在内的悬而未决的问题，进一步致力于本地区的经济发展和社会进步。该宣言对缓和两国关系起了一定作用，使南亚局势发生积极的变化，受到该地区各国和国际社会的普遍欢迎。同月，印度和巴基斯坦签署了一项协议，该协议规定，两国今后进行任何导弹试验事先都要通知对方。迄今为止，双方都遵守了这项协议。

1999年10月，巴基斯坦总理谢里夫下台，参谋长联席会议主席兼陆军参谋长穆沙拉夫上台。穆沙拉夫同月作出承诺，将所有额外部队从印巴边境撤到和平时期的驻扎地点。同年12月，巴基斯坦军方人士宣布，巴已经履行承诺，完成了从该国与印度边境的撤军，称这一行动为"单方面军事降级"。

2000年印度政府宣布在克什米尔印巴实际控制线单方面停火。同年12月，印度总理宣布，出于在印控克什米尔建立和平的目的，印政府决定将正在进行的单方面停火延长一个月，至2001年1月26日。他并宣布印将进一步采取行动，以恢复印巴两国间的全面对话。同年12月20日，巴基斯坦军方宣布从实际控制线地区撤出巴部分军队，并说这是巴"最大克制"政策的一部分，表明巴愿意为缓和克什米尔紧张局势作出自己的努力，并希望通过这一举动促进同印度开展有意义的对话，讨论悬而未决的克什米尔问题。根据联合国1952年关于克什米尔问题的有关决议，巴基斯坦可在实际控制线附近部署3000人至6000人的兵力，印度则可以部署1.2万人至1.8万人的兵力。

**（五）印巴之间形成核军备竞赛，印度次大陆存在发生核战争的危险**

1998年5月印度进行5次核试验后，作为回应，巴基斯坦在同月28日和30日进行了6次核试验。这标志着印巴两国核军备竞赛的公开化。此后，印巴都在致力于将各自的核能力武器化和实现早日部署核武器。1999年8月，印度国家安全顾问委员会一位成员透露，预计印度核武器的部署将至少耗资160亿美元。印巴两国都把重点放在发展能够携带核弹头的弹道导弹上。印度已先后研制成功射程为250公里的"大地"（又译成"普里特维"）短程弹道导弹、射程为2500公里的"烈火"（又译成"阿格尼"）中程弹道导弹。印度正在开发射程为300公里的潜水艇发射的"大洋"弹道导弹。[①] 1999年8月，印度总理瓦杰帕伊说，印度将部署"烈火"2型导弹。据外电报道，这种导弹射程2500公里，能够携带990公斤核弹头或常规炸药有效载荷。同年11月，印度国防国务部长辛格·拉瓦特说，印度很快将对"太阳"（又译成"苏里亚"）式弹道导弹进行飞行试验。该型导弹射程为5000公里。1999年6月，外电报道，巴基斯坦已经开始研制新型的"沙欣"式导弹，这种导弹的射程可达2400公里，是同年4月试验的第一种型号的"沙欣"式导弹射程的3倍。1999年8月，印巴两国先后透露，它们各自都有能力制造中子弹。

印巴两国在1998年5月进行核试验后不久，又先后制订了它们各自的核武器政策。1999年8月，印度国家安全顾问委员会公布了印度的核武器政策草案。该政策强调印度将奉行拥有可信的最低限度核威慑力的理论；称印度拥有核武器的根本目的是为了阻止任何国家或实体对印度及其部队使用和威胁使用核武器；承诺印度不首先使用核武器以及不对无核国家使用核武器，但是如果印度及其军队遭到核打击，它将以动用核武器的惩罚性报复行动，给侵略者造成无法接受的损失；印度核部队将建立在飞机、移动陆基导弹和海基核武器三合一的基础上；动用核武器的权力仅属于印总理等最高政治层；印度核威慑力的中心原则是可信性、有效性和生

---

[①] 江畑谦介：《印度的核战略与核潜艇开发计划》，日本《世界周报》杂志2000年4月18日。

存能力。

巴基斯坦则对印度公布的这一核武器政策草案表示严重担忧，并警告说，如果印度将其核能力武器化，巴基斯坦将被迫作出同样的选择。1999年11月，巴基斯坦外长全面阐述了巴基斯坦的核武器政策。他说，最低核威慑能力仍然是巴核战略的指导原则，但这一最低限度不是一个静态的数字，巴方将视印度方面核武库的扩大而不断重新审查和评估"最低核威慑能力"的含义。"为保证核威慑力的抗打击性和可信性，巴基斯坦将不得不维持和提高其核能力"。巴基斯坦为了抗衡印度的常规军事力量优势，认为它在必要时将首先使用核武器。印度和巴基斯坦的核军备竞赛大大增加了南亚次大陆爆发核战争的危险。

**（六）关于建立南亚无核武器区问题**

建立南亚无核武器区问题一直得到国际社会的关心，长期以来也曾是联合国大会讨论的重要议题之一。1974年12月9日，联合国大会通过第一个关于建立南亚无核武器区的决议。此后直到1997年，联合国大会每年都要通过一个关于此问题的决议。这些决议认为，在世界各区域建立无核武器区是对不扩散核武器和全面彻底裁军这两项目标可以作出有效贡献的措施之一，相信建立南亚无核武器区同在其他区域一样，将有助于增强该区域各国的安全，使其免受威胁使用或使用核武器的危害。决议敦促南亚各国继续为建立南亚无核武器区作出一切可能的努力，并且在此期间不要采取违背这项目标的任何行动。决议还吁请尚未响应的核武器国家积极响应这项建议，并对建立南亚无核武器区的努力给予必要的合作。

在一般情况下，巴基斯坦和孟加拉国是这些决议草案的提案国。以1992年的联合国大会为例，巴基斯坦在介绍关于建立南亚无核武器区草案时指出，全球性和区域性裁军办法两者相辅相成，而且，普遍核裁军这一共同目标将由于建立无核武器区而得到新的推动。它认为，南亚存在着使该地区各国走向实现无核武器区目标的必要条件。联合国大会以144票对3票，13票弃权通过该决议草案。印度等国投了反对票。印度在对其反对票作解释性发言时重申了它对这一概念的保留，同时认为，核裁军是一个全球问题，只能在全球范围加以解决。在1988年的联合国大会上，巴基斯坦曾指出，它对核不扩散所负有的义务是坚定不移的。巴基斯坦不拥有核武器，也无意拥有它们。它并没有进行核爆炸，也无意进行一次核爆炸。它的核计划完全是和平性的。巴基斯坦愿意与印度一起加入《核不扩散条约》；与印度一起就其核计划接受全面的保障措施；与印度缔结一项双边协议以检查彼此的核设施；与印度一起发表一项放弃核武器的联合声明并与印度缔结一项双边禁核试条约。总之，巴基斯坦将接受任何带有有效核查安排的平等和不受歧视的协议，这一协议将以一种具有法律约束力的方式使该地区的国家承担不获取或不生产核武器的义务。但印度回答说，巴基斯坦非常接近于获得核武器，如果它还没有获得的话。

1991年，巴基斯坦还曾倡议召开关于南亚成为无核武器区的5国（印度、巴基斯坦、美国、前苏联、中国）首脑会议，由美国、前苏联、中国在南亚核问题上起调解作用。中国对此表示了支持。中国认为，一个和平稳定的南亚，不仅符合南亚人民的利益，也必将对亚洲和世界和平产生积极影响。

### （七）关于宣布印度洋为和平区问题

联合国大会1971年12月16日通过决议，其内容包括《宣布印度洋为和平区宣言》。此后，联合国大会又多次通过关于该宣言执行情况的决议。其中，1991年联大通过的决议，重申其信念，认为争取实现《宣布印度洋为和平区宣言》目标的具体行动将对加强国际和平与安全，以及对区域内各国的独立、主权、领土完整与和平发展作出重大贡献。决议还重申完全支持实现《宣布印度洋为和平区宣言》的各项目标。斯里兰卡政府1993年在科伦坡主办了联合国印度洋会议。

### （八）美国与印巴关于核武器问题的会谈

1998年5月印度和巴基斯坦进行核试验后，时任美国副国务卿塔尔博特与印巴两国的外长分别举行了多轮会谈。时任美国总统克林顿将会谈的目标规定为：（1）防止南亚地区核和导弹军备竞赛升级；（2）加强全球核不扩散机制的力量；（3）促进印巴两国就长期改善两国关系举行对话。

美国方面在会谈中提出五项措施，要求印巴两国政府接受。这五项措施是：

第一，签署和批准《全面禁止核试验条约》；

第二，在《停止生产裂变材料条约》签署前全面停止生产武器级的裂变物质；

第三，严格限制可携带大规模杀伤性武器的导弹和飞机的研制和部署；

第四，加强对可用来制造大规模杀伤性武器的敏感材料和技术的出口控制；

第五，鼓励印巴两国继续举行会谈，解决两国间长期存在的争端和导致紧张局势的根本原因。

1999年8月，印度外长曾表示，印度愿意同美国讨论印核武器政策草案。

### 三　中国在南亚地缘政治中的积极作用

自1947年印巴分治以来，南亚地区的领土争端和宗教、民族矛盾错综复杂，印巴两国进行了三次地区战争，并长期处于严重武装对峙状态。因此，该地区的军备控制进程主要表现为单边和双边建立信任措施。中国一贯支持南亚地区的和平稳定。冷战结束以来，中国执行不偏袒巴基斯坦或印度任何一方的政策，在南亚地区实现和平稳定进程中发挥了积极作用。

#### （一）中国与印度在中印边境建立信任措施的进程

中国和印度有长约2000公里的边界，分为西、中、东三段。西段指中国的新疆和西藏同克什米尔印度占领区的拉达克接壤的边界。中段指从西段的东南端起到中国、印度、尼泊尔三国交界处止的中国西藏阿里地区同印度喜马偕尔和北方邦接壤的边界。东段指中国、印度、不丹三国交界处至中国、印度、缅甸三国交界处的一段中印边界。中印边界从未正式划定过。

由于中印双方对边界线的不同看法而出现的争议地区，涉及12.5万平方公里的土地。其中西段为3.3万平方公里，主要在阿克赛钦地区；中段有2000平方公里；东段有9万平方公里，包括"麦克马洪线"以南至东段传统习惯线之间的广大地区。

1959年8月后，中印边境多次发生武装冲突。在这种情况下，中国总理在同年11月给印度总理的信件中，提出某些建立信任的措施：（1）为了有效维持两国边界的现状，确保边境的安谧，并且为边界问题的友好解决创造良好气氛，建议两国武装部队立即从实际控制线各自后撤20公里；（2）在双方撤出武装部队的地区，两国保证不再派遣武装人员驻守和巡逻，但是仍然保留民政人员和非武装的警察，以执行行政任务和维持秩序。

但是印度政府拒绝了中方关于双方边防部队脱离接触的建议。同时，印度不断挑起武装冲突。中国不得已于1962年10月20日开始进行自卫反击。中国边防部队收复了印军越过1959年11月7日实际控制线所侵占的中国领土，并进入了"麦克马洪线"以南的中国领土。为了再一次用实际行动表示中国主张通过和平谈判而不是通过武力来解决中印边界问题的诚意，并出于保持中印友好关系的愿望，中国政府在1962年11月21日发表的关于停火的声明中提出了一些建立信任的措施：(1) 从1962年11月22日零时起，中国边防部队在中印边界全线停火；(2) 从1962年12月1日起，中国边防部队将从1959年11月7日存在于中印双方的实际控制线后撤20公里；在东段，中国边防部队虽然至今是在传统习惯线以北的中国领土上进行自卫反击，但仍准备从目前的驻地撤回到实际控制线，即非法的"麦克马洪线"以北，并且从这条线再后撤20公里；在中段和西段，中国边防部队从实际控制线后撤20公里。声明还要求印度军队不要越过实际控制线，恢复他们在1962年9月8日以前曾经进占的位置。1963年2月28日，中国边防部队完成了主动后撤的计划。这样，中印边境实现了停火和双方武装部队的脱离接触。中国采取的这些单方面建立信任的措施使中印边境局势基本上稳定了下来。

1988年时任印度总理拉·甘地访华，双方在发表的联合新闻公报中一致认为，和平共处五项原则应当成为国际关系和建立国际政治经济新秩序的基本指导原则；在此基础上恢复、改善和发展中印睦邻友好关系是中印双方的共同愿望，它不仅符合中印两国人民的根本利益，而且对亚洲和世界和平与稳定也将产生积极的影响。中印双方决定建立边界问题联合工作小组，负责谋求解决这一历史遗留问题和维护边界实际控制线两侧地区的和平与安宁。1993年时任印度总理拉奥访华期间和1996年11月江泽民主席访问印度期间，中印双方分别签署了《关于在中印边境实际控制线地区保持和平与安宁的协定》和《关于在中印边境实际控制线地区军事领域建立信任措施的协定》。这两个协定中包含的建立信任措施有：

1. 宣布所承担的义务。
(1) 双方互不使用武力或以武力相威胁；
(2) 在两国边界问题最终解决之前，双方严格尊重和遵守双方之间的实际控制线；

（3）双方重申有决心寻求公正合理和相互都能接受的解决两国边界问题的方案。

（4）根据相互同等安全的原则，把中印边境实际控制线地区共同商定的地理范围内各自的军事力量裁减或限制到与两国睦邻友好关系相适应的最低水平。

2. 信息交换措施。

（1）中印边界问题联合工作小组各方指定外交和军事专家，共同协商制定协定的实施办法。专家们将向联合工作小组就如何解决双方对实际控制线走向的分歧提出建议，并处理为减少实际控制线地区的军事力量重新部署的有关问题。

（2）在实际控制线地区如发生意外事件或出现其他问题，双方应通过两国边防人员会晤和友好协商加以处理。

（3）为确保紧急情况下的飞行安全，双方指定的有关部门可用现有最快的通讯方式与对方联系。

（4）靠近边境地区若发生有可能殃及另一方的自然灾害或传染疾病时，双方应尽早向对方提供信息。信息交换可通过外交途径或边防人员会晤进行。

3. 限制措施。

（1）双方将把实际控制线地区各自的军事力量保持在与两国睦邻友好关系相适应的最低水平。双方同意，根据相互同等安全原则的要求，按双方商定的最高限额裁减在实际控制线地区的军事力量。

（2）双方将按共同商定的最高限额裁减或限制部署在实际控制线地区共同商定的地理范围内的陆军、边防部队、准军事部队，以及其它双方同意的武装力量。裁减或限制的武器装备的主要种类是：作战坦克、步兵战斗车、75毫米口径以上火炮（包括榴弹炮）、120毫米以上的迫击炮、地对地和地对空导弹，以及双方同意的其他武器装备。

（3）双方都不在中印边境实际控制线附近地区进行超过一个师（约1.5万人）的大规模军事演习。如需进行这类演习，参演主力部队的战略目标不应针对另一方；任何一方在中印边境实际控制线附近地区进行超过一个加强旅（约5000人）的重大军事演习，须将演习的类型、规模、计划期限和区域及参加演习的部队的人数和类别提前通知对方。

这些建立信任措施在实践中得到较好的贯彻，成为这两个协定签署后中印边境实际控制线地区保持稳定与和平的最重要因素之一。

**（二）中国积极促进中印关系的发展**

1988年，时任印度总理拉·甘地放弃了长期以来印度实行的"平行政策"（即不解决中印边界问题，中印关系不可能完全正常化），而开始实行一项新政策，即在解决边境问题之前先改善两国在其他领域的关系。同年12月，拉·甘地总理访问中国。这是自1954年10月尼赫鲁访华后34年来第一位印度总理来访。更为重要的是，拉·甘地的举动冲破了印方对高级官员访华的限制，为此后十年内中印关系的发展开辟了道路。拉·甘地总理访华取得了积极成果，翻开了中印友好合作的新篇章。在访问期间，双方就解决边界问题达成了互谅互让、相互调整的共识。1989年6月，中印两国开始举行联合工作小组会谈，谈判解决两国边境问题和在边界地区建立信任措施问题。1993年印度拉奥总理访华期间，两国政府签订《关于保持中印边境实际控制线地区和平与安宁的协定》。1996年11月江泽民主席访问印度，中印两国又签署了《关于在中印边境实际控制线地区军事领域建立信任措施的协定》。这两个协定对中印边境实际控制线地区的稳定与和平起到了非常积极的作用。中印两国建立了军事来往的渠道，这包括两个层次：一是高层军事领导人的互访，如1992年7月时任印度国防部长夏拉德·帕瓦尔访华、1994年9月时任中国国防部长迟浩田访印和1998年4月时任中国中央军委委员兼中国人民解放军总参谋长傅全有访印等。二是建立了中印边防人员之间的会晤机制。

但是，1998年5月中旬，印度连续进行5次核试验。之后，印度政府少数高级官员以所谓"中国威胁论"作为进行核试验的借口。这对中印友好合作关系造成严重伤害。

1998年5月29日，时任印度总理瓦杰帕伊表示，印度"并不想和中国对抗"，愿意"同中国发展友好、合作睦邻和互利的关系"。同年6月，印中专家小组在北京讨论边境问题和其他双边关系问题。1999年2月，中印两国在北京举行外交部官员磋商，中国外交部亚洲司司长与印度外交部的联合秘书（负责东亚事务）在会谈中讨论了双边、地区和国际问题。该会谈促进了双方之间的了解。特别是以美国为首的北约进行科索沃战争后，印度感到也受到美国"新干涉主义"的压力，积极表示愿意改善对华关系。同年6月，时任印度外交部长贾斯万·辛格访问北京，取得了一些积极成果。双方不仅讨论了政治、经济和边界问题，而且讨论了双边和国际安全问题。双方就进一步建立信任机制、开展安全对话、进行经济及多方面合作交换了意见。同年7月，时任中国外长唐家璇在新加坡参加东盟论坛外长会议期间会见了印度外长辛格。在会谈中，印中外长同意：派遣一个联合登山队攀登珠穆朗玛峰，以纪念两国建交50周年。1999年11月，印度外长表示，印度"寻求在和平共处五项原则的基础上同中国建立友好、合作、睦邻和互惠的外交关系"。

2000年5月，时任印度总统纳拉亚南访问北京，进一步改善了中印关系的气氛，双方达成关于"尽早解决边界划定问题"的共识。2001年1月，时任中国全国人大常委会委员长李鹏访问印度，就全球和重大双边问题与印度领导人交换了看法，指出"发展同印度的睦邻友好关系是我们的一贯方针，也是中国周边和平外交政策的重要内容"。[①]

近年来，中国和印度作为两个新兴大国同时崛起。在经贸关系不断升温、政治外交关系持续改善的推动之下，中印之间的军事交流和安全关系也得到改善。

但是，出于对中国军事现代化和国际影响力增强的疑虑和担心，以及边界问题的久拖不决，印度在安全战略和军事部署上的对华防范一直没有放松。印度通过各种途径努力保持对华足够的军事竞争力，如在国防现代化上与中国保持同步，在边境地区保持对华局部力量优势，不断缩小与中国在战略力量上的差距，加强与美、日、澳等国的军事合作，提高整体作战能力，等等。

随着中印两国军事现代化的进展、军事实力的加强和安全利益的拓宽，两国的军事和安全关系发生了微妙的变化。由于印度把加强军事实力作为实现世界大国地位的根本国策，近年来印度军事力量的上升速度很大程度上超过了经济增长的速度。由于边界问题的存在、历史因素的影响，加上追赶中国的心态，印度在国家安全环境评估中，总是把中国作为重点防范对象和主要竞争对手。但中国并没有把印度视为目前主要或潜在的危险。这种不对称的安全威胁认知形成的紧张随着两国军事透明度和军事交流的增加将有所缓和。中印两国在周边安全环境、地区稳定、反恐、印度洋海上航道安全等方面存在广泛的共同利益。

与此同时，中印两国军队之间的实质性交流也在不断增加。2003年

---

① 《人民日报》2001年1月14日，第2版。

和 2005 年，两国海军分别在上海附近的东海海域和印度洋北部海域举行联合搜救演习。演习加强了中印两军之间的了解。特别是 2005 年中印两国宣布建立面向和平与繁荣的战略合作伙伴关系以来，两军的交流进入了一个新的阶段。2005 年，时任中国人民解放军总参谋长梁光烈访问印度。2006 年 5 月，时任印度国防部长慕克吉访华期间，与中国国防部长签署了《中印国防部防务领域交流与合作谅解备忘录》，表明两国防务领域的交流与合作已经机制化。

2006 年，印度外长访问中国期间提出中印陆军进行联合反恐演习的建议，中方接受。同年，中印开始年度国防对话。2007 年 12 月，中印陆军在昆明首次进行联合反恐演习。中印两国于 2008 年 12 月在印度贝尔高姆地区举行代号为"携手-2008"的陆军反恐联合训练。

2010 年 8 月，印度陆军北部军区司令贾斯瓦尔中将访问中国因签证未能成行，原因是贾斯瓦尔在查谟和克什米尔这一"敏感"地区任职。印度暂停了与中国的防务交流，拒绝举行第三轮代号为"携手"的陆军反恐联合演习，并采取报复措施，阻扰 3 名中国军官当月访问印度。中印军事安全关系暂时受到挫折。

进入 2012 年，中印军事安全关系趋于好转。2012 年是"中印友好合作年"。2012 年 3 月 2 日，中国外交部长访问印度与印度外长会谈期间，双方同意探讨开展海上合作，表示要加强两国军队交流，增进战略和政治互信；继续推进中印边界谈判进程，利用好新成立的边境事务磋商与协调工作机制，更好地维护边境地区的和平与安宁。

2012 年 5 月 20 日，中国训练舰"郑和"号访问了印度南部的科钦港，受到印方热烈欢迎。2012 年 6 月，4 艘印度军舰造访上海，这是两国此类交流中规模最大的一次。印度海军东部海区司令库伯尔中将从新德里飞赴上海，与解放军东海舰队司令员举行会谈，这是两国海军多年来最高级别的交流。

## 第四节 中国与中亚国家的地缘政治关系

1991 年末苏联解体后，在欧亚大陆的心脏地带，出现了哈萨克斯坦、乌兹别克斯坦、吉尔吉斯斯坦、塔吉克斯坦、土库曼斯坦五个新独立的国家。这改变了欧亚大陆的地缘政治版图,不仅使中亚地区在世界政治、经济和战略上的重要性显著上升,而且使该地区重新成为大国竞争的焦点之一。中亚地区形势的发展对亚太地区安全和我国周边安全环境有重要影响。20世纪90年代后半期以来,该地区的军备控制进程有所进展。

### 一 冷战结束后中亚地缘安全形势

中亚五国东临中国,西至里海,北起俄罗斯,南接伊朗、阿富汗等伊斯兰国家,总面积近400万平方公里,总人口5560万人。该地区位于欧亚大陆中部,历史上曾是"东西方文明的桥梁",在欧亚之间人员往来与物资流通方面发挥过重要作用的丝绸之路从这里蜿蜒而过,举世闻名的欧亚大陆桥由此向西延伸。

而且,中亚地区蕴藏着丰富的石油和天然气资源以及其他战略资源。美国能源部估计,里海地区最终可开采的石油储藏量约为2000亿桶,占世界总储量的16%。在中亚五国中,哈萨克斯坦、土库曼斯坦为里海沿岸国家。不过,国际石油工业界对这些数字有不同的观点。据《石油和天然气报》估计,里海地区到1998年为止已经探明的现有储量大约为80亿桶。英国石油公司办的《世界能源统计评论》估计,约为160亿桶。国际石油工业界所公认的该地区最终能开采的总储量(包括尚未发现的)为250亿桶到350亿桶之间,可与英国的北海油田相比较,接近世界储量的3%。① 尽管如此,这也是一个值得重视的新兴的石油来源。同时,中亚地区天然气储量也居世界前列。其中,土库曼斯坦已探明储量约8.4万亿立方米,估计总储量为21万亿立方米(占世界总储量的35%);哈萨克斯坦已探明储量1.5万亿立方米。

中亚地区有色金属和稀有金属蕴藏量在世界上占有重要地位。哈萨克斯坦钨、铬储量是世界第一,铜、铝、锌储量是亚洲第一。乌兹别克斯坦黄金储量世界第五。塔吉克斯坦蕴藏丰富的铀。

正是由于地缘战略地位重要和石油等自然资源丰富,中亚地区自古以来就是有些外部势力竭力染指的战略要冲。苏联解体后,一些大国不仅着眼于中亚地区重要的战略地位和丰富的石油等自然资源,而且将该地区看作"力量真空"地带,极力进行渗透,企图在21世纪在中亚地区处于有

---

① 伦敦国际战略研究所1997—1998年度调查报告。

利的战略态势和获取重大的经济利益。近年来，许多国家的领导人和外交部长纷纷访问中亚国家；中亚各国领导人不断应邀出访，成为美国、日本、俄罗斯、法国、土耳其、伊朗等众多国家的座上客；一些腰缠万贯的国际巨商更是纷至沓来，到中亚地区争夺投资项目和新的市场。这些都使中亚地区在国际政治、经济、战略中的地位凸显。

冷战结束后，一些大国纷纷将中亚地区列为对外战略的重要目标之一，它们大力增加对中亚地区的影响和发展与中亚国家安全、军事、经济、贸易等关系，在中亚地区的竞争日益激烈。

冷战结束以来，中亚地区安全形势的特点和趋势主要表现在以下几个方面。

**（一）地缘政治格局呈现多极化发展势头，但美国有可能用将中亚国家拉入北约的方法在中亚地区占有优势地位**

当前，各大国在中亚地区的竞争正在日趋激烈，但它们中没有一个具有独占中亚地区的实力。美国虽然想填补前苏联留下的力量真空，并极力对该地区进行渗透和施加影响，但毕竟距离太远而无法在欧亚大陆的这一部分成为主导力量。俄罗斯现在实力较为虚弱，并正在以主要精力解决国内的经济困难，因此既不能恢复类似前苏联的统治，也无法将其他国家排挤出去；但因为俄罗斯离中亚地区非常近而占有地缘优势，也没有某种力量能把俄罗斯排除出中亚。土耳其和伊朗都能够在中亚地区发挥一定的影响，但它们的实力有限，又互相制约而无法独占鳌头。日本、西欧国家主要是在经济上参与中亚地区事务，难以在政治上和安全上发挥重大影响。

因此大国在中亚地区的激烈角逐将促使该地区多极化趋势的发展。但是，如果中亚国家加入北约，将使美国在中亚地区取得战略优势。

目前，中亚国家也在加强地区合作。哈萨克斯坦、乌兹别克斯坦、吉尔吉斯斯坦1994年签署建立统一经济空间条约（即经济联盟），其宗旨是致力于促进成员国之间的财政、经济和交通运输联系。该联盟逐渐活跃起来，在发展它们之间的经济合作方面发挥了一定的作用。1995年中亚国家一体化进程加快，建立了最高级会晤制度，批准了2000年前经济一体化纲要，并决定成立国防部长委员会。1998年，塔吉克斯坦正式加入中亚联盟，四国领导人决定把地区一体化分阶段引向深化，亦即先建立自由贸易区，再建立关税联盟和贸易联盟，最终建立商品、服务和资本共同市场。一些中亚国家还在密切合作的基础上开始协调它们的对外政策。这使中亚国家能够增强自身实力,在对外方面采取更为协调的政策。中亚国家还奉行多元化的外交,平衡地发展与各大国的关系,在大国之间纵横捭阖,以此来维护民族的独立和国家的主权。

美国前国务卿布热津斯基认为:"美国的首要利益是帮助确保没有任何一个大国单独控制这一地缘政治空间,保证全世界都能不受阻拦地在财政上和经济上进入该地区"。[1] 为达到此目标,美国"必须反对俄国为垄断该地区的通道而作的努力,因为这不利于这一地区的稳定"。[2] 而且,美国认为中亚地区是俄罗斯的软腹部,企图通过该地区制约俄罗斯。在这种情况下,美俄矛盾仍是该地区的主要矛盾之一。

但是,由于美国凭借强大的经济军事实力,运用经济、政治和安全手段,积极介入中亚事务,特别是在能源争夺和安全合作方面频频得手,取得很大进展。而俄罗斯则因实力虚弱,政策乏力,处于相对的守势。在中亚地区美攻俄守这一局面将持续较长一段时期。

**(二)大国之间以及它们与中亚国家之间竞争与合作并存,但仍存在不确定因素和潜在的不稳定因素**

各大国和中亚国家在争夺中亚和里海地区能源以及投资和投资场所方面存在着各种尖锐而复杂的矛盾,竞争是激烈的。但另一方面,这些国家中绝大多数国家都希望能够保持地区稳定,从而能够在和平的环境中进行投资、贸易以及能源开发。因此,它们在相互进行激烈竞争的同时,也注意调整政策,并在某些问题上进行妥协,以寻求利益平衡和在可能的情况下相互之间的经济合作。目前在中亚地区已经实施的能源开发项目中,美国及西方其他主要国家、俄罗斯、土耳其、伊朗等国已介入,其中许多已形成多方参股、你中有我、我中有你、相互依存的局面。因此各国之间的争夺将会更多地以"文明有序"的方式进行,而尽量避免兵戎相见。

但也应该看到,中亚地区国家之间的关系仍处于深刻变化之中,其走向充满不确定因素和复杂因素。该地区各国存在着深刻的民族、宗教矛盾,有的国家内部政局不稳,加之外部大国的介入和争夺,该地区相对稳定的形势依然相当脆弱。

---

[1] 兹比格纽·布热津斯基:《大棋局:美国的首要地位及其地缘战略》(中译本),上海人民出版社1998年版,第197页。

[2] 同上书,第198页。

### （三）中亚地区能源开发有利于促进经济繁荣，但发展将受到多种不利因素的制约

近年来，中亚地区的油气资源开发取得一定的进展，并吸引了大量外资。这促进了当地经济的发展，推动中亚国家与世界经济接轨。但中亚的油气开发又受到一些不利因素的阻碍。

（1）在中亚地区开采油气所需设备的运输困难重重，铺设管道费用很高，还要向管道途经的国家支付过境费，这些都大大增加了在中亚开采油气的成本。

（2）石油收入受世界市场影响很大。例如，当亚洲金融危机时，世界天然能源需求的增长率大幅度下降，导致石油价格有较大下滑，这在一段时间里使在中亚地区开采石油在利润方面不合算。

（3）扩大石油生产规模很缓慢。例如，哈萨克斯坦1997年日产55万桶原油，2000年日产80万桶，2010年达到高峰，为340万桶，只相当于挪威1998年初的生产规模。因此，中亚地区油气开发将会受到这些不利因素的制约，不会很快给中亚国家带来繁荣和给国际石油市场以重大影响。

### （四）中亚地区已成为一些大国战略利益的交叉点和争夺点

1. 美国对中亚地区的战略意图及其实施。

美国将维护和加强它的世界领导地位作为其冷战结束后全球战略的目标。为实现这一目标，美国在采取北约东扩和加强美日军事联盟两个关键性步骤的同时，又制定和推行新的中亚战略。

1997年3月27日，时任美国总统国家安全事务助理伯杰在一篇全面阐述美国对外战略的讲话中，把中亚和高加索列为美国特别关注的地区。同年7月底，美国参议院外交委员会通过新决议，宣布中亚和外高加索是对美国具有切身重要意义的地区，因此要立即帮助该地区国家，使它们能抵御俄罗斯或伊朗的影响。

与此同时，美国《华盛顿邮报》透露，克林顿政府已制定出一套雄心勃勃的针对中亚地区的战略。新战略的主要目标是：支持该地区国家对俄罗斯的独立倾向，把该地区国家纳入西方体系；解决该地区冲突与开发该地区石油资源同时进行，使该地区成为美国21世纪的战略能源基地；遏制并削弱俄罗斯和伊朗在该地区的影响，逐步把该地区变为美国的"战略利益地区"。

同年 7 月 21 日，时任美国副国务卿塔尔博特发表阐述美国对中亚政策的讲话，宣称美国对中亚政策的目标是"促进民主，创建市场经济，保证中亚各国内部以及国家间的和平与合作"。他还说，要避免重演 19 世纪英国、沙皇俄国和其他国家在中亚争夺石油资源的"大角逐"，要以"适合 21 世纪而不是 19 世纪的方式"实施"石油地缘政策"，要使"竞争的所有有责任心的参加者都受益"。

当前美国推行其中亚战略的主要做法有：

（1）密切高层接触，促进中亚国家的"政治和经济改革"。近年来，美国副总统、国务卿、国防部长等接连访问中亚国家，并邀请中亚国家领导人先后访问美国。这些访问使美国与中亚国家关系升温和升级，推动了美国与这些国家在经贸、外交和安全领域的合作。美国还以经济援助为手段，兜售美国政治、经济体制和价值观念，促使中亚各国"政治和经济改革"的发展。90 年代中期后，美国成为中亚地区最大的援助国。近几年，美国每年向中亚高加索地区提供 22 亿美元的"人道主义援助"和"改革起步资金"，占该地区外国投资总额的 30%。其中，1997 财年美国对中亚各国的援助为 6.2 亿美元，1998 年提高 34%。达到 9 亿美元。2000 年 4 月，时任美国国务卿奥尔布赖特访问中亚国家，表示要向这些国家提供 1000 万美元的安全援助。

（2）积极推进与中亚国家在北约"和平伙伴关系计划"范围内的军事政治合作，以此加强对这些国家的渗透，削弱俄罗斯和伊朗的影响，谋求通过北约东扩最终把中亚国家纳入北约。

哈萨克斯坦、吉尔吉斯斯坦、乌兹别克斯坦、土库曼斯坦四国分别于 1994—1995 年加入了北约"和平伙伴关系计划"。塔吉克斯坦 2001 年加入该"和平伙伴关系计划"。在 1997 年 7 月北约首脑马德里会议后，美国将中亚和外高加索国家都纳入新成立的"欧洲—大西洋伙伴关系委员会"。美国还通过北约和各种双边合作，不断扩大同中亚国家的军事合作，为其提供军事装备，培训军官，举行联合军事演习等。1997 年 9 月 15 日，美国第 82 空降师一个营 500 名全副武装的士兵乘坐美国飞机从美国本土基地启程直接飞到哈萨克斯坦南部空降着陆，参加在哈萨克斯坦和乌兹别克斯坦的联合军事演习。这是美国军队历史上第一次在横跨大西洋飞行之后在中亚国家着陆。这既是美国军队对中亚地区的首次"实地勘察"，也是美国显示它军事干预这一地区事务的能力。从该年起，美国与中亚国家每年举行一次联合军事演习。美国同哈、乌、吉等国分别签订了双边军事合作协定，并许诺为其提供武器装备，帮助培训军事人员，参与中亚维和营的组建工作，并谋求在吉尔吉斯斯坦建立军事基地。

以美国为首的北约在军事建设上向中亚国家提供全面帮助。1997年3月，当时的北约秘书长索拉纳对哈、吉、乌、土进行访问，同年7月北约军事委员会主席克劳斯·瑙曼将军访问了乌、土两国。他们与这些国家高级官员举行会谈，讨论了在北约"和平伙伴关系"框架内扩大相互协作的计划。1998年底在塔什干召开北约和中亚联盟国家军事专家会议，具体研究了北约与中亚国家进一步合作的问题。美国和北约出钱派专家帮助土库曼斯坦、乌兹别克斯坦、塔吉克斯坦培训军官。北约和中亚国家还将举行一系列联合军事演习，其中有些演习美国将派军队参加。

美国和北约特别注重加强与乌兹别克斯坦的关系。1997年3月，当时的北约秘书长索拉纳访问中亚时说，乌兹别克斯坦是北约在中亚的最重要伙伴。1998年美国与乌兹别克斯坦的军事联系已达到很高水平。1998年召开了美乌委员会第一次会议，讨论双方政治和军事合作的前景。美国专家参加了乌兹别克斯坦军事技术装备的现代化改造工作。1999年美国驻中东武装部队司令安东尼·津尼访问了乌兹别克斯坦和吉尔吉斯斯坦。1999年4月，在独联体集体安全条约到期时，乌兹别克斯坦反对延长该条约，并决定退出该条约。同月，乌兹别克斯坦和格鲁吉亚、阿塞拜疆、摩尔多瓦、乌克兰五国总统不顾俄罗斯的强烈反对，赴华盛顿参加了北约庆祝50周年庆典活动，并在乌兹别克斯坦驻华盛顿大使馆，签署了成立"古阿姆"地区联盟。该联盟公开试图同北约建立尽可能密切的关系。

美国最终目的是要将中亚国家纳入北约，从而使美国在这一地区的大国竞争中占上风，建立和巩固以美国为主导的欧亚大陆安全体系。

(3) 以帮助解决地区冲突为手段，扩大美国在中亚地区安全上的影响力。美国积极介入解决中亚地区热点冲突的进程，多次派特使就塔吉克斯坦内战进行斡旋，企图以这种介入为突破口，打破俄罗斯对中亚地区安全事务的垄断，扩大美国在该地区安全方面的发言权。

(4) 扩大经济合作，企图控制中亚地区的油气生产与运输。早在1994年，美国克林顿政府就宣布了促进中亚投资和贸易计划。1997年以来，美国又调整了重经援、轻合作的做法，扩大对中亚地区支柱产业特别是石油和天然气工业的投资力度，加强与该地区国家的经济合作。美国大型石油公司埃克森、谢夫隆、阿莫科、莫比尔、德士古等都已决定"到中亚来捕获发财的机会"。目前已有60多家美国公司计划向乌兹别克斯坦能源领域投资,总额将达到30亿美元。美国对哈萨克斯坦的投资已占外国投资总额的34%。1998年美国美孚公司等几家大公司也与哈萨克斯坦签订了合同。美国还利用哈萨克斯坦实行大规模私有化政策的机会,成功控制了哈多数基础行业,其中包括哈最大的田吉兹油田。据统计,哈30多家冶金、能源等大型骨干企业,控制在西方财团手上,其总产量约占哈国民生产总值的70%。

美国对中亚五国的出口每年翻番,1997年已达到近10亿美元。其中,仅仅1995年至1996年美国与乌兹别克斯坦的贸易额增长了7倍。

与此同时,美国还竭力开辟运输里海能源的新通道,以求打破中亚的能源输出线为俄罗斯所控制的局面。美国已与土库曼斯坦签约修建土经阿富汗到巴基斯坦的天然气管道。1999年11月,在美国的支持和操纵下,土耳其、阿塞拜疆和格鲁吉亚签署一项协定,规定从巴库富产石油的油田经格鲁吉亚到土耳其的地中海港口杰伊汉修建一条输油管道,这条1730公里长的主要输油管道预计至少耗资28亿美元,2001年开工,2004年完工。时任美国总统克林顿在签字仪式结束后说,这些输油管道非常重要,因为它们将"确保能源资源通过多条线路,而不是通过唯一的一条主线流动"。

2. 俄罗斯当前的中亚政策。

中亚是俄罗斯的传统势力范围。尽管中亚五国已经独立,但它们仍与俄在政治、经济、军事和其他方面保持着千丝万缕的联系,有的国家甚至还需要俄军守卫外部边界。俄罗斯认为中亚五国在历史上与俄存在着"天然的联系",对俄的国家利益具有战略性的重要意义。它不仅是俄一些战略资源"传统而稳定的供应地",而且中亚作为一个"缓冲地带",可把俄与正在流血冲突的阿富汗以及伊斯兰世界其他国家隔开,有利于防止对俄南部边疆形成威胁。另外,在俄以外的原苏联各国有2500万人,其中一半以上生活在中亚。面对美国和其他一些大国在中亚地区的争夺,俄罗斯竭力维护和增强在该地区的影响。

(1)积极推进独联体一体化,试图组建一个包括中亚各国在内的军事政治联盟。俄罗斯提出以"集体安全条约和双边协定为基础建立独联体集体安全体系和防御联盟",并将此作为俄外交战略的首要目标。2000

年1月，俄罗斯、哈萨克斯坦、塔吉克斯坦、吉尔吉斯斯坦、土库曼斯坦等七国签署了独联体集体安全条约延期的条约。俄在土库曼斯坦、哈萨克斯坦、塔吉克斯坦等国驻有军队，哈、吉、乌、塔与俄签署了经济联盟条约。此外，俄还与中亚各国签署了大量内容广泛的双边政治、经济和军事协定。俄罗斯2000年与乌兹别克斯坦加强原有的军事关系，部署一个联合防空系统。2000年3月底至4月初，哈、吉、乌、塔与俄驻塔部队举行了代号为"南方盾牌合作2000"的着眼于对付国际恐怖主义和武装分裂活动的大规模军事演习。俄罗斯以上这些做法是为了在中亚维护政治影响，维持经济联系，保持军事存在。俄罗斯还加强对地区冲突的调解，企图利用冲突"仲裁者"的身份维持在中亚地区的战略优势。在俄罗斯、联合国和欧洲安全与合作组织的促成下，塔吉克斯坦总统与伊斯兰反对派领袖于1997年6月27日在莫斯科签署了民族和解与和平协议，从而结束了塔吉克斯坦历时五年的内战。

（2）努力改善与中亚国家的关系。俄罗斯积极与中亚国家改善关系。俄总统和总理1997年以来先后访问了中亚的一些国家，分别签署了一系列合作协定。俄外交部认为，这些访问不仅对密切俄罗斯与这些中亚国家的关系，而且对加强俄在整个中亚地区的地位具有重要意义。2000年5月，俄罗斯总统普京访问乌兹别克斯坦和土库曼斯坦，与土库曼斯坦签订了土每年向俄提供100亿立方米天然气的协定。

（3）积极参与里海能源的角逐。据国际石油专家估计，里海石油的预期储量在150亿吨到400亿吨之间。已探明的石油储量估计有70亿吨至100亿吨。[①] 这意味着，在21世纪，里海地区可能成为"黑金"的主要产地之一。俄罗斯、哈萨克斯坦、土库曼斯坦、阿塞拜疆和伊朗这五个里海沿岸国家现在都谋求在里海的石油开发中得到更大一些的份额。为此，它们之间自1993年以来就存在着里海到底是湖还是海的争论。如果里海被认定是海，则根据《国际海洋法公约》规定，沿岸国家可将里海进行分割，享有"专属经济区"。而里海如果被认定是湖，则海洋法公约对它不适用，里海应归五国共有，资源应共同开发。

尽管这一问题的解决尚需时日，但俄罗斯已经与土库曼斯坦和伊朗成立了开采三国里海海域油气资源的联合财团，并积极参加开发阿塞拜疆里

---

[①] 《资料库：里海的法律地位》，俄通社—塔斯社2000年11月9日俄文电。

海油气资源的项目。

俄罗斯还努力维护对里海油气运输管道的控制权。目前经过俄新罗西港的输气管道仍是中亚油气外运的主要出路，这条管道现在仍掌握在俄罗斯手中。为保持对这种控制权，俄反对其他国家提出的东线、南线和西线方案，并采取措施争取更多里海油气从俄过境。例如，俄1998年5月与哈萨克斯坦和阿曼签署关于从哈西部油田至俄黑海港口新罗西斯克的输油管道协议。

3. 土耳其的中亚战略。

历史上奥斯曼土耳其帝国曾对中亚地区有重要影响。苏联解体后，土耳其以美国和北约为靠山，利用它与中亚国家在现代化水平、语言上相对接近以及它的经济手段，力图成为中亚地区最有影响的力量。土耳其大力发展与中亚国家的政治、经济、军事和文化关系。土耳其总统1996年率团参加哈萨克斯坦独立五周年庆典，许诺提供12亿美元私人投资和3亿美元贷款以及其他经济和文化援助。在土耳其的支持下，每年召开一次包括中亚国家参加的突厥语国家首脑会议。在这些会上强调中亚国家与土耳其加强交通运输联系，增加贸易，并建立共同的教育标准和进行更密切的文化合作。目前，土耳其正积极筹建"突厥语国家联盟"，吸引中亚高加索的哈、吉、乌、土库曼斯坦和阿塞拜疆等国参加，推行"土耳其模式"，企图成为突厥语系国家的"盟主"。近年来，土耳其国内要求复兴"大土耳其"的呼声愈加强烈。土高级官员宣称，土耳其共和国是"大奥斯曼帝国的继承国"，能够而且应该与中亚五国结盟。[①] 土耳其总统塞泽尔2000年10月先后访问了吉尔吉斯斯坦、土库曼斯坦和乌兹别克斯坦，以加强其在这一地区的影响。

土耳其目前的石油自给率只有18%，因此它积极投入里海能源竞争。一项耗资16亿美元的从土库曼斯坦经伊朗到土耳其的天然气管道建设已经开工，建成之后，每年可以把300亿立方米的天然气输送到土耳其。

4. 伊朗的中亚战略。

在历史上，中亚地区曾是波斯帝国的一部分。近年来，伊朗为突破美国对其的遏制政策并进而扩大伊斯兰势力在中亚和高加索地区的影响，也

---

[①] 瓦列里·阿斯里杨：《土耳其在中亚展开行动》，俄新社2000年10月23日。

积极与中亚国家发展政治、经济、文化关系。伊朗和俄罗斯在中亚地区既有共同利益也有矛盾。在抗衡美国对中亚和高加索地区渗透方面,伊朗和俄罗斯具有共同利益。1996年6月,伊朗与俄罗斯发表一项联合公报,称两国将"同里海地区的国家进行合作,以阻止外来势力在这个地区的存在"。伊朗和俄罗斯还强调双方在解决地区问题中加强合作。但俄罗斯对伊朗推行伊斯兰原教旨主义的企图也十分警惕。

伊朗力图在中亚发展亲伊势力,扩大伊朗在伊斯兰世界的影响,与土耳其存在着竞争,但其矛头也指向在背后支持土耳其的美国,主要目的之一在于增强与美国抗衡的实力,以及防止美国以后将中亚当作反对它的基地。

1997年伊朗温和派领导人上台后,伊朗和美国都在试图调整相互关系,美国不反对伊朗与壳牌石油公司修建从土库曼斯坦经伊朗到土耳其的天然气管道,并表示这一工程并不违背对伊制裁的"达马托法"。美国此举的目的有两个:一是向伊朗放出改善关系的"试探气球";二是由于这条天然气管道建成后将是中亚第一条绕过俄罗斯的运输管道,可削弱俄对中亚油气外运的控制。伊朗无疑是影响中亚地区形势的一个重要因素。

5. 日本的"欧亚大陆外交政策"。

1997年时任日本首相桥本龙太郎推出了"欧亚大陆外交政策",提出由于中亚地区在地缘政治上的重要意义以及该地区蕴藏的能源资源,日本要加强对该地区的外交。这表明日本政府已决定要积极参加里海石油的争夺战。根据这一政策,日本外务省出台了"丝绸之路地区外交行动计划",再次强调要与中亚五国发展广泛的政治关系和多方面的经济合作。日本通产省推出了"里海石油战略"。

1995年哈萨克斯坦总统纳扎尔巴耶夫访日时,日本就承诺投资10亿美元解决哈石油的加工运输问题。日本三菱财团与美国石油公司联手,致力于推进从土库曼斯坦经中国到日本的天然气输送管道工程。这项"跨世纪工程"横跨亚洲大陆,长达8000公里,被称为"泛亚石油大陆桥"。据日本估计,该工程将耗资220亿美元。到2010年日本对天然气的需求大增,因而迫切需要中亚的能源。

6. 西欧国家的中亚政策。

西欧国家为了确保长期的能源供应,实现能源渠道多样化,也把中亚国家列为它们外交的重要目标之一。德国国防部长宣称，德国在中亚地区的安全政策已开始起步，欧亚通道对德国的重要性上升，并表示德国再也不能忽视该地区的长期挑战。1993年时任法国总统密特朗访问哈萨克斯坦，成为造访中亚地区的第一位西方国家首脑。法国公司也到中亚国家投资兴建石油精炼厂和进行其他项目的经济合作。

**二 中国在中亚地缘政治中的积极作用**

中亚地区军备控制的进程开始于五个中亚国家从解体的苏联独立出来后不久。特别是90年代中期以后，中亚国家与邻国在边境地区建立军事信任措施和相互裁减军事力量方面有一定进展，并建立了中亚无核武器区。中国一贯支持中亚地区的和平稳定，在促进实现中亚稳定进程中发挥积极作用。

**（一）中国与中亚国家在边境地区建立军事信任措施和相互裁减军事力量方面取得的进展**

苏联解体后，中苏关于边境地区相互裁减军事力量和加强军事领域信任的谈判，变为中国与俄罗斯、哈萨克斯坦、吉尔吉斯斯坦、塔吉克斯坦之间的谈判。1996年4月，这五国国家元首在上海举行首次会晤，签署了《关于在边境地区加强军事领域信任的协定》，规定：部署在边境地区的军事力量互不进攻对方；不进行针对对方的军事演习；限制军事演习规模、范围和次数；相互通报边界线两侧各100公里区域内的重要军事活动；邀请对方观察实兵演习；预防危险军事活动；加强双方边境地区军队之间的友好交往等。

1997年4月，上述五国国家元首在莫斯科签署《关于在边境地区相互裁减军事力量的协定》。该协定规定：将中国与四国边境地区的军事力量裁减到与睦邻友好关系相适应的最低水平，使其只具有防御性，互不使用武力或以武力相威胁，不谋求单方面军事优势；裁减和限制部署在边界线两侧各100公里区域内的陆军、空军、防空军航空兵的人员和主要种类的武器装备，并为其及边防部队的人员和武器装备规定最高限额；在上述区域内不部署海军江河作战舰艇；规定裁减方式和期限；交换边境地区军事力量的有关资料；对执行协定情况进行监督核查等。这两个协定有利于加强睦邻友好，为保障地区安全和稳定作出了建设性贡献，首次在7000多公里的边境地带上建立了信任和透明、军事活动可预测和可监控的区域。①

在2000年7月中、俄、哈、吉、塔五国国家元首杜尚别会晤后签署的联合声明中,各方对旨在保证组织和协调核查活动的五国联合监督小组的顺利启动表示满意,认为利用该小组的潜力对探讨加强军事领域信任的有关问题是必要的。五国元首主张加快这方面的步伐,包括就预防危险军事活动举行联合演习和演练、交流在维和行动中相互协作的经验,以及共同举办会议、研讨会、讲习班等活动。②

(二) 中国与中亚国家为建立次地区安全合作机制而进行的努力

中、俄、哈、吉、塔五国国家元首1998年7月在阿拉木图的会晤从双边磋商转为多边会晤,合作范围也从安全领域扩大到政治经济领域。在此次会议上,各方同意,根据需要举行专家级、外长级、政府首脑和国家元首间的会晤,研究确保中亚和整个亚洲大陆安全和扩大合作问题。

1999年8月,这五国国家元首在吉尔吉斯斯坦首都比什凯克举行会晤,共同发表《比什凯克声明》,一致认为建立具体的相互协作机制有利于充分发挥多边合作的潜力,促进地区稳定、安全、发展与繁荣。为此,五国将举行不定期的国家元首、政府首脑会晤,以及包括外长、国防部长、经济和文化部门负责人会晤在内的各个级别的经常接触和磋商。五国主管部门将采取措施开展实际协作,以有效打击国际恐怖主义、非法贩卖毒品和麻醉品、走私武器、非法移民及其他形式的跨国犯罪行为,遏制民族分裂主义和宗教极端主义。同年12月,中、俄、哈、吉、塔五国官员在比什凯克签署一项安全合作备忘录,同意为打击恐怖主义、分离主义和跨国犯罪加强合作。来自五国的内政和安全部长决定每年至少会晤一次,就五国面临的共同安全问题进行磋商。为了保持本地区安全,五国将采取联合军事行动,并相互交换情报。2000年3月,中、俄、哈、吉、塔五国国防部长在哈萨克斯坦首都阿斯塔纳举行会晤。在会上签署的《联合公报》中,各方表示"决心继续促进中亚安全的巩固","加强防务部门的磋商与合作"。③这些表明,五国在建立地区安全合作机制方面取得了一定进展。这有利于中亚地区的安全与稳定。

---

① 《中、俄、哈、吉、塔五国元首杜尚别声明》,载《人民日报》2000年7月6日。
② 同上。
③ 《人民日报》2000年3月31日,第6版。

由于这一进程是从1996年4月中、俄、哈、吉、塔五国在上海举行首次首脑会议开始的,因此被称为"上海五国"机制或"上海论坛"。2000年7月五国国家元首在塔吉克斯坦首都杜尚别举行会晤。在会晤后五国元首签署的联合声明中,各方对"上海五国"参加国之间关系的发展深表满意,认为各国在加强相互信任与合作方面取得了显著成果,"五国"在维护本地区安全与稳定方面发挥着日益重要和积极的作用,表示各方将致力于使"上海五国"成为五国在各领域开展多边合作的地区机制。"上海五国"的土地面积占欧亚大陆的3/5,人口占全球的1/4。

1998年哈萨克斯坦政府还提出召开亚洲相互协作和建立信任措施会议的建议,得到中、俄、哈、吉、塔五国的支持。1999年8月,中、俄、哈、吉、塔五国国家元首在《比什凯克声明》中,在再次支持该倡议的同时欢迎其他有关国家在加强安全与合作方面扩大地区多边对话的建议和具体步骤。同年11月,中哈两国国家元首在北京签署的《关于在二十一世纪继续加强全面合作的联合声明》中表示,作为亚洲相互协作与信任措施会议的积极参加国,双方将致力于"亚信"倡议的具体实施。在2000年7月中、俄、哈、吉、塔五国元首杜尚别会晤后签署的联合声明中,各方认为亚洲相互协作和信任措施会议是亚洲大陆的积极进程,它与亚洲现有的其他组织和机制一道,为维护地区安全、增进相互信任和发展多边合作方面进行政治对话,进一步创造了条件。

中国国家主席江泽民2000年7月5日在杜尚别五国元首会晤上发表的讲话中,提出四点倡议:(1)充实和完善"上海五国"机制。以五国元首年度会晤为核心和动力,带动五国各有关部门负责人的会晤,促进各个方面各个领域的具体合作。从而在"上海五国"框架内形成多层次、多领域的会晤机制,并逐步将五国会晤机制发展成为五国合作机制。(2)深化安全领域的合作。五国要联合采取行动,打击形形色色的分裂势力、恐怖势力和极端势力在本地区的活动,并抓紧建立和完善相关的法律基础和具体协作机制。在维护各国国家统一和主权,抵御各种对本地区安全的威胁方面加强相互支持。(3)推进双边和多边的经贸合作。(4)加强在国际舞台上的合作。在维护联合国特别是安理会的权威,维护尊重国家主权、互不干涉内政等公认的国际关系准则,反对霸权主义和强权政治,推动世界多极化进程等重大国际问题上协调立场,相互配合,共同伸张国际正义。① "上海五国"机制后来进一步发展为"上海合作组织"。

## (三) 中国支持建立中亚无核武器区

1993年乌兹别克斯坦总统卡里莫夫在第48届联大发言时说,乌坚决要求将中亚地区宣布为无核区。1997年2月中亚五国元首在阿拉木图会晤时,对乌的倡议表示支持。同年9月在乌兹别克斯坦首都塔什干举行了中亚无核区国际会议,中亚五国和五个核大国的代表出席了会议。出席会议的还有联合国、欧盟、欧洲安全与合作组织、北约、伊斯兰会议组织等国际组织的代表。在这次会议上签署了中亚五国外长声明。声明说,核武器扩散是人类生存的主要威胁,建立中亚无核武器区是加强该地区安全的最重要手段。声明呼吁联合国安理会常任理事国及世界上所有国家对建立中亚无核武器区给予支持。

1997年吉尔吉斯斯坦在第52届联大提出的倡议中建议,1998年夏在吉首都比什凯克举行关于建立中亚无核武器区的"比什凯克进程"5+5+联合国会晤。1998年7月,中、哈、吉、俄、塔五国在哈萨克斯坦阿拉木图市举行会晤后发表的联合声明中,各方积极评价中亚国家提出的建立中亚无核区的倡议。1999年8月,中、俄、哈、吉、塔五国国家元首在《比什凯克声明》中,明确表示支持中亚国家建立无核武器区的努力。同年11月,中国与乌兹别克斯坦国家元首在北京签署关于进一步发展两国友好合作关系的联合声明中,中方高度评价乌兹别克斯坦关于建立中亚无核武器区的努力,愿意根据中国在无核武器区上的一贯立场,积极支持中亚五国建立中亚无核武器区。

在2000年7月中、俄、哈、吉、塔五国国家元首杜尚别会晤后签署的联合声明中,各方支持乌兹别克斯坦关于建立中亚无核武器区的倡议,认为中亚无核区条约应符合业已实施的同类文件的原则和标准。

---

① 《人民日报》2000年7月6日。

## 第五节 亚欧大陆跨区域地缘
## 政治博弈与中国

亚欧在地理上是一个大陆，同属亚欧板块。由于相距遥远和交通不便，亚欧两大洲在历史上发展出各自的文明和文化。亚欧文明从上千年前起就有相互交流，古代的丝绸之路曾是这种交流的重要途径之一。近代以来，欧洲国家主要从海上打开亚洲国家的大门。冷战时期，美苏争夺所导致的对抗成为横亘在两大洲之间的阻碍。冷战结束和苏联解体后，亚欧大陆在地缘战略上连为一体。而中亚是这一联结的关节点。中国处于亚欧大陆东南端，在亚欧大陆跨区域地缘博弈中发挥了积极的作用。近年来，随着全球化趋势的进展和世界事务中心由大西洋地区向太平洋地区转移，亚欧大陆跨区域合作（trans-regional cooperation）趋势迅速发展。这将对国际体系产生重大影响。

### 一 亚欧大陆跨区域地缘政治博弈的主要特点
### （一）亚欧大陆形成三条新的主要战略纽带

冷战结束后，亚欧大陆逐渐形成三条主要战略纽带。第一条战略纽带是中俄战略协作伙伴关系和上海合作组织。1996年中国和俄罗斯决定建立和发展两国"平等信任的战略协作伙伴关系"。这"是建立在不结盟、不对抗、不针对第三国基础上的新型国家关系"。2001年两国签署的《中俄睦邻友好合作条约》成为中俄关系发展的纲领性文件，"彻底摈弃了那种不是结盟就是对抗的冷战思维，是以互信求安全、以互利求合作的新型国家关系的体现"。中俄两军2005年在中国领土上首次举行对付恐怖主义、分裂主义和极端主义的大规模联合军事演习，进一步加强了两国的战略协作伙伴关系。2001年6月，中俄两国和哈萨克斯坦、吉尔吉斯斯坦、塔吉克斯坦、乌兹别克斯坦等中亚国家，在1996年建立的"上海五国"机制基础上，成立上海合作组织。中俄都将推动该组织的发展作为外交政策的优先方向，"将其视为在欧亚大陆特别是中亚地区确立和平、安全、合作的重要手段和未来建立以国际法为基础的多极世界格局的基本因素之一"。2007年8月16日，在吉尔吉斯斯坦首都比什凯克举行的上海合作组织成员国国家元首理事会第 7 次元首理事会上，六国元首签署了《上海合作组织成员国长期睦邻友好合作条约》。

  第二条战略纽带是中欧全面战略伙伴关系。1998 年 4 月，中国与欧盟首次举行领导人会晤，表示希望在双方之间建立面向 21 世纪的长期稳定的建设性伙伴关系。2001 年 9 月，在第 4 次中国与欧盟领导人会晤期间，双方表示建立全面伙伴关系。2003 年 10 月，中国与欧盟领导人在第 6 次会晤时，宣布建立中欧全面战略伙伴关系。双方认为："中欧伙伴关系日臻成熟，战略性更加突出。"2004 年 12 月，中欧领导人举行第 7 次会晤，表示将不断充实和发展中欧全面战略伙伴关系。双方在当前重大国际问题上的战略共识进一步增多，签署了《关于防扩散和军控问题的联合声明》。双方顺利实施关于"伽利略"民用卫星全球导航系统计划合作协议，并就和平利用核能、空间等高科技领域的合作达成一致。"中国—欧盟框架计划"是世界上最大的科研合作项目。欧盟确认，有解除对华军售禁令的政治意愿，并将为此继续努力。欧盟认识到对华关系的重要性，明确把中国列为欧盟 6 大全球伙伴之一。

  中国与欧洲国家的军事交流取得一定进展。2004 年中国海军与法国和英国海军舰艇分别举行了联合搜救演习。法国和英国都开始与中国的民间和军事安全问题专家进行一年一度的战略对话。中国的一些军官正在德国、法国和英国的军事参谋学院接受培训。欧洲国家的一些军官参加了中国国防大学举办的国际安全研讨班。

  第三条战略纽带是俄欧战略伙伴关系。自 20 世纪 90 年代以后，俄罗斯明显加强了与欧盟的联系。1994 年，俄罗斯和欧盟签署了《伙伴关系和合作协议》。从 1997 年至 2003 年，俄罗斯与欧盟举行了 11 次首脑会议，商讨共同关心的问题。2002 年，俄欧双边贸易额 830 亿欧元，欧盟已成为俄罗斯最大的贸易伙伴，俄罗斯也成为欧盟的第 5 大贸易伙伴。欧盟实现新一轮扩大后，俄罗斯外贸总额的一半以上是与欧盟的贸易。俄罗斯出口的 40% 是到欧洲，而欧洲能源进口的 1/3 有赖于俄罗斯的石油和天然气。2003 年 11 月，在罗马举行的第 12 次欧盟与俄罗斯首脑会议上，欧俄领导人签署了《联合声明》，决定致力于实施在经济、安全和文化等领域合作的"全球战略"。2005 年 5 月，俄罗斯和欧盟领导人在莫斯科举行会晤，通过了有关建立俄欧四个统一空间"路线图"的一揽子文件。根据该"路线图"，俄欧计划建立四个统一空间，即统一经济空间；统一自由、安全和司法空间（又称内部安全空间）；统一外部安全空间；统一科教文化空间（又称人文空间）。

**（二）亚欧大陆上的主要力量中心进行战略协调**

在伊拉克战争爆发前，亚欧大陆上的多个主要力量中心（法、德、俄）首次进行了战略协调，结成非正式的联盟，对美国的单边主义和绕过联合国发动伊拉克战争进行反对和牵制。中国在这些问题上的立场与法、德、俄有许多相同或相似之处。2004年8月，法、德、俄领导人再次举行会晤，就当今重大国际问题深入交换了意见，并就提高俄与欧盟在政治、经贸、能源、高科技等领域的合作水平进行了探讨。法、德与中国在欧盟解除对华军售禁令方面也进行了深入的协商。当然，法、德、俄、中的战略协调主要是为了不针对第三方的相互合作。它们只是在某些问题上相互协调牵制美国，而不可能结成对抗美国的联盟。

**（三）亚欧对话与合作逐渐深入**

亚欧会议的创立具有深刻的现实意义和长远的战略意义，成为亚洲国家与欧洲国家对话与合作的重要渠道。亚欧会议的宗旨是建立亚欧新型伙伴关系，维护和促进亚欧和世界的稳定与繁荣。自1996年首届亚欧首脑会议以来，亚欧国家在政治对话、经贸合作、社会文化交流三大领域取得显著成果，促进了亚欧新型伙伴关系的发展，促进了地区和平与发展。2004年10月，亚欧会议正式接纳13个新成员，使亚欧会议成员由26个扩大到39个。2007年，亚欧会议再次扩大，印度、巴基斯坦、蒙古、东盟秘书处、罗马尼亚和保加利亚成为新成员。亚欧会议成员总数达到45个，经济总量占全球经济总量的50%，人口占世界总人口的58%，贸易总量占世界贸易总量的60%，将在世界和平、稳定与发展中扮演更加重要的角色。

同时，亚欧对话不断深入，相互了解不断加强，为扩大亚欧之间的广泛合作创造了有利条件。亚欧国家在国际和地区事务中加强磋商与协调，符合两大洲和其他地区人民的利益。2004年10月在河内举行的第五届亚欧首脑会议，通过了《亚欧会议更紧密伙伴关系宣言》和《亚欧会议文化与文明对话宣言》。亚欧会议已经发展成为亚欧两大洲开展合作、应对挑战、推动多极化进程的重要平台。而且，亚洲国家与欧洲国家的对话与合作是南北对话与合作的重要组成部分之一。

## 二　亚欧大陆跨区域合作趋势的主要原因

**(一) 在经济全球化趋势的有力推动下，亚欧经济、政治交流与合作迅速发展**

经济合作是亚欧合作的基础和支柱。亚欧国家自然资源丰富，市场空间巨大，经济上和科技上有很强的互补性，开展经贸合作具有广泛的前景。中国与亚欧国家的经贸关系有很大发展。在中国10大贸易伙伴中，亚欧国家（地区）占4席。其中，欧盟、日本、东盟、韩国分别是中国第一、第三、第五和第六大贸易伙伴。

中俄经贸关系也取得很大发展。2004年中俄贸易超过200亿美元，2006年达到334亿美元。中国成为俄第四大贸易伙伴，俄是中国第八大贸易伙伴。据中国海关统计，2010年全年中俄贸易额为554.5亿美元，已接近国际金融危机前水平（2008年为568.3亿美元），较2009年增长43.1%。其中，对俄出口296.1亿美元，同比增长69%；自俄进口258.4亿美元，同比增长21.7%。对俄贸易顺差37.7亿美元。

与此同时，中国与欧洲、俄罗斯领导人频繁互访。2004年，中国主要领导人几乎遍访欧盟成员国及欧盟总部。欧盟成员国领导人纷纷访问中国，其中一些国家与中国已有领导人定期会晤机制或领导人多次访华。而且，有的欧洲政治家甚至认为，欧洲国家"与中国接触的需要将在今后成为欧洲统一的动力"，因为"如果欧洲国家不各自为战地追求狭隘的国家利益，而是制定一种明确的集体战略，那么欧洲在与中国打交道时就将远比现在有说服力"。[①] 其他亚洲国家与欧洲国家领导人的互访也在增加。这些互访大大促进了亚欧之间的政治和经济交流与合作。

印度虽然不是亚欧会议成员，但与欧盟的经济、政治关系发展很快。欧盟已经成为印度最大的贸易伙伴和主要投资国。2003年印欧之间的贸易额已经由1980年的44亿欧元增至284亿欧元。同年11月，第4次"印度—欧盟工商高峰会"在新德里举行，印度总理与欧盟主席和双方企业家、官员350人出席会议。会议决定到2008年将印欧贸易额提高到的500亿欧元，即在5年内将贸易总额翻将近一番。印度与欧

---

[①] 负责贸易的欧盟委员彼得·曼德尔森：《发展欧洲与崛起中的中国的关系》，香港出版的《亚洲华尔街日报》2004年12月8日。

盟的高科技合作有很大进展。印度已决定向欧洲航天局的"伽利略"计划提供高达3亿欧元的资金,从而成为该计划的一个重要合作伙伴。印度与欧盟已签署了广泛的"战略伙伴关系协议"。欧盟委员会2004年6月向欧洲理事会提交了一份文件,阐述了发展"印欧战略伙伴关系"的政策,认为印度正迅速变成一个地区和全球范围内的领导者,在各方面都扮演着日益重要的角色,而且与欧盟的关系在影响的范围和强度上都呈几何级数增长;因此有必要就现行框架以及发展战略伙伴关系重新进行评估。[1] 印度与欧盟已建立了一系列双边对话和合作机制,包括有印度总理与欧盟主席参加的印度—欧盟首脑会议、讨论双方加强交流的印度—欧盟圆桌会议、印度—欧盟外交事务部长级会议、印度—欧盟联合委员会,以及负责双方政治对话的高级官员会议等。这些机制在发展印欧关系中发挥了重要作用。印欧关系的发展成为亚欧大陆合作的重要组成部分之一。

亚欧之间的文化交流也发展迅速。例如,欧盟官员估计,在2003年至2004学年度,有多达10万名中国学生在欧洲的大学和专科学校注册入学,其中约一半集中在英国。这一人数大大超过了在美国注册入学的中国学生人数——约6万名。同时,有近5000名欧洲学生在中国的大学注册入学,其中德国学生最多,达到1280人。[2] 2004年,中国与法国互办文化年活动,成为不同文明对话的盛举。根据2003年10月中国与欧盟首脑会议签署的关于团体旅游的协议,2005年有多达60万名中国游客到欧洲旅游。这些文化交流和人员往来大大增加了亚欧人民之间的相互了解。

**(二) 亚洲国家与欧盟、俄罗斯在国际事务方面的许多理念相似或相近**

首先,在对世界秩序的看法方面。绝大多数亚洲国家与欧盟主要国家、俄罗斯都主张建立一个以国际法为基础、联合国等国际机构为框架的多边主义的"世界秩序",不赞成单边主义。中国一贯主张"建立公正合

---

[1] 转引自印度前驻约旦大使 K. 贾金德拉·辛格:《欧盟与印度加强战略关系》,香港亚洲时报在线网站2004年11月9日。

[2] 美国乔治·华盛顿大学政治与国际关系学教授、中国政策研究项目主任戴维·香博(沈大伟):《中国与欧洲:正在出现的轴心》,美国《现代史料》2004年9月号。

理的国际政治经济新秩序，提倡国际关系民主化，尊重世界多样性"。[①] 东亚国家正在努力构建"东亚共同体"，以加强相互合作，提升在国际上的竞争力。印度总理曼莫汉·辛格指出："我们将与志同道合的国家共同合作，建立一个能够考虑发展中国家合理愿望的平等的、多极化的世界秩序。"[②] 法国总统希拉克强调："任何社会中如果只有一个占支配地位的力量则总会是一个危险的社会。这就是我为什么赞成建立一个多极世界的理由。在多极世界里欧洲有它自己的一个位置。" 2003 年 4 月俄、法、德三国首脑圣彼得堡峰会后，希拉克说："我们对未来世界的看法是一致的。我们希望世界是多极的，而且每一极在解决问题时都应采取平衡各方利益、可以保障和平与民主的方法。"[③] 英国也认为："必须进一步强化多边体制以应对这些全球性的挑战。"[④] 俄罗斯接近法、德、中、印等国在这方面的理念。俄总统普京强调"致力于在一个多极世界中建立更加民主的世界秩序"。[⑤] 他指出："要珍惜联合国。"[⑥]

其次，在对全球局势的分析方面。亚洲国家与欧盟国家都认为，恐怖主义并不是当今世界唯一的问题所在，现在世界各国还面临着南北差距、环境污染、温室效应、流行性传染病、大规模自然灾害等一系列其他安全威胁。需要国际社会相互合作、共同努力，来加以解决。因此，与美国不同，大多数亚洲国家、欧盟国家、俄罗斯都签署了减少温室效应的《京都议定书》。

第三，在如何解决国际社会面临的各种威胁方面。绝大多数亚洲国家和欧盟主要国家、俄罗斯都主张通过谈判解决中东和平问题、伊朗核问题、朝鲜半岛核问题，发挥多边协商和多边机制的作用，反对绕开联合国动辄使用武力的做法。欧洲国家提出，武力并不是反恐的唯一办法。绝大多数亚洲国家与欧盟主要国家都主张应该优先解决中东和平与全球化条件

---

① 中国国家主席胡锦涛 2005 年新年贺词《共同创造人类的美好未来》，《人民日报》2005 年 1 月 1 日。
② 印度总理曼莫汉·辛格 2004 年 6 月 24 日对国民的讲话，《今日印度》（中文版）第 54 期，印度驻华大使馆编辑，北京，2004 年 6 月，第 4 页。
③ 俄塔社圣彼得堡 2003 年 4 月 11 日电。
④ 英国首相和印度总理 2004 年 9 月 20 日联合声明：《开创新的充满生机的伙伴关系》，《今日印度》（中文版）第 57 期，印度驻华大使馆编辑，北京，2004 年 9 月，第 5 页。
⑤ 俄罗斯总统和印度总理 2004 年 12 月 3 日签署的《俄印联合声明》，《今日印度》（中文版）第 59 期，印度驻华大使馆编辑，北京，2004 年 11 月，第 6 页。
⑥ 俄罗斯总统普京 2003 年 5 月 16 日在克里姆林宫发表的国情咨文，俄塔社同日俄文电。

下许多发展中国家贫穷等涉及恐怖主义得以产生的根源问题。在全世界的人道主义援助中，欧洲国家提供的占47%（美国仅占36%）。一些欧洲和亚洲国家政界人物和学者认为，美国过度使用武力，发动伊拉克战争，实际上刺激了国际恐怖主义的活动。美军占领伊拉克之后，恐怖主义不但没有被消灭，反而有加剧之势力，不但全球的许多恐怖分子潜入伊拉克进行反美"圣战"，而且恐怖主义攻击蔓延到其他一些国家。美国不仅"治标不治本"，而且在扩大恐怖主义的生存空间。

### 三　亚欧大陆跨区域博弈的影响

**（一）将加快世界多极化趋势的发展，但其进程仍将是长期复杂的**

当前，尽管美国继续推行"一超独霸"的全球战略，但世界多极化趋势仍在曲折中向前发展。亚欧大陆在地缘战略上整体化趋势的进展客观上促进了世界多极化趋势的进程。美国前国务卿布热津斯基认为："欧亚大陆是全球面积最大的大陆和地缘政治中轴。主宰欧亚大陆的国家将能控制世界最先进和经济最发达的三个地区中的两个。""对美国来说，欧亚大陆是最重要的地缘政治目标……现在美国这个非欧亚大国在这里取得了举足轻重的地位。美国能否持久、有效地保持这种地位直接影响美国对全球事务的支配。"[①]布热津斯基指出："欧亚大陆拥有世界人口的约75%。它的企业和地下矿藏在全世界物质财富中占有大部份份额。欧亚大陆的国民生产总值占世界总额的约60%。世界已知能源资源的四分之三左右也在欧亚大陆。""欧亚大陆集中了世界上大多数在政治上非常自信和富有活力的国家。排在美国后面的六个世界经济大国都在欧亚大陆。公开的核大国只有一个不是欧亚国家，不公开的核国家也只有一个不是欧亚国家。……欧亚国家的力量加在一起远远超过美国。对美国来说，幸运的是欧亚大陆太大，无法在政治上成为一个整体。"[②]

现在，世界上正在发展的主要力量中心绝大多数在亚欧大陆。在亚欧大陆的西部，欧盟2007年扩大后，拥有27个成员国，人口4.9亿人，总的国内生产总值约14万亿美元，与美国不相上下。欧盟的内部建设也取

---

① ［美］兹比格纽·布热津斯基：《大棋局：美国的首要地位及其地缘战略》（中译本），上海人民出版社1998年版，第42、41页。
② ［美］兹比格纽·布热津斯基：《大棋局：美国的首要地位及其地缘战略》（中译本），上海人民出版社1998年版，第42—43页。

得了很大发展，正在加快独立自主防务建设步伐。2004年10月，欧盟理事会通过《欧盟宪法条约》。这有助于使欧盟成为多极世界中重要的一极，在国际事务中发挥更大的作用。在亚欧大陆的东部及附近区域，东亚国家已经开始构建"东亚共同体"的进程。中国已与东盟国家于2010年建立自由贸易区。日本与东盟签订一揽子经济合作协议，决定在2012年实现经济合作伙伴计划。中日韩正在就三国自由贸易安排开展联合学术研究。"东亚共同体"如能建成，将形成与北美自由贸易区、欧盟三足鼎立的态势。而且，新兴大国BRIC（巴西、俄罗斯、印度、中国）中有3个在亚欧大陆。

亚欧大陆各主要力量中心之间相互合作和协调的发展，将促进亚欧大陆在地缘战略上的整体化趋势，并有助于提升它们在世界上的作用。而亚欧大陆跨区域合作趋势将加速世界多极化趋势的发展。

但是，亚欧大陆跨区域合作趋势的发展将是长期复杂的。欧盟当前的主要任务是巩固、消化东扩成果，今后一段时期内其政策注意力将会比较内向。亚欧大陆各主要力量中心之间也存在各种各样的矛盾，甚至在某些问题上还存在某种程度的地缘战略竞争。例如，在2004年11—12月的乌克兰总统选举中，欧盟采取了与俄罗斯相反的立场，欧俄关系蒙上阴影。而这一立场符合美国利益，使欧美自伊拉克战争以来的冷却关系得到一定程度的改善。而且，欧美关系基础深厚，其共同的意识形态和价值观念可以追溯到18世纪启蒙运动的影响。欧美在经济上完全交织在一起，难分你我。在可遇见的时间里，美国仍是最强大的国家，而欧洲由于内部需要磨合，力量相对小一些，美欧联盟将长期存在。从这个角度看，对欧美分歧不应看得过重。

应该认识到，随着经济全球化趋势的迅猛发展，各国，包括大国之间的共同利益增加，同时面临恐怖主义、大规模杀伤性武器扩散、环境污染、毒品、海盗、跨国犯罪等共同的挑战与威胁，需要相互合作来共同应对。大国之间的战争已经完全成为最后的手段，而不再是一种政治选择。因此，虽然多极化趋势对单极企图会有所制约，但一超与多强之间的矛盾并不一定会转化为对抗性的。它们之间可以是既相互竞争又相互合作，既相互制约又相互借重，争而有度，斗而不破。

### （二）促使新一轮陆权与海权的互动

从国际关系史上看，曾经有过许多次地缘政治意义上的陆权与海权的碰撞。如18世纪末至19世纪初拿破仑统治下的法国与英国之间的争夺，1904年至1905年的日俄战争等。当前，一方面，亚欧大陆跨区域合作趋势在发展。另一方面，美国企图通过掌握亚欧大陆的主导权而控制世界的领导权。在冷战时期，美国海外军事力量主要部署在亚欧大陆西部狭窄的边缘和亚欧大陆东部朝鲜半岛的南半部及邻近的日本。冷战结束以来，美国设法将其军事力量由亚欧大陆边缘向内陆推进。2004年北约组织完成冷战结束以来的第二轮东扩，使北约成员国从19个增加到26个，将北约覆盖的区域扩展到中东欧和东南欧。北约已在阿富汗部署1万名国际安全部队执行维持稳定的任务。北约还准备将中亚国家也发展为成员国。不过，北约这样做客观上也促进了亚欧大陆地缘战略整体化的趋势。

特别是"9·11"事件后，布什政府利用反恐在中亚某些国家驻军，并借调整其全球军事部署之机，加强在东亚及西太平洋地区的海、空军力量。美国的这种做法和亚欧大陆整体化趋势的发展，将导致新一轮陆权与海权的互动。从亚欧大陆来看，美国是海权国家，它在亚太地区的主要盟国也大多是海洋国家或半岛国家。而中、俄、印、法、德等国则是陆权国家。它们之间关系的演变，包括中、俄、印之间关系的发展，将对新一轮陆权与海权的互动产生重要影响。

应该认识到，由于经济全球化趋势的快速发展，使得各大国之间的共同利益日益增加。这一轮陆权与海权的互动，将呈现新的形式，是既有碰撞又有合作。其结果将是形成一块大陆（亚欧大陆）和两个大洋圈（太平洋圈与大西洋圈）的结合。这连在一起的"三大"区域将成为世界事务的重心，并将对全球战略形势产生重大影响。值得注意的是，这两个大洋圈的连接方式是不同的。以大西洋两岸为主的大西洋圈主要依靠北约这一军事政治联盟机制相联系，而以环太平洋为主的太平洋圈将主要是依靠"亚太经济合作组织"（英文缩写APEC）这一经济合作机制相联系。从长远来看，在经济全球化大趋势背景下，太平洋圈的这一经济合作机制将优越于大西洋圈的军事政治联盟机制。

**（三）开始国际关系中"亚欧认同"的进程**

亚欧大陆是人类五大古代文明中的四大文明（中华文明、古印度文明、两河流域古文明、古希腊罗马文明）的发源地。虽然亚洲文明和欧洲文明在古代是在各自相对独立的情况下发展起来的，两者的文化价值观有许多不同之处，但也有一些类似之处。例如，希腊文明是近代西方文明的源泉，希腊精神的特点是求健康、好学、创造、爱好人文、爱美、中庸、热爱自由等；中国精神与希腊精神可以相比，虽然在热爱自由方面比较欠缺，但希腊精神中的好学、创造、中庸等与中国精神中的好学、创造、中庸等有相似之处。

第二次世界大战结束后，随着民族解放运动的高涨，一些殖民地和半殖民地人民通过民族解放斗争赢得了民族独立，建立了主权国家。此后，它们的最大任务是维护国家独立、发展民族经济。为此，它们要求在独立、平等的基础上，建立一种公正、合理的新型国际关系。在这种情况下，具有东方民族"和而不同"智慧的中、印、缅领导人，在吸收列宁"和平共处"先进思想的基础上，提出了以"互相尊重主权和领土完整、互不侵犯、互不干涉内政、平等互利、和平共处"为主要内容的和平共处五项原则。印度外长纳特瓦尔·辛格认为："在某种程度上，潘查希拉原则（引者注：即和平共处五项原则）反映了印度和中国古代文明的信仰和价值。潘查希拉的核心是强调'和平共处'与互利合作。"[①]

欧洲国家从17世纪至20世纪前半期，只将国家主权平等原则适用于所谓的"基督教文明国家"。而对其他文明的国家和民族，欧洲列强并没有像中国自古以来一直持有的"和而不同"的世界观。相反，它们凭借资本主义生产力迅速发展所获得的坚船利炮，在亚、非、拉美等广大地区进行征服、掠夺和占领殖民地。但20世纪中期以来，欧洲从殖民主义的失败中，特别是从两次世界大战中吸取了深刻的教训，随后又在欧盟建设中得到了经验，终于认识到世界各国需要合作，应尽可能通过谈判化解分歧，通过国际多边机制解决问题。欧洲过去就有"多样性中的统一性"的哲理。欧盟是各国保持其独特的文化，同时又共存于一个多元文化的体系之中。欧洲居民现在讲100多种语言或方言，从而成为世界上最具文化多样性的地区之一。这些理念与中、印等亚洲国家的理念很接近或相似。这为形成国际关系中的"亚欧认同"（the Eurasian Identity）奠定了基础。随着亚欧大陆跨区域合作趋势的发展，亚欧

---

[①] 时任印度外长纳特瓦尔·辛格2004年11月4日在国际研讨会上的讲话：《以多边主义为基础 迈向国际新秩序》，《今日印度》（中文版）第59期，印度驻华大使馆编辑，北京，2004年11月，第9页。

之间的文化交流和文明对话将越来越密切，相互了解不断增加，从而不断培育和充实"亚欧认同"。

但应该认识到，欧洲国家与亚洲国家之间在价值观念等方面还存在许多不同。形成国际关系中的"亚欧认同"将是一个很长时期的复杂曲折过程。

# 第五章 美国在与中国相关的地缘政治中的作用

美国作为当前世界上唯一的超级大国和在国际体系中占主导地位的国家，在 21 世纪里能保持这种地位多长时间，实行什么样的对外战略，是影响国际体系转型、世界战略形势以及与中国相关的地缘政治的最重要外部因素之一。

## 第一节 21 世纪美国全球战略与地缘政治

美国全球战略具有很强的地缘政治考虑，核心是运用综合国力，防止欧亚大陆出现任何可能挑战其全球霸主地位的力量中心，以便长期在世界上维持其"一超独霸"的地位。这一战略对国际体系和中美关系都产生重要影响。

### 一 美国在国际上地位的趋势

美国现在是全球最大的经济体。到 2015 年美国仍能保持其唯一超级大国的地位。但另一方面，美国也将面临世界多极化进程越来越大的制约。

首先，是区域性合作的发展。欧洲联盟现在的国内生产总值已相当于美国，2007 年 1 月欧盟国家增加到 27 个，人口增至 4.9 亿人。这将进一步奠定欧盟在欧洲的中心地位，并使欧盟在全球范围内的分量显著增强。当前欧洲国家正在欧洲联盟的框架内加速推动独立的欧洲安全与防务政策的最终形成，包括建立适当的磋商与决策机制，以及必要的、自主的军事手段和军事能力。欧盟在2003年组建欧洲快速反应部队。欧洲国家在防务上独立自主因素的发展将对欧洲未来安全格局的形成有重大影响，也是世界朝多极化发展的一个重要表现。

1997年的金融危机使东亚各国深感加强地区经济合作和共同发展的必要性，"10＋3"（即"东盟＋中、日、韩"）框架的建立是为了适应这种需要。1999年11月"10＋3"领导人非正式会晤发表的《东亚合作联合声明》为东亚合作的发展指明了方向和重点。在2000年11月举行的"10＋3"领导人非正式会晤期间，时任新加坡总理吴作栋提出"东亚区域合作"构想。随着东亚地区贸易和金融一体化趋势的发展，实现东亚自由贸易区的可能性大大增加。与此相适应，东亚各国在政治和安全领域的对话与协调也将推进。"10＋3"机制成为东亚区域合作的主渠道。2005年11月，第一届东亚峰会在马来西亚首都吉隆坡举行，出席峰会的有东盟10个成员国、中国、澳大利亚、印度、日本、韩国和新西兰的国家元首或政府首脑。这些实际上是世界多极化趋势在亚太地区的重要表现。同时，这种地区合作的趋势是世界多极化趋势的一个重要组成部分。

欧盟和东亚区域合作的发展不仅将有力推动世界经济多极化的趋势，而且将促进世界政治多极化的趋势。

第二，大国之间建立伙伴关系对美加强军事联盟以维持"一超独霸"地位有牵制作用。冷战结束后，各大国为适应新的国际形势和新的战略需要，逐渐重新调整和定位它们之间的相互关系。1996年中俄两国决定建立和发展两国"平等信任、面向21世纪的战略协作伙伴关系"。1998年中日两国领导人宣布建立致力于和平与发展的友好合作伙伴关系，2006年中日两国确定努力构筑"基于共同战略利益的互惠关系"。1997年中国与东盟国家领导人确定了双方建立面向21世纪的睦邻互信伙伴关系的目标，2003年中国与东盟确立面向和平与繁荣的战略伙伴关系。1996年中印两国决定在和平共处五项原则基础上建立面向未来的建设性合作伙伴关系。2005年中印、中巴宣布确立战略合作伙伴关系。1998年4月中国与欧盟表示希望建立面向21世纪的长期稳定的建设性伙伴关系。2001年双方表示建立全面伙伴关系。2003年中国与欧盟宣布建立中欧全面战略伙伴关系。这种"战略伙伴关系"或"伙伴关系"与冷战时期的"盟友关系"或"战略合作关系"有着本质的不同。冷战时期的那些关系往往具有军事上针对第三国的含义,而现在的"战略伙伴关系"不是针对第三国的、不带结盟性质,其主旨是争取不搞对抗,相互友好,加强合作。这种关系应是平等的,相互尊重的,同时不是排他性的。大国关系的这种重新调整和定位,对美国企图通过加强军事联盟来保持其"一超独霸"的地位是一种牵制。

第三,某些与美国结盟的大国独立自主性的增强。例如,在伊拉克战争前后,德国、法国与美国在伊战问题上产生较大分歧。又如,美国甚至也曾担心日本走独自追求国家利益的道路。美国国家情报委员会2000年12月18日发表的报告《2015年的全球趋势》认为到2015年东亚地区的不稳定因素之一,将是日本"要求发挥地区领导力的意愿的增强",日本可能"不直接依赖与美国的同盟关系,而在国内外寻求维护国家利益的政策"。[①]

对21世纪美国在国际上地位的趋势,美国国内有不同的评估。美国政界主流派认为,美国将长期保持唯一超级大国的地位。

但美国也有一些人士认识到,美国唯一超级大国的地位在2015年以后将遭遇严重挑战。

总的来说,尽管前一种观点在美国仍是主流派的看法,但接受后一种观点的人在增加。这些观点的演变发展将对美国全球战略的趋势产生重大影响。

## 二 21世纪初美国全球战略的主要趋势

### (一)维持"一超独霸"地位是21世纪美国全球战略的目标

21世纪美国全球战略的核心目标仍将是维持其"一超独霸"的地位,因为这不仅是美国共和与民主两党主流派的一致观点,而且是美国政界的主导性共识。除非美国与其他主要大国的实力对比将来发生根本性变化或者多极化趋势取得重大进展,否则美国不会放弃这一目标。为了保持唯一超级大国的地位,美国更加重视发展高科技产业和军事力量,将其作为维持全球霸主地位的两根主要支柱。

---

[①] 美国国家情报委员会2000年12月18日发表的报告《2015年的全球趋势》。

### （二）追求"绝对安全"成为21世纪美国全球战略的理论基础

冷战结束以来，美国国家安全理论发生重大变化。追求"绝对安全"已成为美国新的国家安全战略的理论基础，这不仅表现在美国大力发展和企图部署弹道导弹防御系统，也表现在美国担心中国将来成为美国的对手，从而正在逐渐加强对中国的制约和防范，甚至企图以台湾问题来牵制中国。同时，美国还谋求大力压缩俄罗斯的战略空间，进一步削弱俄罗斯的军事力量，特别是战略核力量，以便防止俄东山再起重新成为美国的全球性对手。美国还以防止大规模杀伤性武器扩散和反恐为名发动伊拉克战争。

### （三）谋求"全面军事优势"和"太空优势"是新世纪美国全球战略的主要手段之一

在国际经济竞争更加激烈的情况下，美国为了长期保持其世界领导的地位，更加重视军事因素的作用，企图长期享有支撑其霸主地位的"全面军事优势"。而为达到此目的，美国集中力量抢占太空制高点，谋求"太空优势"。美国大力发展导弹防御系统，特别是其中的太空武器，并不只是为了当前的利益，而是着眼于2015年以后能够继续确保全面军事和科技优势。

### （四）全球战略的重点由欧洲转到亚太地区

自第二次世界大战结束以来，美国全球战略和军事战略的重点一直在欧洲。冷战结束后，美国大幅度削减驻欧美军，将其从1992年的23.45万人削减到10万人。科索沃战争结束后，美国军方认为，欧洲形势基本稳定，而亚洲却存在着若干可能导致美国不得不进行军事干预的热点，如台湾海峡、朝鲜半岛等。在这种情况下，美国加强在亚太地区的军事同盟、前沿军事存在和力量投送能力，准备逐渐将军事战略的重点由欧洲向亚太地区转移。这是美军事战略的重大调整，大大增加了亚太地区在美全球战略中的重要性。乔治·W.布什当选总统后不久，就将"与欧洲和远东地区的盟国一起努力促进和平"作为其外交政策将遵循的六条准则中的第一条。[①] 这种将亚太地区（即布什所说的"远东地区"）与欧洲并列作为美国外交政策头等重视地区的提法，是美国历届

---

[①] 罗宾·赖特和埃德温·陈：《鲍威尔保证：美国将在全球问题上发挥积极作用》，载美国《洛杉矶时报》2000年12月17日。

政府所不曾有的。

"9·11"事件后，布什政府将反恐和防止大规模杀伤性武器扩散作为其全球战略的最优先事项。为此，曾将全球战略的重点转到中东地区。但奥巴马政府上台后，从伊拉克撤军，将全球战略的重点转到亚太地区。

### 三　美国全球战略的主要特点

乔治·W. 布什当选总统后，提出了其政府外交政策将遵循的六条准则：与欧洲和远东地区的盟国一起努力促进和平；促使建立一个完全民主的西半球；保护美国在波斯湾的利益并推动建立在一个安全的以色列的基础上的中东和平进程；阻止大规模杀伤性武器的扩散；努力实现一个没有贸易壁垒的世界；促进人类自由，不是把它当做"一种空洞的外交形式"，而是把它奉为一条"指导原则"。① 这些准则实际上成为小布什政府调整美国全球战略的纲领。

"9·11"事件以来，小布什政府对美国全球战略进行了进一步的调整。2002年9月，小布什政府在其第一份《国家安全战略报告》中将"为人的尊严而奋战；加强盟国关系以击败全球恐怖主义并防止恐怖主义攻击我们及盟友；防止我们的敌人用大规模杀伤性武器威胁我们及其盟国和盟友；通过自由市场和自由贸易充分利用全球经济增长的新时期；用开放社会和建立民主基础设施的方法扩大民主国家圈；发展与全球其他主要力量中心采取合作行动的议程"等作为实现美国全球战略目标的主要途径。② 它并宣称："美国国家安全战略基于反映我们价值和我们国家利益结合的美国国际主义。"③

2006年3月，小布什政府在其第二份《国家安全战略报告》中提出美国国家安全战略的两个支柱"推进自由、公正和人的尊严——致力于结束暴政，推进有效的民主制度，并通过自由公平的贸易和明智的发展政

---

① 美国总统乔治·W. 布什 2000 年 12 月 17 日在宣布提名科林·鲍威尔为国务卿的会议上的讲话，载美国《洛杉矶时报》2000 年 12 月 17 日。
② The White House, The National Security Strategy of the United States, September 20, 2002, http://www.whitehouse.gov/nsc/.
③ Ibid.

策促进繁荣"和"领导越来越多的民主国家,应对形势的挑战"。① 这些表明,小布什政府企图通过在一些国家推行美国式的民主来反恐和扩大美国势力范围。

2010年5月27日,奥巴马政府出台了《国家安全战略报告》。该报告明确提出了"重振美国,领导全球"的新国家安全战略,强调通过"国内建设"和"国外塑造"两手来重振美领导地位;将军事作为外交努力无效情况下的最后手段,这与布什政府时期的"先发制人"战略相比是个重大转变。

总的来看,美国全球战略中的连续性将是主要的,调整将主要在战略的侧重点、手段或程度方面。

(一) 加强美国与盟国的关系

乔治·W. 布什在竞选中批评克林顿政府对美国的有些盟国缺乏应有的重视。布什政府成立后,时任国务卿鲍威尔重申了美日两国的联盟关系和在亚洲进行合作的重要性。鲍威尔指出,美国新政府将尽一切力量发展同日本的经济、安全和外交关系。美国加强美日安全联盟的主要目的之一是为了准备必要时军事介入台湾海峡局势。鲍威尔要求日本与美国共同努力"关注台海局势",并称"美日两国未来应就此事进行密切磋商"。② 时任美国副国务卿阿米蒂奇公开表示,如果美日同盟紧密,就可以抑制中国大陆和台湾之间的纠纷。③ 他要求日本自卫队在东亚和太平洋地区分担责任。2005年2月,美日外交部长和国防部长"2+2"安全磋商委员会会议发表联合声明,明确将"鼓励台湾海峡相关问题通过对话和平解决",列为美日在亚太地区共同的战略目标之一。2006年6月,美日两国首脑发表《21世纪的新的美日同盟》的联合文件,宣称美日应合作扩大和深化民主这一"普遍的价值观"。时任日本首相小泉甚至说,美日同盟已经超出了两国的范畴,成为"世界范围的同盟"。

小布什政府还希望在解决朝鲜半岛问题过程中发挥盟国的作用。时任国务卿鲍威尔说:"美国在逐渐改善同朝鲜关系的同时,将继续与日本和

---

① The White House, The National Security Strategy of the United States, March 16, 2006, http://www.whitehouse.gov/nsc/.
② 中央社华盛顿2001年1月24日电。
③ 共同社华盛顿2001年1月23日电。

韩国密切合作。"①

在欧洲，北约仍是美国推行其全球战略的主要工具。小布什政府强调，美国和欧洲盟国的首要任务是"保持北约成为欧洲安全结构的核心"。布什总统说："美国知道，要赢得胜利，就必须和我们的盟国合作"，美国"将和我们的北约盟国坦诚磋商，我们也希望它们采取同样做法"。②面对欧盟国家发展独立防务力量的趋势，美国非常不满。时任国防部长拉姆斯菲尔德含蓄地警告说，混乱的机构重叠或搅乱跨大西洋联系的行动会使北约的有效性受到削弱。

"9·11"事件后，布什政府更多地采取单边主义，强调组成"志愿者联盟"，进行先发制人的打击。发动伊拉克战争是布什政府推行单边主义的顶峰。但由于美军占领伊拉克后在伊陷入反美武装和恐怖分子袭击的困境之中，不得不转向更多依靠多边主义。

奥巴马政府2010年5月出台的《国家安全战略报告》在继续将维护国家安全、促进经济繁荣和推进"民主"作为三大支柱的同时，又将营造"公正的、可持续的国际秩序"与前三项并列作为第四大支柱。该报告认为，这种国际秩序需要通过与国际社会，尤其是世界各种力量中心的全面接触加以构建：一是强化传统同盟；二是与21世纪的"影响力中心"建立合作关系；三是加强合作制度与机制。值得注意的是，该报告改变了以往渲染中俄两国作为潜在竞争对手对美构成严重威胁的提法，降低了对中俄两国的抨击调门，表明奥巴马政府开始寻求打造以美为主导的新型国际秩序，以合作谋求安全的新思路。

（二）积极推进弹道导弹防御系统

小布什政府上台后就将建立弹道导弹防御系统作为美国军事战略和外交政策的最优先任务之一，重点加以推动。2001年5月1日，时任美国总统布什宣称，美国将"需要一种能够使我们建立导弹防御系统来对付当今世界各种威胁的新构想"。③同年12月13日，小布什总统宣布，美国将退出1972年签署的《反弹道导弹条约》（ABM）。美退出《反弹道导弹条约》为其部署弹道导弹防御系统开了绿灯。2002年12月17日，小

---

① 法新社华盛顿2001年1月26日电。
② 美国总统乔治·W. 布什2001年2月13日的讲话，法新社弗吉尼亚州诺福克同日电。
③ 美国总统布什2001年5月1日在美国国防大学的演讲，http://www.whitehouse.gov。

布什总统宣布，他已下令军方开始部署初步的导弹防御系统，以防止大规模杀伤性武器造成的"灾难性破坏"。① 同一天，小布什签署《总统国家安全指令第 23 号》。该指令宣称："美国将不会有一个最后的、固定不变的导弹防御体系，而是将发展能应对不断变化着的威胁的一整套导弹防御能力"，"我们发展和署属的导弹防御系统将必须不仅具备防卫美国及其部署的军队的能力，而且具备防卫我们的友邦和盟国的能力"。② 2003 年 5 月 20 日，小布什政府发布《弹道导弹防御国家政策》，认为目前的安全环境与冷战时期"根本不同"，美国面临来自"敌对国家"日益严重的导弹威胁，一些国家正在大力谋求发展大规模杀伤性武器和远程导弹。文件强调美国有必要发展导弹防御系统，以阻止"敌对国家"和恐怖分子对美国可能发动的生化武器和核武器袭击。文件宣布美国将从 2004 年开始部署一套初步的导弹防御能力。③

小布什政府这样做是有长远战略考虑的：首先，将建立弹道导弹防御系统（MD）作为其全球战略的重要支撑点之一。美国政府认为，从现在到 2015 年，美国是世界上唯一的超级大国；但 2015 年以后，美国在世界上的领导地位将遭到俄罗斯或中国等大国或国家集团的挑战。为了在 2015 年以后能够继续长期维持其霸权地位，美国将发展弹道导弹防御系统作为继续保持全面军事优势和高科技优势的最重要抓手。

其次，将弹道导弹防御系统作为新军事变革的核心部分。当前，世界正站在一场新军事变革的门槛上。在未来的新军事变革中，以新的物理原理为基础的新型武器、信息战将成为战争的主要样式之一、太空将成为各大国争夺的新的制高点。美国企图通过发展弹道导弹防御系统在新军事变革中上一个新台阶，抢占太空这一新制高点。美国在这方面追求的最终目标，并不单单是导弹防御，而是织造一张集信息、卫星、激光武器等手段为一体的"天网"（Space Grid），居高临下地控制全球，以巩固和加强其"一超"地位。

第三，以研发弹道导弹防御系统为契机，大幅度提升美国在主要领域

---

① http：//www.whitehouse.gov.
② Bradley Graham, U.S. Plans: Missile Defense Justification Released by White House, *Washington Post*, May 21, 2003.
③ The Office of the White House, National Policy on Ballistic Missile Defense Fact Sheet, May 20, 2003, http：//www.whitehouse.gov/news/releases/2003/05.

的科技优势。美国军事科研成果转为民用开发的机制比较顺畅,因此军事高科技研究通常能够迅速带动民用高科技的发展。例如,"星球大战"计划的科研项目使美国在计算机、微电子、航天工程、激光技术、新材料等领域的高科技发展上了一个新台阶。布什政府大力推动弹道导弹防御系统,也有着促使美国高科技发展进入一个新阶段的意图,其长远目标是保持甚至扩大对其他国家的高科技优势。

第四,美国企图依靠其先进的科技优势和强大的经济与军事实力,通过建立弹道导弹防御系统来实现美国的"绝对安全"。

小布什政府从2004年开始部署导弹防御系统。至2006年6月已部署11枚陆基远程拦截导弹。其中,9枚部署在阿拉斯加州、2枚部署在加利福尼亚州。此外,美国还在若干艘有"宙斯盾"系统的巡洋舰和驱逐舰上安装了"标准-3"型海军战区高层导弹防御系统。

陆基导弹防御系统主要用于对付较小规模和意外进行的对美国的导弹攻击。从理论上说,平均3枚至4枚拦截导弹能够拦截1枚来袭导弹。

美国同时部署的"宙斯盾"海基导弹防御系统,其主要优点是灵活性大和可移动性。它将装备"标准-3"型(Standard-3,SM-3)或"标准-4"型(Standard-4,SM-4)导弹,属高空反导弹体系,能从海上为大片地区提供反导弹防御,具有拦截在助推段、中段和末段飞行的导弹的能力。美海军认为,使用该系统可以"将导弹防御系统的保护范围扩展到我们的盟国"和部署在靠近目标导弹发射器的地方;在经过改良后,能够保护美国所有50个州不受射程超过4800公里的远程弹道导弹的袭击。

而且,美国正在加紧研制和准备部署的其他类型的弹道导弹防御系统有:

(1)空基激光反导弹武器。空军机载激光反导弹武器安装在波音747—400F飞机上,能够用高能激光击毁500公里以内正在飞行中的导弹。美国2002年进行了机载激光截击导弹的试验。预计部署9架装备这种机载激光反导弹武器的飞机,其中5架部署在亚太地区。美国机载激光反导弹武器项目预计总耗资将超过110亿美元,这种武器将成为美国导弹防御系统的骨干。[①] 空军机载激光反导弹武器的长处之一是每次飞行可以

---

① 迈克尔·基利安报道:《空军将试验反导弹激光飞机》,美国《芝加哥论坛报》2000年1月26日。

发射激光束多达20多次，每次发射仅耗资几千美元，"比发射一枚导弹便宜多了"。① 长处之二是可以摧毁发射后飞行了80秒至140秒的处于助推阶段的导弹，使核弹头的放射性微粒以及生物和化学弹头的毒剂散落到发射导弹的国家领土上。该系统的问题，一是激光束的路径是否会因大气层的变化而改变这一技术难题还未最后解决；二是由于来袭导弹的助推阶段持续时间很短，如果将该系统作为导弹防御系统的一部分，就需要一队波音747飞机不间断地在靠近敌方领空的空域巡逻，这样一来，费用很高且易受对方攻击。

（2）太空基激光武器。空间激光武器被美国一些人认为是最具发展前景的保护美国及其盟国的方案。洛克希德公司、波音公司和汤普森—拉莫—伍尔德里奇公司共同参与一项投资为2.4亿美元的该系统演示项目，可在2012年将实验激光器投入空间使用。但要将该系统实际部署和使用还要花费数十年时间。而且，它将遇到反对太空军事化的广大发展中国家甚至美国的一些盟国的强烈反对。

以上两种导弹防御武器都具有在敌方导弹发射后的助推段和中段击毁来袭导弹的能力。

（三）将太空作为确保战略优势的新重点

美国正在将军事战略的重点转向太空，企图抢占太空制高点。美国空军部长和空军参谋长2001年联合签发了《航空航天：保卫21世纪的美国》白皮书。白皮书指出，美国空军将由现在的空战为主转变为既可空战，又可在太空作战的"航空航天一体化"的空军。这是美军第一次以纲领性文件的形式确定建立本国"天军"的计划。为了加速向"天军"发展，美国空军又推出了名为《全球参与：21世纪空军构想》的文件。该文件规定"天军"将具备的六项核心作战能力，其中包括航空航天优势、快速全球机动、全球攻击、精确作战、信息优势和敏捷战斗支援。

时任国防部部长的拉姆斯菲尔德比他的前任更注重太空，他建议在白宫成立"国家空间委员会"，设一名"总统空间问题特别助理"，在五角大楼组建"国防空间委员会"，增设一名负责太空防务、情报和信息问题的国防部副部长，并建立"国会空间小组"。拉姆斯菲尔德主张改变冷战

---

① 格雷德·施奈德：《光速武器》，载美国《巴尔的摩太阳报》1996年11月10日。

时期核威慑的方式,可信的威慑"必须以进攻性核力量和防御性非核力量相结合作为其基础,这样双管齐下,使一个可能的敌手不可能获得对我们的军队和我们的国土以及我们盟国的军队和国土使用大规模杀伤性武器的机会或好处"。[1]

2001年1月27日,美国空军太空战研究中心举行首次将太空作为主要战区的重大战争演习。该演习以2017年的中美关系为背景,模拟了双方太空对抗战。[2] 美国报刊认为,演习表明,快速反应太空飞船、在轨道上飞行的雷达群以及能够从太空打击地面目标的武器等先进系统"非常有用"。[3]

### (四) 对中国采取"两面下注"政策

小布什政府对中国实行既接触又制约的政策。"9·11"事件后,小布什政府加强了与中国在反恐、地区安全等领域的合作。布什总统第二任期中把这一政策进一步发展为"两面下注"政策,即要求中国成为国际体系中"负责任的利益相关方",又对中国进行防范。奥巴马政府基本继承了这一政策。

## 四 美国全球战略对与中国相关的地缘政治的影响

### (一) 美国"单极化"战略与世界多极化趋势的矛盾更加明显

小布什政府推行"单极化"战略,企图维持其"一超独霸"的地位,使世界格局向多极化的演变成为一个曲折复杂、充满斗争的长期历史进程。但另一方面,世界多极化的趋势是时代发展的大趋势,是不可阻挡的历史潮流。多极化趋势的发展增加了对美国霸权主义的制约因素:俄罗斯总统普京执政后,继续主张推动世界多极化和建立公正合理的国际新秩序,实行积极的外交政策;欧盟在科索沃战争后,加快发展欧洲防务力量,在安全和防务方面独立自主的能力在增加;东盟国家与中、日、韩在经济、金融领域加强合作,形成"东盟+3"机制,东亚地区在经济、金

---

[1] 保罗·曼:《布什班子重新考虑战略原则》,载美国《航空航天技术周刊》2001年1月23日一期。
[2] 托马斯·里克斯:《最新军事演习将在太空举行》,载美国《华盛顿邮报》2001年1月29日。
[3] 《军事演习意在解决军事太空难题》,载美国《航空航天技术周刊》2001年1月19日一期。

融方面的自主能力增加；中国作为最大的发展中国家，继续奉行独立自主的和平外交政策，是世界多极化趋势中的一支重要力量。多极化趋势的发展增加了对美国霸权主义的制约因素。另外，在其他方面也存在着一些制约美国霸权主义的因素：美国独霸世界的野心与其实际可使用的力量之间存在差距；美国国内存在着现实主义与理想主义的争论；美国在不是它关键利益所在的地区作战时害怕遭受重大伤亡。这些因素将使美国在推行"单极化"战略时不可能为所欲为。

奥巴马政府上台后，减少了美国全球战略中的"单极化"色彩，在强调保持美国世界领导地位的同时，更多强调与其盟国和其他力量中心的合作。

### （二）大国关系更加复杂化

冷战结束后，大国之间的关系进入了进行重大调整的时期，一些大国试图建立起新型的大国关系。但是，这种新型的大国关系尚未成熟。美国推行"一超独霸"的战略和强权政治使它与其他大国之间的矛盾上升，关系错综复杂。奥巴马政府执政后，美国与其他大国之间矛盾的尖锐性有所下降。

### （三）美国发展导弹防御系统与世界潮流背道而驰

美国在21世纪加速发展弹道导弹防御系统，名义上是为了防御，实质上为了建立攻防兼备的全面军事优势和在此基础上的绝对安全态势。它现在已拥有世界上最强大的常规军事力量和最庞大的核武库，并且继续坚持首先使用核武器的政策。在这种情况下，美国大力发展并部署弹道导弹防御系统，将削弱乃至剥夺其他核国家的核反击能力，破坏作为国际核裁军和防止核扩散体系框架基础的《反弹道导弹条约》。美国发展新型核弹头，是与核裁军和不扩散核武器的潮流背道而驰的。这些将导致新一轮以发展高新技术武器为特征的军备竞赛，促使一些国家加速发展导弹防御武器、太空武器、核武器和其他高新技术武器。

### （四）中美关系处于竞争又合作的状态

中国是一个发展中的大国，现在弱没有弱到使美国放心的程度，强还没有强到使美国承认中国的根本国家利益，从而在台湾问题上停止干涉中国内政的程度。因此，在中国向现代化强国目标发展的一个很长历史时期内，美国由于担心中国可能挑战它的霸权地位，将继续对中国进行牵制。但"9·11"事件后，中美关系中合作的因素在增加。

尽管中美两国间存在许多矛盾和分歧，但中美之间在地区安全、反恐、经济、对付跨国界问题等方面仍存在许多共同利益，两国经济上的相互依存性在增加。因此在不因台湾问题而发生重大事变的情况下，既竞争又合作、既斗争又对话将仍然是两国关系的基本框架。

## 第二节　21世纪美国亚太安全战略与地缘政治

美国亚太安全战略有着很浓的地缘政治色彩，基本上是以海权理论、陆权理论和空权理论相结合作为其理论基础。该战略的核心是确保美国在亚太地区的海上霸权，争取控制欧亚大陆的边缘地带，即从西亚、南亚、东南亚到东亚整个沿海地带。而海空力量是美国达到这一战略目标的主要手段。

进入21世纪后，针对亚太地区形势发生的重要变化，美国从全球战略出发，开始对其亚太安全战略进行重大调整。乔治·W.布什政府时期，这种调整更多带有布什政府的特色。奥巴马政府上台后，更多强调加强与盟国的关系和通过合作与制约防止中国崛起挑战美国在亚太地区的主导地位。美国亚太安全战略对亚太地缘战略形势和中国安全环境产生相当的影响。

### 一　美国亚太安全战略调整的特点与趋势

#### （一）更加重视亚太地区在美全球战略中的地位

小布什政府的亚太战略是以维护美国在亚太地区的主导地位为主要目的，以"帮助建立经济增长和政治自由能蓬勃发展的安全条件"为美国"在亚洲的第一目标和首要任务"。[①] 时任美国务卿鲍威尔宣称，美国"是一个太平洋大国，我们不会放弃在亚洲的战略地位"，美国将继续成为保证地区稳定的"亚洲安全的平衡因素"。[②]

科索沃战争结束后至"9·11"事件发生前，美国曾酝酿将军事战略

---

[①] U. S. Secretary of State Colin L. Powel's remarks at Asia Society Annual Dinner, New York, June 10, 2001, http://www.usembassy-china.org.cn/shanghai/pas/hyper.

[②] Ibid.

重点向亚太地区转移。据美国报刊披露，2001年5月美国国防部完成一份秘密战略评估报告，确定把太平洋作为美国的主要战略地区，将军事战略重点从欧洲转向东亚。其矛头虽不能说都是对着中国，但在相当大程度上是针对中国的。美国国防部2001年9月30日向国会提交的《四年防务评估报告》，首次将东亚沿岸地区作为美国有关键利益的地区，认为"在亚洲地区可能出现有强大资源基础的军事竞争者"；从孟加拉湾到日本海，中国周边的东亚沿岸是"特别难以把握的地区"。[1]

"9·11"事件后，布什政府亚太安全战略的重点有所调整。从重点防止中国成为挑战美国利益的潜在对手转变为将反恐作为其亚太安全战略的最优先事务。布什政府第一任期亚太安全战略的五项主要目标是：促进和加深民主；增进可持续的经济发展；反大规模杀伤性武器扩散；反地区内的国际犯罪；促进开放市场。而地区稳定是作为贯穿这些目标的核心战略目标。[2] 美国全球战略的重心转到中东地区。

布什政府第二任期基本延续了这一战略。布什总统2005年11月16日在日本讲话时强调，自由是美国与亚洲关系的基石，认为美国在亚太地区面临的主要挑战和任务包括：努力建立自由和公平合理的贸易；保护我们的人民免受大规模流感带来的新威胁；确保新兴经济体有继续增长所需的足够能源供应；对付恐怖分子；扩展自由和民主等。[3]

奥巴马政府上台后，从伊拉克撤军。2010年下半年以来，奥巴马政府调整美国亚太战略，将美国全球战略和军事战略的重点转向东亚地区，推行"再平衡"战略。通过加强与盟友关系，维持和强化美国在亚太地区的领导地位。加强美国在东亚和西太平洋的军事存在，推出"空海一体战"理论。用"泛太平洋战略经济伙伴关系"争取区域经济合作的主导权。在地缘战略上以南海问题为抓手形成问题型联盟。奥巴马政府亚太战略将受到多种因素的制约。美国在经济上力不从心，难以为其亚太战略大幅增加投入。美国以军事力量为主要手段支撑其亚太领导地位，作用有限。奥巴马政府调整美国亚太战略，将使东亚地区特别是南海地区形势更

---

[1] "Quadrennial Defense Review Report, (Department of Defense, 2001)", p.4, http://www.defenselink.mil.
[2] 时任美国负责东亚与太平洋事务助理国务卿詹姆斯·凯利2003年3月26日在美国国会参议院外交关系委员会作证时的证词，http://www.state.gov。
[3] 美国总统布什2005年11月16日在日本京都的讲话，http://www.state.gov。

加复杂化，使中美关系出现更多矛盾和摩擦，增添台海两岸关系中的不确定因素。

### （二）加强美国与亚太盟国的双边和多边合作

长期以来，美国在亚太地区的安全安排主要依靠美日、美韩、美泰、美菲、美澳等双边军事同盟。但近年来亚太地区形势的发展，使美国不满足于已有的双边安全安排。"9·11"事件之前，它试图以现有的双边军事同盟和双边关系为框架，在亚太地区编织一张多边安全关系网，进而建立以美国为主导的亚太安全共同体。

"9·11"事件后，美国暂停了建立以美国为主导的亚太安全共同体的步骤，但仍试图构建以它为主导的多边机制。2006年3月，美日澳三国外长在澳大利亚举行首次三边安全会议。2007年9月4日，美、日、澳、印、新（加坡）在孟加拉湾举行代号为"马拉巴尔—2007"的大规模联合海上军事演习，来自5国的30多艘舰船、200多架战机参加了军演，其中包括美国的两艘航母和一艘印度航母，以及核动力和常规动力潜艇、空中加油机等。同月8日，美、日、澳三国领导人在澳大利亚悉尼举行首次战略对话。

2010年3月韩国海军天安舰沉没和12月朝鲜炮击韩国延坪岛后，美韩和美日都多次举行大规模联合军事演习。日本自卫队派观察员观摩美韩联合军演，韩国军队则派观察员观摩美日联合军演。

### （三）进一步加强美日安全联盟，支持日本在地区安全事务中发挥更大的作用

小布什政府认为"美日安全联盟仍然是亚太地区和平与安全的基石"。[①] 在美国的力促下，1999年4月至5月，日本国会通过了新日美防卫合作指针相关法案：《周边事态法》、《自卫队法修改案》和《日美相互提供物品与劳务协定修正案》。这是继美日1996年两国首脑签署《美日安全保障联合宣言》和1997年发表经过修改的《美日防卫合作指导方针》之后，在强化美日军事同盟方面迈出的又一重要步骤。根据这些法案，在日本的"周边地区"出现紧急事态时，日本不仅要向美国提供使用基地设施的便利，而且自卫队将以实施"后方支援"为名，向美军提供作战情报，供应除武器弹药外的作战物资，运输包括武器、弹药在内的

---

① 美国国务院发言人理查德·鲍彻2001年1月23日发表的声明，法新社华盛顿同日电。

美军物资，在毗邻战区的公海上扫雷，对试图突破海上封锁线的船只强行登船检查等。这些进一步加强了美日两国介入所谓"周边事态"时的军事合作，明确了日自卫队在亚太地区发生冲突时承担对美军的后勤保障任务，使日自卫队有可能在日本以外的周边地区配合美军的正规作战。

2001年10月，日本国会参众两院相继通过了《反恐特别措置法案》、《自卫队修正法案》和《海上保安厅修正法案》。这些法案取消了日本向海外派兵的地域限制，放宽了对在海外的日本自卫队使用武器的限制，扩大了日本政府海外派兵的权限。

2004年5月和6月，日本国会众参两院相继通过了《谋求美军行动顺利化法案》、《限制外国军用品等海上运输法案》等七个法案。其中，《谋求美军行动顺利化法案》规定，当日本进入紧急事态后，地方政府要为美军作战创造条件；自卫队要向美军提供人力和包括武器弹药等物力合作。《限制外国军用品等海上运输法案》规定，在日本受到武力攻击时，日本可以对在日本领海和公海上向敌国运输军用品的船舶进行检查，并限制其航行；如果船只不执行命令，可以对其进行攻击。这些法案是日本为完善在2003年在国会通过的《应对武力攻击事态法案》等"有事法制"3个法案而作出的重要补充。这些法律生效后，意味着日本的有事法制体系正式确立和战争立法彻底完备。这也大大加强了美日军事联盟。

美国在调整亚太地区军事态势和防务联盟中提高了日本在美联盟体系中的地位和作用。现在美政府将它的海外军事基地分为四类，其中，日本是一级"战力基地"，而韩国仅是二级。美国防部将美陆军第1军司令部由美国本土的华盛顿州路易斯堡转移到日本神奈川"座间基地"。第1军司令部由1名中将指挥，由500名军官和士兵构成。它转移到日本后，统一指挥在韩国的美军第2步兵师（约1.7万人）等在亚洲的全部美陆军部队，甚至指挥包括驻夏威夷美第25步兵师等部队。美提高日本在美联盟体系中的地位和作用，成为日加速成为政治大国和军事强国的依托。

美国防部借军事部署重新调整之机，推进驻日美军与日本自卫队的一体化。美国向日本政府建议，把日本航空自卫队的航空总司令部转移到设有驻日美空军司令部的横田基地，而把驻扎在冲绳的约1.4万名美海军陆战队员中的一部分转移到北海道的日本陆上自卫队演习场。美国防部的意图是，通过驻日美军同日本自卫队的统一运用和密切合作，削减驻扎美军的费用，并希望日本发挥"新的军事作用"。

美国对日本显著提高常规军事力量作战能力和远距离投送能力的做法并不加以限制。美外交和安全当局对日本修改宪法第9条的动向基本持同情态度。

美国将日本和澳大利亚分别作为其亚太安全战略的"北锚"和"南锚",东南亚则成为这两大锚之间的码头通道。美国在东南亚重建军事存在,使美日军事同盟的影响扩大到东南亚。"9·11"事件后,日本进一步将"周边事态"范围扩大到东南亚直至中东地区,日本海上自卫队舰船在东南亚的活动增加,日本航空自卫队的军用运输机参加了美在东南亚的军事演习。

**(四)加强美军在亚太地区的前沿部署和力量投送能力**

美国为维护和保持其在亚太地区的主导地位,将其在亚太地区驻军作为实现这一目标的主要支撑力量。美现在继续把在东亚的前沿军事部署维持在近10万美军的水平,加上太平洋战区内的其他美军,美国在整个亚太地区(东亚是其中一部分)共驻有军队30万人。而且,驻亚太地区美军正在加强质量建设,增强其快速机动能力、远距离力量投送能力和远程精确打击能力。

"9·11"事件后,布什政府发动反恐战争,同时企图借机巩固美国的全球"霸主"地位。五角大楼认为,冷战时期建立的美国大规模海外驻军费用高昂,且无法有效对付当前的新威胁和有效实施反恐斗争。为此,时任美国国防部部长的拉姆斯菲尔德要求对全世界美军的部署进行大规模调整,包括对驻日本和韩国的美军进行重新整编。美国新战略的目的是"提前防御",即把冷战时期遗留下来的庞大而呆板的军队转变为更加灵活、能够迅速机动部署的轻型军队,以便能更迅速地对付发生在全球的危机和难以捉摸的恐怖袭击并对预警作出有效反应,从而提前消除威胁。

在这种情况下,美国着手调整在亚太地区的军事态势与部署,并力求通过这一过程加强美与日、韩、澳、泰、菲等国的双边防务联盟,与其他国家建立新的双边军事关系。美在亚太军事态势调整的特点是将"前沿存在"与"灵活进入"和"远程投放"相结合,继续强调前沿军事存在,同时将后两者作为前者的补充,在减少前沿部署的美陆军部队数量的同时,增加海、空军力量,以提高亚太美军的整体战力。

美国2005年减少1.5万名驻日、韩美国地面部队,其中从韩国撤走1.25万名,并将驻韩美军主力由"三八"线附近和汉城调往韩国南部。

驻日、韩美军的任务将由主要协防日、韩，扩大为担负地区性的军事干预任务。

另一方面，美国加强在日、韩的美空军、导弹防御系统、联合作战体系的能力。2003年，美国宣称打算在2006年以前斥资110亿美元加强驻韩美军的武器装备和作战能力。2004年3月，美国防部宣布，从9月开始在日本海长期部署一艘具有监视和拦截弹道导弹能力的"宙斯盾"军舰。

20世纪90年代末以来，美国重点加强美军在亚太地区"灵活进入"的能力。

美国决定在澳大利亚北部设立一座大型军事训练中心，用于海陆空军军事演习。澳国防部长罗伯特·希尔宣称："它是为了加强澳美双方的相互协调能力，保证共同作战能力，并帮助一个非常重要的盟国。"[①]

2001年12月，美国借发动阿富汗战争之机，在中亚国家建立了军事基地。在吉尔吉斯斯坦，美军在马纳斯国际机场设立了空军基地，部署了1500名官兵和约30架军用飞机。美军在塔吉克斯坦也驻有约3000名军人。与此同时，美国与这些国家建立和加强双边军事合作关系。

小布什政府特别重视增强美军在西太平洋的"远程投放"能力，特别是在关岛的海空军力量，作为应对突发事件的主要手段之一。

2003年伊拉克战争大规模作战结束后，美国对其全球军事态势进行大调整。在亚太地区，美国减少驻韩美陆军和驻冲绳美海军陆战队的人员。同时，为维持军事威慑力，投巨资在韩国部署大批最新式武器，包括把许多在阿富汗和伊拉克战场得到实战验证的新式武器运进韩国。

**（五）美军重返东南亚，将东南亚作为"打击恐怖主义战争的第二前线"**

在越南战争期间，美国在东南亚的驻军最多时曾达到近60万人，其中1969年初在越南南方就达54万人。1973年1月《巴黎协定》签署后，

---

[①] 澳大利亚国防部长罗伯特·希尔2004年6月7日在接受澳大利亚广播公司电台采访时的谈话，德新社悉尼2004年6月7日电。

美军撤出了越南南方,并大大减少了在东南亚的驻军。20世纪90年代初,随着冷战的结束和由于菲律宾拒绝继续向美出租军事基地,美国撤出了在菲的驻军。至此,美军在东南亚已没有大型军事基地,也没有常驻作战部队。

美国对东南亚在其亚太战略中的重要性有一个重新认识的过程。在冷战时期,东南亚曾一度是美苏争夺的重要地区之一,这特别表现在越南战争后期。越战结束后,该地区在美国亚太战略中的地位逐渐下降。冷战结束后初期,这种下降达到最低点。当时美国官方将亚太地区分为三个次区域安全区,即东北亚、东南亚及南太平洋,并认为每一个次区域安全区的问题及参与国各不相同。[①] 在1990年4月提出的第一份亚太战略框架报告中,老布什政府列出了在冷战结束后美国仍要在该地区大体上维持冷战时驻军规模的三条理由,其中有两条是以东北亚局势为主。[②] 1991年11月11日,时任美国务卿贝克在日本东京发表演说,提出"扇形架构"(the Fan Framework)说。[③] 他将美国与亚太地区交往的结构体比喻为一把打开的折扇,底部在北美洲,西向越过太平洋。折扇的核心扇骨是美日同盟,向北伸展的扇骨是美韩同盟,而向南伸展的扇骨则是美国与菲、泰、澳等国的同盟,连接各扇骨的则是共享的经贸利益。1992年7月,老布什政府在第二份亚太战略框架报告中计划至1995年将驻亚太美军作小幅调整。由于不再续租在菲律宾的军事基地,驻菲的1.48万人全部撤离,[④] 这些表明当时美国认为东南亚地区的战略重要性有所减少,并更多地重视东北亚。

1993年克林顿政府上台后提出建立"新太平洋共同体",对东南亚的

---

[①] 参见时任美国负责东亚及太平洋事务助理国务卿理查德·所罗门1990年10月30日在加州大学圣地亚哥分校的演说。Richard H. Solomon, Assistant Secretary of State for East Asian and Pacific Affairs, "Asian Security in the 1990s: Integration in Economics, Diversity in Defense," *Dispatch*, Vol. 1, No. 12 (Nov. 5, 1990), pp. 243–248.

[②] 这三条理由是:(1)俄国仍在东北亚维持强大武力;(2)先进武器仍在亚太国家扩散;(3)朝鲜半岛及亚太其他地区仍可能爆发危机。参见"A Strategic Framework for the Asian Pacific Rim: Looking Toward the 21st Century: A Report to Congress (Department of Defense, February 28, 1991)"。

[③] 参见周煦著《冷战后美国的东亚政策(1989—1997)》,台北,生智文化事业有限公司1999年版,第43页。

[④] "A Strategic Framework for the Asian Pacific Rim: A Report to Congress (Department of Defense, 1992)"。

重视程度逐渐增加,开始推动恢复1992年终止的与菲律宾的军事关系,包括军事演习、美舰访菲和军事训练等。20世纪90年代中期以来,特别是"9·11"事件后和反恐战争开始以来,美国逐渐加强在东南亚的军事存在和军事活动。美海空军进入和使用东南亚国家更多的军事基地。

东南亚基地群原来以菲律宾苏比克海军基地和克拉克空军基地为中心,现在已转为以新加坡的樟宜海军基地为中心。1991年美海军使用苏比克基地的期限到期,尽管美国为保留该基地进行了不懈努力,但当菲律宾国会讨论是否继续让美军继续使用该基地时,菲律宾的主权意识占了上风,美军继续长期占有苏比克之梦破灭。1992年11月,苏比克海军基地和克拉克空军基地被正式移交给了菲律宾。此后,为寻找新的基地以恢复西太平洋地区军事基地体系的平衡,美国将目光瞄准了新加坡。素有"远东十字路口"之称的新加坡是国际海运交通中心之一,它位于马来半岛最南端,扼守马六甲海峡,美军在新加坡的存在和部署将使其能够监控南海,西进印度洋。因此新加坡战略地位极其重要,地理位置较为适中,其在航运、造船、通讯和交通方面的现代化程度符合美军舰艇补充燃料、维修以及人员休整的条件。现在美军第七舰队的后勤司令部驻扎在新加坡,美军平时在新保持近200名军事人员常驻。美新2000年4月签署协议,在新加坡的樟宜为美军建设一个大型深水码头。这项工程于2003年6月完成。建成后的基地可容纳包括航母、巡洋舰等在内的大型舰艇编队进泊。时任美国第七舰队司令梅士格中将认为:"新加坡港口对我们舰只进行维修和补给至关重要。"①

近年来美国军舰和飞机经常访问新加坡和文莱。美国军舰访问马来西亚的次数在增加。"9·11"事件后,泰国向美军提供军事设施,并允许美军机飞越领空。菲律宾国会1999年5月批准了《菲美来访部队协议》,规定美军可以临时使用菲律宾的基地,包括允许美国舰船在菲22个海港停留,以及允许美国海军陆战队官兵在菲律宾"休息和娱乐",除了对菲政府"极其重要"的事件以外,这些官兵不必为其在菲可能犯下的罪行负责。"9·11"事件后,菲律宾同意让美国军用飞机飞越菲的领空,并允许美军使用过去在菲的克拉克空军基地和苏比克海军基地。美军特种部

---

① 时任美国第七舰队司令梅士格中将2001年3月23日在上海国际问题研究会和上海国际问题研究所共同举办的会议上的演讲。

队现已在菲棉兰老岛三保颜市的埃德温·安德鲁斯空军基地修建了"奇努克"式直升机起落场和军营。

2001年秋，俄罗斯决定提前将俄军人员于2002年5月上旬撤出越南金兰湾基地。美国利用这一机会，于2002年4月由时任美军太平洋总部总司令布莱尔正式出面，以"向驻扎在亚洲的美军提供作战物资及技术支援"为名，向越南政府正式提出有偿使用金兰湾的港口和机场的请求。①

由于东南亚重要的战略地位，重返东南亚使美国在亚太地区处于更有利的战略态势。

**（六）加快发展弹道导弹防御系统，并企图在亚太地区建立导弹防御系统**

小布什政府执政后，将建立弹道导弹防御系统作为美国军事战略和外交政策的最优先任务之一，重点加以推动，弹道导弹防御系统成为美国亚太安全战略的重要组成部分。美国开始部署陆基和海基弹道导弹防御系统，并加紧研制空基和太空基导弹防御系统。布什政府还企图将日本、韩国、澳大利亚和中国台湾等纳入这一系统。

**（七）对中国既合作又防范**

近年来，中国经济持续增长，综合国力迅速发展。这使一些美国人担心中国将来可能成为美国的对手或潜在对手，美国少数政客头脑中的"冷战思维"进一步助长了这种担心。美国国家情报委员会2000年12月18日发表的报告《2015年的全球趋势》预测，2015年东亚地区最大的不稳定因素是"中国经济和军事力量的崛起"，中国的军事力量在稳步增强，可能成为"地区最大的军事大国"。② 时任美国参谋长联席会议主席亨利·谢尔顿甚至宣称："我们必须集中美国的所有力量和外交手段，确保中国不会成为21世纪的苏联熊翻版。"③ 在2001年3月下旬与小布什总统的谈话中，时任美国国防部部长的拉姆斯菲尔德认为，亚太地区在21世纪最有可能成为美国的主战场，因为在俄罗斯国力式微的情况下，

---

① 记者高木桂一发自莫斯科的报道：《美国正式提出使用请求》，载日本《产经新闻》2002年4月6日。

② 美国国家情报委员会2000年12月18日发表的报告《2015年的全球趋势》。

③ 时任美国参谋长联席会议主席亨利·谢尔顿2000年12月14日在美国全国新闻俱乐部午餐会上的演讲，路透社华盛顿同日英文电。

"中国将取代俄国成为美国未来最主要的潜在敌人"。

但另一方面,美国两党主流派认识到,美中两国在发展经贸关系、保持地区稳定、防止大规模杀伤性武器扩散和解决许多跨国界问题方面也有许多共同利益,需要进行合作。

因此,美国对华政策也是两手政策。一方面,与中国进行交往和接触,企图将中国纳入以美国为主导的国际秩序之中,并进而希望中国成为国际体系中"负责任的利益相关方"。另一方面,又对中国进行防范和制约,甚至准备在必要时对中国进行遏制,以及准备军事干预台湾海峡冲突。美国企图在亚太地区编织一张多边安全关系网,加强美军在亚太地区的前沿部署和力量投送能力,进一步加强美日安全联盟,重返东南亚等,在一定程度上是针对中国的,是为了防止中国未来成为美国的威胁。美国国防部2001年9月提出的《四年防务评估报告》认为,从孟加拉湾到日本海,中国周边的东亚沿岸是"特别难以把握的地区","在亚洲地区可能出现有强大资源基础的军事竞争者",未点名地将中国作为潜在的对手。美国防部2006年2月6日向国会提交的《四年防务评估报告》,将中国视为处于"战略十字路口的上升大国之一"和"最有潜力在军事上与美国进行竞争的上升大国"。[1] 这些表明即使"9·11"事件后美国将反恐战争作为对外战略中的最优先事项,它防范和制约中国的一面仍存在。

**(八)大力加强台湾军队的作战能力,强化美国与中国台湾的军事安全关系**

从1994年至1998年,台湾进口的武器达到133.1亿美元,其中95%是从美国购买,这使台湾一度成为位列世界第一的武器进口者。

近几年美国向中国台湾出售的武器有的已超出《与台湾关系法》规定的防御性的范畴。例如,美国2000年9月同意出售200枚AIM-120先进的主动制导视距外中程空对空导弹给台湾,这种空对空导弹射程达120公里。美国2000年卖给台湾海军的"鱼叉"式导弹为改良型RGM-84,射程达140公里,不仅可攻击水面目标,而且可攻击港口与陆地目标。这些均应属于攻击型武器。布什政府宣布向台出售的多种武器,如柴油动力潜艇、P-3C反潜巡逻机和"基德"级驱逐舰等,都是可以攻防兼用的

---

[1] U. S. Defense Ministry, Quadrennial Defense Review Report, February 2006, http://www.defenselink.mil/pubs/pentagon.

武器。

而且，近来美在台军与美军太平洋总部之间建立直线通讯联络、派美军方人员进驻台湾与台技术人员一起管理和使用通信站，帮助台湾提高军事情报搜集与处理能力等。美军事专家最近还前往台湾实地考察军事设施，向台湾当局提出了加固作战飞机掩蔽设施、改进对指挥控制通讯和电脑中心的保护、提高军人素质等建议。这些强化美国与台湾军事关系的做法，违反了中美三个"联合公报"的原则，甚至实际上部分恢复了在中美建交时已废除的"美台协防条约"的内容。

**（九）积极发展与中国周边国家的安全关系**

美国对美印关系给予更大的重视。1998年11月，时任美国副国务卿塔尔博特发表文章，宣称"美国期望印度崛起成为一支全球性力量"。1999年克林顿政府解除了在印度进行核试验后对印的某些经济制裁。2000年3月克林顿总统访问南亚三国，其中将加强美印关系作为重点，与印度建立了从两国最高层至部长级的定期外交安全对话机制。

小布什政府表示将更重视美印关系。2001年时任印度总理瓦杰帕依回访美国时，双方将两国关系提高到"建立长期伙伴关系"，并宣称致力于建成"战略伙伴关系"。"9·11"事件后，美国宣布取消1998年印度核试验后对其进行的制裁，并将印度作为南亚"稳定之锚"来稳住地区局势。2006年3月，美国总统小布什访问印度，表示两国建立了基于共同价值观的实质而重要的战略伙伴关系。双方就实施2005年7月18日签署的民用核合作协议一事达成谅解。

近年来，美国副总统、国务卿、国防部长等接连访问中亚国家，并邀请中亚国家领导人先后访问美国。这些访问使美国与中亚国家关系升温和升级，推动了美国与这些国家在经贸、外交和安全领域的合作。美国还以经济援助为手段，兜售美国政治、经济体制和价值观念，促使中亚各国"政治和经济改革"的发展。"9·11"事件后，美国利用反恐的机会，在中亚国家驻扎军队。

**二 影响美国亚太安全战略调整的因素**

**（一）反恐战争的需要**

"9·11"事件发生后，美国在全球开始反恐战争，第一阶段重点打击在阿富汗的"基地"组织及其支持者"塔利班"组织。与此同时，美国越来越重视在东南亚开展反恐战争必要性。

时任美军太平洋司令部总司令丹尼斯·布莱尔说，亚太地区的恐怖主义威胁是由"同'基地'组织有联系的、敌视美国和美国盟友的地方性团伙"构成的。这些团伙阴谋策划攻击"美国武装力量、使馆和其他公民，并向'基地'组织成员提供过境帮助"。① 布莱尔认为，自"9·11"事件以来，"在美国本土和在整个亚太地区"打击恐怖主义已经成为美军太平洋司令部的"首要任务"。②

**（二）对中国的矛盾心态**

美国对中国的心态是复杂的，也是矛盾的。近年来，中国综合国力迅速发展使一些美国人担心中国将来会成为美国的对手或潜在对手。但另一方面，美国两党主流派和大多数商界人士认识到，美中保持稳定与合作的关系，有利于美国从中国获得巨大经济利益。

在台湾问题上，美国既想用台湾问题来制约中国的发展，又担心海峡两岸发生武装冲突而迫使美国面临是否进行武装干预的艰难选择和尴尬境地。

**（三）对日本的矛盾心态**

美国认为，日本的发展前景存在"不确定性"。③ 一方面，预测"虽然日本经济实力比90年代增强，但在全球经济中的地位将下降"，④ 希望日本在亚太地区发挥更大的安全和政治作用。另一方面，担心日本走独自追求国家利益的道路。美国国家情报委员会2000年12月18日发表的报告《2015年的全球趋势》认为，到2015年东亚地区的不稳定因素之一，将是日本"要求发挥地区领导力的意愿的增强"，日本可能"不直接依赖与美国的同盟关系，而在国内外寻求维护国家利益的政策"。⑤

美国这种对日本的矛盾心态在政策上也有反映。一方面，美国鼓励日

---

① Speech by Admiral Dennis Blair, Commander-in-chief of the U. S. Pacific Command, at the Committee of International Affairs at U. S. House of Representatives, February 27, 2002, http://thomas. loc. gov.

② Speech by Admiral Dennis Blair, Commander-in-chief of the U. S. Pacific Command, at the Committee of International Affairs at U. S. House of Representatives, February 27, 2002, http://thomas. loc. gov.

③ 美国国家情报委员会2000年12月18日发表的报告《2015年的全球趋势》。

④ 同上。

⑤ 同上。

本在安全和政治方面发挥更大的作用。另一方面，美国的战略目标在某种程度上也有防止日本脱离美日联盟从而摆脱美国控制的因素。

### （四）亚太地区在美国全球战略中的地位上升

早在 20 世纪 90 年代初期，美国与亚太地区的贸易总额就比其与欧洲的贸易总额多三分之一。2005 年，亚太经合组织（APEC）21 个成员经济体的贸易额占整个世界贸易总额的近 1/2。同时，亚太地区在安全上对美国的重要性也在增加。这些都促使美国更加重视亚太地区。

### （五）朝鲜半岛形势发生变化

第二次朝鲜核危机发生后，朝鲜半岛的复杂因素和危险性增加了。朝鲜半岛是亚太地区唯一一个冷战仍在持续的地区。如实现统一，将对亚太地区的战略格局产生重大冲击和影响。

### （六）对热点地区爆发武装冲突的担心

美国认为，科索沃战争结束后，欧洲形势基本稳定，而当前亚洲却存在若干主要热点，即台湾海峡、朝鲜半岛、南中国海和印巴次大陆等。其中有的一旦出事，美国将不得不进行军事干预。美国一些思想库认为，在这几个热点中，台湾海峡是"最难应付的，也是东亚地区最危险的发火点"，同时是"最可能导致美中正面冲突的状况之一"。[①]

### （七）对核武器和弹道导弹扩散的担心

美国政府认为，亚太地区存在着核武器和弹道导弹扩散的可能性。美国国家情报委员会 2000 年 12 月 18 日发表的报告《2015 年的全球趋势》，将朝鲜开发核武器和导弹列为 2015 年东亚地区的不稳定因素之一。[②] 乔治·W. 布什总统将"阻止大规模杀伤性武器的扩散"作为他的外交政策将遵循的六条原则之一。[③]

## 三 对美国安全亚太战略调整的制约因素

### （一）美国维持"一超"地位的企图与多极化趋势的矛盾

当前美国全球战略的核心目标是维持其"一超独霸"的地位。美国更加重视亚太地区在美全球战略中的地位，加强与亚太盟国的多边合作，

---

[①] 美国兰德公司 2000 年 11 月 14 日公布的关于台湾问题与中美关系的研究报告。
[②] 美国国家情报委员会 2000 年 12 月 18 日发表的报告《2015 年的全球趋势》。
[③] 罗宾·赖特和埃德温·陈：《鲍威尔保证：美国将在全球问题上发挥积极作用》，载美国《洛杉矶时报》2000 年 12 月 17 日。

加强美军在亚太地区的前沿部署和力量投送能力,进一步加强美日安全联盟等措施,都是为这一核心战略目标服务的。

但另一方面,世界多极化趋势的发展在亚太地区也日益明显地表现出来。中国奉行独立自主的和平外交政策。时任俄罗斯总统普京在亚太地区推行带有大国外交特色的东方外交。特别是东盟国家与中、日、韩建立的"10+3"机制有希望成为东亚地区合作的重要框架。2005年11月,第一届东亚峰会在马来西亚首都吉隆坡举行。这些地区合作的趋势是世界多极化趋势的一个重要组成部分。

面对多极化趋势的发展,美国今后在亚太地区将更多地采取"力量平衡"战略,即利用其他各大国之间的矛盾,使它们相互制约。

(二) 美国面临裁减前沿驻军的压力

驻日、韩美军少数官兵对驻在国民众犯下的一些罪行,使这两国许多民众对驻扎的美军甚为不满,经常爆发抗议浪潮。随着朝鲜半岛形势的缓和,美国在韩国驻军的理由将愈来愈站不住脚。这对美国在日本驻军的理由也会产生影响。美国国内要求美国从韩、日裁减驻军的压力在增加。如美国减少在亚太地区的前沿驻军,将使美国进行军事干涉时感到更加力不从心。不过,美国将尽力保持其在东亚的前沿驻军。即使不得不有所削减,美国也将用增加远距离军事投送能力和发展高技术武器的方法来弥补其前沿驻军裁减后的不足。

(三) 美国国内因素

冷战结束后,美国对外政策的一个特点是受美国国内因素的影响明显增加。美国亚太安全战略的调整也不能例外。例如,1999年以来在美国出现一个由一些美国国会议员的助手、五角大楼官员和思想库研究人员组成的"兰队"。他们鼓吹对中国采取"遏制"政策、加大向中国台湾出售先进武器的力度等,对美国政府的对华政策产生了一些负面影响。

四 美国亚太安全战略调整对地缘政治的影响

(一) 促使大国关系既合作又竞争

冷战结束后,各大国(或国家集团)为适应新的国际形势和新的战略需要逐渐重新调整和定位它们之间的相互关系。大国之间"战略伙伴关系"或"伙伴关系"与冷战时期的"盟友关系"或"战略合作关系"有着本质的不同。冷战时期的那些关系往往具有军事上针对第三国的含义,而现在的"战略伙伴关系"不是针对第三国的、不带结盟性质,其主旨是争取不搞对抗,相互友好,加强合作。这种关系应是平等的,相互尊重的,同时不是排他性的。

但是美国强化美与其他国家的军事联盟、加强美军在亚太地区的前沿部署和力量投送能力、发展和部署导弹防御系统等,增加了军事因素在大国关系中的作用,使美国与中、俄的关系复杂化。

### (二) 使得许多东亚国家在地区安全和经济领域对美国的介入采取不同态度

由于亚太地区各国之间缺乏足够的相互了解和信任,一些亚太国家,如东盟国家希望美国在东亚地区保持一定的军事存在,以便它们可以利用此在美、中、日等大国之间保持平衡,以保证它们自身的安全。但另一方面,1997 年的金融危机使东亚各国深感加强地区内经济合作和共同发展的必要性,"东盟 + 3"(即"10 + 3")框架和东亚峰会机制的建立是为了适应这种需要。从长远看,这些框架和机制的发展将有利于东亚国家通过经济合作关系的加强来解决它们之间的一些安全问题。

### (三) 使东南亚地区的政治形势更加错综复杂

全世界 10 亿穆斯林中大约有 20% 生活在东南亚地区,其中印尼就有 1.7 亿穆斯林,是世界上穆斯林人口最多的国家。印尼、马来西亚和文莱人口中的大多数是穆斯林,相当多的穆斯林在菲律宾、新加坡和泰国定居。时任美国务卿鲍威尔宣称:"一些拥有较大穆斯林人口的亚洲国家,由于存在国内的关注,往往不情愿与恐怖主义发生对抗。它们担心,对恐怖主义分子采取行动将导致出现殉道者。"[1] 新加坡南洋大学国防与战略研究所所长巴里·德斯克尔认为:"尽管这个地区的穆斯林大多数信奉的是伊斯兰教中宽容的主张,反对恐怖主义,并且不持有明显的反美观点,但是这个地区的激进的伊斯兰组织同'基地'网络之间的联系是显而易见的。"[2] 美国将用军事手段打击恐怖主义作为当前的"首要任务",有可能激起该地区伊斯兰势力的宗教情绪与政治意识,从而冲击一些国家的政经局势和社会稳定。

---

[1] 罗宾·赖特和埃德温·陈:《鲍威尔保证:美国将在全球问题上发挥积极作用》,载美国《洛杉矶时报》2000 年 12 月 17 日。

[2] 新加坡南洋大学国防与战略研究所所长巴里·德斯克尔和该研究所助理教授马尔·罗摩克里希纳的文章《制订一项在东南亚的迂回战略》,载美国《华盛顿季刊》2002 年春季号。

美国重返东南亚虽然有助于打击恐怖主义，但增加了美国军事干预其他亚太事务的可能性。美国当前侧重于反恐，其军事上重返东南亚的行动有利于抑制和打击该地区的恐怖主义。2002年初美军进驻菲南部的棉兰老岛后，菲军在打击阿布沙耶夫恐怖主义团伙方面取得一定的进展。但美国重返东南亚还着眼于增强军事联盟、建立以其为主导的多边军事安全机制、加强对南中国海的军事控制、制约中国等，这些将给地区安全增加负面因素。美国还有可能利用其在东南亚的军事存在对台湾海峡局势和南中国海局势进行军事干预，这将对亚太安全构成威胁，不利于亚太地区的和平与稳定。

一些东南亚国家从反恐和使大国之间力量保持平衡的意图出发，在一定程度上希望美国增加在东南亚的军事存在。随着美在东南亚军事存在的增长，美国对某些地区安全机制或安全对话机制，如"东盟地区论坛"（ARF）的影响可能将有所增加。某些东南亚国家倚恃美国的军事存在或军事上的撑腰，也可能在与第三国的领土、海洋权益争端中采取较为强硬的立场，甚至更加愿意采取军事行动。

### （四）促进美国与亚太国家的经济合作

1997年亚洲金融危机爆发后，美国曾一度推行利用金融危机扩大它在亚太地区经济影响力的政策。2000年以来，随着亚洲国家逐步从金融危机中恢复，美国的政策转变为侧重利用其在信息等高技术领域占有优势和经济全球化的趋势，增加它在亚太地区，包括在中国周边国家的经济影响力。

在亚洲金融危机影响下，东亚国家经济增长一度放慢。同时，加强区域内经济合作的要求上升。"9·11"事件发生后，东亚区域经济一体化趋势继续发展。为了与这种趋势进行竞争，美国加强与亚太地区国家的经济合作。美国与新加坡自由贸易协定2004年生效，与韩国2007年4月签订自由贸易协定，与其他东南亚国家的经贸合作也在发展。

近年来，美国利用高科技优势和信息技术的迅猛发展，扩大在亚洲的经济影响力。美国与亚太国家的贸易持续增长，美国公司加大了在这些国家投资的力度。美国政府采取了一些措施，包括通过世贸组织多边仲裁机制迫使日本等国家对美进一步开放市场。美国还企图通过中国加入世贸组织进一步进入中国市场。

### (五) 弹道导弹防御系统对亚太地区安全产生的负面影响

虽然布什政府宣称弹道导弹防御系统主要是为了对付"最不负责任的国家"使用弹道导弹对美国的威胁，但实际上美国是有长远战略考虑的。弹道导弹防御系统对亚太地区安全将产生一定的负面影响。

其一，将以导弹防御系统作为纽带在亚太地区形成一个以美国为主导的"多边防务"网络。长期以来，美国在亚太地区的安全安排主要依靠美日、美韩、美泰、美菲、美澳等双边军事同盟。冷战结束以来亚太地区形势的发展，使美国不满足于已有的双边安全安排。"9·11"事件后，布什政府根据不同的情况和需要建立各种多边安全协调机制。美、日、韩在朝鲜问题上的多边协调机制就是一个例子。在弹道导弹防御系统方面，日、韩、澳和中国台湾等如建立高层导弹防御系统或参加美国战略导弹防御系统，其作战指挥、控制、通信和情报系统将与美军的系统相连接。其中有些甚至多边相互连接，从而在亚太地区形成事实上的以美国为主导的多边防务机制。

其二，对亚太地区的战略稳定性和危机稳定性具有破坏作用。美国拥有大量的核导弹，又坚持以首先使用核武器为基础的核战略，并对一些亚太盟国提供核保护伞。在这种情况下，如果美国在亚太地区建立导弹防御系统，将增加它对另一方实施第一次打击的决心和机会，削弱甚至抵消拥有少量核武器国家的核威慑能力，从而破坏以"任何一方都不会因选择第一次打击而占到便宜"这种状态为基础的战略稳定性和危机稳定性。一些亚太国家（或地区）引进或与美国合作研制导弹防御系统还可能破坏有关区域现有的力量均势，加剧区域紧张局势，甚至引发武装冲突。美国一直拉拢日本和韩国与之合作发展导弹防御系统，并企图将中国台湾也纳入这种合作之中。这有可能成为破坏亚太地区战略稳定的因素之一。

特别是美国在导弹防御系统中正在发展的激光武器项目，是美国"新军事变革"的主要代表性武器之一。如研制成功并部署在亚太地区或对准该地区，将使美国与发展中国家之间武器装备的差距进一步拉大。这种军备发展的不平衡，将可能加强美国未来在亚太地区进行军事干预的意愿，从而增加该地区的不稳定。

其三，刺激亚太地区出现新一轮军备竞赛。美国在亚太地区部署高性能的导弹防御系统，将使一些国家增加可能遭受第一次核打击的忧虑，从而促使它们不得不增加进攻性战略武器的数量和改善其性能，或者也发展导弹防御系统。而且，根据军备发展中"作用与反作用"的规律，美国的这些做法实际上也促使其他许多亚太国家和地区加快获取高新技术武器装备的步伐，导致亚太地区军备发展的进一步升级。导弹防御系统也增加了将军备竞赛扩大到外空的危险。而且，它将成为核裁军和核不扩散的新障碍。导弹防御系统有利于增强美国的核威慑，确保其核优势，从而使其他有核国家对加入核裁军进程抱有疑虑，并促使某些核门槛国家加速寻求拥有核武器。

其四，违反不扩散导弹技术的国际机制。美国如果向亚太地区国家和中国台湾提供导弹防御系统及其技术，也实际上违反了《导弹及其技术控制制度》，因为导弹防御系统中的反导弹导弹可改装为用于进攻的弹道导弹。例如，韩国将美国提供的"奈克—赫尔克里士"地对空导弹改装为用于对地攻击的导弹。美国要求其他国家遵守《导弹及其技术控制制度》，自己却带头违反。

**（六）美国部署弹道导弹防御系统将对中国安全和中美关系产生负面影响**

1. 将削弱中国必要的核威慑能力和对付"台独"的导弹威慑能力。

美国弹道导弹防御系统首批部署在美太平洋沿岸阿拉斯加州和加利福尼亚州的11枚陆基远程拦截导弹，主要用于对付亚太地区的弹道导弹。美国专家认为，这一计划中的C-1系统的位置最有利于发现并摧毁朝鲜射向美国的导弹。该基地也有对付自中国东部发射的洲际弹道导弹的能力，但由于导弹截击的几何原理和地球曲线的缘故，该基地将没有对付自中国西部向美国东海岸城市发射的洲际弹道导弹的"良好能力"。[①] 由于中国洲际弹道导弹的数量很少，[②] 如果部署在这里的这种陆基拦截导弹增加到100枚以上，以及美国在亚太地区部署机载反导弹激光武器和"宙斯盾"系统，将可能削弱中国必要的核威慑能力。美国在亚太地区部署机载反导弹激光武器和"宙斯盾"系统，还可能削弱中国慑止"台独"的弹道导

---

① 见美国海军分析中心研究员迈克尔·麦克德维特的文章，载《华盛顿季刊》2000年夏季号。

② 国际军控界一般认为，中国有20枚左右的洲际弹道导弹。见斯德哥尔摩国际和平研究所《SIPRI年鉴1999：军备、裁军与国际安全》，中国国际问题研究所译，世界知识出版社2000年版，第705页。

弹能力。比较来说，太空激光武器对中国安全构成的挑战最大，因为如果美部署这一系统，将使其军事优势在质量上再上一个新台阶，从而有可能进一步助长美国的霸权主义。

2. 给"台独"分子发出新的错误信号，增加台湾海峡爆发武装冲突的危险。

如果美国向中国台湾转让导弹防御系统或将台湾纳入美国的导弹防御系统中，将给"台独"分子发出错误信号，使台湾当局和少数主张"台独"的人产生错觉，增加了台湾海峡地区发生武装冲突的可能性，将威胁到亚太地区的和平与稳定以及中国和平统一的事业。而且，美国将台湾纳入美国的导弹防御系统中将使"美台"建立实际上的军事联盟，是对中国主权的侵犯。美国这样做也将违反 1982 年《中美 817 公报》中美国关于"它向台湾出售的武器在性能和数量上不超过中美建交后近几年供应的水平，它准备逐步减少它对台湾的武器出售，并经过一段时间导致最后解决"的承诺，而且是干涉中国内政。日本如部署安装在"宙斯盾"驱逐舰上的海基反导弹防御系统，也将有介入台湾海峡危机的能力。

3. 增加中美关系中的不稳定因素。

由于中美之间未就导弹防御系统达成谅解，美国部署导弹防御系统将增加两国之间的不信任。而且，美国向中国台湾转让导弹防御系统或将中国台湾纳入美国的导弹防御系统中，将增加台湾问题的变数，而台湾问题是中美关系中最敏感、最复杂的问题。因此，它实际上可能导致中美关系出现不稳定。

美国在建立导弹防御过程中首先注重俄罗斯，为了缓和俄罗斯对其单方面退出《反弹道导弹条约》和部署国家弹道导弹防御系统的反对，采取了一些建立新的美俄战略稳定框架的措施。

中美关系在"9·11"事件后有较大改善，两国合作有一定的发展。但是，中美在建立长期战略稳定框架方面尚未取得进展。中美两国领导人表示两国致力于在 21 世纪建立建设性合作关系。而这种建设性合作关系需要长期战略稳定框架作为其坚实的基础。同时，中美两国都仍对对方的长远意图存在一些疑虑。美国的一些人担心中国强大后会将美国排挤出亚太地区。中国的许多人则担心美国会最终将矛头指向中国。而美国的导弹防御可能成为加深相互疑虑的一个因素。要克服这些相互疑虑也有必要建立中美长期战略稳定框架。

## 第三节　21世纪美国对华战略与地缘政治

对华战略是美国全球战略和亚太战略的重要组成部分。地缘政治是美国对华战略中考虑的重要因素之一。冷战结束后，美国成为世界上唯一的超级大国。在美国的对外战略中，中国占有非常重要的地位。中国是世界上最大的发展中国家和正在和平崛起的大国。将中国纳入以美国为主导的国际体系并发挥建设性作用，与中国合作对付恐怖主义等共同威胁和解决地区问题，尽可能扩大美国商界在中国的市场份额，促使中国社会向美国希望的方向转变，防止中国未来成为可能在欧亚大陆挑战美国的对手，是美国当前对中国战略的五个基本出发点。

### 一　冷战结束后美国对华战略演变

冷战结束以来，美国对华战略经历了一个演变过程。迄今为止可以分为三个阶段。

**（一）老布什政府时期的对华战略（1989年至1992年）**

老布什（George H. W. Bush）可以说是最了解中国的美国总统之一。1974年至1975年曾任美国驻中国联络处主任。他是放弃了担任美驻英国或法国大使"这一令人垂涎的要职"的选择，而主动要求来北京出任这一职务的。老布什这样做的主要原因是他认识到"一个新的中国正在出现。美国与中华人民共和国的关系在未来的岁月中将是至关重要的。无论对美国的亚洲政策还是全球政策都是如此"。[1] 尽管他认为"去北京是一个挑战，这是通向未知之地的旅程"。[2] 邓小平曾提到，他（老布什）在北京当联络处主任期间"骑自行车逛街"。[3]

老布什1989年1月就任总统之初，基本继承了里根总统联合中国对付苏联的战略，并想扩大与中国的战略关系。他1989年2月下旬在日本

---

[1] 《布什自传》，郭争平等译，中外文化出版公司1988年版，第116页。
[2] 同上。
[3] 钱其琛著《外交十记》，世界知识出版社2003年版，第175页。

参加裕仁天皇的葬礼后对中国进行了工作访问。这创造了美国总统上任后第2个月就访华的记录。但1989年"6·4"事件后，布什总统发表声明，对中国政府所采取的平定"政治风波"的行动大加指责，宣布对中国施加一系列制裁措施。

不过，制裁中国实际上并不符合美国的全球战略和长远利益。因为当时在中、美、苏大三角关系中，中美两国在抗衡苏联方面进行了卓有成效的合作。美国孤立中国，未必有利于其自身利益。在这种情况下，布什总统几次私下向中国传递口信，表明他重视中美关系，解释说，目前对中国的制裁，是在美国国会和社会压力下采取的行动，希望中国领导人能够谅解。[①] 其后，布什总统又派遣总统国家安全事务顾问斯考克罗夫特作为总统特使于1989年7月1日至2日秘密访华。邓小平同志亲自会见他并进行了深入谈话。通过中美两国领导人的努力，防止了中美关系的进一步恶化，为两国关系的恢复和发展打下了基础。

布什政府对中国实施"接触战略"，坚持与中国保持接触。这表明它认识到了从美国利益出发，与中国保持接触的重要性和孤立中国的危害性。布什总统奋力抵制了美国会等势力要求取消对华最惠国待遇、孤立中国的主张。1989年12月9日，斯考克罗夫特作为总统特使再次访华。这一次访问是公开的，实际上打破了美国关于不与中国高级官员互访的禁令。布什政府的对华"接触战略"，有利于中美关系的稳定和恢复。但这一战略带有由冷战时期向冷战后时期过渡的明显痕迹，具有两重性。一方面，开始突出与中国在社会制度和意识形态方面的矛盾，以民主、人权问题为由对中国进行制裁。而且，布什总统在竞选连任期间宣布将授权向中国台湾出售150架F-16战斗机，违反了中美《8·17公报》，表明美国在苏联解体和冷战结束后，认为不再需要利用中国抗衡苏联，在战略上对中国的需求大大降低了。另一方面，美国仍不愿完全失去中国的战略合作，努力与中国保持接触，后来还希望中国在"建立世界新秩序"方面与其进行合作。

**（二）克林顿政府时期的对华战略（1993年至2000年）**

克林顿在1992年竞选总统期间曾攻击老布什政府的对华"接触战略"。但他上台后经过半年的政策评估，仍决定对中国采取接触战略。不

---

① 钱其琛著《外交十记》，世界知识出版社2003年版，第170页。

过,克林顿政府初期的"接触战略"与老布什政府的"接触战略"相比,已有很大变化。它强调通过接触和压力迫使中国向美国希望的方向转变,而不是主要寻求与中国保持战略合作关系。这主要是由于苏联解体和东欧剧变后,美国一部分人错误估计中国的形势,认为中国也会步苏东国家后尘。

邓小平南巡讲话后中国改革开放取得的成果打破了这些人的"中国崩溃论"。1995年中国对美国允许李登辉访美进行了坚决斗争,并于1995年7月和1996年3月进行了两次大规模导弹发射演习。这些极大地震动了美国,促使美国国内关于对华政策的大辩论进入高潮。"辩论的结果是,美两党主流派形成一个基本共识:中国的崛起和强大难以阻挡。'孤立'和'遏制'中国不是上策,而与中国保持'接触'才符合美国的长远利益。"①

在这种情况下,克林顿政府不得不调整对华战略。1996年5月,克林顿总统在关于亚洲政策的讲话中宣称:"促使中国成为一个安全、稳定、开放和繁荣的国家,一个接受国际不扩散和贸易规则,在地区和全球安全倡议方面给予合作,越来越多地尊重自己公民基本权利的国家,这直接关系到美国的利益。"② 其后,克林顿政府由侧重强调对华压力的"接触战略"转向接触加防范、以接触为主的"全面接触战略"。中美关系逐渐恢复和发展。1997年江泽民主席访问美国和1998年克林顿总统访问中国,在两国关系发展中形成一个高潮。双方领导人确定了建立两国建设性战略伙伴关系的方向。但1999年美国在科索沃战争中轰炸中国大使馆,使中美关系一度严重受挫。

克林顿政府对华"接触战略"是其"参与和扩展"国家安全战略的重要组成部分。克林顿政府官员对中国的定性是"非敌非友",明确反对将中国视为冷战后美国的敌人的看法和观点,并强调以中国为敌的危害性。时任美国助理国防部长约瑟夫·奈说:"把中国视为敌人就会使中国成为敌人。"③

---

① 钱其琛:《外交十记》,世界知识出版社2003年版,第309页。
② U. S. President Bill Clinton's speech on Asian policy, May 23, 1996, http://www.whitehouse.gov.
③ [美]约瑟夫·奈:《与中国接触是美国的最明智之举》,美国《国际先驱论坛报》1997年9月15日。

### (三) 小布什政府时期的对华战略 (2001年至2009年1月)

小布什 (George W. Bush) 在竞选总统期间，将中国称为"战略竞争者"。他担任总统后不久就发生了中美军机相撞事件，中美关系落到低点。同时，随着近年来中国经济持续增长和综合国力迅速发展，美国有一些人担心将来中国强大了可能对美的领导地位构成挑战。小布什政府中的某些"鹰派"甚至认为，中国将来肯定会对美国形成威胁，从现在开始就要对中国进行遏制。因此，在"9·11"事件之前，美国对外政策的最优先考虑之一是防止中国未来成为美国的对手。这些使小布什政府在上台初期对中国采取强硬政策。2001年4月下旬，小布什总统批准向中国台湾出售包括4艘"基德"级驱逐舰、8艘柴油动力潜艇和12架P-3C反潜巡逻机在内的一大批先进武器，并公开宣称"美国将采取一切手段保卫台湾免遭中国大陆攻击"。[①]

但另一方面，美国许多人，包括两党主流派和商界人士认识到中国是一个正在开发中的大市场，美中保持稳定与合作的关系，有利于美国在中国市场获得巨大经济利益。而且，"中国目前正处于上升阶段。从经济的角度考虑这是好的：为了保持经济活力，中国必须逐渐与世界经济接轨"。[②] 同时，美国两党主流派认识到，美中两国在保持地区稳定、防止大规模杀伤性武器扩散和解决跨国界问题方面也有许多共同利益，需要进行合作。2001年7月，时任美国务卿鲍威尔访华，放弃称中国为"战略竞争者"的说法，提出中美致力于发展"建设性合作关系"，显示出小布什政府对华政策适度调整，中美关系出现逐渐改善的势头。

"9·11"事件给中美关系注入一个新的因素。中美之间在反恐问题上再一次有了共同的敌人和共同的战略利益。这使小布什政府加快调整对华政策的步伐。小布什总统2001年10月19日在上海与中国领导人举行会谈时表示，中国不是美国的敌人，他把中国看成是美国的朋友。两国领导人确定将"致力于发展建设性合作关系"作为中美关系的新框架。美国政府还把中国看做反恐斗争中的伙伴。小布什政府将反恐怖主义作为当

---

[①] Washington Post, April 30, 2001, p.1.
[②] Condoleezza Rice, For National Interests: The Reality of Post-Cold War, Foreign Affairs, Spring Issu, February, 2000.

前压倒一切的首要任务、国家安全战略的主要目标和对外政策的最优先事项，为此不得不寻求与中国、俄罗斯等国家的合作。小布什总统将对华政策的重点转到争取与中国建立稳定与合作的关系方面，这有利于中美发展稳定的合作关系。

但这种新的共同战略利益没有像在冷战时期共同对付苏联时的战略利益那么大。在冷战时期，中美两国为了合作对付苏联可以把它们之间的分歧暂时放在一边，而现在小布什政府一方面与中国在反恐、解决朝鲜核问题等领域进行合作，另一方面又在人权、武器扩散等方面向中国施加压力。而且，美国独霸全球的总体战略目标没有变，对华的两手政策没有变，防范中国的考虑也没有变。

总的来说，美国对中国的心态是复杂的，也是矛盾的。因此，小布什政府在第二任期将对华战略明确为"两面下注"（hedging），即两手政策。一方面，与中国进行交往和接触，要求中国在以美国为主导的国际体系中发挥"负责任的利益相关方"的作用。[①] 另一方面，又对中国进行防范和制约，甚至准备在必要时对中国进行遏制，以及准备军事干预台湾海峡冲突。

**二 冷战结束后美国对华战略的特点**

美国的对华战略可分为对华安全战略、经济战略、人权战略和对台湾问题的政策。

**（一）冷战后美国对华安全战略**

美国对华安全战略是美国全球战略和国家安全战略的重要组成部分之一，也是美国整个对华战略的最重要因素之一。

自第二次世界大战结束以来，美国一直是从全球战略的角度来看待它与中国的安全关系的。在冷战后期，美国为了联合中国抗衡苏联，与中国建立了战略合作关系。冷战结束后，中美以对付苏联为基础的安全合作关系不存在了。而两国在反恐、解决地区安全问题和非传统安全等方面逐渐形成了新的安全合作关系的基础。但另一方面，美国也在防范

---

[①] 时任美国副国务卿佐利克 2005 年 9 月 21 日在美国美中关系全国委员会的演讲：《中国往何处去？——从正式成员到承担责任》，上海国际问题研究所编《2006 国际形势年鉴》，上海辞书出版社 2006 年版，第 532 页。

中国将来成为它的对手,并为必要时干预台湾海峡可能爆发的武装冲突做准备。

1. 美国的反恐战略与中国。

"9·11"事件发生后,反恐成为美国全球战略和国家安全战略的最优先事项。为此,美国需要中国的合作。基于双向互利的原则,中美建立了中长期反恐怖主义交流与合作机制。[①] 但中美对某些恐怖组织的认定以及在反恐的范围和做法上存在一些分歧。中国主张反对"一切形式的恐怖主义",包括主张东突厥斯坦独立的恐怖组织。而美方却对恐怖主义采用双重标准,一方面坚决打击威胁美国的恐怖主义,另一方面却对那些威胁别国安全但不威胁美国的恐怖组织采取姑息态度,宣称"打击恐怖主义的战争决不能成为镇压少数民族的一个借口"。[②]

2. 美国的地区安全战略与中国。

美国在地区安全战略上既有寻求与中国合作的一面,又有防范和制约中国的一面。在朝鲜半岛、南亚、防止大规模杀伤性武器扩散等问题上,美国与中国进行了对双方和地区稳定都有利的合作。特别是在解决朝鲜核问题上,美国对中国在北京三方会谈和六方会谈中发挥的积极作用"表示赞赏"。但另一方面,美国在军事上加强对中国的防范。美国加强与印度、越南的军事关系,在军事上进入中亚和南亚。根据美国防部《四年防务评估报告》,美军将采取一系列措施加强在东亚的军事存在,包括在西太平洋增强航空母舰的实力及增加海军的驻军,部署载有巡航导弹的潜艇;在太平洋和印度洋增加空军可以紧急使用的设施,建立燃料供给和后方支援的据点;把海军陆战队装备的储备从地中海移到印度洋和阿拉伯海,以西太平洋发生战事为假想实施海军陆战队演习等。

3. 美国的反扩散战略与中国。

冷战结束后,美国将防止和反大规模杀伤性武器扩散作为美国国家安全战略的重要内容之一。"9·11"事件发生后,小布什政府进一步将反扩散,尤其是将防止恐怖分子掌握大规模杀伤性武器作为美国国家安全战略的最优先事项之一。为此,美国一方面希望与中国合作,防止恐怖分子

---

① http://www.usembassy-china.org.cn.
② http://www.state.gov.

和"流氓国家"拥有大规模杀伤性武器。另一方面，美国也向中国施加压力，要求中国加强对军民两用技术出口控制。

**（二）美国对华经济战略**

美国对华经济战略是美国对华战略的重要组成部分之一，也是美国对外经济战略的重要组成部分之一。在冷战时代，美国对外经济战略在很大程度上从属于其国家安全战略，是为实现其国家安全战略服务的。例如，在1972年尼克松总统访华之前，美国曾长期对中华人民共和国进行经济封锁和禁运，正是这种战略的表现。

冷战结束后，经济因素在国际关系中的地位大大上升。美国对外经济战略的主要目标，由安全转为"加强美国经济在国际市场上的竞争力"和确保一个有利于其自身经济利益的世界经济秩序。克林顿政府把经济放在美国对外战略最显著的位置，将经济安全作为美国外交最重要的支柱之一。而"经济安全"的首要因素，是"保证让美国企业进入不断扩大的全球市场"。克林顿政府把中国等10个国家作为10大"新兴市场"，将中国列为这10大"新兴市场"之首，宣称美国"必须把重点放在这些国家身上"。[①] 在这一战略指导下，克林顿政府顶住国会的压力，将给予中国的"最惠国待遇"与人权问题脱钩，并促使美国国会将中国的"最惠国待遇"转变为"正常贸易关系"。经过中国长期不懈的努力，美国最终不得不同意中国加入"世界贸易组织"。

但另一方面，中美经贸关系也存在一些问题，美国经常利用这些问题向中国施加压力。美国要求中国履行对世界贸易组织承担的义务，而且，每到美国总统选举年或国会选举年，美国的一些人就将中美经贸问题变为美国内政治问题，企图吸引更多选票。小布什政府为了选举需要和从中国获得更多经济利益，对中国同时使用反倾销和反补贴手段。同时，美国对华长期实行技术转让限制和保留对华制裁措施，成为影响中美经贸关系健康发展的严重障碍。

**（三）美国对华人权战略**

和平演变中国是美国对华战略的重要内容之一，也是美国对华人权战

---

① Peter Behr, "Offering China A Carrot on Trade", *The Washington Post*, January 29, 1994, p. C1, 该文引美国负责国际贸易的商务部副部长杰弗里·加腾的话说，美国把中国、印尼、印度、韩国、墨西哥、阿根廷、巴西、南非、波兰和土耳其作为"十大新兴市场"。

略的核心。但在不同时期,根据美国的战略优先排序,人权战略在美国整体对华战略中的地位和强调程度有所不同。在冷战后期,中美两国将地缘战略和安全利益放在第一位,而不突出意识形态和社会制度的不同,从而共同对付苏联霸权主义,形成意识形态和社会制度不同状态下的中美战略合作关系。但1989年"6·4"事件后,中美在人权和社会制度方面的分歧和矛盾上升。随着冷战结束和苏联解体,美国不再需要中国制约苏联,并且将过去对付苏联的人权战略转而用于对付中国。

在这种情况下,美国在人权问题上向中国施加压力的力度大大增加,将人权问题作为中美关系的重要组成部分之一。在"9·11"事件后,中美在反恐和地区安全方面的合作突出起来,两国在人权方面的交锋有所缓和,双方关于人权的政府间对话恢复,但小布什政府仍经常利用人权和宗教问题向中国施加某些压力。

### (四) 美国的对中国台湾的政策

台湾问题是中美关系中最敏感的问题,也是唯一有可能导致中美发生对抗或直接武装冲突的问题。长期以来,美国在台湾问题上采取"不统不独不战不和"的方针,企图将台湾作为制约中国的一张牌。小布什政府对大陆和台湾推行"双轨"政策,一方面希望与中国发展稳定和合作的关系。另一方面,布什政府以继续对台湾承担义务为名,加强与台湾的防务关系。这使中美在台湾问题上一直存在着斗争。

克林顿总统1998年访华期间曾作出了"三不"承诺,即不支持"台湾独立"、不支持"一中一台"、"两个中国",不支持台湾加入任何必须由主权国家才能参加的国际组织。克林顿政府后期,又提出对台政策的三大支柱,即"一个中国、两岸对话、和平解决"。

乔治·W.布什政府上台初期,其两岸政策明显向台湾倾斜。布什本人宣称,美国应"采取一切手段"以保卫台湾。2001年4月,海南岛撞机事件发生后,布什政府宣布了自中美建交以来最大宗的对台军售案。2002年1月,美国国防部在《核态势评估报告》中甚至准备在台湾海峡发生武装冲突时对大陆使用核武器。这些都向陈水扁等"台独"分子发出错误信号,使他们存有依靠美国的武力干涉实现"台独"的幻想。

另一方面,小布什政府也希望与中国保持稳定的关系。2001年6月,时任美国务卿鲍威尔访问北京,两国关系在经历撞机事件的最低点后开始改善。"9·11"事件后，中美关系改善的步伐加快。2002年2月，美国总统小布什访问中国。他与中国领导人会谈时表示，美国将坚持"一个中国"政策，遵守中美三个联合公报。小布什访华的积极成果有助于促进中美关系的稳定与双方的合作，从而有助于稳固当前两岸关系的基本格局和国际上普遍承认一个中国的基本框架，有利于海峡两岸关系的稳定和发展。

**三 美国对华战略的内在矛盾与制约因素**

美国对华战略存在严重的内在矛盾。这些内在矛盾实际上也成为制约这一战略的因素。

**（一）战略目标与心态之间的矛盾**

美国的对华战略目标既有很大的连续性，在不同时期又有一些重要变化。1899年，当时的美国国务卿海约翰在提出对华"门户开放"政策时宣称，美国政府政策的目标是寻求"使中国获得永久安全与和平，保持中国的领土与行政完整，保护各友邦受条约与国际法所保障的一切权利，并维护各国在中国平等公正贸易之原则"。[①] 这里的要点有两个，一是希望看到一个和平与稳定的中国，二是要在中国获得尽可能大的市场，二者是相互关联的，其中第一个目标在很大程度上是为第二个目标服务的。此外，当时美国在中国的传教士以真诚和傲慢相混合的态度，企图把美国文明和价值观传播于中国。这三个要点构成了美国对华战略的三个基本目标。冷战结束后，特别是"9·11"事件以来，随着中国的发展和在国际上作用的增加，美国又企图将中国纳入以美国为主导的国际体系，并要求中国在国际体系中发挥"负责任的利益相关方"的作用。美国还需要与中国合作反恐和解决一些地区安全问题。

1995年10月，时任美国总统克林顿表示，一个强大、稳定、繁荣、开放的中国符合美国的利益。[②] 2002年4月，小布什总统在北京清华大学演讲时说："中国正在走一条上升之路，美国欢迎一个强大、和平与繁荣的中国的兴起。"[③] "9·11"事件后，小布什政府又强调美国与包括中国

---

[①] 转引自李长久、施鲁佳主编《中美关系二百年》，新华出版社1984年版，第58页。
[②] 朱梦魁等：《江主席与克林顿总统正式会晤》，《人民日报》1995年10月26日，第1版。
[③] http://www.whitehouse.gov.

在内的大国进行合作以维护国际和平与安全。时任美国务卿科林·鲍威尔说:"我们欢迎中国的兴起。我们不会感到受威胁。我们鼓励中国的兴起。"[1]

但另一方面,美国国内的一些保守派在心态上仍停留在冷战时期和"零和"游戏模式,他们担心中国将来强大了会成为美国的威胁。例如,美国亚太安全研究中心高级研究员丹尼·罗伊宣称:"中国在提高自身强国地位的同时正悄悄破坏美国的全球领导地位,并为将来可能发动的一场挑战奠定基础。"[2] 这种心态与美国政府所宣称的对华战略目标是矛盾的,不利于中美之间发展长期稳定的合作关系。

### (二)战略框架与政策选择之间的矛盾

在克林顿政府时期,中美两国以建立两国建设性战略伙伴关系作为双方关系的战略框架。小布什政府放弃了这一框架,代之以"致力于发展建设性合作关系"作为中美关系的新框架。这一新框架需要不断充实丰满并发展成为中美长期战略稳定与合作机制。同时,双方必须开始为发展中美关系奠定一个新的、更牢固的基础。

但是,美国对华战略中的两手政策对中美建设性合作框架的充实和发展产生阻碍作用。例如,美国在与中国合作反恐、解决地区安全问题的同时,仍在对中国进行防范和制约,甚至准备在必要时对中国进行遏制。为此,美国政府对发展中美长期战略稳定与合作机制并不持积极态度。中美之间原来存在的一些问题,如经贸问题、人权问题、武器扩散问题等都还存在,只不过重要程度有时有所下降。小布什政府还经常利用这些问题向中国施加压力。

### (三)美国对台政策的内在矛盾

美国虽然宣称实行"一个中国"政策,但实际上长期以来对台海两岸推行"双轨"政策,这一政策存在着深刻的内在矛盾。一方面,美国希望中美关系稳定和海峡两岸保持和平,因为如果两岸爆发战争,将置美国于是否进行军事干预以及如何干预的两难境地。如果美国不干预,它在亚太地区的信誉度将大大下降。如果美国进行干预,它又不能确定会遭受多大伤亡。美国认为,台湾只是美国的重要利益所在,而不是美国的关键

---

[1] 时任美国务卿鲍威尔2003年11月5日在美国德州农工大学举办的美中关系研讨会上的讲话,http://www.whitehouse.gov.

[2] Daniel Roy, China's Response to U.S. Dominating Position, *Survival*, autumn, 2003, published by Institute of International Strategic Studies, London, Britain, p. 28.

利益所在,"美国不会给台湾一张空白支票,让台湾随意用美国青年的鲜血填写"。①

但另一方面,美国将台湾作为制约中国的一张牌。现在美国有一些人企图在台湾海峡两岸搞平衡,甚至搞"跷跷板"手法,即先向一方倾斜,然后再向另一方倾斜,如此反复,使两岸相互制约,以便从中渔利。美国某些强硬派人士甚至打着支持民主的幌子支持台湾分裂势力。为了促使台湾尽快多购买美国的昂贵武器,美国国防部甚至有意夸大大陆对台湾的"军事威胁"。

**(四)自由贸易与贸易保护主义之间的矛盾**

美国一向标榜"自由贸易",并以此为理由要求其他国家对美国开放市场。小布什当选总统后,曾将努力实现一个没有贸易壁垒的世界作为其政府外交政策遵循的六条准则之一。特别是中国加入世贸组织以后,美国一直要求中国切实履行开放市场的承诺。实际上,近年来,尤其是中国加入世贸组织以来,美国对华出口大幅增长,而且这一趋势还在发展。2001年,美国整体出口下降了2.5%,而美对华出口却增长了18.5%;2002年,美国整体出口下降了4.9%,对华出口却增长了15%;2003年1月至9月,美国整体出口增长了2%,对华出口增长了18.52%;2005年美国对中国出口增加了近21%。

但是,随着近年来美国外贸逆差的增加和失业率的居高不下,美国国内贸易保护主义上升。美国的选举年常使中美贸易问题成为美国国内政治问题之一。一些人指责中国的出口造成美国失业率增加,要求中国人民币升值。2003年11月,布什政府宣布美国对中国三种纺织品的对美出口设限,并对中国彩电对美出口进行反倾销调查。2007年3月,美国商务部宣布对中国出口美国的铜版纸产品征收临时反补贴税,改变了美国坚持23年的不对非市场经济国家实施反补贴法的贸易政策。这种贸易保护主义措施对中美经贸关系的发展产生了不利影响,最终也会有损于美国自己的利益。

中美在经贸领域相互依存、互利共赢、你中有我、我中有你的格局已经初步形成。中美两国经贸合作正面临一个难得的重要战略机遇期。双方应该以发展、平等、互利的精神,通过扩大经贸和平等协商来化解分歧,

---

① 美国前助理国防部长傅利民1995年4月1日内在美国大西洋理事会主办的研讨会上的发言。

发展中美贸易和经济合作。

## 第四节　21世纪美国国际能源战略与地缘政治

美国是世界上消耗能源最多的国家。冷战结束后，作为全球唯一的超级大国，美国的国际能源战略不仅对美国国内经济有巨大影响，而且对全球能源供给格局和世界经济政治有重大影响。由于国际能源分布、开采、运输和需求不可避免地与地理因素有密切联系，因此美国的国际能源战略受到地缘政治的重要影响。如果中美两国能保持稳定的关系，双方可以在能源领域进行广泛的合作。

### 一　美国国际能源战略特点与趋势
#### （一）美国将全力确保进口石油价格稳定和供应可靠

国际能源机构2011年2月预测，到该年底全球石油需求将首次突破每天9000万桶。美国石油消费占世界总消费的25.4%。2001年，美国每天需要石油1960万桶。2005年达到2050万桶。但从2005年以来，美国对进口石油的依赖在逐年减少。随着美国国内产油量和生物燃料的增加、页岩气的大规模开采以及能源使用效率的提高，预计2015年美国对进口石油的依赖将从2009年的51%跌至5%。

在2001年小布什就任总统前，美国一些地方已经出现原油和天然气供应不足的问题。小布什刚任总统时曾宣称，解决国家的"能源危机"是其作为总统的最重要的任务。2001年3月1日，时任美国能源部部长的斯潘塞·亚伯拉罕在一次讲话中说："在今后20年中美国将遇到一个严重的能源危机。如果我们不能战胜这一挑战的话，那么国家的经济繁荣将会受到威胁。我们的国家安全就会有风险，而且毫不夸张地说，我们的生活方式也将发生变化。"[1]

小布什总统和他的高级顾问们都认为，保证石油供应对于美国主要工业的健康发展和收益是一个基本的问题。因为任何能源的短缺都会在汽车、建筑行业、石油化工、产品运输和农业等方面产生严重的影响。因

---

[1] http://www.eia.doe.gov.

此，石油对于美国经济是一个至关重要的问题，因为它占美国能源供应的2/5，而且交通运输全部依靠石油。此外，石油对美国国家安全也起着重大作用。坦克、飞机、直升机和舰船等美国战争机器都需要石油供应。

为了解决"能源危机"，2001年小布什总统成立了一个由副总统切尼牵头的国家能源政策研究小组，委托其制定一项美国能源的长期计划。该小组负责对美国能源政策进行了审核，认为美国在能源问题上面临着一个两条道路的重大选择：一是继续沿着过去多年那种大量消费石油的道路走下去，由于国内石油产量越来越少，美国将不得不越来越多地依赖进口石油。如果沿着过去的道路走下去，将使美国紧紧地与波斯湾石油供应国和生产石油的其他国家拴在一起，成为一个更多依赖石油进口的超级大国。二是寻找可供替代的能源，逐步减少对石油的依赖。而寻找可供替代的能源需要在新能源的发电技术和传输技术方面进行大量的投资，并建立一些新的工业，同时关闭一些工业。

这个国家能源政策研究小组在对这一两难选择的问题进行分析研究的基础上，向小布什总统提交了国家能源政策报告。小布什在审阅后于2001年5月17日公布了该报告。从表面上看，该报告反对不断增加石油的进口，有利于寻找可供替代的能源。小布什总统在发表这份报告时说，国家能源政策将减少石油需求，鼓励革新和采取新的技术，"以便使我们成为世界上最有效和最保护环境的领先国家"。[①]

但实际上，该报告并没有提出减少石油消费、鼓励采取新能源技术的有效办法，只是建议减少对进口石油的依赖程度，方法是通过开发本国自然保护区内尚未开发的石油储藏来提高产量。而在这方面，该报告除了提出开发阿拉斯加州东北部地区的石油外，没有提出其他有助于明显减少对进口石油依赖的有效措施。由于阿拉斯加州东北部位于极地地区，在那里开采石油可能对环境造成严重破坏。美国国内对这一措施分歧很大。因此，该国家能源政策报告的基本目的仍是在国外为美国找到新的能源来源。

**（二）最大限度地使能源进口多元化，寻求降低对中东石油的依靠**

美国早在20世纪90年代就实施石油进口来源多元化的政策。2002年，美国从北美自由贸易协定的伙伴国加拿大和墨西哥进口石油最多，达

---

[①] http://www.whitehouse.gov.

到 1.717 亿吨；从南美洲和中美洲进口 1.192 亿吨，占第二位；从中东国家进口 1.147 亿吨，占第三位；从非洲进口 6910 万吨；从欧洲进口 5700 万吨；从亚太国家进口 1280 万吨；从俄罗斯和独联体进口 980 万吨。2010 年，美国进口的石油主要来自自己所在的西半球，邻近的加拿大为其提供超过 23% 的进口石油。2009 年美国仅有 17% 的进口石油来自波斯湾地区，另外有 22% 来自非洲。

在切尼主持制定的国家能源政策报告中提出了 35 项建议，其中 1/3 的建议是关于扩大石油进口来源多元化，并具体提到了美国应设法得到石油来源的那些地区和国家的名字，强调有必要减少这些地区和国家中不利于向美国出口石油的政治、贸易、法律和后勤方面的障碍，呼吁美国政府能源和贸易部门"与哈萨克斯坦、阿塞拜疆和里海地区的其他国家进行深入的贸易对话，以便为将来的重大、透明和稳定的谈判气氛创造基础"。[①]

目前，美国消费的 18% 的石油来自波斯湾。包括波斯湾在内的中东地区是目前探明石油储量最多的地区。2002 年的估计为 6856 亿桶，占世界总储量的 65.4%，以现在的水平，这些石油足够开采 92 年。美国国家能源政策报告认为，如果国内石油生产减少，波斯湾"将继续成为美国利益的关键"。但"9·11"事件后，小布什政府要求沙特阿拉伯加强打击国内恐怖分子的力度，加快推进国内民主化的步伐。美国的这些要求引起了沙特的不满，加剧了沙特国内以宗教领袖为核心的保守派的反美情绪的激化，美国与沙特关系逐渐趋于下降。伊拉克战争爆发后，由于沙特和其他海湾国家反对这场战争，美沙关系进一步恶化。

在这种情况下，美国寻求降低对中东地区石油的依存度，开辟新的石油进口来源，特别是增加从中亚和里海地区的石油输入。美国能源部估计，里海地区最终可开采的石油储藏量约为 2000 亿桶，占世界总储量的 16%。中亚地区天然气储量也居世界前列。其中，土库曼斯坦已探明储量约 8.4 万亿立方米，估计总储量为 21 万亿立方米（占世界总储量的 35%）；哈萨克斯坦已探明储量 1.5 万亿立方米。

同时，美国开始与俄罗斯在能源领域扩大合作。俄罗斯原油储藏量占全世界的 14%，仅次于沙特阿拉伯，居世界第二位。2003 年俄原油日产

---

① http://www.whitehouse.gov.

量达 867 万桶,超过沙特,居世界第一位。石油出口仅次于沙特阿拉伯,居世界第二位。俄天然气占世界已探明储量的 30% 以上,居世界首位。按现在的开采速度,可开采 81 年以上。

**(三) 增加国内石油战略储备,使用军事力量保证外国石油稳定安全地输往美国**

美国的石油战略储备在世界各国中最多,2005 年为 7 亿桶。在伊拉克战争爆发前半年,美国就开始增加国内石油战略储备。2004 年 3 月,美国石油战略储备达到 19 个月来的最高水平。美国国家能源政策报告再次强调加强石油战略储备以应对可能出现的石油供应中断形势,要求恢复到 1986 年 157 天的最高储备水平。而且,美国工商界还大量增加购买石油期货。

同时,美国使用军事力量控制全球石油战略枢纽,保证石油输出地、输油管线和海上运输线的安全。例如,虽然美国发动伊拉克战争是出于推翻萨达姆政权、在伊建立"民主"制度、反恐等多重动因,但其中主要动因之一是为了控制伊丰富的石油资源。伊拉克已探明的石油储藏量为 1120 亿桶,仅次于沙特,位居全球第二。美国能源部能源情报局估计,伊可能还蕴藏着高达 2220 亿桶的未探明石油储量,总的石油储量与沙特不相上下。

美国在中东地区一直拥有数十个军事基地,重点是控制波斯湾地区。"9·11"事件发生后,美国以进行反恐战争的名义,在哈萨克斯坦、乌兹别克斯坦、塔吉克斯坦、吉尔吉斯斯坦等中亚国家建立军事基地和驻扎军事力量,并加强在东南亚和非洲之角的军事存在。这些军事基地和军事存在的主要任务之一,是为保障美国从这些地区的石油进口。2004 年 4 月,时任美军太平洋总部司令马斯·法戈在美国会就国防部 2005 年预算作证时披露美军制订名为《区域海事安全计划》的反恐新方案,其内容包括为防止恐怖袭击,美国将向马六甲海峡派遣美海军陆战队和特种部队的计划。世界一半的原油是通过这条通道运输的,美国的意图显而易见。

**(四) 增加核能和发展新能源,减少对石油和国外能源的依赖**

由于 2003 年以来国际石油价格持续上涨,美国汽油价格高涨,对美国经济和民众生活产生不利影响,也引起美国民众对布什政府的不满上升。《华盛顿邮报》和美国广播公司 2005 年 4 月联合进行的民意调查表明，超过半数的美国民众不满布什政府的能源政策。

在这种情况下，小布什总统 2005 年 4 月 27 日提出一些能源战略措施。他强调，目前美国对外国能源供应的依赖不断增加，国内能源供应和炼油能力有限，造成了美国汽油价格不断上涨。他认为，开发能源新技术和增加能源供应是抑制油价持续上涨的有力手段。小布什总统提出的具体措施，一是鼓励建造新的核电站，政府将从财政上提供帮助。自 1973 年以来美国没有新建一座核电站，而在此期间法国建造了 58 座核电站。目前核能已占法国电力供应的 78% 左右，而美国的这一比例仅为 20%。二是呼吁国会支持政府的能源计划，同意在废弃的军事基地建造炼油厂。他认为，自 20 世纪 70 年代末以来，由于严格的环境要求和复杂的审批程序，美国一直没有兴建新的炼油厂，造成国内炼油能力无法提高。

2006 年以来，小布什总统还强调创新先进能源，鼓励节能和使用新能源技术。近年来，美国国内页岩气的开采取得重大进展。

**二 美国国际能源战略对世界的影响**

**（一）增加世界石油市场需求，加剧该市场人为紧张，导致国际油价高位运行**

2001 年，时任美国副总统切尼领导的国家能源政策研究小组在国家能源政策报告中承认，美国今后 20 年的石油产量将下降 12%，因此到 2020 年，进口石油在美国所占的比例，将从 2001 年的一半增长到占 2/3。美国继续大量增加石油进口，将扩充世界石油市场的需求。而现在世界石油的一些主要生产地，如波斯湾地区、南美、非洲之角等形势不稳定，美国与其中一些国家关系恶化，这些国家的民众存在严重的反美情绪。

特别是美国进行伊拉克战争并在伊陷入困境，以及产油国集中的中东地区局势不稳，使投机资金涌向原油期货市场，大大加剧了世界石油市场的人为紧张，导致国际油价飙升，并在高位运行。在 1997 年至 1999 年期间，世界石油市场每桶原油的平均价格仅为 16.88 美元。而随着美国加紧伊拉克战争的准备，油价一路攀升。到 2003 年 3 月伊拉克战争爆发时，油价最高时已达到每桶 37 美元。2004 年世界石油市场油价达到每桶 41 美元以上。2005 年，伊朗核问题突出，美国等国对伊朗施加压力，小布什政府不排除对伊动武可能性，国际市场原油价格上升，而且居高不下。2006 年 5 月，国际市场每桶原油价格超过 65 美元。2006 年 7 月 7 日，纽约原油远期合约价格甚至达到75.78美元。2010年9月以来，在全球能源需求不断增长、依赖进口中东石油、中东局势紧张等多种因素的作用下，国际市场油价达到每桶接近100美元。

### (二) 与其他大国因能源问题而引起的矛盾和竞争增加

随着世界经济走向复苏，国际原油市场需求明显增长。2004年世界石油需求每日增加165万桶，日消费量达7990万桶。2004年至2005年，世界石油需求的增幅超过2%。另一方面，欧佩克采取限产保价政策。在这种情况下，美国与其他主要进口石油地区和大国在石油领域的矛盾和竞争上升。例如，西欧是石油及其制品的主要进口地区之一。2002年，西欧从俄罗斯和独联体进口石油2.146亿吨、从中东进口石油1.611亿吨、从北非进口石油1.225亿吨。其中，西欧提高了对非洲的关注，将其作为多渠道石油进口战略的主要一环。但"欧洲最近遭遇来自美国企业残酷甚至是带有攻击性的竞争"。[①]

### (三) 在中亚和里海地区的能源竞争上升

早在1997年美国克林顿政府已制定出一套雄心勃勃的针对中亚地区的战略。美国扩大与中亚和里海国家的经济合作，企图控制该地区的油气生产与运输。至2006年，美国在哈萨克斯坦的投资超过110亿美元，首先是在石油和天然气开采领域。

小布什政府执政以来，在进行反恐战争的同时，更加加紧了在中亚和里海地区的能源竞争，使这一地区能源竞争上升。

## 三　中美两国在能源领域竞争与合作趋势

中国和美国在能源领域既存在着一定程度的竞争，又有合作的巨大潜力。中国已成为仅次于美国的第二大能源和石油消费国、第三大石油进口国。2003年，中国石油日消耗量达546万桶，石油净进口量为8600万吨。其中，56%来自中东，14%来自亚太地区，23.5%来自非洲，6.5%来自其他地区。2004年4月中国的日产油量为350万桶，日进口量为245万桶。2010年中国进口原油近2.4亿吨，占到总需求量的55%。其中近一半来自中东地区，30%来自非洲。国际能源专家预

---

① [俄]诺·西蒙尼亚（俄罗斯科学院世界经济与国际关系研究所所长）：《西方能源安全与俄罗斯的作用》，俄罗斯《消息报》2004年4月26日。

计，中国2020年将每天进口600万桶以上石油，到2030年石油净进口将达到每日1000万桶；到2035年，中国对进口石油的依赖将达到72%。

美国国会美中经济与安全评估委员会提出："中国日益增长的能源需求，特别是对石油进口的依赖，对美国构成经济、环境和地缘战略等方面的挑战。"① 该委员会认为，这种挑战主要表现在：

"1. 中国为了实现使其石油进口来源多元化的目标和增强经济安全，已经与若干石油供应国签订了能源协定，这些国家中包括被美国国务院列为支持恐怖主义的国家——伊朗、苏丹等。

2. 现在世界上的主要石油进口国都是国际能源组织（IEA）的成员国，而中国是还未参加该组织的国家中消耗石油最多的国家。这使它成为影响世界能源市场的主要因素之一。中国总是采用单边的方法，来获取更多的石油资源。这使它对欧佩克成员国的石油定价产生额外的影响。

3. 当前煤在中国能源消费中占主导地位（达到65%），而且其中许多是没有洗过的煤，导致严重的空气污染和温室效应。这对中国和世界环境构成巨大的挑战。"②

此外，美国还担心随着中国经济的迅速增长，中国从国外进口的石油大量增加，会增大中美之间在中亚和南中国海竞争的可能性。

美国国际能源战略中的某些因素和它对中国的这些负面看法，是造成中美在能源领域一些矛盾和竞争的主要原因之一。

但美国一些专家也认识到，美国对中国进行石油遏制的观点是一种非常近视的思维。美国海军军事学院教授托马斯·巴奈特（Thomas Barnett）说："美国为什么要堵截中国的石油通道呢？中国是美国最重要的贸易伙伴之一，是美国跨国公司最重要的劳力资源。虽然中美之间的经济竞争在未来会变得更加激烈，但这种竞争并不能通过军事对立来解决。"③ 美国

---

① Roger W. Robinson (Chairman of U. S.-China Economic and Security Review Commission of U.S Congress) and C. Richard D'Amato (Vice Chairman of U. S.-China Economic and Security Review Commission of U.S Congress), Prepared Statement to the Hearing on China's Energy Needs and Strategies, October 30, 2003, www. uscc. gov.

② Ibid.

③ 《美国智库聚焦中国石油问题》，美国《华盛顿观察》周刊2004年4月14日一期。

战略与国际问题研究中心能源项目负责人罗伯特·艾贝尔（Robert E. Ebel）指出，美国对中国石油禁运是不可能的，"因为美国没有能力影响中东和中亚的石油天然气生产"。① 凯托研究所编辑彼得·凡兰多（Peter VanDoren）认为，美国没有能力左右国际石油市场的价格。"要实施大规模的石油禁运是非常非常困难的，因为你需要派遣极其庞大的海军到漫长的中国海岸。而这几乎是不可能的"，"禁运……从经济上讲，它的效果是非常有限的"。②

另一方面，中美两国在能源领域也存在重要的共同利益：

首先，中美的经济正在增长，双方都需要稳定而可靠的能源供应，都希望世界石油市场价格稳定低廉。如果中美两国在双边和多边框架内协调它们的能源政策，与其他国家共同合作，就有可能平抑国际石油市场上过高的油价。

其次，中美都是海上能源运输大国，都希望有安全的海上运输线，双方可以在海上反恐怖、反海盗等方面进行合作，以保证海上运输线，特别是关键国际水道的安全。

第三，中美都需要发展各种新的能源，双方有广阔的合作空间。美国应在核能、能源的充分利用、使用清洁煤技术、煤液化和汽化等方面向中国提供先进技术，这也有利于美国的经济利益和对中国的出口。

近年来，中美两国在能源领域的合作开始起步。2004年4月时任美国副总统切尼访华期间，双方就美国向中国出售核电站设备进行了商讨。切尼向中方力荐美国的西屋公司，认为它最适合建造中国新的核反应堆。5月23日，中国国家发展和改革委员会与美国能源部签署谅解备忘录，同意加强双边能源政策对话。根据该备忘录，中美双方将成立一个能源政策工作组，并在共同感兴趣的领域进行一系列对话与合作。这些领域包括能源安全方面的信息交流、能源政策与战略、能效与节能、能源技术的使用和选择及技术合作等。③ 该备忘录有利于中美两国加深在能源问题和能源政策上的相互了解，促进能源领域的信息交流，并推动双方在一些能源项目方面开展合作。

---

① 《美国智库聚焦中国石油问题》，美国《华盛顿观察》周刊2004年4月14日一期。
② 同上。
③ 新华社阿姆斯特丹2004年5月23日电，《人民日报》2004年5月24日，第3版。

2005年11月，时任美国总统布什访问北京与中国国家主席胡锦涛举行会谈时，双方一致同意加强两国在能源领域的互利合作，表示两国可就能源战略加强磋商，鼓励和支持双方企业在油气资源勘探和开发领域开展合作。

2006年8月，美国能源部助理部长帮办弗雷德里克女士说，美国和中国面临同样的能源挑战，双方加强在能源安全领域的合作，符合彼此利益，也有利于世界的能源稳定。她指出，美国能源部将继续保持与中国的密切合作，双方将加快在可再生能源和清洁能源技术等方面的合作。美国现在已是中国能源领域最大的外来投资者，并将继续推进在中国的能源投资和贸易。① 2006年12月，时任美国能源部长博德曼表示，美国和中国应加强在能源安全方面的合作，因为合作将能促进两国经济的增长，这对两国未来的繁荣至关重要。②

2007年5月25日，在华盛顿举行的中美第二次战略经济对话结束后，两国政府表示将在能源领域一些项目上进行合作，包括：推进洁净煤技术、自愿采取节能认证产品、签署《美国核管制委员会和中国国家核安全局关于AP1000型核电机组核安全合作谅解备忘录》等。③

中美在能源领域的合作，有利于两国及世界的能源安全。

---

① 刘洪：《美国高官称：中美能源面临同样挑战，加强合作符合彼此利益》，《解放日报》2006年8月6日，第3版。
② 新华社华盛顿2006年12月7日电：《人民日报》2006年12月9日，第3版。
③ 新华社华盛顿2007年5月25日电：《第二次中美战略经济对话的联合情况说明》，《文汇报》2007年5月26日，第5版。

# 第六章  地缘科技与中国国家安全

地缘科技学（Geo-science & technology）是地缘政治学的一个分支。地缘政治学是地缘科技学的理论基础之一。地缘科技学"就是关于科技的地缘政治学或者关于科技的地缘经济学。它以民族国家为基本单元和基本战略主体，研究国际体系结构中科技与国际政治和世界经济的关系，集中关注科技与一国综合国力的关系、科技对国际政治经济格局的影响、科技在国家大战略中的地位和作用、国际科技竞争的基本格局以及科技安全在国家综合安全中的核心功能"。[①]

当人类社会进入21世纪第二个10年时，世界新科技革命的浪潮正以万马奔腾之势，推动人类在信息时代、微电子时代、生物工程时代和太空时代迅跑。根据马克思主义学说，生产力决定生产关系，经济基础决定上层建筑。新科技革命是当前国际体系转型的根本动因。

高科技不仅以令人眼花缭乱的速度改变着人类的工作、生活和观念，而且也正在军事领域引起一场革命性的变革，这就是人们所说的新军事变革（Revolution in Military Affairs，RMA）。军事变革实际上是能使战争发生根本性变化的先进科学技术、创新的军事学说以及据此对军队编制体制进行改良这三大要素的结合。随着新一代武器，如智能武器、激光武器、隐形武器、精确制导武器等大批出现并逐渐装备部队，军事学说和作战理论正在发生重大变化，军队编制体制亦相应地作出重大调整，从而导致世界军事形势和未来战争样式发生革命性变化。新军事变革是当前国际体系转型的催化剂。

---

[①] 转引自赵刚《地缘科技学与国家科技安全》，时事出版社2007年版，第20页。

新科技革命和新军事变革也在改变中国国家安全面临的地缘科技环境。

## 第一节 新科技革命对地缘科技的影响

### 一 新科技革命趁经济全球化大潮汹涌澎湃

马克思说:"科学技术是生产力。"邓小平进一步发展了这一论断,指出"科学技术是第一生产力"。①

从20世纪90年代以来,新的科技革命加快发展。以信息技术、生物工程技术、新能源技术和新材料技术等为代表的科技进步日新月异。

以信息技术革命为核心的新科技革命极大地促进了世界经济结构的变革。信息业等新兴产业迅速崛起,成为世界第一位的支柱产业和带动世界经济增长的火车头。信息技术、生物工程技术、新能源技术和新材料技术与传统产业有机结合,有力地促进了传统产业的技术升级和产业结构的新一轮变革,加速传统产业的高科技化。

而且,新科技革命使经济全球化潮流如虎添翼。冷战结束后,经济全球化趋势迅猛发展,是由市场经济的价值规律、资本运动规律、产业结构调整规律和跨国公司要素套利规律所驱动。当前的经济全球化趋势有两个显著的特点。

一是跨国公司全球化。跨国公司是当今世界经济中集生产、贸易、投资、金融、技术开发和转移以及其他服务于一体的经营实体,是世界经济全球化的主要推动者和体现者。跨国公司正在跨越民族国家而成为国际经济活动的主体,其国际生产和经营正在实现全球范围内的最佳资源配置和生产要素组合。

二是科技全球化。科技全球化的主要目标是利用全球科技资源来加强本国或本企业的研究开发工作,以更低的成本和更高的效率获得更强大的竞争力。这主要有两种方式:其一,国际合作实施的大型科学工程,如人类基因组、国际空间站等。其二,跨国公司加速在不同国家建立研发机构,以便最有效地利用当地科技资源,研制出最能适应市场的

---

① 《邓小平文选》第三卷,人民出版社1993年版,第275页。

产品。

在跨国公司全球化、科技全球化和新科技革命迅猛发展的推动下，在国际竞争日趋激烈的形势下，经济全球化呈现出全方位发展的态势。世界各国之间、各地区之间在经济、贸易、投资、金融等领域的相互渗透和相互依存大大加深，经济间相互流通的障碍不断减弱，经济融合的需求在日益加强。

世界经济正在逐渐真正形成为一个不可分割的有机整体。尽管经济全球化发展进程还受到种种制约和抗衡，还有很长、很曲折的路要走，但由于它是经济发展规律的一种具体表现形式，因此经济全球化趋势成了人们无法回避而必须面对的历史发展必然趋势。经济全球化是一柄双刃剑，它对世界各国，尤其是发展中国家既是机遇，也是挑战。经济全球化对世界经济和国际社会正在产生一些重大影响。

（1）由于全球跨国投资的迅速发展，不仅发达国家之间在资金、技术和市场上高度融合，而且发达国家与发展中国家之间的经济利益错综交织、互相影响。这使得各国经济形成"你中有我，我中有你"的局面，相互渗透、相互依存进一步加深。

（2）国际分工和专业化协作的程度越来越高，在世界范围内形成生产体系，使各国产业结构升级和转移成为国际产业结构调整的一个组成部分。而国际生产体系的形成又使得生产的全球联系越来越紧密，分工越来越细微，跨国界的协作越来越频繁，从而使各国的生产活动逐步形成一种相互依赖、互为一体、共同发展的状态。

（3）国际金融市场进一步向全球化方向发展，有助于在世界范围内优化资源配置，促进经济增长，但与之伴生的风险也越来越大。2000年，世界各类资本市场（包括证券市场和债券市场）的资本交易总值高达83万亿美元。覆盖全球的金融交易网络在促成高效率巨额交易的同时，加大了国际金融市场的风险。由于金融衍生工具的出现及迅速发展，国际金融市场的投机因素加大。金融衍生产品既为金融自由化提供了空前繁荣的市场，极大地扩大了业务领域，同时也为过度投机创造了条件。这迫使国际金融机构和各国监管当局加强对金融衍生产品的监督，并努力合作建立经济的"早期预警系统"。

（4）给发展中国家追赶世界经济水平创造了机遇，但也提出了严峻的挑战。为适应经济全球化的需要，许多发展中国家纷纷调整经济政策和经济结构，加大吸引外资的力度，加快参与世界经济的大交流、大循环和融入国际社会中去。其中有些发展中国家已进入新兴工业国的行列。但同时，发展中国家面临的挑战也是严峻的。经济全球化扩大了南北两极分化和贫富差距，使一些最不发达国家在世界经济中进一步边缘化。据联合国统计，2001 年占世界人口 13% 的发达国家占有全球年产值的 77.8%，而占人口近半数的低收入国家仅为 5.6%。这是引发反全球化浪潮的根本原因。

(5) 随着经济全球化的不断深入和科技的迅猛发展，全球性跨国问题也日益增多。这种全球性跨国问题包括生态破坏、恐怖主义、非法移民、毒品走私、国际犯罪、艾滋病、SARS 等。这种情况使世界各国的共同利益上升，促使它们更多地进行合作以解决这些面临的共同问题。

## 二　知识经济潮流快速发展

新科技革命和经济全球化两股潮流发展的结果，导致了一种新经济正在形成。1996 年总部设在巴黎的联合国经济合作与发展组织将这种新经济称为"知识经济"，其定义是：建立在知识和信息的生产、分配与使用之上的一种新型经济。1997 年 2 月，当时的美国总统克林顿正式采用知识经济的名称。现在世界上主要发达国家国内生产总值的 50% 以上来自知识密集型产业。在这种情况下，真正占主导地位的资源和生产要素，既不是农业经济时代的土地和劳动，也不是工业经济时代的有形资本，而是知识。知识正成为生产力诸要素中最具活力、最重要的因素，是联系、组织、带动更新其他要素的核心。

知识经济的主要特点有：

(1) 科学技术及生产力中其他要素和生产关系创新的速度空前迅速。创新是经济发展的内在因素，它所引致的生产要素和生产条件的重新组合是经济发展的重要动力。创新包括新产品的开发、新技术的采用、新市场的开辟、管理方式的创新、组织形式的创新、服务的创新等。现阶段的创新活动，无论从规模上看，还是从类型上看，或是从效果上看，无疑都是空前的。尤其是技术创新及由此带动的其他创新带来的变化更是空前的。江泽民同志指出："要迎接科学技术突飞猛进和知识经济迅速兴起的挑战，最重要的是坚持创新。"[①]

---

[①] 江泽民：《在新西伯利亚科学城会见科技界人士时的讲话》(1998 年 11 月 24 日)，《江泽民论有中国特色社会主义》(专题摘编)，中央文献出版社 2002 年版，第 244 页。

当前国际竞争日益激烈，科技创新能力已成为市场竞争和国家间竞争成败的决定性因素。美国经济学家在20世纪末提出"胜者全得"的理论，即一个企业在高新技术领域领先一步，哪怕是一小步，就有可能占领市场的绝大部分份额，其他竞争者将很难生存。而且，超级大国和某些发达国家甚至企图将这种"胜者全得"的理论应用于国家间竞争的层面上。居于世界产业体系中心的少数发达国家一方面凭借科技优势，向发展中国家转移低端技术及低技术含量产业，利用发展中国家的廉价劳动力和低成本，赚取高额利润。另一方面，它们企图依靠资本力量、金融手段、传媒引导和军事优势，来固化这种超级大国和发达国家占主导地位的格局。

（2）信息产业迅速扩张。信息产业是以强化企业竞争、提高要素使用效率为目的而发展形成的服务性产业。然而，随着经济信息处理和传输技术的飞速发展，信息产业也随之迅速扩张，并逐渐成为各国国民经济的支柱产业之一。信息产业与传统的第三产业最大的不同，就在于它所提供的服务是高投入形成的并且能够带来高效益的知识，而不是一般的劳动服务。

（3）高新技术产业快速发展。这意味着新兴的高新技术产业及相关的产业群体成为带动经济发展的新一代主导产业。围绕着高新技术的生产方式变革极有可能影响产业组织及管理方法的变化。高新技术带来的具有新的消费功能的产品和服务可能导致生活方式的改变。适应高新技术的新的企业组织、管理方法可能导致思想观念的变化。由此可见，高新技术产业的高速发展既是经济发展新阶段的体现，又会对整个经济体系乃至社会带来深刻的影响。

（4）资产的概念扩大。新的资产包括创新能力、品牌、知识技能、领导权、结构、程序等。在市场经济高度发达的社会，任何资产都能够以股票形式转换成金融资产。例如，专利拥有者、企业家对企业的参股或控股等。传统经济中，控制企业的是资本拥有者，技术、企业家才能、劳动都只是资本拥有者的雇佣对象。但是，经济发展到今日，专利和企业家才能都可以作为重要的投资品参股企业并获得收益。专利、企业家才能甚至成了控股的投资品，而资本成了被雇佣对象。

（5）风险与收益成正比。投资于高新技术的产业化是风险很高的。但如果投资成功，利润也非常高。而高新技术的产业化是经济能够保持长期稳定发展所必不可少的。

（6）出现新的人际关系以及新的工作和沟通方式。首先，人力资本投资受到广泛重视。人力资本是指与劳动生产率有直接关系并能使劳动者获得更高劳动报酬、增加就业机会的专业知识和技能的总和。也就是说更加重视对公司员工的各种培训。其次，网络的发展将导致企业和顾客之间出现全新的关系，使时间概念和价值观发生根本变化，行业的界线变得模糊不清，创造价值链被打开和重新组合。

（7）越来越多的无形资产进行交换。例如，以"知名品牌"等无形资产的使用为代价兼并或控制其他企业的现象越来越普遍。按照传统的经济观念，一部分资产要想兼并或控制另一部分资产，必定要以货币资产去置换产权。然而，目前阶段仅以"知名品牌"等无形资产的使用为代价就可能获得对其他企业的控制权力和利益。因为一个拥有"知名品牌"等无形资产的企业可以利用其品牌形象、市场占有率等优势为相关企业带来超额利润，这就为它控制其他企业、其他资本建立了可信的基础。同时，无形资产独立地控制部分资产的现象，深刻表明属于知识产权范畴的无形资产已成为一个重要要素存在于经济生活中。

知识经济的这些特点表明，社会知识化正在成为不可避免的趋势。发达国家产业的知识含量日益增加，知识资源正在成为主要的财富源泉。以科技创新为主的知识创新活动，将成为人类的主导性活动。国民的知识水平将越来越高，终身学习成为必然要求，整个社会将成为学习型社会。知识经济的社会形态正在成为现实。

知识经济的社会是后工业社会，可称为科技研究业社会，简称科业社会。在人类社会发展史上，农业生产方式导致农业社会的出现，工业革命及工业生产方式导致工业社会的出现。而知识经济这种新生产方式，将导致科业社会的出现。知识经济生产方式标志着人类社会的生产力发展水平有质的提高。人类社会正在进入以知识经济生产方式为特征的科业社会，但知识经济生产方式现在主要是存在于发达国家。而广大的发展中国家还面临着工业化和信息化的双重艰巨任务，少数最不发达国家甚至面临在国际社会日益边缘化的危险。在这种情况下，如果发展中国家不能充分地发展起来，西方发达国家知识经济所产生的巨大生产力，就不会有足够的市场。因此，世界各国，包括广大发展中国家的共同发展将是人类社会进步的必然要求和趋势。

### 三 新科技革命促进地缘科技发生重大转变

由于新科技革命的迅猛发展，世界正处于第二次至第四次浪潮并存发展的阶段，并面临着其他新浪潮的出现。根据美国未来学家约翰·托夫勒的观点，第一次浪潮是从前农业社会到农业社会的转移，第二次浪潮是从农业社会到工业社会的转移，第三次浪潮是从工业社会到后工业社会的转移，第四次浪潮是信息革命。① 人类社会完成第一次浪潮的经济和社会转变花了几千年时间。发达国家完成第二次浪潮的经济和社会转变花了几百年时间，从20世纪80年代开始进入第三次浪潮，并从90年代开始进入第四次浪潮。而大部分发展中国家仍处于第二次浪潮的转变中。一部分发展中国家，包括中国既面临着完成第二次浪潮的历史性任务，又开始部分进入第三次浪潮和第四次浪潮。随着现代科技以一日千里的速度发展，世界还面临着生物技术经济、太空经济、超导技术经济、纳米技术经济、海洋经济等新的浪潮。

这种多种发展阶段并存、发展极不平衡的状况，一方面，使各国之间的综合国力竞争更加激烈，机遇稍纵即逝。另一方面，使绝大多数发展中国家处于更加不利的地位，一些发展中国家处于边缘化的危险中，少数发展中国家甚至被西方国家称为"虚弱国家"或"失败国家"。这些国家的许多民众对某些发达国家的霸权主义行径、对国际财富分配的严重不公非常不满。极少数人采取极端行动，如反社会的恐怖活动来进行报复。以往所出现的恐怖活动只影响到有限的范围。由于第二次至第四次浪潮并存下的全球化趋势的发展，现代社会已经形成了一个复杂的系统组织。只要这个系统组织的一小部分受到损坏，整个国际社会都会受到影响。因此现在只要有一小撮恐怖分子进行反社会活动，就会影响到整个国际社会。

世界处于第二次至第四次浪潮并存发展的阶段，并面临着其他新浪潮的出现，使在改革开放中取得重大进展的中国处于发展的比较有利地位。中国从20世纪70年代末80年代初开始进行改革开放，在第二次浪潮的经济和社会发展中取得很大进展。一些大城市和沿海地区已基本完成第二次浪潮的历史性转变，开始进入第三次浪潮和第四次浪潮。由于改革开放的巨大成果，中国在当前的国际竞争中处于比大多数发展中国家较为有利

---

① [美] 约翰·托夫勒：《第四次浪潮》，华龄出版社1996年版，第76页。

的地位。这有利于中国抓住这个重要战略机遇期实现和平兴起。在 21 世纪头二十年，中国面临的主要任务是既要基本实现工业化，又要大力推进信息化。在这个时期，我们可以把利用国际先进技术和自主创新技术相结合，以信息化带动工业化，以工业化促进信息化，实现跨越式发展。约翰·托夫勒甚至预测，到 2020 年，中国大多数人将从事第四次、第五次浪潮的经济工作。①

冷战结束后，随着经济全球化趋势与区域经济一体化趋势的迅速发展、非传统安全威胁对国际关系影响的上升和非国家行为体在国际关系中的作用大大增加，国际体系正在发生重大转变。

1648 年的《威斯特伐利亚和约》确立了主权平等原则和独立的民族国家所组成的国际社会，从而奠定了当时欧洲国际关系的新的基础。这对于欧洲中世纪以来形成的以罗马教皇为中心的神权政治体制是一个历史进步。它实际上标志着近代国际关系体系的形成，其主要特征是无政府状态下的国际均势体系，主权国家是国际关系中的主要行为者。随着现代以来广大亚非拉国家纷纷取得独立，这一国际体系扩大到世界范围并延续到现在。

近年来，国际形势的新发展对这种旧的国际体系形成重大冲击。以无政府状态和国际均势为主要特征的旧的国际体系正在向以相互依存状态为主要特征的新的国际体系演变。

在今后一段时期，发展经济和科技将是绝大多数国家的主要目标，综合国力竞争将更加激烈。各大国之间相互依存和合作的一面将进一步上升，它们将尽力防止它们之间爆发武装冲突，但斗争和竞争不可避免。建立和发展各种国际和区域安全合作与对话机制的进程将继续，这些全球、区域和次区域安全合作机制将成为未来以相互依存状态为主要特征的新的国际体系的重要组成部分。

"9·11"事件后，大国关系进入一个新的调整时期。一方面，大国之间爆发战争的可能性大大减少。各主要大国在对付恐怖主义、环境污染等非传统安全威胁方面和解决地区热点、大规模杀伤性武器扩散等传统安全威胁方面有越来越多的共同利益。随着经济全球化的发展，它们之间的经济相互依存度日益上升。在这种情况下，美国也认识到大国合作的重

---

① [美]约翰·托夫勒：《第四次浪潮》，华龄出版社 1996 年版，第 75—76 页。

要性。

另一方面，大国关系出现新一轮互动，重新进行分化组合。美国布什政府单边主义和迷信武力的做法又进一步促使大国关系发生这种分化组合。大国之间围绕伊拉克战争的纵横捭阖就是一个典型的例子。在美国和英国极力企图使联合国安理会通过对伊动武决议的情况下，法国、德国、俄罗斯和中国都主张继续对伊核查。甚至在北约内部，法国和德国与美国也产生重大分歧。美国正式要求北约在发生对伊战争的情况下向美军提供帮助并在土耳其部署"爱国者"导弹防御系统等，以帮助土在受到来自伊的攻击后能进行有效防卫，但遭到德、法等国的坚决反对，并不惜打破北约内部第一次启动的"默认程序"。这些不仅反映了它们之间国家战略利益的不同，而且显示了它们之间文化背景的差异、社会历史的不同和对国际秩序的不同理解。

冷战结束以来，美国作为霸主原有权力的合法性逐渐遭遇世界多极化趋势和国际关系民主化趋势的冲击。"9·11"事件对美国既是挑战，也是机遇。美国以"反恐"为旗号，不仅在世界范围内直接打击威胁美国本土安全的恐怖主义，而且企图重新确立和巩固美国的世界"领导国"地位。

现在，美国处于自20世纪40年代后期以来全球大国地位的顶点。但与此同时，美国对其他国家的实际影响力下降。这是世界多极化趋势发展的结果。美国军队在伊拉克陷入困境加快了美国影响力的下降。由于经济和政治不平衡发展规律的作用，当前国际战略格局在向多极化曲折发展过程中呈现多层次结构。

在经济领域，随着欧盟一体化进程的进展、北美自由贸易区的建立和东亚地区经济合作的发展，多极化正在逐渐形成。世界经济的多极化将促进世界力量的均衡化趋势。

在军事领域，国际格局仍然是单极，美国是世界上唯一的具有全球大规模力量投送能力和全球作战能力的军事超级大国。要实现世界军事的多极化尚需很长时间。虽然美国在一些军事和安全问题上采取单边主义，但许多非传统安全问题并不是用军事力量就能解决的。

在政治领域，由于非传统安全问题对国际关系影响的上升和与传统安全问题相互渗透、相互转化，国际格局呈现分散化的状态。

当前大国关系出现的新一轮互动，实际上是国际战略格局呈现这种多层次结构所导致的。从长远来看,世界各国,特别是各大国将不得不更多地通过协商和协调以解决分歧和控制传统安全威胁,并进行合作对付非传统安全威胁。这使大国之间的地缘政治发生变化。大国关系重新洗牌,竞争与合作同在、矛盾与协调共存,使中国有更多的战略选择和与其他大国协调合作的可能。大国关系新的一轮互动和相互合作的上升,是中国实现和平兴起的战略机遇。

## 第二节　新军事变革对地缘科技的影响

军事变革都是首先由军事技术变革开始的。自古以来,军事与科学技术就结下了不解之缘。回顾军事或战争发展的历史,我们可以清楚地看到,军事的发展离不开科学技术的进步。技术对军事的影响主要表现在三个方面:一是技术的进步将促进经济的发展,从而增强军队建设和战争的物质基础;二是技术进步推动战争手段的不断发展;三是战争手段的发展对战争本身及军队建设产生一系列影响。

迄今为止,人类社会有过四次军事技术变革并正在经历第五次军事技术变革,而这五次军事技术变革先后引起五次军事变革。这些军事变革都对地缘科技产生重要影响。

在远古的石器时代,人们只有石兵器,那时的战争只是部落之间的小规模冲突。后来由于金属冶炼技术的发明,出现了第一次军事技术变革,有了金属兵器。金属兵器和畜力的使用,使人们能够进行国与国之间的战争。

火药的发明及其在军事技术中的应用,使人们有了枪和炮等热兵器(或称火器),这便是第二次军事技术变革。热兵器比冷兵器有明显的优越性。在17世纪至19世纪欧洲的资产阶级革命中,资产阶级武装正是凭借了枪支和大炮击穿了封建武士的甲胄,摧毁了封建贵族的城堡。

其后,机械化武器装备的出现,标志着第三次军事变革的开始。火力和机动性的大大提高为进行更大规模的战争提供了可能,因而才会有第一次和第二次世界大战那样世界规模的战争。

导弹和核武器是第四次军事技术变革的标志。导弹使军队有了远程乃至洲际的迅速而准确的打击能力,核武器所拥有的巨大摧毁力,更使它成为各大国的战略威慑力量，也使核大国之间发生战争的可能性大大减少。

当前，随着高新技术的迅速发展，世界正进入以信息技术等在军事上的应用为主要标志的第五次军事变革。

## 一 新军事变革的特点

### （一）以高新技术在军事领域的运用为先导，以知识经济为基础

目前，世界高新技术正在迅猛发展，世界经济也正在出现第三次变革——知识经济浪潮。新军事变革正是在这种背景下出现的，它是由高新技术在军事领域的运用所引发的，其基础是知识经济，具有知识密集型的特点。当前正在发展并应用于军事的主要高技术有：微电子技术、计算机技术、光电子技术、激光通信、强激光技术、新材料技术、航天和航空技术等。

### （二）通过信息技术将各种高技术武器系统形成一个整体系统，成倍提高其战斗力

现在世界主要国家正在着重发展的高技术武器，其类型主要有：智能武器，激光武器，隐形武器，精确制导武器，非致命性武器，导弹防御系统，C4ISR 一体化系统，即指挥、控制、通讯、计算机、情报、监视、侦察一体化系统等。

而且，无人作战系统在伊拉克战争中开始崭露头角，包括从天上盘旋的无人驾驶飞机，到地面大大小小的各种遥控机器人。"背包"机器人（PackBot）能在巷战环境中捕捉、分辨反美武装狙击手的细微动静；"嗅弹"机器人能灵敏地嗅出伪装起来的爆炸物；代号为"剑"（Swords）的武装机器人可以担当机枪手，在发现和定位敌军车辆和人员后以强大的火力消灭敌人。根据美陆军无人作战系统负责人约翰·伯克上校的说法，2004 年美军有 163 个地面机器人，伊拉克战争使得投入战场的地面机器人增长到 5000 个。它们都在伊拉克和阿富汗"服役"。

在伊拉克战场上发挥作用的机器人只是美军"机器人战争"计划的一小部分，更为完整的计划被称为"未来作战系统"（Future Combat Systems，FCS）。这个系统于 2003 年 5 月开始研制，计划在 2015 年成建制地装备部队。该系统，计划由 18 个子系统组成，可将每一名士兵与战场上各种陆、空作战平台及传感器连接在一起。根据该系统的开发商——美国波音公司的模拟录像，在作战行动中，由地面机器人充当先锋，当隐藏着

的敌人攻击它时，无人驾驶侦察机发现敌军位置，通知巡航中的战斗机，然而，战斗机发射导弹，命中目标。这一切行动都通过网络由战场上的美军操控。据波音公司估算，该系统将使战斗时间缩短一半，使美军士兵伤亡率降低 60%—80%。

值得注意的是，新军事变革的侧重点不在于掌握某种威力异常巨大的新式武器，而在于运用先进的信息技术使配备有各种高技术武器装备的各军兵种部队形成一个整体系统，以便一旦需要，就能迅速调动和有效配置，短时间内在局部地区形成压倒优势，进行并完成诸军兵种联合作战任务。

（三）适应高技术战争的需要，提出并形成新的军事学说和作战理论

随着各种高新技术武器的陆续出现并装备部队，一些主要国家逐渐形成高技术战争条件下新的军事理论和作战指导原则。海湾战争后，美国国内和军方展开了一场关于军事变革的讨论，军事理论研究出现空前活跃的局面，逐步形成了指导高技术条件下作战和建军的新理论，并于 1993 年提出"空地海天一体化"联合作战理论。

美国国防部 1992 年正式提出了"信息战"的概念，其他一些国家也在相互交流的基础上先后提出各种信息战理论。信息战正在成为现代军事思想和军事计划的核心内容。1996 年 7 月，美军参谋长联席会议首次推出信息战纲领《2010 年联合构想》，提出"联合作战是现代战争的本质要求"，"全面优势将是 21 世纪美国武装部队追求的核心特征"；提出为实行信息时代作战要求，必须遵循四项新的作战原则，即优势机动、精确打击、全维防护和优化后勤。此外，近年来美国海军提出了"由海向陆"战略，美国空军提出了"全球作战"战略。这些战略都贯穿着新的军事学说和作战原则。

（四）根据高技术武器特点和新的军事学说，调整军队编制体制

为了适应未来高技术战争和信息战争的需要，世界主要国家近年来对军队的编制体制进行了较大的调整。其主要做法有：在裁减军队员额的同时，优化军队内部结构；精简指挥层次，建立灵活、高效的指挥体制；建立数字化部队，即拥有数字化指挥控制和通信能力的部队，数字化部队从单兵到各种作战平台都采用了数字化通讯装备，从而将战场上情报、侦察、通讯、指挥和控制连成一个整体，不仅能提高对战场情况的反应速度，而且大大提高部队战斗力；加强快速反应部队；筹建新的军兵种，有

的国家（地区）正在组建或准备组建航天军、计算机兵、"黑客"分队等。科索沃战争、阿富汗战争和伊拉克战争后，世界一些主要国家根据高技术武器的特点和这些战争经验教训进一步提出新的作战理论和调整军队编制体制。

## 二　新军事变革对战争和军事斗争形势影响

### （一）知识成为赢得战争的重要因素，高技术成为军队战斗力的强大助推器

由于微电子、计算机、新材料、生物工程、航空航天等高新技术都是知识密集的产物，因此它们大量应用于军事领域所制造出来的高技术武器也具有知识密集型的特点。特别是掌握这些高技术武器装备需要一支用先进科技知识武装起来的军队。在这种情况下，知识成为战斗力的最重要因素。

高技术武器在战争中常常能使军队的战斗力成倍增长。国外有的专家认为，在未来"计算机中一盎司硅产生的效应也许比一吨铀还大"，携带计算机多于带枪的士兵的那一天将要到来。

### （二）战场五维化、数字化和非线式

高新武器技术的发展已经使现代战场成为包括地面、水面、水下、空中、太空、电磁等方面的多维战场。

冷兵器时代只在地面、水面作战，是二维平面战场。到热兵器时代以后，战场进一步扩展到空中、水下，形成三维立体战场（地面、水面、水下、空中）。60年代以来，随着卫星的出现和在军事上的应用，把太空也纳入军事活动和军事斗争的范围，开拓了第四维战场。电子对抗的发展，使电磁斗争对战争的进程与结局产生重大影响，电磁空间成了兵家必争的第五维战场。可以说，高新武器技术的发展已经使现代战场成为包括地面、水面、水下、空中、太空、电磁等方面的五维战场。

目前美国和其他一些西方发达国家正在有计划、有步骤地建设数字化部队。这些部队普遍采用数字化通信设备，实现信息传输数字化、指挥控制信息化、武器系统智能化。这些部队投入战争，将导致战场的数字化。

高技术武器的发展也将使战场呈现一种不规则的非线式状态。敌对双方不再停留在一条稳定的战线上，线式梯次战场结构将不复存在；进攻的

一方将对防御方实施全纵深同时攻击，战场没有明显的正面和侧后、前方和后方等防区分界线；战场流动性大、范围广、兵力密度小、结构不规则。这就要求军事指挥员确立以非线式作战歼敌的观念，更加重视部队的主动性、机动性和灵活性。

### （三）战略、战役和战术级作战融为一体

在 20 世纪 80 年代以前，战略、战役和战术这三级作战行动通常是界限分明的，主要表现在使用部队的规模和动员资源的多少、部队活动空间的大小以及作战持续时间的长短各不相同。战术级作战是为了达成有限目的而实施的小规模交战或战斗，一系列战斗的集合便可构成战役。与战斗相比，战役一般在更大的作战空间、用更长的时间实施。一系列战役级作战的组合便是战争或战略级作战。实施战略级作战的目的是达成国家的战争目标。

近年来，随着高技术武器特别是信息化武器的大量装备部队及其在局部战争中的广泛运用，战略、战役、战术的界线变得模糊不清，经常出现"战斗式的战争"或"战争级的战斗"。例如，20 世纪 80 年代以来美国进行的几场局部战争，除海湾战争、科索沃战争、伊拉克战争外，规模都很有限，如美军入侵格林纳达、入侵巴拿马、空袭利比亚、出兵索马里等，陆军参战兵力通常不超过 1 个师，空军不超过联队规模，海军亦是战役或战术规模，通常是 1 个或几个航母编队或航母战斗群，有些行动只动用几千人的部队。从这一点上看，这些行动是战斗或战役行动。

这些行动虽然规模有限，但却都是为了实现战略目的，是由国家最高指挥当局进行决策，决定战略目标、作战计划、行动方案等，并亲自指挥实施的，因此它们又都是战略行动。

其所以如此，主要是由于高新技术武器大量装备部队，部队规模缩小，战斗力和机动能力增强，小部队不仅能进行战斗，也能进行战役甚至战略级作战行动。随着部队行动速度的加快，战争的持续时间也缩短了。

### （四）信息战成为战争的一种重要样式，信息威慑成为战略威慑

随着世界进入信息时代，信息不仅成为一种非常有效的作战手段，而且是最重要的战斗力之一。争夺信息优势成为战争的一个主要内容，信息战也成为战争的一种重要样式。例如，美军认为，在现代条件下，"战场物质和能量的流动完全取决于信息的畅通，只有在正确的时间和地点提供

正确的信息，物质和能量才能转换为战斗力"。如果"信息流"不畅，即使"物质流"和"能量流"再强大，也不能保证取得战争的胜利。因此，双方交战时，势必首先夺取对信息的控制权。获得信息控制权的手段包括信息攻击和信息防御，即在破坏、瘫痪或利用敌方的信息系统的同时，力争保障己方信息系统的完好。谁在信息战中占有优势，谁就可以全面了解战场，实现实时指挥，快速集中战斗力，先敌利用战机，从而牢牢控制战场的主动权。为夺取信息优势，世界主要国家普遍发展以信息技术为核心的高技术武器装备，信息化已成为各种作战平台和兵器系统发展的基本趋势。它们还加快了对用于信息战的电子计算机软件的开发工作并开始培养进行信息战的专门人才。例如，美国国防大学20世纪90年代后期建立了专门培养信息战人才的学院。

与此同时，美国等国家企图将计算机键盘和电脑病毒作为战略威慑的新手段。在未来，信息威慑的重要性和可信性甚至将超过核威慑。

**（五）打击精确化，杀伤性武器与非杀伤性武器相结合**

随着高精度、智能化武器弹药的发展和大量装备部队，武器弹药的命中精度大大提高，甚至可以准确命中数千公里以外的目标。与此同时，现代战场环境呈现出作战空间扩大、作战节奏加快、作战消耗巨大等新特点。这些特点决定了在广阔的空间和众多目标中，对敌所有目标进行打击，既不现实，也不可能。因此，"点穴"式进攻越来越经常被使用。即使用精确制导武器集中攻击敌要害部位和关键环节以最大限度地震撼或瓦解敌方，打乱敌方作战节奏，用最小的损失换取最大的胜利。

随着信息战、电子战和其他非致命性武器装备的迅速发展，在未来战争中，不仅会继续使用能有效杀伤敌方武装力量的武器，而且将越来越多地使用非杀伤性武器来剥夺或重创敌人的战斗力而置敌于失败的境地，以夺取局部战争的胜利。美国近年来提出了通过非杀伤性武器解决局部冲突的战略，并为此加紧研制一系列实用的非致命武器。在未来战争中，电子战武器以及其他非杀伤性武器将与硬杀伤性武器相配合发挥作用。

**（六）非对称性战争将越来越多地出现**

非对称性战争主要指用非常规的攻击手段，如信息战、破坏环境、恐怖活动等来进行战争。冷战结束后，大国之间发生大规模常规战争的可能性已大大减少。而在新军事变革发展过程中，许多国家在一些军事领域，如指挥、控制、通讯、电子计算机、情报、监视、侦察系统等方面，都存在某些弱点。在这种情况下，一些国家和恐怖主义组织将可能寻求避免直接军事对抗，而采用非常规手段破坏一国的指挥、控制、通讯和情报系统或民用目标，来实现其战略意图或政治目的。这就可能导致非对称性战争。

### 三 新军事变革对地缘科技的影响

新军事变革对国际军事力量对比产生双重影响，成为决定世界多极化趋势与美国独霸世界企图之间的矛盾将是长期复杂的因素之一。

一方面，美国等西方国家在许多高新技术，特别是信息技术方面占有优势，这就使它们在新军事变革中处于领先地位。而这种状况又成为导致美国霸权主义和强权政治抬头、推行新干涉主义的因素之一，使超级大国由于其军事优势而在某种情况下更愿意动用武力。这决定了世界格局向多极化演变不会是一帆风顺的，而是一个曲折复杂、充满斗争的长期历史进程，主要阻力来自美国独霸世界的图谋与极力推行这种图谋的努力。

另一方面，信息系统的广泛运用大大增加了这些系统受到破坏或攻击的可能性以及遭到攻击后损失的范围和程度，从而使美国等西方国家的脆弱性也相应增加。同时，由于高新技术的发展以及这些技术容易通过商业渠道获取，也增加了某些中等国家和恐怖主义组织获取大规模杀伤性武器的可能性，从而加大了这些武器扩散的危险。这些又决定了超级大国受到种种制约，尽量避免与其他大国的战争。

而且，总的来看，多极化的趋势是时代发展的大趋势，是不可阻挡的历史潮流。美国尽管企图推行独霸世界的战略，但国际上仍存在着一些制约美国霸权主义的因素。首先，美国独霸世界的野心与其实际可使用的力量之间存在着差距。例如，在伊拉克战争中，美国就不得不从太平洋战区抽调兵力前往支援，造成其在亚太地区的兵力一度相对空虚。其次，国际上各种力量，包括俄、印和发展中国家对美国仍有牵制，西欧国家在伊拉克战争后在防务方面独立自主的倾向也有所发展。第三，美国国内在对外政策上存在着现实主义与理想主义的争论，一些持现实主义观点的人士对美国用"人权高于主权"理论进行对外干涉持批评态度。第四，美国在不是它关键利益所在的地区作战时害怕遭受重大伤亡。这些因素将使美国在对中等以上国家动用武力方面非常谨慎。

比较而言，多极化趋势对我国比较有利，可以使我国有更多的战略回旋余地，有更多的矛盾可利用。但另一方面，多极化也可能产生一些负面影响。例如，如果日本成为军事大国将不利于亚太地区安全。又如，如果某些国家推行地区霸权主义也不利于地区稳定与和平。因此，在多极化进程中，中国应努力推动建立一个有利于长期和平与发展的多极化世界格局。

近年来美国在新军事变革中取得的各方面进展使美国政府和军方认为，美国已经在新军事变革中处于领先地位，它所掌握的强大的情报搜集能力、精确打击能力、远距离投送能力、海空军优势以及先进的信息战技术进一步加强了美国的军事优势，拉大了美国与在新军事变革中落后的国家以及广大中小国家之间在军事上的差距；特别是美军装备远程精确制导武器和隐形武器后，可以在大幅度提高部队战斗力和武器毁伤力的同时，大大减少战争中美军人员伤亡的可能性。

加之，冷战结束后，美国成为世界上唯一的超级大国，并在政治、经济、科技、金融、军事等方面拥有明显优势。同时，不像冷战时期那样前苏联对其进行制约。而且，由于美国在以信息技术为核心的新技术革命中处于领先地位并进一步进行了经济结构调整，近年来美国经济连续多年实现低通胀下的增长。这使得美国在大国力量对比中处于有利地位。

在这种情况下，美国的强权政治和霸权主义上升，干涉主义抬头。克林顿政府1995年提出"参与和扩展"的国家安全战略，企图把它在冷战时期在西方国家中的盟主地位，扩展为在全球的领导地位，建立由它主导的世界新秩序。20世纪90年代后期美国又逐渐形成了"新干涉主义"，其主要特征是动辄干涉他国内政，凭借先进武器对敢于抵制霸权主义的国家使用武力或以武力相威胁，同时加紧构筑以美国为主导的各种军事安全体系。以美国为首的北约发动科索沃战争和美国发动伊拉克战争，正是美国推行霸权主义和"新干涉主义"的表现。"9·11"事件后，小布什政府提出"先发制人"战略，也是基于美国在新军事变革中取得的军事优势地位和强大的军事实力。

# 第七章　海上地缘安全与中国的海洋战略

海上安全与地缘政治有非常密切的关系。"海权论"是传统地缘政治理论中非常重要的一部分。"海权论"的创始人马汉强调海上力量对于国家繁荣与安全的重要性，认为若是一个国家要成为强国，必须要掌握在海洋上自由行动的能力。

海洋和海上安全对中国的国防建设和经济建设有着极大的重要性。中国领海有37万平方公里，海洋国土（包括从领海基线算起向外延伸200海里的专属经济区）有300多万平方公里，临太平洋的海岸线总长达1.8万多公里。中国沿海有500平方米以上的岛屿6961个，面积达8万多平方公里；岛屿海岸线长1.42万多公里，其中有人居住的岛屿433个；500平方米以下的岩礁有上万个。

中国地处西太平洋岸。太平洋是世界最大、最深的大洋，它的面积为17968万平方公里，几乎占全世界海洋总面积的一半，比全世界陆地的总面积还大。太平洋拥有各种丰富的海洋资源，有一些具有重要战略意义的海上通道。在冷战时期，美苏两个超级大国的海军在亚太地区进行激烈争夺。冷战结束后，超级大国仍在此地区保持强大的海军舰队。亚太地区的安全与海上的安全有密切的关系。由于该地区一些国家之间存在岛屿主权归属问题和海洋权益纠纷，以及随着与海洋有关的经济利益的增加，海洋对亚太国家军事安全的重要性越来越突出，海洋的军事战略地位明显上升。

海军是许多国家的主要军种之一。在近代历史上，世界主要列强为了扩展和保护他们的海外利益和争夺对世界海洋的控制权，都大力发展远洋海军。在冷战时期，美国和苏联为了争夺世界霸权，在各大洋（包括太平洋地区）展开了激烈的争夺。冷战结束后，虽然美国和俄罗斯不再进行海上对抗，但世界海洋安全的形势由于各种新矛盾的出现而趋于复杂化。近年来，亚太地区海上地缘安全形势趋于复杂，各国海军的发展出现了一些新特点。

## 第一节　亚太地区海上地缘安全形势的演变

现代史上亚太地区海上地缘安全形势的演变可追溯到第一次世界大战以后。第一次世界大战结束后，各大国之间展开了激烈的海军军备竞赛。美国1919年批准了庞大的海军建设计划，企图建立"第一海军强国"。美国海军的经费从1914年的1.36亿美元增加到1921年的4.33亿美元，美国海军的吨位从1910年的91.7万吨增加到1920年的近300万吨。英国虽然由于国力的衰弱，于1920年3月宣布放弃海军力量的"两强标准"，但它转而着重在质量方面进行海军军备竞赛，大量采用新的技术来改善海军的战斗力。日本从1920年7月开始实行它的"八·八舰队计划"，准备建立两支配备主力舰和巡洋舰各8艘的舰队。日本的海军经费从1917年的8500万美元增至1921年的2.45亿美元，约占日本全部国家预算的1/3。至20世纪20年代初，美国国会和舆论要求削减海军舰船建造计划的压力日益增大，而英国、日本则陷入了经济衰退之中。

另一方面，巴黎和会只解决了战后欧洲列强之间的关系，而在远东和太平洋地区尚未根据各大国实力对比的变化来进行调整。在这一地区，美、日、英等大国争夺地区霸权的斗争日益尖锐。美国看到英日同盟在战后已转变为主要对付美国并有利于日本在远东的扩张，因此，力图阻止英日同盟的续订。在这种情况下，1921年7月美国总统哈定指定美国国务卿休斯发出召开华盛顿会议的邀请。

华盛顿会议于1921年11月21日开幕。出席会议的有美、英、法、日、中、意、比、荷、葡等9国的代表，英国4个自治领（澳大利亚、新西兰、南非联邦和印度）也有单独的代表。该会议的主要日程是：限制军备问题和太平洋及远东问题。

经过3个月的激烈讨价还价，美、英、日、法、意5国于1922年2月6日签署了《关于限制海军军备条约》（又称《五国海军条约》）。该条约主要内容为：

（1）美、英、日、法、意五国主力舰总吨位的比例是 5∶5∶3∶1.75∶1.75；禁止建造排水量超过 3.5 万吨的主力舰；在 10 年内不动工建造新的主力舰。

（2）各缔约国航空母舰的总吨位是：美英各 13.5 万吨、日本 8.1 万吨、法国和意大利各为 6 万吨。

（3）美、英、日在太平洋上有关地区的军事防务和海军基地维持现状。美国承诺，放弃在菲律宾、关岛、阿留申群岛建筑海军基地的权利。英国承诺，不在中国香港和东经 110 度以东的岛屿属地设防。

华盛顿会议还签订了废除英日同盟的《四国条约》和关于中国问题的《九国公约》。华盛顿会议的结果是对凡尔赛和约的补充，会上达成的协议成为第一次世界大战结束后各大国按照新的力量对比重新构筑远东及太平洋地区新均势的基础。会上签署的《五国海军条约》和《四国条约》是美国外交的一个胜利。通过这两个条约，美国取得了与英国海军相等的比例，拆散了英日同盟。条约使日本受到一定的限制，但由于它迫使美英在海军基地上作出让步，因而日本海军在太平洋仍拥有重大优势。

《五国海军条约》对于该时期各大国的海上竞争与军备竞赛起了一定的限制作用。不过，由于它没有对大多数种类的舰艇和陆军、空军的军备发展进行限制，因而它的作用又是很有限的。

由于华盛顿会议未能对非主力舰艇进行限制，因此会后各大国将海军军备竞赛的重点转向非主力舰，竞相发展巡洋舰、驱逐舰和潜艇等，并大力提高舰只的火力和航速，竞争非常激烈。至 1927 年，英国、日本在巡洋舰数量和总吨位上均多于美国，日本在潜艇数量上也超过了美国。

在这种情况下，美国于 1927 年 2 月 10 日向华盛顿海军条约的缔约国英、日、法、意分别送交照会，要求在日内瓦召开会议商定关于限制非主力舰的协议。美国的目的是企图把华盛顿会议关于主力舰的比例推广到非主力舰上，从而使其他国家非主力舰的实力不能大于美国。

1927 年 6 月 20 日，日内瓦裁减军备会议召开。美、英、日正式出席，法、意派观察员列席。美国向会议提出了限制非主力舰协议的草案，主要内容有：（1）华盛顿会议的比例原则也适用于非主力舰；（2）非主力舰分为 4 级，对巡洋舰、驱逐舰及潜艇三级应加以限制，其他战斗力有限的船只不受限制；（3）规定美、英、日非主力舰总吨位限额；（4）规定非主力舰舰龄限制。

英国为了维持在巡洋舰数量方面的优势,提出大型巡洋舰可适用比例规定,小型巡洋舰则根据国情由各国自行规定。英国还提出它要拥有70艘巡洋舰的定额(大型15艘、小型55艘,而英国这时实际拥有的巡洋舰只有48艘)。美国后来又提出,美英巡洋舰总吨位各为40万吨,大型巡洋舰各25艘,必要时英国可拥有20艘小型巡洋舰,但仍为英国所拒绝。日本在会上利用美英之间的分歧,企图谋求有利于日本的比例,并曾搞出一个英日妥协方案共同对付美国,但不为美国所采纳。

会议还讨论了驱逐舰、潜艇等问题。但由于美英在巡洋舰问题上各持己见,会议未达成任何协议,于1927年8月4日结束。

1929年6月,麦克唐纳第二次出任英国首相后开始根据国际形势调整英美关系,它们在海军军备方面的矛盾有所下降。另一方面,20年代末,资本主义各大国均陷入严重的经济危机之中,它们都想适当放慢建造新舰的速度,以缓和财政困难。在这种形势下,1930年1月至2月在伦敦召开了第三次裁减海军军备会议。在该会议上,美、英、日、意、法签署了关于限制和裁减海军军备的《伦敦海军条约》。该条约的主要内容有:

(1)美、英、日三国将1922年华盛顿《五国海军条约》关于10年内不建造新主力舰的规定继续执行到1936年,法意两国可以建造新的主力舰7万吨。主力舰的数量限额是:美英各15艘、日本9艘。美、英、日应各淘汰3艘、5艘、1艘主力舰。

(2)各缔约国航空母舰总吨位数限制仍然维持华盛顿《五国海军条约》的规定,但万吨以下的航空母舰也包括在限额内。

(3)限制非主力舰战斗舰艇吨位的规定:美、英、日非主力舰战斗舰艇的总吨位限制比例为10:10.29:6.79。美国非主力舰战斗舰艇的总吨位可达52.62万吨,其中8英寸口径炮巡洋舰18万吨、6英寸口径炮巡洋舰为14.35万吨、驱逐舰15万吨、潜艇5.27万吨;英国非主力舰战斗舰艇的总吨位可达54.17万吨,其中8英寸口径炮巡洋舰为14.68万吨、6英寸口径炮巡洋舰为19.22万吨、驱逐舰为15万吨、潜艇为5.27万吨;日本非主力舰战斗舰艇的总吨位为36.71万吨,其中8英寸口径炮巡洋舰为10.86万吨、6英寸口径炮巡洋舰为10万吨、驱逐舰为10.55万吨、潜艇为5.27万吨。

法国和意大利未参加该条约的第三部分，即关于限制非主力舰战斗舰艇总吨位的规定。这主要是意大利坚持要与法国取得相同的吨位比例，而法国以美英不支持地中海安全保障公约为理由，对意大利不肯作出让步。因此该条约第三部分仅由美、英、日彼此承担义务。

英国在《伦敦海军公约》中对美国作了一些让步，这主要是因为英国20世纪30年代初把争夺欧洲霸权的政策与建立美英联盟的战略联系了起来，需要缓和美英之间的矛盾。美国从该条约中取得了非主力舰战斗舰艇方面拥有与英国几乎相等的吨位，从而为它提供了在世界上又一次炫耀海军军力的机会。日本通过该条约取得了在非主力舰战斗舰艇方面美英日10∶10∶7的比例，从而进一步加强了日本海军在远东及太平洋地区的地位。

1930年伦敦海军会议之后，美、英、日、法、意都进一步加紧海军军备竞赛，《华盛顿条约》对于海军军备的限制实际上已是一纸空文。日本在1931年发动了"九一八"事变，占领了中国东北，接着退出国际联盟。远东战争策源地的形成，使国际局势更加紧张。另一方面，到30年代中期，华盛顿和伦敦两个海军条约行将期满。

在这种情况下，英国1934年5月提议召开第二次伦敦海军军备会议。同年10月在伦敦举行的第二次伦敦海军军备会议的预备会议上，日本代表要求打破主力舰5∶5∶3的比例和非主力舰10∶10∶7的比例，使日本海军的军备处于与美英均等的地位。美日之间的立场严重对立，使预备会议搁浅。其后，1934年12月29日日本政府宣布废除《华盛顿海军条约》。

1935年12月至1936年3月，第二次伦敦限制海军军备会议举行，美、英、日、法、意参加。在会上，日本代表以"安全平等"为理由要求日本海军取得与美英均等的地位。英国代表提出一个公布建造军舰情况的建议，内容是各国政府在一定年限内公布其造舰计划并通知有关国家，各国在造舰时不要超过适当的限制。法意支持英国的提案。但日本代表以该方案没有承认日本"安全平等"的要求为由加以拒绝，并于1936年声明退出伦敦限制海军军备会议。接着，意大利也以不满国际联盟制裁意大利武装侵略埃塞俄比亚为理由退出会议。1936年3月25日仅由美、英、法签订了一项新的限制海军军备条约，以代替1922年的《华盛顿条约》和1930年的《伦敦条约》。该条约只规定缔约国将每年度造舰的情况通知其他缔约国和缔约国主力舰、航空母舰、潜艇等单舰（艇）不得超过的吨位和火炮口径。该条约对各国军舰的数量没有做什么限制。1939年第二次世界大战爆发后，英国宣布无限期暂停执行该条约。

美、英、法、意、日5国于1922年在华盛顿签订的《限制海军军备条约》和1930年签订的《伦敦海军条约》对参加国海军军备的数量和质量进行某些限制。它们是历史上最著名的海军军备控制条约，也是迄今为止最重要的多边海军军备控制条约。

1936年，英国还建议并与苏联开始了限制海军军备的谈判。1937年7月17日英国与苏联在伦敦签订了《英苏海军协定》。该协定以1936年《美英法海军军备条约》为模式，只是规定了对主要类型军舰的一定的质量限制和相互交换海军建设的情报。在该协定中，英国接受了苏联关于"在苏联和日本之间尚未就此问题缔结正式协定之前"本协定的一切限制不适用于在远东的苏联舰队的要求。

第二次世界大战期间，美国和日本海军在太平洋进行了多次规模巨大的海战。美国、苏联和中国等盟国最终赢得了对日本法西斯作战的胜利。但二战结束后不久，美国和苏联就开始了冷战。

在冷战时期，世界军事形势的基本特征是长期的东西方军事对峙和美苏军备竞赛，而亚太地区是他们争夺的主要地区之一。这决定了冷战时期亚太地区海上军事态势的主要特点是美国与苏联争夺海上控制权。

第二次世界大战结束后不久，美国将苏联作为自己的主要敌手，推行对苏联进行遏制的战略。为了实现这一战略，美国制定了以战略威慑、前沿防御和海外联盟为主要支柱的全球军事战略，而美国海军则在该战略的实施中扮演了重要角色。

美国海军战略家马汉在其著名的"海权论"中认为，要取得制海权，就要依靠强大的海上力量，建立遍布全球的海军基地网；为使美国获得制海权，就必须以强大的舰队在海上开辟战略基地，建立海上军事据点。根据美国的全球军事战略，美国海军被赋予了四大战略任务：战略威慑、力量投送、控制海洋和显示海上力量，其中掌握制海权被置于四大任务之首。根据这些战略任务和地缘战略环境，美国海上力量又被分为大西洋舰队和太平洋舰队。

在亚太地区，美国的盟国多数为群岛国和半岛国。在冷战时期，美国主要以岛屿为依托对抗大陆型力量为主的对手。这种地缘战略环境决定了美国海上力量在其亚太战略中处于中心位置。美军太平洋总部一直由一位海军上将担任总司令，所辖部队也以海军为主，其中相当一部分兵力是部署在海上的。在二战结束后美国卷入的两场最大的局部战争——朝鲜战争和越南战争中，美国太平洋舰队都扮演了重要角色。

在冷战时期，美国海军在亚太地区的主要任务有两项：一是力争夺取西北太平洋的制海权。美军设想，一旦战争爆发，美太平洋舰队将联合日本海上自卫队封锁宗谷、津轻和对马三海峡，以优势兵力将苏联太平洋舰队水面舰艇的主力封锁在日本海内，并伺机与其进行决战，同时对部署在鄂霍茨克海的苏战略导弹潜艇部队展开围剿；二是保护亚太地区的海上航线。由于美国在亚太地区的盟国多属外向型经济，美国与它们有很大的经济和贸易来往，因此美国将保护对其自身和盟国来说都是性命攸关的海上航线作为其太平洋舰队的重要任务。这一任务的重要性在70年代后期由于苏联获得了越南金兰湾海军基地的使用权而显得更加突出。

苏联从60年代开始发展大型水面舰只，至70年代末80年代初，苏联海军已成为一支以大型现代化军舰武装起来的、以导弹为主要武器的远洋海军。在亚太地区，苏联太平洋舰队从70年代起致力于走向远洋，走向扩张。70年代后期，苏联从越南获得金兰湾，不仅使其海空军力量一下向南推进了近4000公里，而且严重威胁马六甲海峡和东南亚国家的安全。同时，苏联还选择印度洋这个美国全球战略的软腹部作为其海上力量扩张的主要出击方向之一。

## 第二节　中国面临的海上地缘安全形势的特点

美苏冷战的结束使亚太地区海上的军事形势趋于缓和，美俄海军不再进行军事对抗，其舰只数量有所减少，但美国、俄罗斯、日本仍在该地区保持强大的海上军事存在，并且正在着重用高新技术提高其驻亚太海军的质量和作战能力。与此同时，该地区其他国家出于维护国家安全利益和经济利益的考虑，更加重视对海洋权益、海洋资源、贸易通道的保护，在它们经济得到发展之后，加快了发展本国军备的步伐，特别是着重发展海、空军。

当前亚太地区有海军的国家可被分为四类：第一类为全球性海军强

国,现在主要是指美国;第二类为地区性海军强国,它们具有远洋海军能力或一定的远洋海军能力,前者主要是俄罗斯和日本,后者主要是印度;第三类为实行近海防御但有一定远洋活动能力的国家;第四类为实行近海或近岸防御的国家,亚太地区大多数国家属于这一类,它们的海军力量多数不大,只能在本国海岸附近或近海活动,但有的国家由于地理位置重要,并装备了先进的反舰导弹,其作用也不可忽视。

根据美国的全球军事战略,美国海军被赋予了四大战略任务:战略威慑、力量投送、控制海洋和显示海上力量,其中掌握制海权被置于四大任务之首。根据这些战略任务和地缘战略环境,美国海上力量又被分为大西洋舰队和太平洋舰队。

冷战结束后,美国成为唯一的超级大国。美国的海上战略由侧重于遏制苏联转变为开始扮演"全球海上宪兵"的角色。美国海军1992年9月提出了"由海向陆"的海军战略,两年后修改为"前沿存在……由海向陆"战略。根据"灵活和有选择参与"的冷战后军事战略和新的海军战略,美国海军的作战对象从重点对付前苏联转变为重点对付对美国利益构成威胁或潜在威胁的地区强国;作战目标从遏制和战胜前苏联转变为维持地区稳定、慑止冲突、危机反应和打赢局部战争;作战海域从太平洋、大西洋及前苏联临近海域转变为以近海和陆岸为主;作战样式从反潜护航和控制海上咽喉要点转变为两栖作战、近海反潜和扫雷、战略海运、战区导弹防御等。

美国为维护和保持其在亚太地区的主导地位,将其在亚太地区驻军作为实现这一目标的主要支撑力量。美国现在继续把在东亚的前沿军事部署维持在近10万美军的水平,加上太平洋战区内的其他美军,美国在整个亚太地区共驻有军队30万人。而且,驻亚太地区美军正在加强质量建设,增强其快速机动能力、远距离力量投送能力和远程精确打击能力。

20世纪90年代末以来,美国重点加强美军在亚太地区"灵活进入"的能力。"9·11"事件后,美国在继续保持主要军事基地的同时,以地区安全和反恐为由,为美军能使用其他一些亚太国家的基地做出了安排,努力使美军具备"有事使用权","能够进入该地区更多的地方"。

美国政府特别重视增强美军在西太平洋的"远程投放"能力,特别是在关岛的海空军力量,作为应对突发事件的主要手段之一。布什政府认为,由于亚太地区幅员辽阔、岛国众多,因此海军和空军将发挥更大作用。美国在继续保持在日、韩的主要军事基地的同时,企图将关岛建设成美国在亚洲的军事中心。时任美军太平洋总部司令托马斯·法戈宣称:"关岛的地缘战略重要性怎么强调也不过分。在关岛日益发挥'军事力量投放中心'的作用的过程中,拥有海军和空军设施的重要性会继续凸现出来。"[①] 目前,美军已将太平洋总部预备前进指挥所设在关岛阿普拉海军基地。从关岛的地理位置看,它离台海、朝鲜半岛、南海等东亚的敏感地区相距约3000公里左右,从而成为美国威慑亚太地区的西部军事重镇。如果美国战略轰炸机携带射程近1000公里的巡航导弹从关岛起飞,只需飞行两三个小时就可对其在东亚的对手视距外发射巡航导弹,然后返航。

美军现正在重点加强关岛的军事基地。美国防部决定拨款4000万美元扩建关岛基地,其中包括为便于停靠航母而进行的大规模航道和港口疏浚工程,以及建造新的核潜艇试验场。2000年8月,美国在关岛部署了64枚最先进的AGM-86空基巡航导弹,这是美军首次在本土外部署该型导弹。并于2002年在关岛部署3艘"洛杉矶"级攻击型核潜艇。这种潜艇装备的"战斧"式潜射巡航导弹,射程可达3000公里,1000磅重的弹头可以是常规的,也可以换上核弹头。美军还决定在关岛安德森空军基地部署6架B-52轰炸机,至2004年2月下旬已部署3架。这是自越南战争结束后美国首次在关岛部署B-52轰炸机。同时,美军还向关岛增派约300名飞行员和地勤人员。2000年3月,美军决定在关岛重组第15潜水艇舰队,斥资1000万美元扩建该岛海军基地。至2004年晚些时候,有3艘可发射巡航导弹的"洛杉矶"级核动力攻击潜艇以关岛为母港。扩建工程2005年完工后,有6艘核动力攻击潜艇长期使用该基地。美军还考虑在不久的将来,在关岛部署3艘可各装载近2000名海军陆战队员的大型两栖战舰。

2004年3月,美国国防部宣布,从9月开始在日本海长期部署1艘具有监视和拦截弹道导弹能力的"宙斯盾"军舰。美国国防部2004年6月将原来以美国加州圣迭戈为母港的第3舰队"斯坦尼斯"号航空母舰战斗群调到西太平洋,以夏威夷珍珠港为母港。2004年,美国海军"乔治·华盛顿"号核动力航母取代"小鹰"号常规动力航母常驻日本横须

---

[①] 时任美军太平洋总部司令托马斯·法戈 2004 年 3 月 31 日在美国会就国防部 2005 年预算作证时的讲话, http://www.thomas.loc.gov。

贺基地。

美军还准备在西太平洋上部署新型武器储备船，以便战时能迅速作为海上基地充当出击据点。

美国国防部2006年2月发表的《四年防务评估报告》，计划将在太平洋部署的航空母舰增加至5—6艘，并在太平洋保持60%的海军潜艇。

在亚太地区，美军有一个东西横跨太平洋和印度洋、南北从南极洲直至北极的基地网。该地区的基地"点线结合"，大体上呈"三线配置"。其中，东南亚处在由配置在日本、韩国直至印度洋的迪戈加西亚岛上的基地组成的一条"前沿基地"带的中间，这条"岛屿锁链"式的第一线控制着战略地位十分重要的航道、海峡和海域，成为由以关岛为中心的诸岛屿及在澳大利亚和新西兰的基地组成的第二线，以及由设在以夏威夷为中心的诸群岛至中途岛及阿拉斯加、阿留申群岛的基地组成的第三线的"前沿屏障"。

在东亚和西太平洋地区，美军有三个基地群，包括东南亚基地群、以日本横须贺海军基地为中心的东北亚基地群和以关岛为中心的群岛基地群。这三个基地群遥相呼应，担负着控制战略要点，扼守海上咽喉要道的任务，并为西太平洋地区美军的部署和活动提供依托和支援。

美国太平洋舰队由第七舰队和第三舰队组成。它们共有5—6艘航空母舰、近40艘核动力潜艇（包括10艘战略潜艇）、50多艘巡洋舰和其他大型水面舰艇。[1] 其中，第七舰队是美国最大的前沿部署舰队，也是美国用于干预亚太地区事务的重要军事工具。[2] 它拥有58艘主要水面舰船（不包括登陆舰）、38艘潜艇及350架作战飞机。

近年来，美国海军与其他亚太国家海军的联合军事演习规模不断扩大。2010年6月举行的"环太平洋"联合军演期间，来自美国、澳大利亚、加拿大、智利、哥伦比亚、法国、印度尼西亚、日本、马来西亚、荷兰、秘鲁、韩国、新加坡和泰国共14个国家的海军舰艇云集美国夏威夷珍珠港参加军演，其中有战舰34艘、潜艇5艘，以及飞机上百架和2万多军人。

---

[1] 俄罗斯科学院世界经济和国际关系研究所高级研究员鲍里斯·马卡耶夫等：《21世纪的威胁来自海洋》，载俄罗斯《红星报》2000年8月5日。

[2] 香港《明报》1999年7月30日文章：《美插手亚洲的撒手锏》。

美国、印度和日本的海上力量每年在印度洋或日本冲绳以东海域举行代号为"马拉巴尔"的大规模海上联合军事演习。美国与东南亚国家之间每年联合举行年度双边系列军事演习"卡拉特"演习,即"海上战备与合作训练"演习。

俄罗斯正在力图恢复其全球海军大国的地位。1999年11月发表的《俄罗斯联邦海军战略(草案)》指出:"海军在确保国家经济和外交利益方面的作用和地位已显著增强","俄联邦位居主要的海上强国之列,在开发和利用世界大洋方面起着积极的作用。世界大洋对俄罗斯具有头等重要意义","国际社会在世界大洋的活动导致各种矛盾和争端的出现,其性质和解决方法在很大程度上取决于一个国家所实际拥有的海上实力"。[①] 冷战结束后,俄在远东地区的海军数量虽然有所减少,但仍是亚太地区一支有实力的海上力量。俄在远东地区的太平洋舰队是俄第二大舰队,有海军舰艇660艘,其中包括主要水面作战舰只55艘、潜艇60艘、核动力潜艇45艘。[②] 根据1999年《俄罗斯联邦海军战略(草案)》规定,该舰队的主要构成应当是:多用途导弹核潜艇、带舰载飞机的舰船、登陆舰艇、多用途监听船只和装载导弹的海军飞机等。[③] 俄罗斯总统2000年4月命令俄太平洋舰队派遣包括核潜艇在内的数艘舰艇前往波斯湾。[④] 这既是为了恢复俄海洋大国的地位,也是为了恢复俄在波斯湾地区的影响。[⑤] 2010年6—7月俄罗斯武装力量在北太平洋和俄东部举行"东方2010"大规模战略战役演习,该演习实际上是在向美国和其他亚太国家显示实力。

日本海上自卫队的实力当前仅次于美俄两国,居世界第三位。日本为全面提升海上战斗力,把行之多年的"八·八舰队"(即由8艘驱逐舰和8架反潜直升机组成)改为"十·九"舰队(即由10艘驱逐舰和9架反潜直升机组成),比原先"八·八舰队"编制多加1艘"宙斯盾"级驱逐舰、1艘多用途驱逐舰和1架反潜直升机。它已拥有世界上最先进的"宙

---

① 俄罗斯《独立军事评论》周报1999年第45期。
② 日本防卫研究所:《东亚战略评论1996—1997》。
③ 俄罗斯《独立军事评论》周报1999年第45期。
④ 朱幸福:《俄舰驶向波斯湾意义何在》,载《文汇报》2000年4月27日。
⑤ 斋藤勉:《俄罗斯向波斯湾派遣舰艇旨在恢复海洋大国地位》,载日本《产经新闻》2000年4月18日。

斯盾"（日本称为"金刚"级）驱逐舰，标准排水量达7200吨，配备有72枚射程为120公里的SM—2MR舰对空导弹。"宙斯盾"级驱逐舰依靠三维雷达"SPY—1D"和高性能计算机，能自动探测和识别200个以上的目标，并可以引导舰载导弹同时打击十几个目标。日本是除美国以外唯一拥有"宙斯盾"级驱逐舰的国家。日本自卫队将配备4艘"宙斯盾"级驱逐舰。日本驱逐舰数量达42艘，是美国太平洋舰队驱逐舰数量的一倍多。它还拥有适合远洋作战的大型高性能潜艇16艘。

日本海上自卫队的扫雷能力超过美国，居世界第一位。日海上自卫队的航空反潜能力居世界第二位。它拥有100架P—3C反潜巡逻机、64架HSS—2B和41架SH—60反潜直升机。它们对200海里范围内的潜水艇、100海里范围内的水面舰艇和40海里范围内的空中目标能有效地进行拦截和攻击。

韩国正在加快由"沿海防御"向"远洋防御"的转变，致力于建立21世纪的"大洋海军"。韩国海军正加速舰艇的大型高速化、导弹化建设，提高海军的早期预警、海上监视及航空作战能力。韩国拥有9艘潜艇、7艘驱逐舰和33艘护卫舰。它已能自行建造4000吨级驱逐舰以及护卫舰、新式潜艇、新型登陆舰、导弹巡逻艇等。

印度海军总司令库马尔1999年1月根据新提出的"东方海洋战略"，强调印度"着眼于下个世纪谋求海军现代化"的方针。[1] 印度海军现在拥有16艘SSK系列潜艇、8艘DDG驱逐舰、12艘护卫舰（其中1艘用作训练舰）、24艘轻型巡洋舰、28艘沿海巡逻艇、47艘后勤支援军舰、10艘反水雷舰、10艘俄制"基洛"级877EM型潜艇或"辛杜格霍斯"级潜艇、6艘德国设计的"西舒玛"级209/1500式潜艇。印度海军还在法国技师的监督下建造6艘"鲉鱼"级潜艇。2009年8月，印度政府公布其庞大的造舰计划，预计未来10年要增加125艘战舰和多艘潜艇。2010年3月，印度内阁安全委员会批准以23.5亿美元购买俄罗斯"戈尔什科夫海军上将"号航母。该航母改名为"维克拉马迪特亚"，预计2013年或2014年加入印度海军。印度第一艘国产航母预计2012年下水。2010年4月，印度第一艘国产隐形护卫舰正式服役。印度海军计划在未来10年内部署16艘隐形护卫舰。

---

[1] 黑濑悦成：《印度启动"东方海洋战略"》，载日本《读卖新闻》1999年1月13日。

中国台湾海军现在拥有"基德"级导弹驱逐舰、"拉斐特"级护卫舰、"佩里"级导弹巡防舰、"诺克斯"级反潜巡防舰等较为先进的主力战舰及自行建造的"成功"级巡防舰、"康定"级巡防舰、"锦江"级巡防舰等30余艘；还有自制的新一代导弹快艇30艘、登陆舰和其他舰船40余艘、潜水艇4艘，各型直升机、定翼机40多架，以及"标准"防空导弹、"雄风"Ⅱ型反舰导弹、"鱼叉"反舰导弹、"阿斯洛克"反潜导弹等各型导弹。其中，"雄风"Ⅱ型反舰导弹有效射程为60公里，超视距射程最大80公里，速度0.85马赫，采用惯导加末端主动雷达制导，导弹火控雷达为RTN-10X火控雷达，是台湾最先进的反舰导弹。美国还向台出售12架P-3C反潜巡逻机。

冷战结束以来，东盟国家重点加强海空军力量，以适应其防卫重点由陆向海的转变和保卫200海里海上经济区的需要。泰国向西班牙购买的一艘11500吨级的轻型航母（可搭载12架"鹞"式垂直起降战斗机和14架直升机）已编入现役，使其成为亚洲继印度之后第二个拥有航母的国家，它还准备购买至少3艘R级或更先进的潜艇。

越南海军先后制定了"2000年海军武器装备发展计划"和"21世纪海军发展规划"，大幅度增加海军军费开支，越南用于海军建设的费用逐年提高，已占越军总费用的26%。越南将"舰艇装备的现代化和远洋化"作为其海军建设的重点，制定了海军"三步走"发展规划，不但买入俄罗斯4艘"毒蜘蛛"级导弹艇和2艘"猎豹"级护卫舰等大型先进的装备，还自制了数艘导弹护卫舰和导弹艇，并从俄罗斯购买了并生产"宝石"反舰导弹。2015年之前，越南海军还将向俄罗斯购买若干艘"基洛"级柴电潜艇和一套装配"红宝石"超音速导弹的岸基反舰导弹系统，提高海军的立体作战能力。此外，还从俄罗斯购买了11架苏27战斗机，海军的空战能力大大增强，而购买苏30MK、米28H、卡31和苏39等先进战机的计划，也都在有条不紊地实施着。这些飞机将主要用于争夺海上的制空权和对海作战。越军声称，越南海军装备的更新换代有望在2015年前完成，届时，越南海军的远洋护航能力和海上作战能力，将接近现代化海军的要求。

马来西亚海军的主战舰艇是护卫舰，于2000年向德国采购了6艘"吉打"级护卫舰，这些护卫舰已在2008年前完成交付。马海军的实力已上一个新台阶。

新加坡近年强调，为了保卫和加强地区海事安全，新加坡海军有必要发展成为一支具有多功能及能胜任多重任务的第三代海军。2000年3月，新加坡向法购买6艘"威武级"隐形护卫舰。这些"威武级"护卫舰2010年底正式服役。

印度尼西亚海军装备更新速度明显加快，印尼海军向荷兰采购了4艘"西格玛"级轻型护卫舰。荷兰2009年中旬已向印尼海军交付这些护卫舰。印尼海军计划加强水下远程作战能力建设，2007年9月与俄罗斯签订了购买2艘极为先进的"基洛"级潜艇的协议。印尼海军还在打算再购买8艘先进的潜艇，形成强大的水下作战力量。

菲律宾重新启动了因受金融危机影响而一度中止的军队15年现代化计划，海军计划耗资51亿美元更新装备，包括采购45艘水面舰艇，从美国购买"佩里级"和"诺克斯级"护卫舰，以及3架海上巡逻机。

澳大利亚国防部2006年3月正式公布了"大洋－4000"型防空驱逐舰方案的最新升级版本，即在2020年能进行全维海战的主力战舰——第4代海基区域防空和反导型"宙斯盾"驱逐舰。这是一型全新的数字化战舰，将装备有全新的功能强大的有源相控阵雷达和具备与多目标交战的远程防空及反导双重作战功能的"标准"－3和"标准"－6系列舰空导弹。澳大利亚计划装备14艘该型驱逐舰。

新西兰海军装备"安扎克"级护卫舰，各配备2架SH—2G舰载直升机。2009年，新西兰海军第一批4艘新型近岸巡逻舰也交付使用。

亚太地区海上地缘形势日趋复杂。美国扩大在亚太地区海上军事承诺的范围，插手亚洲国家之间的海上领土或权益争端，特别是在南中国海和钓鱼岛问题上，在一定程度上针对中国。

在南中国海问题上，美国政策发生重要转变。二战结束时，盟军太平洋战区总司令麦克阿瑟发布的总命令第一号明确将南沙群岛划为中国主权。冷战时期，美国亚太战略的重点是遏制苏联扩张，其南海政策直接服务于这一大目标。因此美国在南海诸岛主权归属问题上转为中立和不介入立场，不支持任何一方的要求。但1995年美国政府高级官员表示，如果南沙群岛发生军事行动并妨碍了海上航行自由，美国准备进行军事护航，以确保航行自由。这是美国政府第一次表示美国可能对南海问题进行军事干预。近年来，美国加强了在南海进行干预的军事准备。

钓鱼岛自古以来就是中国领土。二战结束后，美国一度将钓鱼岛作为驻冲绳美军炮兵打靶的靶场。1972年，当美国将冲绳管辖权归还日本时，将钓鱼岛的管辖权也交给日本。不过，在很长时期里，美日安保条约的范围并没有包括钓鱼岛。例如，1996年9月，时任美国驻日本大使蒙代尔在接受美国报纸采访时说："在美日安保条约中，没有强制美军介入钓鱼岛纠纷。"美国务院发言人也回避明确说明美日安保条约是否适用于钓鱼岛。但2004年3月，时任美国副国务卿阿米蒂奇说："在美日安保条约中，日本施政下的领域一旦受到攻击，将被视为对美国的攻击。"美国务院副发言人宣称："钓鱼岛在日本的管辖下，美日安保条约适用于钓鱼岛。"这实际上将美国对美日联盟的军事承诺扩大至钓鱼岛。但美国从来没有承认钓鱼岛是日本领土。

由于南沙群岛和钓鱼岛都是中国领土，因此美国将军事承诺扩大至它们，主要是针对中国。

某些国家为争夺海上权益，采取一些有违国际法的做法。例如，冲鸟礁是一块位于日本首都东京以南约1740公里处太平洋中的礁石，海拔3米，东西长仅4.7米，高潮时露出海面的面积还不到10平方米，大小不够半个篮球场，是一块名副其实的弹丸之地。但日本却在上面设置气象观测设备，并用防波石、混凝土在这个礁石的四周建起了一个直径50米的圆形钢筋水泥防护设施；同时花费8亿日元做了一个钛合金的防护网，使其看起来像是一个小岛，并称其为"冲之鸟岛"。因为，按照《联合国海洋法公约》，如果这块礁石成为一座小岛，那么，日本通过它将获得40万平方公里的排他性海洋专属经济区并连带海底大陆架上的矿产资源的独享。这块海域比日本的整个陆地面积（约38万平方公里）还要大。另外，日本如果以"冲之鸟岛"为圆心设立200海里专属经济区，并与以日本本土外延的200海里专属经济区相连接，那么西太平洋区域的很大一部分就成了日本的"势力范围"。

## 第三节 当前亚太地区海上力量的发展趋势

在世界新军事变革的引领下，当前亚太地区海上力量的发展出现一些新的趋势。

## 一　美国作为全球性海军强国利用以信息技术为核心的新军事变革发展高技术武器，力图保持其海上力量的优势地位

目前美国正在研制新一代海军主战兵器，特别着重增强远距离精确打击能力。美国海军将高级电脑软件技术、信息技术、新材料技术等应用于新装备的研制。NSSN 新一代多用途隐形核动力攻击潜艇、CVX 型航空母舰、装有 500 个以上垂直导弹发射管的新概念导弹舰、LPD—7 两栖船坞运输舰、SC—21 型"21 世纪水面战舰"等 6 种新装备于 21 世纪初陆续装备美海军，包括部署在太平洋战区。

美国海军重点发展远距离精确打击能力。美国将 4 艘即将退役的弹道导弹潜艇改装为使用巡航导弹的攻击潜艇（SSGN）。每艘潜艇将装备 154 枚"战斧"式巡航导弹，这等于 1999 年科索沃战争期间美国海军舰艇向南斯拉夫发射的导弹数量的 3/4。[①] 美国在关岛部署 3 艘该型潜艇。美国还加强与盟国及东南亚国家的联合军事演习。

## 二　美、日、中国台湾企图建立海基"战区导弹防御系统"

海基"战区导弹防御系统"是美国"战区导弹防御系统"（TMD）的重要组成之一。美国的海基"战区导弹防御系统"又分为两个部分：

一是海军区域低层导弹防御系统。该系统配备的导弹为"标准-2"型（SM-2）导弹，具有低层空间反导弹能力，其作战半径为 100—200 公里，可为沿海港口和海上远征部队提供保护。美国海军计划从 2003 年起在有"宙斯盾"防空系统的 50 艘巡洋舰和驱逐舰上部署 1500 枚"标准-2"型导弹。

二是海军战区高层导弹防御系统。该系统装备"标准-3"型（SM-3）导弹，作战半径约 600—1000 公里，属高空反导弹体系，能从海上为大片地区提供反导弹防御，具有拦截在助推段、中段和末段飞行的导弹的能力。该系统 1999 年进行首次拦截试验。美国海军计划从 2007 年开始在 50 艘"宙斯盾"巡洋舰和驱逐舰上部署 650 枚"标准-3"导弹。

由于海基战区导弹防御系统的技术接近成熟，美国前国防部长哈罗德·布朗等三位前高级官员甚至建议先利用停泊在朝鲜沿海的"宙斯盾"

---

[①] 理查德·纽曼：《海军考虑开发一种强有力的新武器》，载美国《美国新闻与世界报道》周刊 2000 年 2 月 28 日一期。

巡洋舰上的导弹防御系统来代替"国家导弹防御系统"。因为它更便宜、风险更小，并且"不会那么激怒俄罗斯、中国和美国的盟国"。①

美国和日本共同研制战区导弹防御系统，并将推进战区导弹防御构想作为美日安保体制的重要组成部分，其中以海基战区导弹防御系统为主。美日两国政府1999年8月就两国联合研究弹道导弹防御系统技术达成的"谅解备忘录"相互换文，正式启动两国的联合技术研究。双方达成的"谅解备忘录"确定美日两国将联合研制、开发由军舰发射的海上配备型反导弹系统。根据文件，日本承担的四项研究项目为：识别和跟踪目标的红外线感应器，避免弹道导弹识别和追踪装置在飞行中与空气摩擦导致故障的热保护罩，拦截弹道导弹并将其破坏的弹头，三级火箭中的第二级火箭发动机。美国则负责整体和控制系统的设计研究。日方表示，除了两国能够实现的这四个领域之外，不排除在今后增加其他领域合作的可能性，双方还就技术转让问题达成协议，以进一步推动战区导弹防御系统的联合研究。美国和日本准备在今后5年至6年内为这一计划提供5亿至6亿美元资金，其中日本将提供2亿至3亿美元。美日现在重点研究战区导弹防御系统中的核心项目之一"海军战区高层导弹防御系统"的技术，其截击导弹为"标准4A"型。日本防卫厅在2001年至2005年度引进两艘新型"宙斯盾"导弹驱逐舰。这两艘舰安装"海军战区高层导弹防御系统"，具有拦截导弹的能力。

2003年4月17日，时任日本防卫厅长官石破茂宣称，为对付朝鲜的弹道导弹威胁，日本应发展反导弹系统。② 5月30日，日本政府作出内部决定，计划引进导弹防御系统，包括"爱国者"PAC-3型陆基反导弹系统和安装在"宙斯盾"驱逐舰上的海基反导弹防御系统。7月29日，日本政府宣布，它将引进美国制造的导弹防御系统，以便保护其主要都市中心不受朝鲜导弹袭击。日本计划获得二级导弹防御系统，包括"爱国者"PAC-3型陆基反导弹系统和安装在"宙斯盾"驱逐舰上的海基反导弹防御系统。日本防卫厅的构想是：利用"宙斯盾"驱逐舰上的海基反导弹防御系统，在大气层外击落弹道导弹；利用"爱国者"PAC-3型陆基反导弹系统拦截处于下降过程中的未能击落的弹道导弹。2004年，日本国

---

① 美国《外交政策》季刊2000年第3期。
② http://www.nytimes.com/2003/04/17/international/asia/17JAPA.html.

会为导弹防御系统拨款 10 亿美元,以购买装备在安装在"宙斯盾"驱逐舰上的雷达和拦截导弹。

2005 年 11 月,日本防卫厅决定将美日"海军战区高层导弹防御系统"(SM-3)拦截导弹由技术研究转入开发阶段。该项目开发费用高达 27 亿美元,日本负担 12 亿美元,剩余的由美国承担。美日计划 2015 年开始生产该型导弹。

美国企图将中国台湾纳入其"战区导弹防御系统"之中,台湾也打算从美国购买可用于海基战区导弹防御系统的"宙斯盾"驱逐舰。

### 三 地区性或次地区性海军强国将拥有航空母舰和具有远距离力量投送能力作为海军发展的重点之一

日本建造的一艘排水量达 8900 吨的运输舰 1998 年 3 月编入现役,这种类型的舰船只要装上耐热甲板和导航装置,可以在 48 小时内改装成搭载"猎兔狗"垂直起降战斗机或直升机的轻型航空母舰。根据 1996 年至 2000 年的中期防卫力量发展计划,日本又建造 2 艘同类型舰,并部署排水量为 13600 吨的大型补给舰,从而使自卫队远距离投送能力大大增强。① 根据日海上自卫队《长期军事力量计划》,日本将在 2015 年前建造两艘排水量 4 万吨的中型航空母舰,该舰可搭载 E-2C 预警飞机和 V-STOL 垂直起降战斗机。②

印度海军现有一艘航空母舰,准备对其进行改造,并从俄罗斯购买整修过的"基辅"级"戈尔什科夫海军上将"号航母,本国建造一艘可载有 20 架战斗直升机的 2 万吨级航母,从而使印海军的航空母舰达到三艘。

### 四 许多国家(地区)海军重点增强近海防卫和攻击作战能力,其中某些中等国家发展一定的远洋海军

当前,它们着重发展潜艇、反舰和防空导弹、新式电子和电子战设备、隐形军舰等。

印度海军已拥有 19 艘潜艇(包括 10 艘"基洛"级潜艇和 4 艘德国制造的 U—209 型潜艇,其中 2000 年俄提供的"基洛"级潜艇装备有在

---

① 日本《产经新闻》1999 年 8 月 15 日报道。
② 韩国《中央日报》1999 年 8 月 5 日报道。

水下发射的巡航导弹)。印海军近年来一直为获取新的核潜艇而努力,计划建造 8 艘类似前苏联"查利"号的核潜艇,并准备在这些潜艇上装备能携带核弹头的、射程达 250 公里的"大地"或"萨加里卡"短程弹道导弹,其中第一艘于 2008 年下水。

日本海上自卫队的 P—3C 巡逻机配备的"鱼叉"式反舰导弹,射程达 130 公里。许多国家新引进或制造的水面作战舰只都装备有反舰和防空导弹。

为了跟上新军事变革的步伐,许多国家(地区)重视给海军舰艇配备新型电子和电子战设备,一些国家还在制造隐形军舰。例如,新加坡正在研制隐形战舰。

某些中等国家还在发展远洋海军能力。泰国希望建成一支以轻型航母为核心,以驱逐舰、护卫舰及潜艇为骨干的远洋作战力量。韩国准备发展航空母舰。

**五 地区性或次地区性海军强国正在东南亚寻求使用军事基地的权利,并在南中国海与超级大国和东盟国家共同举行多国海军演习**

2000 年 5 月日本与新加坡就必要时日本自卫队的飞机和军舰能够使用新加坡的军事基地达成了协议。[①] 同年 4 月印度国防部长宣称,印度海军将在南中国海与日本、越南联合打击海盗,并为此举行联合演习和进行联合训练。印度还将在南中国海留驻 4—5 艘军舰。[②] 日本海上自卫队参加了 2000 年秋季由美国和东盟国家在新加坡海域举行的多国联合军事演习。

亚太海上力量态势对地区安全的影响包括:

(1) 美国成为海上"超强",助长了美的霸权主义。美海军在亚太地区的活动更加频繁,并力图能够进入和使用该地区更多的基地和港口。美还将与一些亚太国家进行联合海上军事演习,以此作为加强军事联盟的一种重要手段。为了防止产生对美霸权的挑战和准备在亚太地区进行军事干预,美海军侦察飞机对一些亚洲国家进行频繁的电子侦察,威胁它们的安

---

[①] 汤浅博:《日本与新加坡就防卫问题达成 5 项协议》,载日本《产经新闻》2000 年 5 月 3 日。

[②] 美国斯特拉特福咨询公司 2000 年 4 月 26 日文章:《印度在南中国海挑战中国》。

全和侵犯其主权，造成地区紧张局势。

（2）发展中国家海上防御力量的正常增强，有利于维护地区稳定和制约霸权主义。它们发展海军力量主要是为了保卫本国的领海、领空和领土完整及保证本国在专属经济区的利益。但由于它们中的一些国家之间存在岛屿主权归属问题和海洋权益纠纷，如果其中有的国家海上力量超出防御的需要，也有可能导致小规模武装冲突。

（3）地区性或次地区性海军强国海上力量的加强将造成双重影响。一方面，这显示多极化趋势在亚太地区的发展。但另一方面，如果它们中的某个国家与超级大国一起在霸权主义和军事干涉方面狼狈为奸，或独自采取强权政治的做法，将不利于亚太地区的安全和稳定。

## 第四节 亚太地区海军军备控制的现状与前景

在冷战时期，亚太地区和世界其他地区一样，在海军军控和裁军方面基本上是一片空白，没有达成任何有实质内容的协议。冷战结束后，亚太地区的海军军控有所进展，这在某种程度上有利于亚太地区海上形势的缓和。这主要表现在以下几个方面。

### 一 海基核武器数量有所减少

1991年9月27日，当时的美国总统布什宣布单方面裁减战术核武器的倡议，其内容包括拆除美海军水面舰只和攻击潜艇上的所有战术核武器（包括所有的"战斧"式核巡航导弹以及航空母舰上的核炸弹），这些核弹中的部分将被拆除和销毁，部分将保留在美国中部地区，如果将来发生危机，必要时还可使用。同年10月5日，当时的苏联总统戈尔巴乔夫也宣布单方面裁减战术核武器，包括从水面舰艇和多用途潜艇上撤走所有战术核武器，以及撤走陆基海军飞机的核武器，其中1/3的核弹头将被拆卸，2/3的储存。这些单方面裁减战术核武器的行动，大大减少了美俄在世界各地包括亚太地区的海基战术核武器的数量。但美国后来实际上并未按布什的倡议拆除所有海基战术核武器，至1997年美海军仍保留350枚W80型由核潜艇携带的"战斧"式核巡航导弹，其中一部分部署在西太平洋地区。俄罗斯也保存了部分海基战术核武器，至1998年俄海军在远东地区仍有 175 枚反潜核弹头、170 枚用于海基巡航导弹的核弹头和 210 枚海上攻击飞机携带的核弹头。

1991 年 7 月 31 日和 1993 年 1 月 3 日美国和前苏联（俄罗斯）签署的《第一阶段削减战略武器条约》和《第二阶段削减战略武器条约》都规定了削减美俄海基战略核武器的义务。根据这两个条约，美国已将它的潜射远程弹道导弹的发射器和核弹头由 1990 年 9 月的各 672 枚和 5760 枚分别削减到 1996 年 10 月的各 408 枚和 3264 个，并将到 2003 年至 2007 年进一步削减到各 336 枚和 1680 个；俄罗斯已将它的潜射远程弹道导弹的发射器和核弹头由 1990 年 9 月的各 940 枚和 2804 个分别削减到 1996 年 10 月的各 440 枚和 2272 个，并将到 2003 年至 2007 年进一步削减到各 408 枚和 1696 个。

但由于美俄的潜射远程弹道导弹是它们"三位一体"战略核力量中削减数量最少的一部分核武器，随着它们陆基洲际弹道导弹和空基核武器的大量裁减，美俄潜射远程弹道导弹在它们战略核武库中所占的比例和重要性大大增加。例如，俄罗斯潜射远程弹道导弹核弹头 1990 年只占俄战略核弹头总数的不足 1/3，而到 2007 年，这一比例将上升到 1/2 以上。此外，至 1997 年美国在亚洲部署的核武器主要力量是由 8 艘核潜艇携带的 1536 枚核弹头，在数量上位列亚太地区第一位。而且，在完成《第二阶段削减战略武器条约》所规定的裁减后，美俄的潜射远程弹道导弹将成为它们核武库中唯一的分导多弹头导弹。

## 二 美俄单方面裁减海军力量

冷战结束后，美国和俄罗斯对它们过去曾用来进行相互对抗的海军力量在数量上进行了裁减。至 1997 年美国海军的军舰已由 1989 年的 566 艘减至 352 艘，削减幅度为 38%；弹道导弹潜艇由 32 艘减少到 18 艘，并将在 2007 年前减到 14 艘。1998 年美国海军的水面作战舰只从 128 艘减到 116 艘，攻击型潜艇从 73 艘减至 50 艘。在西太平洋海域，美国太平洋舰队的常驻兵力减少为 20 艘左右。但与此同时，该舰队的质量有所提高，总排水量由约 20 万吨增至 25 万吨，主要作战舰只和两栖舰船由 10 艘增至 15 艘，并换装了新型的"宙斯盾"级巡洋舰和"斯普恩斯"级驱逐舰。

俄罗斯太平洋舰队的作战舰只已从 1992 年的 355 艘减至 1996 年的

140艘，其兵员数量减少一半。

**三 建立海上军事信任措施有所进展**

在亚太地区各国难以就裁减海军军备达成协议的情况下，建立有关国家海军之间的信任措施有利于增加相互之间的了解和在安全上的相互信任感，减少相互之间因对对方军事活动发生误解和判断错误而引发武装冲突或战争的危险，减少进行突然袭击的能力。它也有助于缓和一些国家之间的海军军备竞赛和为将来达成裁减海军军备的协议打下基础。近年来，一些亚太国家开始探索建立海上军事信任措施。

**（一）建立加强海上军事安全磋商机制**

1997年10月下旬至11月初中国国家主席访问美国期间，中美两国就建立加强海上军事安全磋商机制达成协议。同年12月，中国人民解放军副总参谋长与美国国防部副部长在华盛顿草签协定。1998年1月19日，中美两国国防部长在北京正式签署《关于建立加强海上军事安全磋商机制协定》，这是中美两国第一份建立信任措施的协定。该协定规定两军代表团每年举行一次会议讨论海上安全措施；中美舰队相互联系、搜寻和援救行动的程序以及双方海上礼节的说明等；双方将成立工作组或举行特别会议，处理两国海军之间的问题。该协定有助于中美两国海空力量避免发生意外事故、误解或错误判断。日本与俄罗斯也已签订防止海上事故协定，以避免舰船和飞机因在公海上接近而发生突发性军事冲突。

**（二）各国海军之间探讨建立海上军事信任措施**

1996年11月，来自中、美、俄、日和东南亚各国等19个国家的海军代表，在东京举行第五届西太平洋海军研讨会。他们一致同意，与会各国的海军之间要加强人员往来、开展舰队友好访问以及促进训练交往。与会各国商定，今后要彼此通报远洋航海等海军主要活动、相互邀请参观海军演习、提供关于海军装备情况的信息等。

**（三）开展军舰的友好互访**

在冷战时期，亚太地区的军舰互访主要在盟国或友好国家之间进行，其主要目的是提高海军的训练水平和协同作战能力。冷战结束后，亚太各国军舰互访的范围大大增加了，一些过去是对手的国家或曾经关系紧张的国家之间也开始军舰的互访。这种互访成为建立它们之间海上军事信任措施的一个重要组成部分。中美两国军舰1997年进行了互访，其中中国海军军舰编队1997年3月首次访问了美国本土。近年来，中国与美国军舰还进行了海上联合搜救演习。1996年至1997年，日本海上自卫队和俄罗斯太平洋舰队的军舰互相访问了对方的港口，并以日俄防止海上事故协定为基础联合进行通讯训练。

### （四）增加海军高层人士互访

这种互访有助于加强相互之间的沟通和了解，有利于建立相互信任。近年来中美海军领导人相继访问了对方国家。例如，1997年9月以来，美国海军作战部长杰伊·约翰逊上将、美太平洋总部总司令普吕厄上将等先后来华访问。其中，杰伊·约翰逊上将访华时在中国一艘护卫舰的指挥中心观看了中国海军的反潜艇演习。

但另一方面，亚太地区的海军军备控制和裁军存在着相当大的复杂性和困难，主要表现在：

第一，美俄都企图继续在太平洋地区保持较大的海上军事存在，许多亚太国家也将海军作为它们现在军队建设的重点之一，这使得它们很难就海军裁军问题达成协议。

第二，亚太地区各国海军军备结构不同，装备和技术水平差别大，加之它们现在都在重点提高海军军备的质量，特别是导弹和电子装备的迅速发展和在战斗中所起的作用越来越大，使得历史上海军军控协定曾经用过的以战舰吨位、舰炮口径作为计算标准的方法不再适用，难以找到各方都能接受的军备裁减项目和计算方法。

第三，海军舰艇机动范围广，加上西方国家强调公海活动自由的原则，因此，难以达成在某海区限制海军力量的协议。另外，潜艇虽被认为是海军裁军的重点，但由于潜艇活动的隐蔽性，使得有关裁减潜艇的协定难以核查。

由于存在上述复杂性和困难，亚太地区海军军备控制目前和今后一段时期将主要集中于建立海上军事信任措施。由于美国和俄罗斯仍是最大的两个海军强国，它们应继续带头裁减它们在亚太地区的海军力量。广大沿海国家为了防止外来侵略和维护本国海洋权益而发展自己的海军力量是正当的，但这种发展不能超过防御的需要。它们应逐渐建立各种有效的和为各方所接受的海上信任措施，并在此基础上为维护亚太地区的安全和稳定而作出进一步努力。

## 第五节 中国的海洋战略

中国传统上是陆权大国,但实际上中国是一个海陆兼备的大国。近年来,随着中国改革开放的发展,中国对海上航道的依赖大大上升,对海上权益和海外利益的认识也更加重视。

中国应该成为一个海洋大国,需要把海洋开发作为发展经济的重要战略方向,尽快把保护海洋环境、开发海洋资源和扩大海洋产业作为国家重点发展战略。抓紧开展公海探测,集中力量发展海洋高科技,大力培养海洋人才,加快"蓝色国土"的资源开发,做大做强海洋经济,积极参与国际海洋法律制度的研究与制定。为维护国家海上权益和海上航道的安全作出贡献,为实现人类的共同利益作出贡献。

中国人民解放军长期以来是以陆军为主。近年来,中国对海军和空军的现代化给予更多的关注。中国海军正在着力提高军队应对多种安全威胁、完成多样化军事任务的能力。以增强打赢信息化条件下局部战争的能力为核心,提高维护海洋、太空、电磁空间安全和遂行反恐维稳、应急救援、国际维和任务的能力。把非战争军事行动作为国家军事力量运用的重要方式,科学筹划和实施非战争军事行动能力建设。参与国际安全合作,开展多种形式的军事交流,推动建立军事互信机制。[①]

海军是人民解放军的战略军种,是海上作战行动的主体力量,担负着保卫国家海上安全、领海主权和维护海洋权益等任务。海军成立于1949年4月23日。20世纪50年代至70年代,海军的主要任务是在近岸海域实施防御作战。20世纪80年代以后,海军实现了向近海防御的战略转变。进入21世纪,海军着眼信息化条件下海上局部战争的特点规律,全面提高近海综合作战能力、战略威慑与反击能力,逐步发展远海合作与应对非传统安全威胁能力。经过60多年的建设,海军已初步发展成为一支多兵种合成、具有核常双重作战手段的现代海上作战力量。[②]

---

① 中华人民共和国国务院新闻办公室:《2008年中国的国防》,2009年1月20日,http://www.gov.cn/zwgk/2009-01/20content_ 1210224.htm。

② 同上。

中国海军发展新型武器装备,优化装备结构。建造新型国产潜艇、驱逐舰、护卫舰和飞机,初步形成以第二代装备为主体、第三代装备为骨干的武器装备体系。潜艇部队具备水下反舰、反潜、布雷和一定的核反击能力。水面舰艇部队形成了以新型导弹驱逐舰、护卫舰为代表的水面打击力量,具备海上侦察、反舰、反潜、防空、布雷等作战能力。航空兵部队形成了以对海攻击飞机为代表的空中打击力量,具备侦察、反舰、反潜、防空作战能力。陆战队形成了以两栖装甲车为代表的两栖作战力量,具备两栖作战能力。岸防部队形成了以新型岸舰导弹为代表的岸防力量,具备海岸防御作战能力。[1]

---

[1] 中华人民共和国国务院新闻办公室:《2008年中国的国防》,2009年1月20日,http://www.gov.cn/zwgk/2009-01/20content_1210224.htm。

# 第八章 核地缘政治与中国核战略

核地缘政治理论是地缘政治理论的分支之一。核地缘政治是指核武器依靠地缘政治发挥作用,或核武器在地缘政治中发挥作用。中国核战略受地缘政治的某些影响,也在地缘政治中发挥某种作用。

## 第一节 中国面临的核地缘政治环境的演变

第二次世界大战结束后不久,人类社会就陷入了长达40多年的东西方冷战时期。在此期间,美国和苏联这两个超级大国展开了激烈的军备竞赛,特别是核军备竞赛。它们建立了各自庞大的核武库,双方核弹头的总数最多时达到5万余枚,足以毁灭人类好几次,成为对世界和平与人类安全的最大威胁。

在冷战时期,美苏两个超级大国只是把核军控谈判作为它们进行核军备竞赛、争夺核优势的一个组成部分。它们企图通过核军控谈判来避免在争夺中迎头相撞,也企图通过制定核军备竞赛规则来维护双方在军事实力和军事技术方面对其他国家的垄断或优势地位,并使双方的军备竞赛在不危及各自安全的情况下"稳定"地进行下去。两个核超级大国的这种立场使它们在过去一个很长的时期内都不可能真正进行核裁军。

随着冷战的结束,美国和俄罗斯的核裁军取得了重大进展,以往那种"水涨船高"的争夺核武器数量优势的军备竞赛已经终结。但是,美俄仍然拥有庞大的核武库,并进一步改进核武器的质量。今后人类能否真正消除核战争的危险,仍将主要取决于这两个国家是否有继续真正进行核裁军的政治意愿。

亚太地区是受美国和苏联核军备竞赛影响最大的地区之一，长期处于美苏核武器的威胁之下。美苏（俄）核军控谈判取得进展，有利于改善亚太地区安全，减少在该地区发生核战争的危险。但另一方面，美俄仍在该地区保持着较大的核力量，并仍实行以首先使用核武器为基础的威慑战略，这使亚太地区仍未完全摆脱核战争的阴影。同时，核扩散也给亚太地区安全带来负面影响。

## 一  美苏核军备竞赛

在40多年的冷战期间，美国和苏联两个超级大国为争夺全球霸权，展开了人类历史上最大规模的军备竞赛。由于核武器空前的巨大威力，使它成为美国和苏联争夺势力范围和战略优势所需军事力量中最重要的支柱和筹码，也是美国和苏联双方军备竞赛的主要领域。在近半个世纪的激烈竞争中，双方投入了数千亿美元的资金，发展了从地面到海洋，从空中到空间的庞大的核武器系统，其总威力已经达到可以相互摧毁若干次的程度，成为对世界和平与安全的最大威胁。

冷战时期美苏核军备竞赛的主要特点有：

**（一）核军备竞赛在美国和苏联的整个军备竞赛中占有特别重要的地位，是它们军备竞赛的重点**

二战结束后，核武器由于其巨大的杀伤力，逐渐成为美国和苏联军事战略的主要支柱，它们军事战略对其的依赖曾经达到"须臾不可或缺"的程度。美国和苏联激烈的核军备竞赛使它们的核力量发展到足以毁灭人类好几次的程度，而这种"超杀"能力又使它们的核军备竞赛走到了双方愿望的反面：它们原是为了自身安全而大肆扩充核军备，结果核武器的大量积累使它们更加不安全；它们最初是为了准备打核战争而发展核军备，结果核力量的巨大毁灭能力使美苏都不敢轻易发动核战争。随着冷战的结束、高技术常规武器的发展和美俄开始大幅度削减它们核武器的数量，核武器在美俄军事战略中的地位有所下降，但仍然是它们军事力量的重要组成部分之一。

**（二）美国和苏联核军备竞赛本身存在一条重要规律——作用与反作用规律，即一方扩充核力量在很大程度上是对对方发展核力量的反应，如此互相作用，促使双方的核军备竞赛不断升级**

在冷战时期，通常的情况是，美国先在某一项武器技术和数量方面领先，苏联则急起直追，与美国争夺优势地位。但也有少数例外，例如，是苏联首先试验成功并部署了洲际弹道导弹，这曾引起美国的极大震惊。

**（三）美国和苏联核军备竞赛受到美苏关系、美苏核战略、美苏核力量发展政策、技术发展、经济、地理、美苏国内政治、舆论等因素的影响**

其中，美苏关系是对其影响最大的因素。在冷战时期，美国和苏联是世界上的两个超级大国，它们之间矛盾的存在和发展在很大程度上制约和影响着世界政治中其他矛盾的存在和发展。在此时期，美国和苏联进行激烈的核军备竞赛是有其深刻原因的。首先，美国和苏联互为对手，都想谋求压倒对方的军事优势和利己的地缘政治利益；第二，它们的社会制度和意识形态对立；第三，它们之间有深刻的互不信任感。在这种情况下，美国和苏联核军备竞赛始终未脱离一种恶性循环：核军备竞赛——达成某个核军控协议——核军备竞赛升级。冷战结束后，美苏（俄）改变了它们之间互为对手、互相争夺的关系，它们的核军备竞赛才基本结束。

**二 冷战时期美苏核军备控制谈判**

冷战时期，美国和苏联的核军备控制谈判同它们之间的核军备竞赛一样，也经历了旷日持久的过程。美国政府历来十分重视军备控制，把核军控政策作为美国国防政策的四大支柱之一，作为美国国家安全战略的重要组成部分。苏联也把核军备控制谈判列为其核政策的重要内容，作为同美国进行实力竞争和维护国家安全利益的重要手段。

美国和苏联核军控谈判的主要特点有：

**（一）在冷战时期，核军控谈判是美国和苏联裁军谈判的重点和主要内容**

美苏都将核军控谈判作为它们进行政治斗争的重要工具之一。美国和苏联核军控谈判与核军备竞赛是对立统一的一对矛盾，二者相辅相成；既相互排斥，又相互作用，共同为美国和苏联各自的国家安全目标服务。

美国和苏联进行核军控谈判是有多重目的的：缓和双方的军事对抗，在美苏之间建立一种稳定的战略关系，减少它们之间爆发核战争的危险；限制和削弱对方，保护和加强自己；制定核军备竞赛的规则，减轻经济负担；限制其他国家发展核武器，保持美苏的核垄断或核优势地位；改善自身形象，捞取宣传上的好处。在这多重目的中，其核心目的是减少它们之间爆发核战争的危险，其他目的则处于相对次要的地位。不过，在不同时期，美苏核军控谈判的目的的侧重点会有所不同。例如，在20世纪40年代下半期至50年代末，美国和苏联军控的目的侧重于限制其他国家发展核武器和减少美苏之间发生非蓄意性核战争的危险；70年代以后，美国和苏联侧重于制定核军备竞赛的规则和在它们之间建立一种稳定的可预测的战略关系。

### （二）在核军控问题上，美国和苏联既争夺又勾结

一方面它们一直在争夺核优势；另一方面，两个超级大国为了维护双方在军事实力和军事技术方面对其他国家的垄断或优势地位，不得不在争夺中寻求妥协，在对抗中寻求合作，在竞赛中制定规则，以便使它们的核军备竞赛在不危及各自安全的情况下"稳定"地进行下去。因此，从严格意义上讲，冷战时期的核军备控制，实际上不过是对核军备竞赛的控制。

### （三）美国和苏联核军控的一条主要规律是，只有对美苏两国都带来好处的核军控协议，才能为双方所接受

因此，在核军控谈判中，美国和苏联都只愿意限制或削弱双方都不打算发展和保留的某些种类和型号的核武器，而无法就限制它们正在大力发展的各种新型武器达成协议。这种情况在美苏冷战结束后，才有所改变。

2010年4月8日，俄罗斯总统梅德韦杰夫和美国总统奥巴马在捷克首都布拉格正式签署《削减战略武器新条约》（NEW START），以代替2009年12月到期的《第一阶段削减战略武器条约》。新条约就美俄裁减核武器目标作出规定，即两国须各自实现：核弹头数量不得超过1550枚；已部署和未部署的核武发射工具总数不得超过800件，包括陆基洲际弹道导弹发射装置、潜基弹道导弹发射装置、可挂载发射核武器的重型轰炸机。条约规定，削减目标须在生效后7年内完成。此外，条约还详细规定了削减核武器的核查程序。该条约是进入21世纪以来美俄达成的最重要的削减战略核武器条约。它比2002年《莫斯科条约》规定的核弹头上限2200枚减少约30%。

2011年2月5日，俄罗斯外交部长拉夫罗夫和美国国务卿希拉里在德国慕尼黑交换经俄美总统签字的《削减和限制进攻性战略武器条约》批准文件，新条约正式生效。新条约有效期10年，可延期5年。条约生效后，俄美双方将立即开始互相通报核武库信息。部署或撤除核武器时，

必须通知对方。条约生效 60 天后，双方可开始实地核查。

不过，俄美立法机构在批准新条约时均提出不具约束力的"附加条款"。美国国会参议院在附加条款中要求政府对部署导弹防御系统作出承诺，对核武库实施现代化改造，就限制战术核武器与俄罗斯谈判。俄罗斯国家杜马在附加条款中提出的内容包括，如果美方单方面部署反导系统或其他常规武器，威胁俄国家安全和防卫能力，俄将退出新核裁军条约。

但另一方面，美俄的核武库依然庞大，仍是构成对世界和平及人类安全的严重威胁。

可以预料，美俄核裁军进程仍将是曲折和充满变数的。要在全世界全部、干净、彻底地消除一切核武器，仍然需要世界人民长期坚持不懈的努力奋斗。

## 第二节 中国面临的核地缘政治环境的特点

亚太地区是世界上最重要的地区之一。因此，在冷战时期，美国和苏联在亚太地区进行了激烈的争夺，而核武器自然而然成为它们在此地区军备竞赛的重点之一和进行争夺的主要工具之一。美国和苏联核军控谈判也影响亚太地区的安全，在亚洲国家的强烈要求之下，美国和苏联在冷战后期达成的《中导条约》中实行了欧亚一致的原则，将它们在亚洲的中程导弹和中短程导弹与它们在欧洲的同类型导弹一起销毁。

冷战结束后，美国和俄罗斯的核裁军也涉及亚太地区，但它们仍在该地区保持很大的核力量，并且坚持以首先使用核武器为基础的核威慑战略，这仍是对亚太地区和平与安全的威胁。

### 一 美苏核军备竞赛对亚太地区的影响

在冷战时期，美国和苏联在亚太地区也进行了激烈的核军备竞赛。核武器在历史上的第一次实战运用，也是迄今为止唯一的一次实战运用是在亚太地区——美国 1945 年 8 月投在日本广岛和长崎的两颗原子弹。其后，美国和苏联多次企图在亚太地区使用核武器。它们激烈的核军备竞赛和所奉行的核威慑战略，使核武器像一把达摩克利斯剑时刻悬在亚太地区各国人民头上，迫使他们时刻生活在核战争的阴影之中。

**（一）美国用原子弹轰炸广岛和长崎**

1945年7月，美国已抢先制造出三颗原子弹。一颗用于7月16日在美国新墨西哥州阿拉莫戈多附近沙漠地区进行的核试验。另外两颗，一颗是铀弹，长约2.5米，直径0.71米，重4.1吨，外形细而长，取名"男孩"；另一颗是钚弹，长约3.3米，直径1.5米，重4.5吨，外形椭圆，取名"胖子"。

此时，第二次世界大战已近尾声。在欧洲战场，法西斯德国已宣布投降。在亚洲、太平洋战场，日本帝国主义尚在负隅顽抗。

1945年7月25日，美军代理总参谋长托马斯·T.汉迪给关岛战略空军司令下达了由总统杜鲁门批准的使用原子弹空袭日本的指令："美国陆军战略空军关岛司令斯帕茨将军：第20航空队、509混合大队应于1945年8月3日以后，在气候许可目视轰炸的条约下，立即在下列目标之一投掷特别炸弹：广岛、小仓、新潟和长崎。"

8月6日和9日，美国空军轰炸机先后将"男孩"和"胖子"两颗原子弹投掷到日本的广岛和长崎，给这两个城市造成毁灭性的破坏。据统计，"男孩"在广岛的爆炸及引起的风暴性大火几乎立即夺去了至少6.6万人的生命，后来又有数万人陆续丧生，16万余人致伤，市区81%的建筑顷刻间变成残垣断壁和一片瓦砾。"胖子"则使长崎20多万居民中的4万余人丧生，6万人受伤，68.3%的建筑被毁于一瞬，燃烧的烈火和翻滚的浓烟笼罩着依山傍水的长崎市达数月之久。

美国在日本投放的两枚原子弹，以其空前巨大的杀伤力和破坏威力震惊了日本战时内阁，加速了日本军国主义的彻底失败和无条约投降。另一方面，这两枚原子弹的爆炸给千千万万日本平民造成巨大的灾难，这在国际社会引起强烈的反响。核武器的出现和在战争中的首次使用，使人类社会进入了在核战争威胁下生活的时代。

**（二）超级大国在亚太地区使用核武器的企图**

冷战时期，超级大国曾多次企图在亚太地区使用核武器，这对亚太国家的安全和人民的生命财产造成了极大的威胁。

1. 美国在朝鲜战争中企图对中国和朝鲜使用核武器。

根据美国国防部解密文件所透露，1951年，美国国防部根据小型战术核武器大量进入美国的核武库这一全新的发展，开始制订对中国和朝鲜使用核武器的计划。当时美国开始大量拥有"马克"4 型和 W—19 型两种可以用 280 毫米口径榴弹炮发射的小型原子弹,美国国防部认为在朝鲜战场使用这种战术核武器将不会耗尽其准备在欧洲进行一场可能的核战争所需要的核弹储备。

1951 年夏季,美国国防部长罗伯特·洛弗特要求参谋长联席会议对在朝鲜使用小型战术核武器进行首次认真研究。8 月 14 日,参联会向国防部长呈递了相应的方案,参联会主席并与国防部长一起向当选总统艾森豪威尔简要介绍了在朝鲜使用核武器的前景。从 1953 年 2 月至 1954 年 1 月,美国参谋长联席会议制订了在中国和朝鲜使用核武器的秘密作战计划,美国国家安全委员会多次就实施这些作战计划的可行性进行了讨论。艾森豪威尔甚至表示"对英国和法国反对在朝鲜战场使用核武器的态度不屑一顾"。他 1953 年春在一次会议上说:"朝鲜开城地区也许是原子弹的一个很好目标。"只是由于朝鲜停战谈判取得了重要进展和全世界人民强烈反对核战争,美国政府才不得不放弃了这些进行核攻击的计划。

2. 美国在金门和马祖危机中企图对中国进行核打击。

1954 年 9 月,为了对台湾国民党军队的挑衅作出反应,中国人民解放军开始对金门和马祖进行炮击。美国参谋长联席会议在几天内就建议美国总统艾森豪威尔批准对中国的战略目标进行原子打击和派美军去金门和马祖。1955 年 3 月 15 日,美国国务卿杜勒斯在得到艾森豪威尔允许的情况下,对新闻界宣称美国正在认真考虑在金门和马祖问题上使用战术核武器。美国的这种态度遭到全世界人民,甚至美国的盟国的强烈反对,艾森豪威尔也认识到台湾蒋介石集团正试图在美国和中国之间煽动一场战争。在 1955 年的万隆会议上,中国总理周恩来宣布,中国政府不希望与美国打仗。随着台湾海峡局势的缓和,一场核危机暂时消退。

1958 年 8 月,由于台湾蒋介石集团再次进行军事挑衅,大大增加在金门、马祖部署的军队,中国人民解放军再次开始炮击这些岛屿。美国国防部和参联会再次要求对中国进行核打击。美国总统艾森豪威尔认识到,在要求为金门和马祖而进行可能的核战争问题上,他的政府在世界上实际上是孤立的。他拒绝了美国军方关于授给第 7 舰队司令以下令对中国大陆进行核攻击的权力的要求。

3. 美国企图在越南战争中使用核武器。

甚至在越南抗法战争期间，美国就制订了对越南北方军队实施原子打击的代号为"秃鹫行动"的秘密作战计划，艾森豪威尔总统并于1954年4月10日派他的两名高级助手前往巴黎和伦敦提出建议，即以两枚原子弹去支援在奠边府被围困的法国部队。对此，英法两国都表示反对。英国首相丘吉尔直截了当地说，英国公众将不会支持向越南人投掷原子弹。法国外交部长乔治·比道尔特迅即回答道："一旦那些原子弹投掷在奠边府附近，我方所遭受的损失将与敌人一样多。"

在越南战争中，从1964年开始美国国家安全委员会和参谋长联席会议一直在研究在越南使用核武器的选择。尼克松在1969年接任美国总统后就指派海军作战部长托马斯·穆尔海军上将起草了"套鸭"作战计划，要求特地安排一系列威胁，如果越南人无视最后通牒规定的1969年11月1日的日期，就对越南投掷一枚战术核武器。但由于担心对越南人投掷原子弹会在美国国内引起骚乱的浪潮，尼克松政府后来不得不放弃这一计划。

4. 美国考虑对中国核设施进行先发制人的袭击。

1963年12月14日，即在约翰·肯尼迪总统遇刺仅三周之后，美国参谋长联席会议向白宫和美国国务院提交一份报告，提出先发制人地对中国发动军事袭击，以阻止中国成为核国家；声称对中国采取轰炸行动将是可行的，并建议考虑使用核武器。

林登·约翰逊总统的国家安全顾问乔治·邦迪，在一份关于实施先发制人的打击以摧毁当时正在建造之中的中国核设施的备忘录的抬头上，写下了这样一句话"我赞成这样办。"后来经过充分讨论后，美政府内占上风的意见认为，对中国进行军事袭击将冒风险，美国不值得冒此风险。

据报道，当时美国官员甚至就合作阻止中国获得原子弹一事试探了苏联的意见。但苏联人对此不感兴趣。[①]

5. 苏联企图对中国的核设施发动先发制人的打击。

1969年，苏联武装入侵中国珍宝岛和在新疆铁列克提地区制造流血事件。此后，苏联大量向中苏边境增兵并部署大量针对中国的核导弹。

---

[①] 美国《洛杉矶时报》1998年9月27日报道。

1969年8月18日，苏联驻美国大使馆的一名官员在与美国国务院中级官员威廉·斯蒂尔曼共进午餐时突然询问，如果苏联对中国的核设施发动袭击，美国会做何反应。这被认为是对美国态度的试探。同年9月16日，苏联记者维克托·路易斯又在伦敦《新闻晚报》发表文章，其中提到苏联对设在新疆罗布泊的中国核试验基地进行空中袭击。外界认为，苏联在这种袭击中有可能使用核武器。

据报道，美国和日本1960年1月19日在华盛顿签署美日新安保条约时，两国政府交换了允许美军把核武器带到日本本土的秘密会议记录，即"秘密特别协议"。美国国家档案馆2000年1月公布了1968年1月4日当时的美国国务卿腊斯克发给美国驻日大使约翰逊的电报。在当时美日关于美将小笠原群岛归还日本的谈判中，为了在归还后美军也能在发生战争时把核武器带到父岛，这位国务卿要求日本方面同意采取"与1960年缔结的秘密特别协议相同的做法"。这一"秘密特别协议"可能也已用于1972年归还日本的冲绳。[①]

此外，驻扎在冲绳的美国海军陆战队在50年代后期为了防备原苏联等的攻击，曾制定了包括使用核武器在内的冲绳本岛防卫作战计划。这个由美国第二海军陆战师1957年10月14日制定的《4—57作战计划（琉球群岛地面防御战）》说，当美军遭受损失失去反击能力，处于最危急状态时，为了阻止敌人的进攻、占领和利用，自身将发起一场核攻击战。该计划还事先对岛内主要军事据点和所计划使用的核弹头的种类作了规定，并附有清单。该计划还说，当琉球群岛发生战事时，驻扎在琉球的美国陆军第九军将把冲绳本岛的防卫置于最优先地位，展开地面战，并"做好可发射核武器的8英寸（203毫米）榴弹炮或'诚实约翰'导弹部队的部署工作"。[②]

## 二 冷战结束后美俄核军备发展对亚太安全的影响

随着冷战结束，美俄开始了真正的核裁军，以往那种"水涨船高"的争夺核武器数量优势的军备竞赛已经结束。

---

① 时事社华盛顿2000年1月17日电。
② 日本共同社1998年8月1日日文电：《海军陆战队秘密文件显示美军曾计划把冲绳作为核战场》。

但另一方面，美国和俄罗斯仍在提高它们核武器的质量。克林顿政府和小布什政府时期，美国把核武器研究的重点放在小型和微型核弹头上。俄罗斯尽管财政困难，仍力图维持其核大国的地位，并在实施以发展新型战略导弹为优先重点的核武器研制计划方面取得顺利的进展。俄罗斯高级官员还强调："俄罗斯联邦核中心的主要任务是根据目前提出的各项新要求研制灵巧的核武器系统。"①

两个核超级大国核武器质量的发展和仍保持庞大的核武库增加了在未来武装冲突中使用核武器的危险，并成为核门槛国家不参加国际核不扩散体制的理由之一。

而且，美国的核战略仍未脱离冷战思维的框架。1997年11月，美国总统克林顿下达总统指令，指示国防部长和参谋长联席会议主席对美国的核战略作出调整。根据这项指令，美国核力量的任务将不再是立足于打一场持久的核大战，而主要是以核威慑来阻止别国对美国及其盟国使用核武器。这是美国总统16年来第一次对美国核武器打击目标的政策作了正式调整，也标志着美国冷战后核战略的正式出台。但是该战略仍带有浓厚的冷战色彩，存在许多自相矛盾之处。

第一，尽管该指令承认，由于冷战结束，"现在核武器在我们的安全战略中的地位比核时代的任何时候都要小"。但该指令仍继续把核武器作为美国国家安全的基石，并要求继续保持由战略轰炸机、陆基洲际弹道导弹、潜射弹道导弹所构成的"三位一体"的战略核力量；该指令还要求美国战略核武器继续保持高度戒备状态，以便"一接到通知便立即可以投入使用"，并扩大了美国可能进行核打击的目标的清单。

第二，虽然该指令的重点是强调美国核力量的目的是遏制对手对美国军队及其盟国使用核武器，"而不是用核武器打仗"，但该指令仍坚持可以首先使用核武器的政策，并规定在遭到化学武器或生物武器袭击后，美国可以使用核武器进行报复。

第三，美国一方面承诺致力于与中国建立建设性战略伙伴关系，另一方面，美国新的核战略又重新把中国列入美国核打击目标的清单。在70年代，美国军方曾制订了用核武器袭击中国核导弹基地、领导机构、石油

---

① 俄通社—塔斯社俄罗斯萨罗夫1999年8月26日电：俄罗斯原子能部第一副部长里亚博夫在俄罗斯联邦核中心的讲话。

补给和发电系统的特别计划，以便在美苏发生全面核战争之后，"确保中国不会成为世界上最强大的国家"。在 80 年代中期，由于中美关系正常化，美国曾取消上述计划。但这次美国新的总统指令使美国军方可以制订对中国各种目标进行核袭击的计划，包括对中国的军工企业和常规部队等。

第四，美国政府一方面承认，自冷战结束以来，俄罗斯已发生了许多变化，另一方面，克林顿总统的新指令仍然认为，俄罗斯对美国构成潜在的核威胁，并要求美国防部保留长期以来的选择：用核武器袭击俄罗斯的军方和非军方领导机构以及核部队。

2007 年 1 月和 2008 年 1 月，美国前国务卿舒尔茨和基辛格、前国防部长威廉·佩里和前参议员萨姆·纳恩等在《华尔街日报》上发表文章，提出"无核武器世界"的设想，宣称"美国必须通过重申实现无核武器世界的目标来强化核不扩散体制"。[①] 这一设想得到美国朝野和两党多数的支持。奥巴马政府上台后，2009 年 4 月 5 日，奥巴马总统在布拉格讲话中正式提出"无核武器世界"的倡议，声称"美国将致力于寻求一个无核武器世界"，[②] 并从美国战略与安全利益出发，明确提出了实现这一目标的具体步骤，包括核裁军、核战略和防扩散等，把"无核武器世界"置于美国核政策的中心地位。

2010 年 4 月 6 日，美国国防部公布《核态势评估报告》(the Nuclear Poture Review，NPR)，全面阐述了美国今后 5—8 年的核战略和核政策。该报告在核战略思想方面，提出在保持安全、可靠和有效的核威慑前提下，降低核武器在美国国家安全战略中的作用；宣布不对签署并遵守《不扩散核武器条约》的无核武器国家使用核武器；宣布不再发展新的核武器。但在该报告中，美国并未承诺不首先使用核武器，把朝鲜和伊朗放在它不使用核武器的承诺之外。

正是由于美国新的核战略存在以上自相矛盾之处，因此它将给国际安

---

[①] George P. Shultz, William J. Perry, Herry A. Kissinger, and Sam Nunn, "A World Free of Nuclear Weapons", The Wall Street Journal, January 4, 2007, p. A15; George P. Shultz, William J. Perry, Herry A. Kissinger, and Sam Nunn, "Toward a Nuclear Free World", The Wall Street Journal, January 15, 2008.

[②] Office of the Press Secretary, The White House, Hradcany Square, Prague, Czech Republic, April 5, 2009, http://www.white house.gov/the _ press _ office/Remarks-by-tresident-Barack-Obama-in-Prague-AS-Delivered/.

全及亚太地区安全带来一些不利的影响。

苏联解体后，俄罗斯经济在较长时期里处于困境之中，它的常规军事力量进行了较大幅度的裁减，这使得俄更加倚重于它的核力量。在这种情况下，俄罗斯放弃了不首先使用核武器的承诺，保留首先使用核武器的权力。从勃列日涅夫时代起，苏联曾宣称："任何时候都不首先使用核武器"。但1993年11月2日，俄罗斯安全会议通过的《俄罗斯联邦军事学说基本条例》规定，俄不会对加入1968年《不扩散核武器条约》并且不拥有核武器的国家使用核武器，但下述两种情况除外：当非核国家与核国家结盟对俄发动进攻时；当与核国家订有协议的非核国家向俄发动进攻时。这意味着俄罗斯的核战略发生了重大变化。1998年2月，俄罗斯国防部长谢尔盖耶夫说，俄战略火箭军在发现对方导弹发射8分钟内，就能回击可能的侵略者。

2000年1月，时任俄罗斯总统普京批准了新的《俄联邦国家安全构想》。该构想指出："俄联邦应该拥有能够在任何条件下对任何一个侵略国或国家联盟造成应有的打击的核力量"，"在必须对付武装侵略时，在解决危机局势的所有其他措施已经用尽或者无效的情况下，动用俄罗斯现有的各种力量和手段，包括核武器"。[①]

2000年4月，时任俄总统普京批准了新的《俄联邦军事学说》。该学说称，俄罗斯保持核大国地位是为了遏制外部对俄及盟国的侵略。俄保留使用核武器的权利是为了回击用核武器和其他大规模杀伤性武器对俄及其盟国的进攻，同时回击使用常规武器的大规模入侵。但俄不使用核武器反对参加《不扩散核武器条约》并且没有核武器的国家，除非它们向俄发动进攻。[②]

"9·11"事件和车臣战争对俄罗斯核力量使用政策也产生重要影响。2003年底，时任俄总统普京强调，现在和将来很长时间内核遏制力量都将是俄国防的主要基础；目前俄的核遏制力量处于良好的战备状态，俄还将继续发展核遏制力量。时任俄国防部长谢尔盖·伊万诺夫声称，当今时代的外部威胁要求俄武装力量在世界各地区执行各种性质的任务，因此

---

[①] 俄罗斯《独立军事评论》周报1999年12月3日一期刊登俄联邦安全会议1999年10月5日通过的俄联邦国家安全构想。

[②] 俄通社—塔斯社2000年4月22日电。

俄不能完全排除先发制人使用武力。2008年1月19日，俄罗斯联邦武装力量总参谋长巴卢耶夫斯基说，为保卫俄罗斯及其盟友的安全，必要时俄将动用武力，其中包括使用先发制人手段和核武器。根据这一战略构想，如果敌人对俄罗斯及其盟友构成重大威胁，例如俄罗斯在世界重要地区的利益没有得到尊重或邻国的社会动荡影响到俄罗斯自身的安全，俄罗斯便可在这一地区采取军事行动，其中包括使用核武器。俄罗斯先发制人的核战略，既适用于核战争，也适用于常规战争；既适用于以核武器对付拥有核武器的国家，也适用于以核武器对付无核敌对国家。

2009年5月，俄总统德米特里·梅德韦杰夫批准新的《俄罗斯联邦2020年前国家安全战略》。新战略取代了该国在1997年12月批准并于2000年1月修订的《俄联邦国家安全构想》。与该构想和目前的《俄联邦军事学说》不同，新战略没有以任何条文的形式授权使用核武器或规定使用核武器的条件，从而大大降低了核武库的重要性。新战略确定了两大安全目标："避免全球与地区性战争及冲突"和"实行威慑战略"。它对"威慑"进行了全新解读，不像旧文件那样单单着眼于核武库，而是把威慑建立在"政治、外交、军事、经济、信息和其他（方面）"的基础上。这些标志着俄罗斯核战略向强调威慑的回归。

新战略将俄未来国家安全战略的中期目标定为维持战略核武器的战斗力，努力实现与美国在进攻性战略武器方面的均衡。新战略提出，俄"在不损害国际安全与战略稳定的情况下，认为削减核武器具有特殊的重要性"，并将通过双边与多边磋商"始终如一地朝着无核世界的方向迈进"。新战略认为，从长期看，不能排除在中东、北极地区、里海周边、中亚等地因争夺资源而使用军事力量。

到2010年，美国在亚洲部署的核武器在数量上列亚洲第一，其主要力量是由8艘核潜艇携带的1536枚核弹头。1998年俄罗斯在其远东地区部署了971枚非战略核弹头，包括120架苏24轰炸机携带的330枚核弹头、86枚用于防空导弹的核弹头、175枚反潜核弹头、170枚用于海基巡航导弹的核弹头和210枚海上攻击飞机和携带的核弹头。

当前，美国和俄罗斯的核战略及其它们在亚太地区的核武器对亚太地区安全的影响主要表现在：

（1）美俄都奉行以首先使用核武器为基础的威慑战略，并继续保持相当数量的战略核力量，这决定了美俄裁减核武器的进展将是有限的，它们的核武器仍将对亚太地区的安全构成重大威胁。

（2）美俄核武器继续保持戒备状态，从而存在着因事故或判断错误而意外发射核导弹的危险。

（3）美国在继续将俄罗斯视为潜在核威胁的同时，将其他一些国家列入可能进行核打击的目标，将不利于冷战后时期大国之间建立稳定与合作的关系，也不利于亚太地区形势的缓和。

### 三 美苏（俄）核军备控制谈判对亚太安全的影响

在冷战时期，由于亚太地区是美苏进行激烈争夺的地区之一，它们又在该地区部署了大量的核武器，因此，美苏核军控谈判与亚太地区安全有着重要的关系。

在50年代，美苏两国在全面彻底裁军（即禁止核武器和裁减常规军备的一揽子方案）问题上谈判时就涉及亚太地区。它们在此阶段所提出的各种一揽子裁军方案建议中，有一些就涉及美、苏、中、英、法五国军队的裁减问题，并将此与核军控问题相联系。对此，作为亚太国家的中国强调，中国的立场只能由中国自己来决定，不能由别国越俎代庖。

60年代，美苏签署《部分禁止核试验条约》和《不扩散核武器条约》的主要目的，是企图巩固它们的核垄断或核优势地位，防止核武器扩散，阻止其他国家（包括中国等亚太国家）拥有核武器。美国还通过签订后一个条约改善与苏联的关系，可以倾注更大力量在印度支那扩大战争。

70年代，美苏签署的《禁止在海床洋底及其底土安置核武器及其他大规模杀伤性武器条约》，对它们在海洋（包括亚太地区海洋）的核军备竞赛有所限制。

1985年，美苏重新开始中程核武器谈判。在中国等亚洲国家的强烈要求下，美苏两国1987年达成了实现全球范围内"双零点"方案的《中导条约》，将它们在亚太地区部署的中程和中短程导弹与其在欧洲的同类导弹一起销毁。这是美苏在亚太地区的核武器第一次被实际裁减。

冷战结束后，1991年9月，美国总统布什宣布单方面裁减战术核武器的倡议。随后美国将部署在韩国的陆基战术核武器全部撤回国内，并拆除了美太平洋舰队水面舰只上的战术核武器。作为对美国倡议的响应，苏联（俄罗斯）也将其在远东地区的陆基战术核武器部分拆除和销毁，并从其海军（包括太平洋舰队）的水面舰艇和多用途潜艇上撤走所有战术核武器。

1991年7月美苏签署《第一阶段削减战略武器条约》后，苏联开始裁减在其亚洲部分部署的战略核武器。苏联解体后，这一进程继续进行。至1996年底，哈萨克斯坦已拆除了其领土上的所有前苏军战略核导弹并将其核弹头运到莫斯科，从而成为无核国家。

美苏（俄）对它们在亚太地区的战术核武器和战略核武器及其运载工具的裁减，加上美俄1994年达成的核武器互不瞄准的协议，在一定程度上有助于该地区的和平与安全。但由于美俄仍拥有庞大的核武库，因此，亚太国家有必要促使它们进一步大幅度核裁军。

### 四　核扩散对亚太地区安全的影响

核武器扩散有两种，一种是纵向扩散，指核武器国家继续提高核武器质量；另一种是横向扩散，指无核国家获得制造核武器的能力。现在说到核武器扩散，一般是指后一种，本章也集中讨论后一种扩散。在这里，防止核武器扩散的基本含义是，力求防止无核武器国家发展核武器。这一问题随着核武器的出现而产生，它的目的和影响可以一分为二为积极和消极两个方面。从积极的方面来说，防止核武器扩散是朝着在世界上全面禁止和彻底销毁核武器最终目标的一个重要措施和步骤。从消极方面来说，核超级大国一直企图利用防止核武器扩散来巩固它们自己对其他国家的核垄断和核优势。总的来说，对国际安全的积极影响是主要的。冷战结束后，核超级大国之间爆发核大战的危险已不存在。在此情况下，防止核武器扩散问题突出起来。亚太地区存在着核武器扩散的危险，它成为冷战后时期该地区的不稳定因素之一。如不能加以妥善处理，有可能影响亚太地区未来的和平与安全。在1998年5月印度和巴基斯坦相继进行核试验后，这一问题更加突出。

### （一）亚太地区核武器及其技术扩散情况和发展趋势

目前在亚太地区，除了美、俄、中三个国际社会承认的核武器国家外，其余国家可分为五类：

1. 已实际上拥有核武器的国家，这类国家主要指印度、巴基斯坦。

印度早在50年代中期就建成了第一座核反应堆。它借助于从国外进口的民用核材料、技术和设施，以及自己的技术，到1989年初已储存了250公斤武器级钚，这些钚可以制造50枚原子弹。90年代初，印度每年能生产75公斤武器级钚（可制造15枚核弹头）。1993年至1994年，印度又将一座新建的、具有年加工125吨核材料能力的再处理工厂投入使用，从而进一步增加了核材料加工能力。至1998年，印度拥有的核材料能制造455枚原子弹，其中1/6的钚是武器级的，而反应堆级的钚经过后处理能够制成243枚原子弹。根据加拿大核能协会提供的估算，印度到2008年拥有的核材料能生产800枚原子弹。①

印度1974年进行了一次自称是和平利用核能的核试验。此后印度曾长期奉行"保留核武器选择"和"最后一根导线"的核政策，在研制核武器的同时积累用于制造核武器的核物质。

苏联解体和冷战结束后，印度军界和政界的一些人士主张印度成为公开的核武器国家，强烈要求印政府制定"以核武器为重点的国防战略"。1995年印度陆军前参谋长苏达机将军在一次国际会议上曾公开宣称，印度的核战略应是"最低限度核威慑"，为此，印度应拥有400枚核弹头，其中350枚用于对付中国，50枚用于对付巴基斯坦。

1998年3月，印度人民党的瓦杰帕伊当上总理后，立即下令进行核试验的准备。同年5月11日和13日，印度在不到48小时内连续进行了5次地下核试验。据印度政府宣布，5月11日进行的三次核试验，一次是1.2万吨当量的裂变装置，一次是4.5万吨当量的热核装置，一次是不到一千吨当量的核爆炸；5月13日进行的两次核试验，爆炸当量分别为2000吨和6000吨。

印度人民党内阁在印度并没有面临严重外来威胁的情况下进行核试验有几个主要目的：

（1）企图通过成为核大国来谋求世界大国的政治地位和成为联合国安理会常任理事国；

（2）为了维持和进一步巩固印度的南亚主导地位，长期称雄南亚；

（3）瓦杰帕伊政府是一个由19个政党组成的联合内阁，地位虚弱，因此企图以核试验挑起民族主义情绪，增加对其内阁的支持率，以便能长期执政；

---

① 英国《简氏情报评论》1998年10月号。

（4）为进一步发展核武器以及进行次临界核试验和模拟核试验收集数据。

为了给核试验寻找借口，印度在核爆炸前后，大肆渲染"中国威胁论"。

美国对印度进行核试验负有一定的责任。当时美国国内确有少数人希望印度成为核国家来牵制中国。在印度拒绝签署《全面禁止核试验条约》后，美国未对印度施加任何压力，使印度得出错误印象。美国1996年还允许向印度出售超级计算机和某些与核武器有关的技术。

印度在不到24小时内连续进行5次核试验，其意图，一是为了获取轰动的政治效应；二是企图避免遭到多次（一次比一次升级）的谴责。

印度的核试验对国际核不扩散体制造成巨大冲击，挑起了南亚次大陆的核军备竞赛，加剧了印巴之间的紧张局势，并有可能导致印巴之间的核战争。

印度核试验对印度国家安全利益也产生了不利影响。首先，印度核试验后，遭到国际社会的广泛谴责，美、日等国还对印度进行了经济制裁；其次，印度核试验减少了国际社会对印度争取成为联合国安理会常任理事国的支持，从而减少了它实现这种希望的可能性；第三，印度常规军事力量对巴基斯坦占有优势，印度核试验后，巴基斯坦也通过核试验显示了核能力，从而削减了印度常规军事力量的优势地位。

印度投送核弹的运载工具既有作战飞机，也有弹道导弹。印度现拥有的米格23、米格27、米格29、苏30、幻影2000和英、法联合生产的"美洲虎"式飞机均可携带核弹。80年代起印度加紧研制短程和中远程导弹。1988年，试验成功射程为250公里的"大地"（又译为"普里特维"）短程弹道导弹。1989年，又成功试验了射程为2500公里的"烈火"（又译为"阿格尼"）式中程弹道导弹。根据美国卡内基和平基金会1993年的研究报告，该型导弹如果从印度东北部发射，可以打到北京。

印度在进行核试验后正在向核能力武器化方向发展，加紧研制可装载在弹道导弹上的核弹头。印度计划建立由陆基弹道导弹、潜射弹道导弹和飞机携带核弹三部分组成的"三位一体"的核力量，其中将建造5艘装备携带核弹头的"大地"弹道导弹的核潜艇。印度军方已公开宣称，印度的核战略将是"可信的最低限度核威慑"战略。2000年5月，一位印度前国家原子能委员会负责人说，印度将试验中子弹，"这不会违反任何国际或双边公约，因为我们还没有签订任何条约"。他还说，印度科学界正在给政府施压，不要签署《全面禁止核试验条约》。①

巴基斯坦从1986年开始生产武器级铀，90年代初每年生产的浓缩铀已可制造2枚至3枚核弹头。同时，巴基斯坦还从西欧和北美秘密进口了大量核材料和核技术。至1998年，巴基斯坦拥有的核裂变材料已可制造105枚原子弹。预计到2008年，巴基斯坦拥有的核裂变材料将能生产200枚以上核弹。② 90年代上半期，巴基斯坦已成功地制造了核武器的关键部件，但为了对付美国的压力，巴将这些部件分开存放，一旦需要，可在数周内装配出来。

在印度1998年5月11日和13日进行5次核试验后，印向巴基斯坦发出核威胁。同时，巴基斯坦谢里夫政府也受到国内各方面的压力。在此情况下，巴基斯坦在同年5月28日和30日进行了6次核试验。巴基斯坦政府宣布这6次核试验的爆炸当量在3万吨至3.5万吨之间。但国际地震监测网对巴5月28日的5次核试验只测到一个大信号和一个小信号，认为这两次能够确认是不到1.5万吨级的核爆炸。国际上一些军控专家认为巴基斯坦的其他4次核试验或是1万吨级以下的小型核爆炸，或是没有爆炸。

巴基斯坦的投掷工具包括作战飞机和弹道导弹。巴拥有西方生产的F—16和"幻影"战斗机。近年来，它在发展弹道导弹方面也取得一定进展。巴基斯坦保持核选择，主要是为了对付印度的威胁。在1998年印度核试验之前的一段较长时间里，巴基斯坦曾一再声明，如果印度放弃成为核武器国家，巴也同样放弃。为此巴曾多次提出建议：巴印两国同时加入《不扩散核武器条约》，将双方的核设施全部置于国际原子能机构的全面安全保障制度之下；建立共同视察对方核设施的制度；以及建立南亚无核武器区等，但都遭到印度的拒绝。

在印度1998年5月核试验后，美国要求印度同意签署《全面禁止核试验条约》，但最初遭到印度拒绝。印度声称，只有在满足印度的条件

---

① 法新社2000年5月1日新德里电。
② 英国《简氏情报评论》1998年10月号。

后,印度才会以一个核武器国家的名义签署该条约。印度的要求包括撤销对其的经济制裁、争取保持其拥有的最低限度的核威慑、从美国获得军民两用高新技术的进口、分享可用于核项目的科技信息等。

在国际社会的强大压力下,巴基斯坦和印度领导人分别于1998年9月23日和24日宣布各自愿意在1999年9月《全面禁止核试验条约》审议会召开前签署该条约。但在美国参议院1999年通过表决拒绝批准该条约后,巴、印两国的态度发生了变化,不再遵守以上承诺。

2. 具有发展核武器的意愿,并进行过核试验的国家。朝鲜即属于这类国家。

朝鲜60年代初开始发展核能。据朝鲜1992年5月向国际原子能机构提出的申报,朝共有14座核设施,其中核反应堆5座(已建成3座,正在建的2座)。朝鲜1985年签署了《不扩散核武器条约》。1990年,美国国防部及情报机关以其卫星照片和资料为据,认定朝鲜在平壤以北约90公里处的宁边地区增设核反应堆及附属设施,此反应堆使用过的核燃料"可分离出用于生产核武器的钚"。1990年底,美国派特使与日、韩两国磋商和协调,以便在1991年9月召开的国际原子能机构理事会上采取一致立场。三方一致认为首先要解决的问题是敦促朝鲜尽早在"核安全协定"上签字,接受国际原子能机构的"安全保障监督"。1991年9月,美国政府正式表明立场,公开谴责"朝鲜正在研制核武器",声称必须对朝鲜核设施进行检查。对于美方的指控,朝鲜反复声明它没有制造核武器的打算和能力,表示不反对对其核设施进行检查;同时指责美国在韩国部署核武器威胁其安全,要求对韩国进行同样的检查,撤走美国部署在韩国的核武器。双方立场针锋相对。

为解决朝鲜核问题,不久双方作出适当让步。1991年9月底,当时的美国总统布什宣布美将撤走部署在韩国的核武器。同年11月,当时的韩国总统卢泰愚提出关于朝鲜半岛无核化的5项建议。同年12月18日卢泰愚正式声明,部署在韩国的美军核武器已全部撤完。同月,朝鲜北南双方草签了《朝鲜半岛无核化共同声明》。朝鲜也于1992年1月与国际原子能机构正式签署了核安全协定,同意让其核设施接受检查。

从1992年5月至1993年2月,国际原子能机构先后对朝鲜进行了6次核调查。前5次调查结果表明,朝鲜的核技术尚处于低级阶段,距离制造一枚原子弹"还差得很远"。但美国对这一结论表示怀疑。国际原子能机构根据第 6 次调查的结果也认为不能排除朝鲜隐匿核后处理活动的可能,要求对朝宁边地区两座设施进行"特别调查"。朝鲜以该两处是与核无关的军事设施为由予以拒绝。随后,国际原子能机构在美国的敦促下通过决议,向朝鲜施加压力,要求朝鲜在一个月内接受对其进行"特别调查"。美国还与韩国在 1993 年 3 月举行"协作精神—93"大规模联合军事演习,加剧了朝鲜半岛的紧张形势。在此情况下,朝鲜于 1993 年 3 月 12 日宣布退出《不扩散核武器条约》。至此,围绕朝鲜核问题的斗争发展为尖锐的对抗,引起国际上的广泛关注。

为缓解僵局,朝鲜和美国于 1993 年下半年后就核问题举行多次高级会谈。朝鲜决定暂不退出《不扩散核武器条约》。1994 年 10 月 21 日朝美在日内瓦签署关于朝鲜核问题的框架协议。在美国克林顿政府后期,朝美关系有较大缓和。

2001 年小布什总统上台后,改变了以往克林顿政府对朝鲜的"接触"政策,2002 年 1 月小布什把朝鲜和伊拉克、伊朗并称为"邪恶轴心国",美朝间的敌对情绪加剧,美国对朝的敌视政策始终左右着朝核问题的走向。2002 年 10 月初,美国负责东亚和太平洋事务的助理国务卿凯利访朝时确认,朝鲜一直在秘密进行浓缩铀计划。随之而来的新一轮恶性互动导致第二次朝核危机爆发。日、美、韩和欧盟决定制裁朝鲜,于同年 12 月起暂停向朝鲜提供重油;12 月 12 日,朝鲜宣布立即重新启动核计划。2003 年 1 月,三方协调监督小组在华盛顿发表声明,要求朝鲜立即采取可以核查的措施,完全放弃核计划。面对日、美、韩的联合施压,朝鲜毫不示弱,于同年 10 月宣布退出《不扩散核武器条约》。

此后,朝鲜要求与美国进行双边会谈,而美国要求举行多边会谈。双方僵持不下。2003 年 4 月,在北京举行了中、美、朝三方会谈。7 月 31 日,朝鲜向美国提出了举行解决核问题的六方会谈,并在此框架内举行朝美双边会谈的方案。美、韩、日、俄等国对此作出积极反应。2003 年 8 月,在北京举行了第一轮中、美、朝、韩、日、俄六方会谈。六方会谈进程有利于朝鲜核问题的解决。

2005 年 8—9 月举行的第四次六方会谈,取得实质性成果。六方在会谈后发表了《共同声明》,声明内容包括:六方一致重申,以和平方式通过核查实现朝鲜半岛无核化是六方会谈的目的。朝方承诺,放弃一切核武器及现有核计划，早日重返《不扩散核武器条约》，并接受国际原子能机构的监督。美方确认，美国在朝鲜半岛没有核武器，无意以核武器或常规武器攻击或入侵朝鲜。朝鲜和美方承诺，相互尊重主权，和平共存，根据各自双边政策，采取步骤实现关系正常化。六方同意，根据"承诺对承诺、行动对行动"原则，采取协调一致步骤，分阶段落实上述共识。

2006年7月5日，朝鲜通过试射导弹以表达对美国拒绝与朝鲜双边对话的不满并试图吸引国际社会对其立场的关注，其最直接目的还是促使美国同意和朝进行直接对话，但美对此次导弹试射反应冷淡。7月15日，联合国安理会以15个成员国一致赞成的方式通过了关于朝鲜试射导弹问题的第1695号决议。朝鲜外务省7月16日发表声明，强烈反对联合国安理会通过的有关朝鲜试射导弹的决议，表示朝鲜将不受这一决议的任何约束，朝鲜在国际社会中的地位更加孤立。

2006年10月3日，朝鲜外务省受权在平壤发表声明，宣布朝鲜将在科学研究领域进行核试验，并表示朝鲜决不会首先使用核武器和威胁使用核武器。10月9日，朝鲜正式宣布该国已经成功地进行了首次核试验。朝鲜不顾国际社会的强烈反对，执意进行核试验，国际社会对朝鲜的这一行径纷纷进行强烈谴责。

在朝鲜看来，光靠增加军力和发展常规武器还远不能应对美国的威胁，核武器才是抵御美国侵犯的"撒手锏"，于是铤而走险进行核试验。

在2006年10月底中、美、朝六方会谈代表团团长北京会晤中，美朝双方都表示同意尽早重启六方会谈。这对解决朝核问题无疑是一个积极迹象。

2006年11月11日，朝核问题第五轮六方会谈第一阶段会议在北京结束时，各方重申，将根据"承诺对承诺、行动对行动"的原则全面履行《共同声明》，早日可核查地实现朝鲜半岛无核化目标。

美朝2007年1月22日就如何解决美对朝金融制裁问题举行双边会谈，达成协议。

2007年2月13日，第五轮朝核问题六方会谈通过《落实共同声明起步行动》共同文件，在解决朝核问题上取得突破性进展。六方在该共同文件中表示"直接有关方将另行谈判建立朝鲜半岛和平机制"。

2007年7月14日在韩国运送的第一批6200吨重油抵达朝鲜先锋港后，朝方关闭宁边核设施。

2007年10月3日，第六轮朝核问题六方会谈第二阶段会议发表共同文件。朝方在文件中承诺，在2007年底前"对一切现有核设施进行以废弃为目标的去功能化"和"对其核计划进行完整、准确的申报"。朝美同意"继续致力于改善双边关系，向实现全面外交关系迈进"。朝日同意"在妥善处理有关悬案基础上认真努力，迅速实现邦交正常化"。

2008年1月1日，因朝美双方就申报问题存在分歧，朝鲜错过原定申报核计划期限。同年5月8日，朝鲜向当天抵达平壤访问的美国国务院韩国科科长金成递交共有1.8万多页的朝鲜核计划文件。美国政府称此举为核查朝鲜核计划的"重要一步"。同年6月，朝鲜炸毁宁边核设施。

2009年4月14日，朝鲜宣布将重新启动核项目并退出六方会谈。2009年5月25日，朝鲜进行第二次地下核试验。实现朝鲜半岛无核化仍然任重道远。

3. 有一定的条件发展核武器，但条件并不充分；它们有较强烈的愿望发展核武器，但又受到某种因素的制约。这类国家（地区）有韩国、中国台湾地区等。

韩国在1971年开始秘密进行核武器研究项目，1975年由于美国施加压力而停止。1991年再次开始进行核武器研究，不久由于美国的压力而再次停止。由于韩国科技水平较高，今后一旦作出发展核武器的决定就能取得迅速进展。

中国台湾从1966年开始核武器研究项目，主要由台湾中山科学研究院和核能研究所承担。台湾从加拿大购买了一座40兆瓦核研究反应堆，从德国购买分离钚元素的工厂以及轻水型核反应炉与重水型工厂各一座，还从美国、法国、澳大利亚、挪威和其他西方国家购买了核设施、必需品以及专门技术。80年代南非向台湾提供了100吨铀，美国供应了某种形态的钚。所有这些材料表面上都是为了供民用研究的。

1969年台湾曾试图获得铀燃料再处理的技术，遭到美国制止，但台湾并未放弃这项努力。70年代初，台湾加紧了发展核武器的努力。1974年至1976年之间，台湾试图获得钚原料，并委托英国再处理已用过的高强度核废料。美国又出面制止，并坚持这些核废料必须归还美国。台湾不甘心美国的一再压制，于1976年进行一项秘密计划，在桃园龙潭利用自制的强放射性工作室（又称为"热反应室"）秘密再处理已用过的核燃料，这些核燃料是1969年从加拿大进口的。美国得到情报后，再向台湾施加压力，迫使台湾停止再处理核废料，并派出人员拆除位于高雄中山科学院内的一个重水反应堆。台湾曾试图通过该重水反应堆将铀238转化为钚239。

80年代，台湾分散其进口核燃料和设备的来源，企图从其他国家获取核技术。1982年，台湾向法国寻求再处理技术，又因美国的干预而未成。但台湾仍加紧实施核武器计划。美国华盛顿科学和国际安全研究所所长戴维·奥尔布赖特和该所政策分析家科里·盖伊认为，至1987年12月，台湾距离制成一颗原子弹也许只有1年至2年的时间。美国在获悉确切情报后，于1988年迅速采取行动，拆除了台湾核燃料再处理室。台湾曾准备用该设施处理用过的核燃料，以提炼制造核弹所需的武器级浓缩钚。

1983年，台湾当局曾表示，台湾已有生产核武器的技术能力。1996年中国大陆向台湾附近海域试射导弹后，当时的台湾"总统"李登辉曾说，台湾将重新研究是否发展核武器问题。在国际社会压力下，他几天后改称，台湾虽然有能力，但是绝不会发展核武器。

20世纪80年代中国台湾还与以色列、南非合作研制一种射程达1000公里的"天马"中程弹道导弹，以作为核武器的投掷工具，后在美国的压力下，中止了这一导弹发展项目。

当前台湾有发展核武器的人才和技术能力，如果国际社会不能对它进行严格的核查，它也可能在积累足够的武器级裂变材料的基础上制造出核爆炸装置。台湾有的人士甚至说，台湾现有的武器级材料可在3—4个月内转变为核武器。[1]

4. 有充分的条件发展核武器，但因受到各种因素的严重制约，现在尚无发展核武器的战略意图。日本、澳大利亚属于这种国家。

日本拥有大量的核裂变材料。日本官方的统计数字显示，1996年日本已储存有5吨反应堆级钚。据国际军控专家估计，到2000年，日本储存的钚可达到11吨至25吨；到2010年，日本可能储存高达50吨的钚。[2]

---

[1] 巴黎原子能委员会政策计划处负责人泰蕾兹·德尔佩什：《核武器与世界新秩序：来自亚洲的预警》，载英国《生存》杂志1998年冬季号。

[2] [美]塞利格·S.哈里森：《日本的核未来：关于钚的辩论与东亚安全》，卡内基国际和平基金会1996年出版。

虽然这些钚并非武器级的钚，但把这些钚转化为武器级的钚并非难事。据日本报刊透露，如果需要，日本可在一年内实现核武装。

一些国际军控专家分析，日本可用以下5种方法获得武器级的裂变材料：

（1）经常关闭现在用于发电的核反应堆以换装燃料，从而减少燃料的辐射的方法来生产武器级钚；

（2）通过现在正在试验发展的放射性同位素处理，将反应堆级钚提升为武器级钚或制造高度浓缩的铀；

（3）将位于六所村的铀浓缩设施中的离心机由生产低度浓缩铀（4.5%的铀235）转变为生产用于核武器的高度浓缩铀（80%以上的铀235）；

（4）将"文殊"（在福井县敦贺市）和JOYO的快中子增殖反应堆中生产的超级钚分离出来，这种超级钚比用于美国核武器的钚纯度更高；

（5）在特别建造的反应堆中生产武器级钚。

对日本来说，如果它要进行核武器开发项目，也许最有吸引力的选择是将快中子增殖反应堆中生产的超级钚分离出来。日本快中子增殖反应堆的原型1995年1月开始运行，到它1996年因钠泄漏而关闭时，该反应堆已积累了约10公斤超级钚。如果它恢复运行，每年可积累70公斤超级钚。在JOYO的试验型快中子增殖反应堆到1994年已积累40公斤超级钚。

许多国际军控专家认为，即使利用反应堆级钚，也只需要4公斤钚就可制造一枚爆炸当量最高可达2万吨的核武器。而超级钚特别适用于核弹头的小型化。

日本想方设法获取锂、氦-3、氦-10等重要的原材料。锂是生产核弹头的重要原料。1999年日本利用吸附材料从海水中提取出浓缩3.23倍的锂。这比从矿石中提取锂的成本低一半。氦-3是核聚变的理想材料，但地球上含量极其稀少，而月球表面沙子和岩石中含氦丰富。日本计划向月球发射一颗"先驱者"探测器。日本还利用粒子加速器成功地研制出氦-10，这是促发核裂变的最佳原子。

日本已成功地试验了两种能直接改装为洲际导弹的固体燃料火箭系统。这两种火箭系统被分别称为"J—1型"和"M—5型"，它们都具有能与美国洲际弹道导弹相当的有效载荷和推力。如果将它们改装为弹道导弹,"M 5"型火箭可改装为威力相当于美国MX"和平维持者"导弹的洲际弹道导弹,"J—1"型火箭改装的导弹其威力甚至将超过美国"民兵3"型洲际弹道导弹。"民兵3"型导弹的射程为8000英里,MX"和平维持者"导弹的射程为7400英里。

如果日本用"M—5"型火箭技术制造分导多弹头洲际弹道导弹,那么该导弹可携带每个弹头单重约为350公斤的5枚至10枚核弹头。这些表明,一旦需要,日本可以将其火箭改装为运载核弹头的洲际弹道导弹,从而成为核导弹大国。

澳大利亚1968年时就有足够的资源和有关知识,可以在没有外部帮助的情况下在7年至10年时间内生产出核武器。据澳大利亚档案馆1998年1月向公众开放的1968年约翰·戈登政府的有关文件透露,政府的供应部和澳大利亚原子能委员会在1968年初的一份报告中说,只要政府拨款1亿澳元,澳大利亚就能达到每年装备30枚原子弹的能力,每枚原子弹的爆炸当量与美国轰炸日本广岛的原子弹相当,为2万吨级。另外还需要1700万澳元的武器研制设计经费。

4. 曾拥有核武器,但已将全部核武器拆除的国家。

这主要指哈萨克斯坦。1991年苏联解体后,哈萨克斯坦在其领土上拥有104枚SS—18洲际弹道导弹和至少1000枚战略核弹头。哈萨克斯坦自愿放弃核武器。这为哈得到世界上5个核大国提供的安全保障提供了可能。至1996年底,哈萨克斯坦已拆除了其领土上的所有苏军战略核导弹并将核弹头运到俄罗斯,从而成为无核武器国家。

5. 不具备发展核武器条件的国家。亚太地区大多数国家属于这一类。

值得注意的是,随着科学技术的迅速发展,核武器技术和核物质扩散的途径在增加。而且,苏联解体后,前苏联地区核武器和核物质流失的可能性加大。这些都增加了恐怖主义组织获得核武器的可能。这是亚太地区核扩散中的新动向。

**(二) 亚太地区核武器及其技术扩散的主要原因**

核武器在亚太地区扩散的原因主要有以下几个方面。

(1) 政治上的原因。在二战结束后40多年的冷战期间,亚太地区一直是美国和苏联争夺较为激烈的地区,它们都在此地区部署了大量核武器和其他先进武器,并向各自的盟国提供了包括弹道导弹、先进战斗机在内的军事装备。美国和苏联之间的争夺也引发了一些热点地区的冲突,加剧了许多国家之间的矛盾。这些因素曾在长时期里刺激了核武器技术和核武器运载工具在亚太地区的扩散。

现在美苏冷战虽然结束了，但它在亚太地区所造成的一些国家的分裂状态依然存在。一些地区热点虽有所降温，但政治解决的道路仍然困难重重。朝鲜半岛南北之间重兵对峙的态势基本未变，南亚次大陆印度与巴基斯坦之间曾经引发多次战争的克什米尔争端迄今未解决。亚太地区各种战略力量正在重新分化和组合。由于种种历史原因，许多亚太国家之间存在着民族、领土、资源和宗教矛盾，其中一些矛盾和争端错综复杂。如不能妥善处理，有可能引发新的冲突。这些是核武器及其技术在亚太地区扩散的现实土壤。

（2）军事上的原因。当前美国和俄罗斯虽然开始大幅度减少其核武器的数量，但即使它们按照已签订的条约完成削减核武器的计划，它们剩下的核武器数量仍然过于庞大。而且它们仍在提高核武器质量，研制新型核弹头。两个核超级大国保留庞大核武库和继续提高核武器质量仍然是刺激核武器在亚太地区扩散的一个重要因素。另一方面，亚太地区一些国家企图通过掌握核武器或制造核武器的能力来提高本国的政治地位和本国在军事上的威慑能力。

（3）经济上的原因。近年来，绝大多数亚太地区国家经济发展较快，这为它们发展核技术提供了较为雄厚的物质基础。另一方面，随着东西方冷战的结束，市场规律已代替政治因素成为武器转让中的决定性因素，发达国家从获取巨额利润出发，纷纷向亚太国家大力推销各种型号的先进战斗机，其中一些战斗机可作为核武器的运载工具。

（4）技术上的原因。当前，民用高技术如核能、运载火箭等，在一些亚太国家得到迅速发展，这些高技术大都具有军民兼用性，这为这些国家发展核武器及其运载工具提供了技术基础。长期以来，西方国家的一些公司通过各种途径（有些是通过非法途径）向一些亚太国家转让了与核武器及其运载工具有关的各种技术、材料和部件。苏联解体后，俄罗斯和其他独联体国家政治动荡、经济困难、民族冲突增加。这使得前苏联的战术核武器、核材料和核技术在亚太地区扩散的危险增加。

（三）核武器在亚太地区扩散的影响

首先，核武器及其技术的扩散在亚太地区产生了一种"作用与反作用"效应，刺激一些国家相互攀比，竞相发展核武器及其技术，导致某种次地区甚至地区性的核军备竞赛。印巴两国的核军备竞赛就是一个典型的例子。这有可能打破现有的地区力量平衡，从而破坏亚太地区的和平与稳定。

其次，有可能引发新的地区冲突和在冲突中使用核武器。某些国家可能因担心其对手发展核武器或弹道导弹对自己造成损害，而向对方发动先发制人的打击，其中包括核打击。核武器和其他先进武器的扩散也可能使某些国家的军事实力超出其自身防务的需要，从而促使它们在处理领土、边界等争端时更愿意诉诸武力。某些处于军事对峙中的国家拥有核武器能力还增加了因意外事故或判断错误而发射核武器的可能性。一些核门槛国家还可能用核武器来对付对手的常规进攻。例如，1998年5月印巴进行核试验后，它们之间发生核冲突的可能性增加了。

第三，核武器和其他先进武器的扩散使亚太国家将更多的财力和物力用于军事方面，从而影响它们经济增长和社会发展的速度。

**（四）亚太地区防止核武器扩散的努力**

当前，亚太地区防止核武器扩散主要依靠现有的国际不扩散核武器体制以及某些次地区及多国机制。国际核不扩散体制主要由《不扩散核武器条约》、国际原子能机构、核供应国集团、桑戈委员会、《全面禁止核试验条约》等组成。国际核不扩散体制在减慢亚太地区核扩散的速度方面起到了重要作用，但由于该体制本身的某些缺陷和其他因素，它又未能从根本上制止亚太地区核扩散的势头。

## 第三节　中国的核战略与核政策

中国的核战略是对中国核武器发展和运用具有全局意义的筹划和指导。它服从和服务于中国的国家发展战略、国家安全战略、国防政策和军事战略。当代中国的核战略是中国共产党历代领导集体和中国政府，在中华人民共和国成立后领导中国国防建设与军事斗争的实践中，以毛泽东军事思想和邓小平关于新时期军队建设思想为指导，汲取古今中外军事战略的精华，不断总结实践经验，根据中国的国家发展战略、国家安全战略、国防政策和军事战略，集中集体智慧，创造性提出并不断发展的。

**一　中国核战略的基本出发点**

中国核战略具有两个基本出发点，即中国国家安全和人道主义。

首先，维护中国国家安全是中国发展核武器的根本动机。中国从来是将核武器作为防止敌人把核战争强加于中国人民头上的工具。中国是在冷战时期非常特殊的环境下开始发展核武器的。在此时期，中国一直面临一个甚至两个超级大国的核威胁。

中国作出发展核武器的决定可以回溯到 20 世纪 50 年代。此时中国面对来自美国的严重核威胁。在朝鲜战争期间，时任美国总统艾森豪威尔1953 年 2 月同意了美军参联会在朝鲜对中朝军队使用战术核武器的建议，指出：在朝鲜，只要需要，就使用原子弹。[①] 只是由于朝鲜停战谈判取得突破性进展，美国从制造核灾难的边缘退了回来。在第一次台海危机期间，1955 年 3 月，在艾森豪威尔总统的允许下，时任美国国务卿杜勒斯公开威胁对中国使用原子武器。[②] 在第二次台海危机期间，1958 年，美军参联会再次要求对中国大陆进行核攻击。在这种情况下，中共中央 1955 年 1 月决定发展核武器。毛泽东主席在 1956 年 4 月召开的中共中央政治局扩大会议上发表重要讲话时说："我们现在已经比过去强，以后还要比现在强，不但要有更多的飞机和大炮，而且还要有原子弹。在今天的世界上，我们要不受人家欺负，就不能没有这个东西。"[③] 同年 11 月，中央任命聂荣臻元帅为国务院副总理，主管科学技术工作，包括原子弹研制工作。在中央的组织指挥下，全国全军科技人员充分发挥聪明才智，核武器研制工作取得迅速进展。1958 年 6 月 21 日，毛泽东在中央军委会议讲话时满怀信心地说："搞一点原子弹、氢弹，我看有十年工夫完全可能。"[④] 1962 年 12 月，中共中央决定在中央直接领导下，成立由周恩来总理挂帅、7 位副总理、7 位部长组成的"十五人专门委员会"，负责统一领导中国核力量的发展。

在中国拥有核武器和中苏关系恶化后，苏联也曾企图对中国的核设施

---

① 王仲春、夏立平：《美国核力量与核战略》，国防大学出版社 1995 年版，第 172 页。
② 同上书，第 184 页。
③ 毛泽东：《论十大关系》，《毛泽东选集》第 5 卷，人民出版社 1979 年版，第 320 页。
④ 毛泽东：《应该发展原子弹和氢弹》，《毛泽东军事文选》第 6 卷，军事科学出版社 1993 年版，第 374 页。

发动先发制人的打击。冷战时期美国和苏联对中国的核威胁迫使中国发展核武器。

其次,人道主义是中国制定核战略考虑的最重要因素之一。核武器是大规模杀伤性武器。中国是第一个建议在世界上全面、彻底、干净、坚决地禁止和销毁核武器的国家。1963年7月31日,中国政府发表声明,提出了上述建议及其具体内容。该建议提出了核裁军的一条正确思路,既规定了核裁军的长远目标,也规定了达到这一目标所应采取的具体措施。在中国1964年10月16日成功进行了第一次核试验后,中国政府郑重声明:中国一贯主张全面禁止和彻底销毁核武器;中国进行核试验完全是为了防御,中国在任何时候、任何情况下都不会首先使用核武器。这表明中国一贯以重视人的生命为核心的人道主义作为核战略的基础,从而使中国与把相互确保摧毁作为核威慑战略基础的美苏两个超级大国相比,一直站在道德的国际制高点上。

## 二 中国核战略的演进

中国核战略经历了一个从反核讹诈战略（counter-nuclear blackmail）逐步演变到最低核威慑战略（minimum deterrence）的进程。

反核讹诈战略的定义是,一国（甲方）在只有极少数量的核武器因而还不拥有有效核反击能力的情况下,面对超级大国的核威胁与核讹诈,利用本国有应对核打击的广大战略回旋余地,以及对手（乙方）不能确定甲方核武器反击造成损害的能力等,着眼于用常规战争克敌制胜,采用综合性战略应对超级大国的核讹诈。

最低核威慑战略的定义是,一国拥有最低限度核反击能力,能够在遭受第一次核打击后,给对手造成不可承受的损失。这种损失的认定是由对手的国家利益决定的。例如,因为中国台湾是美国的重要利益所在,但不是美国的关键国家利益所在,所以美国不会愿意为了台湾谋求"独立"而使美国遭到一枚核弹的反击。在这种情况下,能够在遭受第一次核打击后,穿过美国导弹防御系统打到美国的一枚核弹所造成的损失,即是美国在这种情况下不可承受的损失。

反核讹诈战略与最低核威慑战略这两个概念的本质差别是,反核讹诈战略是基于只有极少数量的核武器因而还不拥有有效核反击能力,而最低核威慑战略是基于已拥有最低限度核反击能力;反核讹诈战略能对超级大国的核威胁说"不",主要是运用综合性战略,依靠有应对核打击的广大战略回旋余地,以及对手不能确定实施该战略的国家核武器反击造成损害的能力等。

中国核战略从反核讹诈战略逐步演变到最低核威慑战略既是中国核武器发展过程的产物,也是中国决策者战略谋划的结果。

从中国1964年10月16日第一次核试验至20世纪80年代中期,中国核战略实际上是反核讹诈战略。1964年10月16日,中国政府发表声明称:"中国发展核武器,完全是为了保卫中国人民免受核战斗的威胁。"[①] 同日,中共中央和国务院在联名致参与核试验全体人员的贺电中指出,首次核试验的成功,是对帝国主义"核垄断、核讹诈的政策是一个有力的打击"。[②]

在这一时期,中国核武器数量很少,还不可能在遭到超级大国第一次核打击后,对其的核反击能达到最低核威慑战略所要求的"造成不可承受损失"标准。而且,当时中国政府和中国人民解放军在官方文件中都未接受"核威慑"的概念,有的中国专家将核威慑视为超级大国对其他国家进行核讹诈的一种手段。

但中国有了核武器就不仅打破了超级大国的核垄断,而且能够对它们的核威压与核讹诈说"不"。正如毛泽东所说:"原子弹就是那么大一个东西,没有那个东西,人家就说你不算数。"[③] 在中国成功试验第一颗原子弹后的第二天,邓小平在会见外宾时说:"我们一方面搞国防现代化,包括搞一点原子弹,这是为了起制约作用,使帝国主义不敢轻举妄动。"[④] 叶剑英指出:"我们手里有了核武器,首先作为一种政治武器,用来打破敌人的核垄断、核讹诈。"[⑤] 中国反核讹诈战略有几个主要特征。

首先,中国反核讹诈战略是建立在决定战争胜负是人民的理念基础

---

[①] 《中国政府就中国成功地进行第一次核试验发表声明》,《人民日报》1964年10月17日。

[②] 《中共中央和国务院联名致电参与首次核试验的全体人员和一切从事国防建设的同志们》,《人民日报》1964年10月17日。

[③] 中国核工业总公司编:《毛泽东与中国原子弹事业》,原子能出版社1993年版,第8—9页。

[④] 《古巴党政代表团访华毛泽东主席及邓小平总书记接见谈话摘要告驻古巴使馆》,中国外交部档案111-00531-03。

[⑤] 《叶剑英军事文选》,解放军出版社1997年版,第249页。

上，同时考虑到核禁忌（nuclear taboo）的影响，但也清楚知道其限度。核禁忌理论认为，即使核进攻有助于该国获得现实利益，核武器国家也难以做出核进攻的决定，因为不使用核武器已成为一种强烈的国际禁止性规范。中国反核讹诈战略是将核武器的两面性与中国幅员辽阔，人口众多，人民战争有深厚的潜力和广大的回旋余地作为其战略制定的基本依据。毛泽东指出了原子弹的两面性："原子弹是美国反动派用来吓人的一只纸老虎，看样子可怕，实际上并不可怕。当然，原子弹是一种大规模屠杀的武器，但是决定战争胜败的是人民，而不是一两件新式武器。"① 在此基础上，毛泽东提出，在战略上我们要藐视一切敌人，在战术上我们要重视一切敌人。也就是说在整体上我们一定要藐视它，在一个一个的具体问题上我们一定要重视它。② 毛泽东军事思想认为："我们中国……地方很大，人口分散，工业分散，武器物资也可以分散，原子弹碰到这样的国家，就不会有什么作用。"③ 周恩来指出："美国不可能用原子弹来对付农民战争"，④ "正确的观点是以人为主，以武器为辅，人是战争的最后决定因素"。⑤

其次，中国反核讹诈战略是一个综合性战略。1964年10月，毛泽东在一份报告中批示："必须立足于战争，从准备大打、早打出发，积极备战，立足于早打、大打、打原子战争。"⑥ 这场全国大备战一直持续到1985年才结束。中国在这场大备战中一直贯彻"积极防御"军事战略方针。根据做好早打、大打、打核战争准备这一当时的战略指导思想，中国加快导弹核武器的发展，同时积极进行各种对核战争的防御准备。

1966年10月，中国进行了首次中程导弹"两弹（导弹与核弹头）结合"飞行试验。1967年，中国第一颗氢弹爆炸试验成功。1970年初，远程战略导弹发射成功。4月，由该远程战略导弹衍生的"长征—1"号运

---

① 毛泽东：《和美国记者安娜·路易斯·斯特朗的谈话（一九四六年八月六日）》，《毛泽东选集》第四卷，人民出版社1991年版，第142页。
② 《毛泽东军事文集》第六卷，军事科学出版社、中央文献出版社1993年版，第371—372页。
③ 温济泽：《关于原子弹的问答》，《人民日报》1950年11月5日。
④ 《周恩来选集》上卷，人民出版社1984年版，第280页。
⑤ 《周恩来军事文选》第四卷，人民出版社1997年版，第438—439页。
⑥ 杨贵华：《准备"早打、大打、打核战争"的历史回顾——全国大备战始末》，载军事科学院军事历史研究部《军旗飘飘》，解放军出版社1999年版，第564页。

载火箭将中国第一颗人造卫星"东方红—1"号射入太空。1980年5月18日，中国第一枚洲际战略导弹向南太平洋海区发射成功。中国从此具备了跨洲核打击能力。

1964年，中国开始大、小三线建设。1969年中苏在"珍宝岛"发生武装冲突后，中共九大政治报告提出"准备同苏联美国早打、大打、打核战争"。其后，大、小三线建设加快进行，而且全国开始大规模修建防空洞等防空设施。这些设施有的达到防御核战争的标准。1972年，毛泽东提出"深挖洞，广积粮，不称霸"，更从国家战略的高度来进行这种"早打、大打、打核战争"的准备。

第三，中国反核讹诈战略着眼于最终通过常规武器取胜。中国"准备打核战争"不仅是要应对敌人的核突袭，而且要争取通过常规武器打败入侵之敌。毛泽东说："根本不要打原子战争，要打就用常规武器打。"① 在20世纪60年代末至80年代初，根据人民战争指导思想和"积极防御"军事战略方针，中国人民解放军为应对苏军可能的大规模侵略做了大量准备。其基本战略思路是，首先顶住或躲过入侵苏军的"三板斧"，即核武器突袭、空炮火力突袭、大规模坦克突击，保存有生力量，诱敌深入，用人民战争消灭入侵苏军。为此，解放军广泛开展了以"三打三防"（打坦克、打飞机、打空降、防原子、防化学、防生物武器）和野营拉练为主要内容的军事训练。

1985年以来，中国逐渐由反核讹诈战略转变到最低核威慑战略。其主要理由是：

其一，经过几十年的努力，中国战略核力量有了长足进展。1985年5月20日，东风-21号中程固体战略导弹发射成功，标志着中国导弹技术又有了新的突破。1986年9月，邓小平宣布："今天中国有实力来保卫祖国了，一旦受到外国的核袭击，我们能对该国作出核反击。"② 1988年9月，中国战略导弹核潜艇进行第一次水下发射试验，标志着我国从此具有了第二次核打击能力。同年，中国试验成功中子弹。东风-21号中程战略导弹和巨浪1号潜射战略导弹相继在1988年和1989年定型。至此，中

---

① 《毛泽东主席会见美国作家斯诺谈话记录》，中国外交部档案106-01265-06。
② 任无追：《二炮成立40周年回顾，外媒称具备精确打击能力》，《军事世界画刊》2006年第8期，第2页。

国构建成以陆基战略导弹和潜射战略导弹为主的核武器作战打击系统。该系统可以高效率遂行战略核反击任务。

其二，中国接受核威慑的思想，将核威慑作为核战略的组成部分。1986年，邓小平在讲话中第一次提到威慑："战略武器，威慑力量，吓唬点人，决不能先打就是，但我有了就可以起作用。"① 中国国务院新闻办公室发表的《2000年中国的国防》白皮书用"遏制他国对中国可能的核攻击"来描述中国的核战略，② 而其英文版本直接使用了"deter"（威慑）。中国国务院新闻办公室发表的《2008年中国的国防》白皮书指出："第二炮兵是中央军委直接掌握使用的战略部队，是中国实施战略威慑的核心力量，主要担负遏制他国对中国使用核武器、遂行核反击和常规导弹精确打击任务。"③ 这明确认可了威慑战略。

其三，中国在常规部队大裁减后，核武器的重要性提升。进入80年代中期以后，邓小平同志提出："对于总的国际局势，我的看法是，争取比较长期的和平是可能的，战争是可以避免的。"④ 根据这一论断，中央作出了将全国工作重点从准备打仗转移到以经济建设为中心。我国国防建设和军队工作的指导思想也实行了战略性转变：由过去立足于早打、大打、打核战争的临战准备状态，真正转入现代化建设轨道。从1985年开始中国多次主动采取单方面的裁军行动。

在压缩规模的同时，中国军队着重优化结构、理顺关系、提高质量。在这种情况下，核力量的重要性有所上升。实行最低核威慑战略更有利于遏制针对我国的核战争。

### 三 中国核战略的构成

与其他核武器国家的核战略相似，中国的核战略也实际上是由5个具体政策构成：声明政策、发展政策、部署政策、使用政策、核裁军政策。由于中国具体情况和战略文化的不同，中国的核战略又具有自己的

---

① 转引自武天富主编《国际核战略思潮》，军事谊文出版社2003年版，第207页。
② 中华人民共和国国务院新闻办公室：《2000年中国的国防》，北京，2000年10月，第12页。
③ 中华人民共和国国务院新闻办公室：《2008年中国的国防》，北京，2009年1月20日，http://www.gov.cn/zwgk/2009-01/20content_1210224.htm。
④ 《邓小平文选》第3卷，人民出版社1993年版，第233页。

特色。

**(一) 中国核战略的声明政策：不首先使用核武器和自卫防御**

中国自拥有核武器的第一天起就郑重声明，在任何时候、任何情况下，都不首先使用核武器。此后又明确承诺无条件不对无核武器国家和无核武器区使用或威胁使用核武器。这是中国核战略的核心。1965年毛泽东在会见斯诺时说："美国人就没有承诺不首先使用核武器，中国承诺了，从原子弹爆炸成功的第一天就承诺了。中国的这个政策，是不会变的。"[1] 中国国务院新闻办公室2009年1月发表的《2008年中国的国防》白皮书指出："第二炮兵遵守国家不首先使用核武器政策，贯彻自卫防御核战略……以保证国家免受外来核攻击为基本使命。"[2] 这明确提出了中国的核战略。中国政府宣布："中国保持精干有效的核反击力量，是为了遏制他国对中国可能的核攻击，任何此种行为都将导致中国的报复性核反击。中国核武器的数量一直维持在较低水平，其规模、结构组成和发展与中国的积极防御战略方针相一致。"[3]

中国"不首先使用核武器"政策具有重大战略意义，是基于经过深思熟虑的战略思考的。

第一，中国一贯认为决定战争最终胜负的是人，而不是核武器这样的先进武器和大规模杀伤性武器。中国国防最深厚的基础是人民战争。因此实行"不首先使用核武器"政策，并不会影响战争的结局。

第二，中国的这一庄严承诺充分反映了中国掌握核武器完全是为了自卫和防御。中国发展核武器是被迫而为之，是为了制止核战争。

第三，中国"不首先使用核武器"政策使中国站在了国际道德的制高点上，而那些在侵略战争中首先使用核武器的国家和人将被钉在人类历史的耻辱柱上。

第四，中国发展核武器的最终目的是消灭核武器，最终实现无核武器世界，而"不首先使用核武器"政策有助于促进国际社会向实现这一目标前进。

---

[1] 《毛泽东主席会见美国作家斯诺谈话记录》，中国外交部档案 106-01265-06。
[2] 中华人民共和国国务院新闻办公室：《2008年中国的国防》，北京，2009年1月20日，http://www.gov.cn/zwgk/2009-01/20content_1210224.htm。
[3] 中华人民共和国国务院新闻办公室：《2000年中国的国防》，北京，2000年10月，第12页。

### (二) 中国核战略的发展政策：精干有效

中国的国家安全主要依靠国家和平的外交政策和人民战争的整体威力。核力量是中国武装力量的重要支柱和重要组成部分之一，但不会作为中国国防力量的基石和核心。为达到遏制他国对中国进行核攻击的目的，中国要发展一支"有起码的还击手段"① 的战略核力量。

中国坚持"有限发展核武器"的原则，着眼于建立"精干有效"的核力量，不谋求数量的优势，不与任何其他国家进行核军备竞赛。

1965年毛泽东在会见斯诺时指出："我们也不希望自己有那么多原子弹，要那么多干什么？稍微有一点也好，做些科学实验。"② 1984年，邓小平表示："核武器我们还要发展一点，但怎么发展也是有限的……从长远看，中国拥有核武器只是象征性的……如果中国在这方面花的力量太多，也会制约自己。"③ 邓小平还说："核武器要更新，方针是少而精……量不要大，有吓人的力量"，④ "到有还击力量的时候就不发展了"。⑤ 中国对发展核武器始终采取极为克制的态度，中国核武库的规模仅保持在自卫所需的最低水平。

20世纪70年代后期，中国确立了"建立中国特色的精干有效战略导弹部队的目标"。⑥ 2006年中国《国防白皮书》宣布，中国"坚持自卫反击和有限发展核武器的原则，着眼于建立一支精干有效的核力量"，同时承诺不与任何国家进行核军备竞赛。⑦ 第二炮兵"已建设成为一支精干有效、核常兼备的战略力量，具备陆基战略核反击能力和常规导弹精确打击能力"。⑧

2009年，国家主席胡锦涛在出席联合国安理会核不扩散与核裁军峰

---

① 聂荣臻：《聂荣臻回忆录》（下册），解放军文艺出版社1983年版，第810页。
② 《毛泽东主席会见美国作家斯诺谈话记录》，中国外交部档案106-01265-06。
③ 中共中央文献研究室：《邓小平年谱（1975—1997）》上卷，中央文献出版社2004年版，第404页。
④ 同上书，第512页。
⑤ 同上书，第404页。
⑥ 中华人民共和国国务院新闻办公室：《2008年中国的国防》，北京，2009年1月，第52页。
⑦ 中华人民共和国国务院新闻办公室：《2008年中国的国防》，北京，2006年12月，URL http://www.china.org.cn/English/features/book/194421.htm。
⑧ 中华人民共和国国务院新闻办公室：《2008年中国的国防》，北京，2009年1月，第52页。

会时，表示中国将继续把自身力量维持在国家安全需要的最低水平。

**（三）中国核战略的部署政策：保持第二次打击能力**

中国在核武器部署上侧重保持第二次打击能力，即核反击能力。中国"从不在国外部署核武器"。①

中共中央1979年作出建设"长城工程"的决策。该工程的目的是使中国陆基战略核力量具有在经受核打击后，仍能生存下来并遂行核反击的能力。1995年夏，第二炮兵部队"长城工程"竣工，陆基战略导弹部队有了能打、能防、能储存、能指挥、能生活的地下阵地。② 战略导弹部队在这些地下阵地中可以在遭到核打击10分钟后进行核反击，也可以在全封闭的坑道中生存数天乃至一个月之后才进行核反击。③ 西方专家认为，中国第二炮兵部队选择将机动发射的安全性与固定发射的准确性融为一体的"深埋部署"方式。为战略核导弹开凿深达数百米的"地下之家"，导弹能在地下完成所有战备活动，战时可依托地下网状走廊，由轨道车或重型拖车运送导弹、设备和人员至固定地点就位发射。而且，战略核导弹可在这些"地下迷宫"中机动部署，并从数百座真假混杂的地下发射井群中发射出去。西方专家推算称，中国地下导弹阵地可承受多枚几十万吨当量核弹连续命中。④

邓小平说："我们的战略始终是防御，二十年后也是战略防御，这包括核潜艇也是战略防御武器。"⑤ 战略导弹核潜艇是中国保持第二次打击能力的重要力量，有利于提高中国与其他核大国之间的战略稳定性。

**（四）中国核战略的使用政策：自卫反击**

中国在核武器使用方面坚持"自卫反击"的原则。毛泽东说："我们是用它（编按：指核武器）作为防御的武器。"⑥ 邓小平指出："你要毁

---

① 中华人民共和国国务院新闻办公室：《2000年中国的国防》，北京，2000年10月，第12页。
② 陈德春等：《军中蒋筑英——记二炮"长城工程"主要设计者之一黄炳华》，载《解放军报》1995年5月20日。
③ 张选杰、秦洁：《40年：二炮铸就破天长剑》，载《半月谈》2006年第13期，第6页。
④ 台北2009年12月13日电。
⑤ 中共中央文献研究室：《邓小平年谱（1975—1997）》上卷，中央文献出版社2004年版，第512页。
⑥ 中华人民共和国外交部、中共中央文献研究室编：《毛泽东外交文选》，中央文献出版社、世界知识出版社1995年版，第541页。

灭我们，你自己也要受到点报复。"① 叶剑英所说："我们是社会主义国家，不管有多少原子弹，在任何时候、任何情况下都不会首先使用。我们不靠原子弹来解决战争问题，也不靠原子弹解决战役、战斗问题。"② 中央军委直接掌控和指挥中国核力量。

中国的核力量，以保证国家免受外来核攻击为基本使命。中国的导弹核武器，平时不瞄准任何国家；在国家受到核威胁时，核导弹部队将提升戒备状态，做好核反击准备，慑止敌人对中国使用核武器；在国家遭受核袭击时，使用导弹核武器，独立或联合其他军种核力量，对敌实施坚决反击。③

1969年，中苏在珍宝岛发生武装冲突后，苏联企图对中国的军事、政治重要目标实施"外科手术式核打击"。中国导弹部队很快进入临战状态，展示了中国坚决反击的决心，使苏联领导人最终放弃了对中国实施核打击的企图。这是中国导弹部队第一次，也是唯一一次进入核战争的临战状态。

1988年，邓小平提出"以战略导弹打游击"的思想。④ 这实际上是要求提高战略导弹的机动性，以增强在核反击中的能力。

毛泽东论述过应该后延核反击。⑤ 这是在"自卫反击"原则基础上，根据战时战略形势可以采取的一种核反击方式。

**（五）中国核战略的军控与核裁军政策**

1. 将全面禁止和彻底销毁核武器作为最终目的。

中国政府早在1963年就提出在世界上全面、彻底、干净、坚决地禁止和销毁核武器的建议。因此是国际上第一个将建立无核武器世界作为最终目标的国家。

为逐步实现无核武器世界的目标，中国1994年在第四十九届联大上进一步提出了一个完整的、相互联系的核裁军进程建议：所有拥有核武器

---

① 晨辉、赵向东：《苍穹利剑——中国战略导弹部队一瞥》，《华北民兵》2007年第9期，第5页。
② 《叶剑英军事文选》，解放军出版社1997年版，第344—345页。
③ 中华人民共和国国务院新闻办公室：《2008年中国的国防》，北京，2009年1月，第53页。
④ 《中国军事——中国核武器大事记表》，http://jngs.3322.org/mymemo/military/nw/901.htm。
⑤ 李越然：《外交舞台上的新中国领袖》，外语研究与教学出版社1994年版，第136—137页。

的国家宣布无条件地不首先使用核武器，立即谈判并签署互不首先使用核武器的条约；支持建立无核区的努力，保证不对无核国家和无核区使用或威胁使用核武器；通过谈判争取早日缔结一项全面禁止核试验条约；主要核大国如期实施现有核裁军条约并进一步大幅度削减核军备；通过谈判缔结一项禁止生产武器用的裂变材料公约；签署全面禁止核武器公约；所有拥有核武器的国家承担彻底销毁核武器的义务，并在有效国际监督下付诸实施；在防止核武器扩散和推进核裁军进程的同时，积极推动和平利用核能的国际合作。

提出这样一个完整的、相互联系的核裁军进程的建议，这在世界裁军历史上还是第一次。这个建议既提出了实现无核武器世界的最终目标，又包含着实现这个目标的具体步骤，受到许多国家的欢迎。

1996 年，中国政府又呼吁，各国谈判缔结关于全面禁止和彻底销毁核武器的国际公约。

中国赞成在向全面禁止和彻底销毁核武器、实现无核武器世界这一目标前进的过程中实现全面禁止核武器试验爆炸。中国一直积极参与《全面禁止核试验条约》的谈判。中国在条约谈判过程中表现出建设性精神和灵活态度，受到了国际社会的普遍赞扬。中国政府于 1996 年 9 月 24 日签署《全面禁止核试验条约》。中国认为，该条约的达成，将在世界范围内首次以国际法律文书的形式，全面禁止在任何环境、任何地点的任何核武器试验爆炸或其他核爆炸，这必将有助于推进核裁军进程。防止核武器扩散，从而增进国际和平与安全。中国希望条约得到世界各国的普遍加入和遵守。中国政府赞同采取符合该条约规定的核查措施，以确保条约得到忠实履行，同时坚决反对任何国家滥用核查权力，包括违反公认国际法原则使用间谍情报和人力情报，侵犯中国的主权，危害中国的正当安全利益。

同时，中国认为，禁止核试验本身并不是目的，而是实现全面禁止和销毁核武器最终目标的步骤之一，国际社会应继续推进核裁军进程。

至 2005 年，中国是唯一对联合国大会"建立一个无核武器世界：需要一项新议程"、"核裁军"、"禁止核武器公约"、"无核安全保障决议"等重要核裁军协议投赞成票的核武器国家。[①]

---

① 《中国履行〈不扩散核武器条约〉情况的国家报告》，2005 年 5 月 2 日，URL http：//http：//www.china - un.org/chn/zgylhg/cjyjk/npt/t196287.htm 。

2. 强调两个拥有最大核武库的国家应该率先裁减核武器。

在冷战时期,中国率先提出美苏两个核超级大国在核裁军问题上负有特殊、优先的责任,应该率先裁减核武器。

冷战结束后,中国坚持这一观点,主张所有核武器国家明确承诺全面、彻底销毁核武器,并承诺停止研发新型核武器,降低核武器在国家安全政策中的作用。两个拥有最大核武库的国家对核裁军负有特殊、优先责任,应认真履行已达成的有关协议,并以可核查、不可逆的方式进一步大幅度削减其核武库,为其他核武器国家参与核裁军进程创造必要条件。① 中国要求在国外部署核武器的国家,应将其核武器全部撤回本国等。②

中国认为,全球导弹防御计划将损害战略平衡与稳定,不利于国际和地区安全,并对核裁军进程产生消极影响。③ 中国主张各国不发展、不部署外空武器系统和破坏战略安全与稳定的导弹防御系统。

3. 将不首先使用核武器作为核军控与核裁军政策的最基本原则之一。

中国认为不首先使用核武器与核裁军之间有着逻辑上的紧密联系。邓小平说,中国对核武器有两项基本原则:第一,所有拥有核武器的国家要承担不首先使用核武器的义务;第二,要使世界各国,不管有核武器国家还是无核武器国家,也不管大小,各国平等参加,共同达成协议,彻底销毁核武器。而且,这两项原则是递进的关系:"大国要保证不首先使用核武器,主要是美苏两家,这只是第一步。紧接着,就是全面禁止和逐步销毁,逐步达到彻底销毁核武器的目的。"④

作为一个核武器国家,中国从不回避自己应负的责任,主张核武器国家应承诺不首先使用核武器,曾多次建议核国家谈判缔结互不首先使用核武器的国际条约。1994年1月,中国正式向美、俄、英、法等国提出了《不首先使用核武器条约》草案,并建议五个核国家尽早在北京就此进行首轮磋商。1995年4月5日,中国再次正式声明,重申无条件向所有无

---

① 中华人民共和国国务院新闻办公室:《2008年中国的国防》,北京,2006年12月,URL http://www.china.org.cn/English/features/book/194421.htm。
② 中国裁军大使胡小笛2000年10月16日在第五十五届联大第一委员会的发言,载《人民日报》2000年10月17日。
③ 中华人民共和国国务院新闻办公室:《2008年中国的国防》,北京,2006年12月,URL http://www.china.org.cn/English/features/book/194421.htm。
④ 中共中央文献研究室:《邓小平年谱(1975—1997)》上卷,中央文献出版社2004年版,第256页。

核国家提供"消极安全保证",并首次承诺向这些国家提供"积极安全保证"。中国的上述主张得到了广大无核国家的支持。中国呼吁其他核武器国家,无条件向所有无核武器国家提供消极和积极安全保证,并就此尽早谈判缔结国际法律文书。

1996年7月30日,中国政府又向世界各国特别是核武器国家呼吁:所有核武器国家都承担在任何时候和任何情况下不首先使用核武器的义务,都承诺无条件地不对无核武器国家和无核武器区使用或威胁使用核武器,并尽早就此缔结国际法律文书;所有在国外部署核武器的国家都承诺支持建立无核武器区的主张,尊重无核武器区的地位,并承担相应的义务。

2000年5月,中国同其他四个核武器国家共同发表联合声明,宣布所拥有的核武器不瞄准任何国家。[①]

美国一些专家学者认为,不首先使用核武器只是一种口头承诺,随时可以不执行。这是一种偏见和借口。中华人民共和国从第一代最高领导人起就承诺不首先使用核武器,中国政府一再就此作出庄严的政策宣示。中国肯定会执行自己的国际承诺。美国某些人否定这一点,实际上是为美国拒绝承诺不首先使用核武器制造借口。

4. 中国支持核不扩散的目标。

中国于1992年加入《不扩散核武器条约》,忠实履行了不扩散核武器的国际业务,并为条约的无限期延长作出了贡献。在条约加入书中,中国强调防止核武器扩散本身并不是目的,而是实现全面禁止和彻底销毁核武器过程中的措施和步骤。

作为《不扩散核武器条约》缔约国,中国支持条约关于推动核裁军、防止核扩散和促进和平利用核能国际合作的三大目标。尽管条约存在着局限性和缺陷,对缔约国规定了不同的权利和义务,有不平衡之处,但中国相信,随着在核裁军领域取得持续进展,各国之间和平利用核能合作的不断加强,条约的局限性和缺陷是可以逐步得到弥补和纠正的。总的来说,多年来条约在遏制核扩散方面发挥了积极作用。但条约的无限期延长,不能理解为允许核国家有永远拥有核武器的特权。中国支持尽早谈判缔结一

---

[①] 中华人民共和国国务院新闻办公室2000年10月16日发表的白皮书:《2000年中国的国防》,载《人民日报》2000年10月17日。

项"禁止生产核武器用裂变材料公约"。在新形势下，解决防扩散问题的三个关键是建立稳定、合作与互信的全球安全大环境，取消防扩散领域的双重或多重标准，在集体安全的框架内，加强国际社会的团结合作和共同努力。

中国恪守《不扩散核武器条约》的各项规定，严格履行了自己的义务，为实现条约的三大目标作出了不懈努力和贡献。中国奉行不主张、不鼓励、不从事核武器扩散，不帮助别国发展核武器的政策。中国政府制定了核出口三原则，即仅用于和平目的；接受国际原子能机构的保障监督；未经中方同意不得转让给第三方。1997年5月，中国政府颁布《关于严格执行中国核出口政策有关问题的通知》，明确规定，中国出口的核材料、核设备及其相关技术，均不得提供给或用于未接受国际原子能机构保障监督的核设施。1997年9月，中国政府颁布《中华人民共和国核出口管制条例》，规定不得向未接受国际原子能机构保障监督的核设施提供任何帮助；核出口由国务院指定的单位专营；国家对核出口实行许可证制度。同时，中国参考国际上普遍接受的核出口控制清单，制定了《核出口管制清单》。1998年6月10日，中国政府颁布《核两用品及相关技术出口管制条例》，对与核有关的两用品及相关技术的出口实行严格控制。

中国一贯支持和参与防止核扩散的国际合作，积极履行所承担的国际义务。1984年，中国加入国际原子能机构。1988年中国与该机构签订了《中华人民共和和国际原子能机构关于在中国实施保障的协定》，自愿将部分民用核设施置于该机构的保障监督之下。1991年11月，中国政府宣布，在连续的基础上向国际原子能机构通报中国向无核国家出口或从无核国家进口大于1有效公斤核材料的情况。1993年7月，中国正式承诺，在自愿的基础上，向国际原子能机构通报所有核材料的进出口、核设备及相关非核材料的出口情况。1997年5月，中国派观察员出席作为多边核出口控制机制之一的"桑戈委员会"会议，并于同年10月正式加入该委员会。1998年9月，中国与国际原子能机构就缔结保障监督协定的附加议定书达成一致，承诺向该机构申报与无核武器国家进行核合作的有关情况。1998年12月31日，中国签署了该议定书。2002年初，中国正式完成该议定书生效的国内法律程序，成为第一个完成该程序的核武器国家。

中国一贯致力于和平利用核能领域的国际合作。中国主张，防止核武器扩散的努力，不应无视各国，特别是发展中国家和平利用核能的正当权益和要求，更不能采取双重标准，打着防止扩散的幌子，限制和妨碍各国和平利用核能的合作。同时，应进一步加强对发展中国家的技术援助，取消在向发展中国家转让核技术方面存在的种种不合理限制。不应片面强调防核扩散和出口控制，甚至因此阻碍各国间正当的和平核合作。